英国王室
廷臣たちの

Courtiers :
The Hidden Power
Behind the Crown

王冠を
支える
影の力

ヴァレンタイン・ロウ
Valentine Low
保科京子 訳

作品社

ジョージ6世と秘書官サー・アラン・ラッスルズ（右）。（1947年。南アフリカ共和国にて）

エリザベス2世付き報道担当秘書官マイケル・シェイ（左）と宮内長官エアリ卿（右）。アンドリュー王子とセーラ・ファーガスンの結婚式に向かう。（1986年）

女王エリザベス2世。英ダービーが行われるエプソン競馬場で、秘書官サー・ウィリアム・ヘーゼルタインと。(1989年)

海軍中佐リチャード・エイラード。当時は皇太子付き侍従武官。タイのリバークルーズでダイアナ妃と。(1988年)

サー・マイケル・ピート。チャールズ皇太子(当時)を見つめる。(2003年。イングランド、パウンドベリーにて)

サー・ロビン・ジャンヴリン(現在、ジャンヴリン卿)。女王からバース勲章勲一等を授与。(2007年。バッキンガム宮殿にて)

エドワード・ヤング（右。当時、エリザベス2世副秘書官）。ロイヤルアスコット競馬場にケント公爵家のマイケル王子と入場。（2011年）

ジェイミー・ロウサー＝ピンカートン（右）。ハリー王子と。（2013年。レソト王国にて）

サリー・オスマン。バッキンガム宮殿に移る前はチャールズ皇太子(当時)の下で働く。サー・デイヴィッド・フォレストの追悼式典にて。(2014年。ウェストミンスター寺院にて)

サー・クリストファー・ゲイト(現在、ゲイト卿)。当時は女王付き秘書官。(2014年)

クリスティーナ・キリアコウ。テレビの記者マイケル・クリックが、チャールズ皇太子(当時)に建物入口で接触しようとした日の翌日。(2015年)

ジェイソン・クナウフ。ケンジントン宮殿のコミュニケーション担当秘書官。(2016年。カナダ、バンクーバーにて)

マーク・ボランド。チャールズ皇太子(当時)付き副秘書官。

ロバート・フェローズ。エリザベス2世付き秘書官。現在はフェローズ卿。

ミゲル・ヘッド（右）。ケンブリッジ公爵（当時）と。（2016年。イングランド、トルーロー大聖堂にて）

アマンダ・サースク（右）。ヨーク公爵アンドリュー王子と。（2018年。ロイヤルアスコット競馬場にて）

サマンサ・コーエン（中央）。女王エリザベス2世とサセックス公爵夫人と。コーエンは、女王付き秘書官補、メーガン付き秘書官を務める。（2018年）

サラ・レイサム。サセックス公爵夫妻の王室離脱発表直後。（2020年。バッキンガム宮殿にて）

サー・クライヴ・オルダートン。（2022年。ロイヤルアスコット競馬にて）

廷臣たちの英国王室

――王冠を支える影の力

ＪＴへ。ようやく形になりました。

『廷臣たちの英国王室――王冠を支える影の力』目次

凡例

・本書は、Valentine Low著、*Courtiers: The Hidden Powe Behind The Crown*（Headline Publishing Group、2022［ペーパーバック版、2023］）の翻訳である。

・（ ）［ ］は著者による補足を、〔 〕は日本語版での補足を示す。

・ページ欄外の◆は著者による補足、＊は日本語版での補足をそれぞれ示し、本文中の該当部にも同じ記号を付した。

・▼は原注の番号を示し、巻末にまとめて収録した。

プロローグ

二〇一八年一〇月一六日、オーストラリア、シドニー

王室の外遊では、フライト中にロイヤルファミリーが飛行機の後方まで足を運び、そこに陣取るジャーナリストに声を掛けて、それまでの感想をいくつか聞くのがお決まりだ。しかし今回のサセックス公爵夫妻の訪問は様子が違う。いきなり、メーガン懐妊の発表で始まり、幸先が良かった。ハリーとメーガンはオーストラリアで大人気を博し、フィジーとトンガでの公務もうまくいった。

ハリーは、女王や国家のための奉仕よりも若者らしい粗野な行動で知られていたころと比べて大きく成長した。ラスベガスでのストリップ・ビリヤード*は決して世間から忘れられることはないだろうが、許されているのは間違いない。負傷兵士のためのインヴィクタス・ゲーム Invictus Games の創設は、業績として極めて高く評価された。それに、愛する人と幸せな時を過ごしているおかげで、この数年でも特に良い状況にあるようだ。

しかし、この南太平洋諸国の外遊では、不機嫌な様子だった。メディアとの関係がこじれて、ピリ

* ゲームに負けると着衣を一枚ずつ脱いでいくゲーム。「野球拳」のビリヤード版。

ピリしていたのだ。メーガンはカメラを向けられるといつでも最高の笑顔を用意できたが、ハリーは渋い顔のままだった。トンガからシドニーに戻る五時間のフライトでは、広報担当者が、ハリーは後で飛行機の後方に顔を出し、メディアの皆さんのご足労をねぎらう予定だと約束した。しかし数時間が経過しても、ハリーとメーガンが姿を現す気配がない。飛行機が着陸し、もう後ろに来ることはないだろうと思われたころになって、二人はようやく姿を現した。

英国高級紙タイムズ紙の同行記者として取材していた私は、そのときの様子を鮮明に覚えている。ハリーはありがた迷惑な客人の相手をさせられて、まるで拗(す)ねた一〇代の若者のようだった。メーガンはハリーの一メートルほど後ろで、優しい微笑みを浮かべながら、特に何も言わずに立っている。発した言葉といえば、帰国後のサンデーランチをせいぜい楽しんでくださいね、くらいだ。話をしたのはハリーだった。早口で、一刻も早くメディアの一行から離れて、ファーストクラスの客室に戻りたいと言わんばかりだ。

「来てくれてありがとう」。ハリーは集まったメディアの面々に話した。「来てくれとは頼んでいないけれど」

たとえメディアに対して大いに不信感を募らせていたとしても、この態度はあまりにも失礼だ。しかも正しくない。実際、メディア各社はこのツアーを報じるように頼まれていたのだから。二人が王室専門記者たちと直接気軽に話す機会を設けるのは、メディアとの関係修復の意味合いがあったのだとしたら、今回は全く逆の結果をもたらした。飛行中に、メディアと話をするようハリーを必死に説得し続けたスタッフが、あの発言はとても評判が悪いですよと後で伝えたところ、ハリーはこう答えた。「だから、僕にやらせるべきじゃなかったんだよ」

サセックス公爵夫妻の王室離脱(メグジット)Megxitまで一年余りだが、ハリーの不機嫌な行動は、その後のラマを予感させるものだった。その行動から多くのことが明らかになった。サセックス公爵夫妻のメディア嫌いだけではない。夫妻自身のスタッフとの関係悪化も露呈した。ピリピリした雰囲気は誰もが気付いていたが、舞台裏で実際に何が起こっているのか理解していた人は、同行したメディアの中に誰一人としていなかった（ツアー中の出来事には、その背景が二年以上経過してから明らかになるものもあった。例えば、メーガンがフィジーの市場から逃げ出した理由やダイヤモンドのイヤリングの隠されたストーリー）。間もなく夫妻の二人のアドバイザーが宮殿を去る。そのうちの一人、メーガンの秘書官補エイミー・ピッカーリルは数カ月後に辞職届を出したが、そのせいでメーガンの怒りが爆発することになる。もう一人のサマンサ・コーエンは夫妻の秘書官で、もう一年耐えるが、辞職するころには、ようやく抜け出せると安堵していることが傍から見ても明らかだった。ハリーとメーガンが外遊中、本国では、二人のコミュニケーション担当秘書官で、鎖骨骨折のためツアーに参加しなかったジェイソン・クナウフが、いじめ疑惑を含む一触即発のメールを書こうとしていた。この疑惑は、クナウフとサセックス公爵夫妻の危うい関係をつなぎとめていたものを打ち壊し、後に世界を揺るがすニュースになる。

ハリーの行動から、ロイヤルファミリーと廷臣の関係に関する根本的な疑問も見えてきた――権力を行使しているのは一体誰なのか？　王室の使用人はどの程度主人を操っているのか？　そして、廷臣が本当に仕えているのは誰なのか？　あるいは、何なのか？

第1章 糊の効いたワイシャツ

エリザベス二世の下、長らくバッキンガム宮殿で働いてきた上級職員がオーストラリアに帰国した。もともとオーストラリア政府から出向していたその人物が、シドニー空港で入国審査を受けたときのことだ。パスポートをチェックしていた審査官の手が止まった。職業が直筆で記入されているページだ。審査官はいぶかしげな顔をしたものの、そのままパスポートを閉じて本人に返した。

「あの、『添乗員 courier』に『t』は不要ですよ」

話の真偽は定かではないが、女王秘書官ジャンヴリン卿の送別会で披露される逸話としては申し分ない。その話に登場した上級職員が、歴代秘書官の一人、オーストラリア出身のサー・ウィリアム・ヘーゼルタインだからだ。とはいえ真実であってもなくても、この話から二つの事柄が推測できる。まず、現代人には、「廷臣 courtier」という言葉があまりにも馬鹿げて聞こえるということ。そもそもこの現代社会に、膝丈の半ズボン姿で君主にこびへつらい、宮廷で策略を企てて野心に胸を躍らせる人たちが本当に存在するのだろうか。そのつながりで考えられるのが二つ目のポイント、その「廷臣」とやらは本当に信用できるのかということだ。サセックス公爵夫人［メーガン］はオプラ・ウィンフリーのインタビュー番組で、英国王室のメンバーと王室を切り盛りしている人々との「違い」について話したが、この違いはきっと世界中に反響を呼ぶはずだと彼女は踏んでいた。思惑通り、視聴者は共感し、「やっぱりね。きっとそんなことだろうと思っていた」と考えた。こうして、任務遂行に全力を尽くす、清く正しい王室メンバーと、良からぬことを企てる廷臣という像が出来上がっていった。

廷臣といえば、「グレースーツの男たち the men in grey suits」（この言い回しは、故ウェールズ公妃ダイアナのお気に入り）、「口ひげを生やした男たち the men with moustaches」（これはマーガレット王女がつけた、とっておきのあだ名。世間の誰もがグレースーツを着ていた時代だから）である。彼らは若い息吹の敵、進化の敵、真実の愛の敵。彼らにできることといえば、何を犠牲にしてでも権力を追い求めること、行く道を阻む者は誰かれお構いなしに裏切ることくらいだ。

本書執筆のための調査で、自分を廷臣だと認めた人がわずかしかいなかったのも、分からないでもない。彼らは一様に、いえいえ、私は廷臣ではありません、その言葉の響きにはとても耐えられませんと訴える。「私は現代に生きるプロフェッショナルであり、偏見のないアドバイスを伝えることもできますし、経験も十分に持ち合わせています。プライベートでは、FTSE一〇〇〔ロンドン証券取引所上場企業のうち、時価総額上位一〇〇社〕企業CEOのコンサルタントも担っています。そんな私が膝丈の半ズボンをはくわけがないじゃないですか」

廷臣には、何千年とまではいかなくても、何百年という歴史がある。君主が存在すれば、宮廷が存在する。宮廷が存在すれば、廷臣が存在する。資金繰りを担当し、アドバイスを授けると同時に、宮殿生活の神髄である、ありとあらゆるもてなしを取り仕切るのが彼らだ。もちろん、ご主人様の恩寵を得るために、策略や企みを考え、それを行動に移すのも忘れない。

本書は廷臣たちの長きにわたる歴史を紐解くものではない。廷臣の人数があまりにも多くすべては取り上げられないからだ。例えばセシル一族は、バーリー卿がエリザベス一世の財務を取り仕切るようになって以降、イングランドに絶大な権力と影響力を発揮してきたのだが、そのセシル一族について書くだけでも一冊の本が出来上がる。現代の廷臣たちには、そうした一族が存在する。スタムファーダム卿はヴィクトリア女王とジョージ五世に仕え、その孫息子マイケル・アディーンは一九年にわたり秘書官としてエリザベス二世に仕えた。さらにその息子エドワードも当時のウェールズ皇太子〔現チャールズ三世〕の秘書官を担っていた。

世間の人々が廷臣たちの存在に関心を持つのは理解に難くない。彼らは権力を持つが、決して統治せず、その代わりに陰でひっそりと生きる。裏で力を発揮するも、決して表舞台には姿を現さない。その世界は閉ざされており、奇妙なルールと独特なドレスコードがある。つかんだと思った運も容易に逃げていく、生き残りを賭けた場所なのだ。寵臣として仕えながらも断頭台の露と消えたのは、決してウォルター・ローリー卿だけではない。ありがたいことに昨今では、たとえ不始末をしでかして首になっても、ご丁寧に送り出されて退職金ももらえる。

一六世紀に話題になった文学作品に、イタリアの外交官で作家のバルダッサッレ・カスティリオーネが描いた『廷臣の書 The Book of the Courtier』〔原題 *Il Cortegiano*、邦訳『宮廷人』（東海大学古典叢書、一九八七年）〕がある。同書では、理想的な廷臣に関する哲学的な議論が延々と続き、舞踏のコツ（高齢の廷臣には役立たない）や会話、駆け引き、実践的なジョークをはじめ、高貴な生まれの重要性から良いアドバイスの本質まで幅広く言及され、廷臣のドレスコードについても意見が交わされている。登場人物の一人によると、何よりも重要なのは厳粛さだという。「というのも、たいてい外見で中身が分かるからだ」

どうやら「迷ったときには、黒を身にまとえ」ということらしい。

「トミー」の愛称で親しまれたアラン・ラッスルズなら、こうした真面目なアドバイスを疑いなく受け入れていただろう。現代の王政で最も有名な廷臣に数えられるラッスルズは、まだ皇太子だったエドワード八世の下で王室の任務に携わるようになり、その後、保守的な宮殿の「中の人」の鑑になる。多くの前任者たちとは違い、ラッスルズは生まれたときから王室に仕えることが決まっていたわけでもなければ、自ら王室に仕えることを望んでいたわけでもない。若いころはそれほど冴えなかった。寄宿学校のマールボロ・カレッジからオックスフォード大学で学び（首席にはなれず、二番手に甘んじた）、外務省の試験に二度落ちた後、ジャーナリズムの世界に職を求めたが、それも失敗した。第一次世界大戦に従軍して負傷し、戦功十字勲章を授与されている。その後、身内のつてをたどり、インドで仕事を見つけてボンベイ知事の補佐官として働いた。一九二〇年には妻（インド総督の娘ジョアン）とイングランドに帰国したが、それから先の人生について、具体的な考えは全くなかった。

　しかしながらラッスルズには、いざというときに頼りになる親族がいた。従兄の第六代ハーウッド伯爵の妻がメアリ王女だったのだ。メアリ王女は、二人の国王エドワード八世とジョージ六世の妹で、エリザベス二世の叔母に当たる。それに、ラッスルズ自身にも広い友人のネットワークがあった。ラッスルズの有名な日記を編集したダフ・ハート＝デイヴィス[▼1]はこう話している。「彼の人付き合いはとても幅が広い。知らない人はまずいない」。一九二〇年、そうした友人の一人を介して、皇太子デイヴィッドから非公式な誘いが届いた。後にエドワード八世として英国を統治することになる、ジョージ五世の長男デイヴィッドが、年給六〇〇ポンドで秘書官補として自分の宮廷に加わってほしいというのだ。

ラッスルズの胸は躍った。「皇太子には深い敬慕の念を抱いてきた。それに、イングランドの未来は、ほかの誰よりも彼の手に握られていると確信している」とラッスルズは書き残している。[2] しかし、その見解は間もなく変わることになる。当時、皇太子は国内で最も注目された人気の独身男性だった。しかし、皇太子自身もその状況を楽しんでおり、幾度となく浮き名を流した。相手はたいてい既婚女性である。それでも当時皇太子の評判が汚されることはなく、飛ぶ鳥を落とす勢いだった。

ラッスルズが本当の試練に初めて直面したのは、一九二四年の訪米時だ。当時米国メディアは常にエドワード皇太子を追い回し、色恋沙汰のゴシップを求めていた。このときの「ばかげた」報道記事を読んだラッスルズは、「まるで皇太子はジャズや乗馬や女遊びしか頭にないように思える」と話している。特に肝を冷やしたのは、皇太子の随行者エドワード・〝フルーティ〟・メトカーフの一件だ。魅力的だが迂闊なメトカーフは、あろうことか自分の財布をニューヨークの売春宿に置き忘れた。その中には皇太子からの手紙が数通入っていたのだ。「メトカーフはとんでもない愚か者だが、彼に怒りをぶつけてもどうしようもない。あの事件が皇太子に深刻な被害を与える可能性もあったわけで、笑い話ですんだときには私たちは皆、大いに胸をなでおろした」とラッスルズは書き残している。

ラッスルズはエドワード皇太子が道を外れないようにできる限り努力した。それは決して簡単なことではない。ワシントンの駐米英国大使エスメ・ハワードによると、ラッスルズは「何をとっても素晴らしい」のだが、「威厳をまとうにはまだ若かった」。[3] 皇太子よりも七つ年上のラッスルズは当時三七歳だ。このハワードの発言はどこか上から目線であり、ネットフリックスの『ザ・クラウン』で、清廉な宮廷を支える厳格で揺るぎない存在として印象的に描かれていた、老練なラッスルズ像とはなかなか一致しない。背が高くほっそりとしたラッスルズはエレガントで、口ひげはきちんと手入れされており、髪の分け目も完璧だ。友人たちからは、その冷静な判断とさりげない機転が高く評価され、

「君主の大権を守る、冷静沈着で厳粛、用心深く、愚かな行為を黙認しないどころか、そうした愚行が目の前で起ころうものなら決して許さない人」というのが一般的な人物像だ。▼4

ラッスルズはその訪米で皇太子の恋愛問題を危惧していたが、首尾よく皇太子の行動をコントロールできた。しかし時がたつにつれ、ラッスルズの目に事態が明らかになってきた。一九二七年、ラッスルズは、皇太子秘書官のゴドフリー・トマス（皇太子の宮廷ではラッスルズの上司）に書簡を送り、このように訴えている。「ジョイ（皇太子の侍従リー）も私も同じ意見ですが、もし今、万が一にでも、皇太子に王位継承が求められれば、大惨事は免れませんし、この先、皇太子が今以上その責務にふさわしい人物になる見込みはありません」▼5

ラッスルズの懸念は深刻で、同年のカナダ訪問時には、同行していた首相スタンリー・ボールドウィンとオタワで「秘密協議」を持ったほどだ。日記にはこう記している。「首相に直接、『私が考えるに、推定王位継承者はワインと女、さらに、そのときどきに夢中になった気まぐれな思い付きを自由気ままに追い求めており、刻々と堕落の底に落ちつつあります。これまでの生き方を改めない限り、この先英国王冠をかぶるにはふさわしくないでしょう』と伝えた」。ラッスルズは首相から「怒鳴りつけられる」ものと覚悟していたが、驚いたことに、「一言一言、ごもっとも」と言われたという。ラッスルズは首相にこう告げた。「皇太子が騎乗している障害レースの結果をヨークハウスで待っているとき、ときどき思わずこう考えてしまうのです。皇太子にとってもこの国にとっても一番良いのは、皇太子が落馬して首の骨を折ることなのではないかと」

「神よ、許したまえ」とボールドウィン首相は言った。「私もよく同じことを考えていますよ」▼6

もしラッスルズが、今後皇太子が自ら過ちを認めるのではないかと淡い期待を持っていたとしても、そんな期待はすぐに消えてしまっただろう。自らを「放蕩仲間ではないフォルスタッフ*」と呼んだラッスルズは翌年の一九二八年、絶望の中、四二歳で宮廷を去り、「天罰とどう向き合うのかはハル王子**〔エドワード皇太子〕自身に任せることにした」のである。[7]

皇太子は悔い改めるはずだった。だが実際のところ、何も改めず、それどころか離婚歴のある米国人女性ウォリス・シンプソンと付き合い始めたのだ。これが後に王位放棄という劇的な行動につながる。そのころ、ラッスルズは新たな一歩として、カナダ総督秘書官の職に就いていた。一九三五年にオタワから帰国すると、国王ジョージ五世の秘書官補として宮廷に戻らないかと誘われた。しかしラッスルズがその要請を受け入れてから二カ月もたたない一九三六年一月、国王がサンドリンガムで崩御した。すると、ラッスルズは夢にも思わなかったが、彼の能力を高く評価していた新国王エドワード八世から秘書官補として召し抱えられたのである。こうして「ハル王子」と「放蕩仲間ではないフォルスタッフ」はまた主従関係に戻った。しかしながら、しょせんは一時しのぎであり、長くは続かなかった。数年後、エドワード八世はアドバイザーであり腹心の友でもあった彼を「あの邪悪で狡猾なラッスルズ」と呼んだのである[8]（ラッスルズを悪く言う人は、実はエドワード八世だけではなかった。米国生まれの英国人政治家チップス・シャノンが使っていたのは仏語の「スノワ sournois」。ラッスルズをずる賢く腹黒いと称したのだ）[9]。しかしながら、ラッスルズは一九三六年一二月のエドワード八世の退位を見届けると、その後も秘書官アレクサンダー・ハーディングの下でジョージ六世の秘書官補として宮廷にとどまった。一九四三年にハーディングが退官した後は、ラッスルズがその後を継ぎ、ジョージ六世の崩御までその役割を担った。

* シェイクスピア『ヘンリー四世』ほか複数の作品に登場する自堕落な騎士。ハル王子の放蕩仲間。

** 『ヘンリー四世』に登場するイングランド王位継承者ヘンリー王子のこと。「ハル王子」と呼ぶのはフォルスタッフだけ。

その結果、一九五二年にエリザベス二世が女王に即位した時点で、アラン（トミー）・ラッスルズは既に三人の王に仕えていた。屈強で経験豊かな廷臣であり、新女王の教育係に最適な人物である。一九三六年に宮殿に戻ってからは、エリザベス王女の成長を見守ってきた。例えば南アフリカでも、成人を迎えた王女の様子を見ている。国王と王妃に同行した、この一九四七年の外遊は、エリザベスとマーガレットの両王女にとって初めての海外訪問であり、エリザベスが若き王位継承者として世界にお目見えする機会だ。この南ア訪問は、政治的にとても難しいものでもあった。というのも、ちょうどこのころ、南アフリカでは英語使用者とアフリカーンス語使用者の間で激しい対立が見られたからだ。アフリカーンス語を使用するアフリカーナは、南アフリカと大英帝国との結びつきを断ち切ろうと躍起になっていた。ある歴史家の言葉を借りると、この訪問の目的は「スマッツ（南アフリカ連邦首相ヤン・スマッツ）と南アフリカの統治権を守ることだった」[10]。

あの気難しいラッスルズも、エリザベス王女にはすっかり心酔していた。ケープタウンで開かれた、うんざりするほど長い公式晩餐会（ラッスルズによれば「公式な食事会には三〇年にわたり出席してきたが、あのときほど苦痛だった食事会は記憶にない」）の後、ラッスルズはこう記している。「エリザベス王女はとても熱心で、強く関心を持たれている。時間に厳しいのは祖母のメアリ太皇太后ゆずりで、喜ばしいことに、ご両親のお越しが大幅に遅れたときには、勢いよく階段を駆け上り、お二人を部屋から連れ出すほどだ」[11]

この外遊で今も特に人々の記憶に残っているのは、エリザベス王女が成人になった二一歳の誕生日にケープタウンで行ったラジオ演説である。鈴がなるような澄んだ声で、王女はこう宣言した。「私はこの人生のすべてを、たとえそれが長くとも短くとも、皆さん国民のために、そして、私たちが帰属する大英帝国のために捧げることを皆さんの前で誓います」。これは責任感と奉仕の精神を表明した有名なスピーチで、その後の治世において女王の信条となった。原稿を書いたのは、タイムズ紙のジャーナリストで作家のダーモット・モラーである。同氏は戦時中、ジョージ六世の演説も数多く手がけた。王女の演説の下書きを受け取ったラッスルズは、これには何か特別なものがあると悟った。「私はこれまで何年もスピーチ原稿を読んできました」とモラーに書簡を送っている。「しかし、これほど心の底から満足し、一言も訂正の必要がないと感じられるような原稿は一つたりとも思い浮かびません。それどころか、私のような年寄りの皮肉屋でも、すっかり感動しました。このスピーチは、エリザベス一世が行ったティルベリーの演説[*]を彷彿とさせ、ヴィクトリア女王の『私はふさわしい人物になるでしょう I'll be good[**]』という不変の率直さも併せ持っています」

エリザベス王女が、スピーチの原稿を読んだときには思わず泣いてしまったと言うと、ラッスルズはこう応じた。「それはよかった。王女自身が読んで泣けるのなら、二億人の聴取者もあなたのスピーチを聞いてきっと泣くでしょう。それこそ私たちが望んでいることなのです」

どうやら南ア訪問の目的は達成したようだ。その成功を振り返り、ラッスルズは日記にこう書いている。「今回の外遊で何よりも満足したのは、エリザベス王女の目覚ましい変化だ。その成長ぶりは驚くに値する。しかも、正しい方向に進んでいる」。王女には「ユーモアを解する優れたセンスがある」だけでなく、「退屈な相手でも、母親から教えられた技で、うまくあしらうことができる」。

その日記には、別の予想が記されていた。「ちなみに、私の印象では、年内に皆で結婚祝いを用意することになりそうだ」。ラッスルズは内情をよく知っていた。実は既に前年の晩夏、エリザベス王

* 一五八八年、スペインの無敵艦隊に挑む前線基地ティルベリーで行われた演説。将兵を前に、エリザベス一世自身が檄を飛ばして彼らの士気を上げ、勝利を手繰り寄せた。
** ヴィクトリア女王がまだ幼いころ、王位継承者だと伝えられたときに、「I'll be good.」と返答したと言われている。

女はギリシャのフィリップ王子の求婚を承諾していたのだ。ただし、急いで決断を出すべきではないというのが王と王妃の考えだった。元廷臣の一人が歴史家ベン・ピムロットに話したところでは、「国王も王妃も、『南アフリカに同行しなさい。決めるのはそれから』と告げた」という。[12]

ラッスルズは既に、フィリップ王子がロイヤルファミリーに加わる道筋を作るための段取りを裏で進めていた。ある意味、フィリップはエリザベスにぴったりな相手だったのだ。母方も父方も王族出身で（母親はヴィクトリア女王のひ孫で、ウィンザー城で生まれていた）、英国海軍入隊後、戦争で活躍し、特別勲功者として表彰された。しかしながら、根なし金なしの外国人で、さらに悪いことに、紛れもなくドイツ人の血が混ざっている。

そのため、エリザベスがフィリップと結婚するという考えには反対の声が多かった。ラッスルズは歴史家ハロルド・ニコルソンに、国王と王妃はもともと乗り気ではなかったと話している。「王室一族は、フィリップ王子がエリザベス王女に取り入り始めたことを知った当初、震え上がっていた。がさつで行儀が悪く、教養もない人物で、きっと不誠実だろうと考えていた」[13]。おそらくラッスルズも内心ではこの判断に同意していたが、後にはフィリップを認めるようになる。

フィリップもフィリップで、宮廷の秘書官たちからどう思われようと気にしなかった。秘書官補のエドワード・フォードによると、フィリップは敬意を表したり、取り入ろうとしたりするのを拒んだという。「その振る舞いには、勲功者として表彰された経験を持つ海軍士官らしい自信があった。また年配者に対しては、同じ年ごろの英国男子なら見せるであろう敬意を一切示さなかった。ソールズベリー卿（有名な保守党議員で、戦時内閣の閣僚）に対しても、全く物おじせずに自分の意見を伝えていた」[14]

フィリップの友人マイク・パーカーが作家のロバート・レイシーにこう話している。「フィリップは、ソールズベリー一族をはじめ、国王と王妃の取り巻きの貴族たちからすっかり嫌われていた。

ラッスルズら古くから宮廷で働く廷臣たちからもだ。皆、フィリップに冷たかった。でも、それは仕方ない。フィリップの姉たちは皆、ドイツに嫁入りしたのだから」[15]。マウントバッテン卿の娘パトリシアと結婚したジョン・ブラボーンも同じような感想を持ち、歓迎されていないことをフィリップに自覚させようと王室は躍起になっていたと話している。「その夏は、私もバルモラル城にいたが、皆、フィリップに冷たかった。気に入ってもいなければ、信頼もしていなかった。それは見れば分かる。親切とは程遠い」[16]

いずれにせよ、一九四七年三月一八日、ロンドンで暮らすフィリップ大尉はマウントバッテンとして英国に帰化し、それから四カ月もたたないうちに、エリザベス王女との婚約が発表された。同年一一月二〇日、二人は結婚した。花嫁が身を包んだウェディングドレスはノーマン・ハートネルのデザインで、アイボリーカラーのシルク地に真珠が施されていた。ウィンストン・チャーチルは、この婚礼が、戦後の殺伐とした時代に英国が必要としている夢物語を与えてくれたと考え、二人の婚礼を「我々が進まなければならない厳しい道に一瞬きらめく彩り」と描写している[17]。

ラッスルズが、時間の経過に伴いフィリップに惹かれたのか、それとも本心を隠すのがうまかっただけなのか、本当のところはよく分からない。しかし、新婚のエリザベス王女が第一子（チャールズのこと。一九四八年一一月に誕生）を身ごもったころには、フィリップに好感を持っているように振る舞うことはできていた。別段フィリップが自分に求められている唯一の仕事をなし得たからではない。「とても素晴らしい若者だ」とラッスルズはハロルド・ニコルソンに話している。「責任感がとても強く、どう考えても愚か者ではない。それに、王女をとても愛している。いずれにせよ、絵に描いたように計画通り王位継承者が誕生する運びになった」[18]

こうした優しい言葉も聞かれたが、秘書官ラッスルズとフィリップの関係は冷え切ったままのようだった。エリザベス王女が王位に就くまで、エリザベスとフィリップはクラレンス・ハウスで暮らし、自分たちにふさわしい家にしようといろいろ手を加えた。フィリップの指示で改装したものには、地階の映画室、ドレッシングルームのクローゼット（ボタンを押せば、必要なスーツや軍服が用意される）、電気式ズボンプレッサーもある。一九五二年にジョージ六世が崩御されても、夫妻はバッキンガム宮殿への引っ越しを嫌がったが、ラッスルズも当時首相だったウィンストン・チャーチルも譲らなかった。バッキンガム宮殿は君主政治の中心であり、君主が暮らすべき場所だからだ。フィリップは自らの運命を受け入れて、自分らしい現代的なやり方で、徹底的に効率を追求しながら、宮殿を二〇世紀後半に適した場所に変えようと取り組み始めた。このときフィリップを助けたのが友人のマイク・パーカーである。侍従としてフィリップのスタッフに加わると、彼の右腕となり、人生を歩む支えとなった。「フィリップと私は仲間でした。自分なら宮廷で役に立つのではないかと考えたのです」とパーカーは話す。「殿下は素晴らしい方でした。とてもきさくで、とても親切でしたが、廷臣の重鎮たちは必ずしも御しやすい相手ではありませんでした」[19]

二人は早速、王室の組織とその流儀について研究を始めた。宮殿の地階にある迷宮の探検も忘れていない。「ワインセラーには見惚れましたね。何キロも永遠に続いているのですから」とパーカーは振り返る。「一、二本、とても古いワインもありましたし、ヴィクトリア朝初期の極めて古い銘柄もいくつか見つけました。素晴らしくて言葉を失うほどでした」[20]。しかし、組織再編に取り組むフィリップの努力も、融通の利かないラッスルズの抵抗を前にしてむなしく終わった。それまで同様、ラッスルズは一切妥協しなかったのだ。「フィリップが初めて宮殿に入ったとき、待ち構えていたのは、糊の効いたワイシャツの廷臣たちでした」。フィリップの友人の一人が歴史家のベン・ピムロットにそう話している。「物事はすべて古いやり方で進んでいくように思えました」[21]。もちろんフィリップも頑固さでは引けを取らなかった。理屈をこねる、しゃくにさわる物言いをする、心が狭い、いったん信じ込むと周りが見えなくなる。だから、相手を味方に引き入れてやりくるめようとすると、逆に相手の神経を逆なでしてしまう。言い争いも頻繁に起きた。「何か言うときには、必ず指をさして、『ノー！』から始まります」と元廷臣の一人は話した。[22]

マイク・パーカーは保守的な廷臣たちとは違っていた。ほとばしる情熱と社交性が特徴のオーストラリア人で、フィリップとは一九四二年に英国海軍の駆逐艦ＨＭＳウォレスに乗務したときに友好を深めた。北アフリカでも、終戦間際のオーストラリアでも、ともに上陸許可を得て、連れだって自由時間を過ごした。

パーカーはフィリップの伝記作家ティム・ヒールドにこう話している。「もちろん、北アフリカでは楽しみましたよ。でも決してバカ騒ぎをしたわけではありません。外で一緒に飲んで、その後おいしい食事を楽しみました。みんなからいつも聞かれるんですよ、『地元のバーに行って、手当たり次第手をつけたんじゃないか？』って。答えは一つ、『ノー！　そんなことは決してあり得ない。やるべきことはほかにたくさんあった』です」。とはいえ、「いつも周りに女の子をはべらせていましたが」と白状している。[23]

フィリップと仲が良いパーカーは、宮廷の頑固者たちに対する貴重な戦力で、友人から廷臣に転じた典型である。こうした人物は、どんなスタッフでも決して相性が合うとは思えない主人と、いつでも和気あいあいと過ごせるものだ。とはいえ、浮き沈みの激しい宮廷では、当然のことながら無傷ではいられない。パーカーの場合、宮廷生活の終わりは一九五七年に訪れた。フィリップに同行し、ロイヤルヨット「ブリタニア号」で四カ月にわたり英連邦の領土を歴訪していたときに、タイミング悪く離婚話が持ち上がったのだ。旅の期間が長いため、マスコミの間では既にフィリップとエリザベスの結婚生活について憶測が流れていた。そこに、パーカーの妻が離婚を申し立てたというニュースが飛び込んできた。宮殿がスキャンダルまみれになるのは火を見るより明らかだった。そこでパーカーは、ジブラルタルから飛んで帰ると、雇用主に迷惑をかけないように辞表を提出した。ロンドンの空港に降り立つと、パーカーの記者会見が準備されていた。女王の報道担当秘書官であるリチャード・コルヴィル中佐の姿が見えた。それまで冷ややかな関係だったものの、見知った顔を見つけてホッとしたパーカーは、助けに来てくれたものだと思い込み、感謝の言葉を述べようとした。すると、「やあ、パーカー。私は一言伝えに来ただけだ。これから先は君一人でやってくれたまえ」[24]と告げて、コルヴィルは去っていった。

　これは実にコルヴィルらしい逸話だ。一九四七年に宮廷に入ったとき、コルヴィルはジャーナリストとの付き合いが一切なく、それ以降も報道担当として、ジャーナリストに対しては、不寛容と慢侮と軽蔑が混ざり合った感情で接した。これは秘書官のラッスルズと同じ姿勢である（最初に報道担当秘書官という任務を作るよう勧めたのはラッスルズだったが、その当人は、「メディアは発表された公式文書を報道すれば十分であり、無礼な質問を尋ねるべきではない」という考えを持っていた）。王室伝記作家ケネス・ローズはコルヴィルについてこう書いている。「報道の知識が一切ないので、スキャンダルやセンセーションを求めているだけのジャーナリストと、それ以外の大半のジャーナリスト、つまり、ほとんど何も言われなくても王室に対する強い忠誠心を示すジャーナリストとの違いが分からないようだった。コルヴィルの態度から、ジャーナリストたちは皆『それほど低俗でない質問であっても、質問すれば無礼だと思われるのではないか』と感じていた」[25]。あるカナダ人ジャーナリストは、バッキンガム宮殿を見て回ってもよいかと尋ねたとき、コルヴィルからこう言われたという。「私は、あなた方アメリカ人が言うところのＰＲ担当者ではありません」。ジャーナリストたちはコルヴィルを「ノー」としか言わない男 The Incredible No-Man」と呼んだ。女王の秘書官補マーティン・チャータリスにしてみれば、単に「メディア嫌いな秘書官」にすぎないのだが。[26] ただし、コルヴィルのぶっきらぼうな態度はメディアとの関係にとどまらない。パーカーも思い知ったように、同僚に対しても同じ態度を取っていたのだ。

マイク・パーカーのような立場にある人物はたいてい王室を仕切る重鎮たちを敵に回すものだが、そうした重臣たちに従うことなく、王室という世界の荒波を生き抜いてきたのがトミー・ラッスルズである。彼の影響力がどの程度のものなのかは、一九五二年にエリザベスが王位に就いてから数日で明らかになる。このころ、女王の祖母メアリ太皇太后の耳に、ハンプシャー州にあるマウントバッテン卿の屋敷ブロードランズで開かれたばかりのホームパーティの話が届いていた。そのパーティで、野心家で問題の多いマウントバッテン卿が「今やマウントバッテン王朝の時代だ」と吹聴したというのだ。激怒したメアリ太皇太后は首相の秘書官を呼び、苦言を呈した。マウントバッテンを全く支持していないチャーチルも内閣のほかの閣僚も、メアリ太皇太后同様怒りを露わにし、王朝名はマウントバッテンではなくウィンザーのままにすべきであるとエリザベスに進言した。

マウントバッテンという家名を否定されたことは、フィリップにとって屈辱だった。彼は友人に不平不満をぶつけている。「私はこの国で唯一、自分の姓を子供に継がせることが許されない男だ」。[27] 激高したフィリップはこのとき、「自分は忌まわしいアメーバー以外の何者でもない」という有名な言葉も放っている。[28] しかし、フィリップに味方はいなかった。エリザベスのウィンザー家はこの件に関して団結していた。それは内閣も同じで、何よりラッスルズも同意していたことが大きく影響した。夫フィリップが抗議したにもかかわらず、女王は大法官の進言を受けて、六週間以内に家名をウィンザーのままにすると枢密院に表明し、「結婚する子も、またその子孫も、このウィンザーの家名を持つことする」とした。後にマウントバッテンの一族は、誰のせいでこのようなことになったのか明確にしている。女王ではない。「チャーチルのせいだ。その糸を引いたのはラッスルズだ」とジョン・ブラボーン*が作家のジャイルズ・ブランドレスに話している。「女王は二人から無理強いされたのだ」▼29。ラッスルズ自身は、女王が宣言を正式に承認したときの様子を、一二一五年にジョン王が大憲章（マグナ・カルタ）に署名したときと比較し、まるで女王を見下ろすラニーミード**の男爵の一人にでもなったようだったと称した▼30。このたとえで、権力がこのときどこにあるとラッスルズが考えていたのかよく分かる。

マーガレット王女（女王の妹）と英国空軍のピーター・タウンゼント大佐（父ジョージ六世の元侍従）の恋物語が初めて世間の注目を集めたのは、一九五三年六月、エリザベス二世の戴冠式だった。この日は荘厳な行進と伝統の儀式が続いた。ウェストミンスター寺院には八〇〇〇人もの人々がひしめき合い、エドワード一世のために一三〇〇年に誂えられた木製の椅子に座った女王が、カンタベリー大主教から王冠を賜るのを見守った。その一方で、トランペットの華やかな音色が流れ、荘厳な雰囲気が漂う中、何気ない愛情表現の瞬間がメディアの関心を奪ったのだ。それはちょうど、王冠と宝珠と王笏を身に付けた壮麗な君主、エリザベス女王が寺院を出た後だった。マーガレットは庇（ひさし）の下に立ち、バッキンガム宮殿までの馬車を待っていたとき、所在なげにタウンゼントの軍服についていた糸くずを払ったのだ。さりげない動作だが、多くを語っていた。その瞬間だけで、世界中のメディアには、マーガレットとハンサムな（だが、離婚している）元戦闘機パイロットの間に、何かがあると分かった。その後の騒動は、エリザベス時代初期に世間を騒がせた話題の一つに数えられるが、トミー・ラッスルズは再度、重要な役割を担うことになる。

タウンゼントは、貴族階級ではなく中流階級の出身で、英国空軍の有名な第四三飛行隊で戦闘機ハリケーンの飛行を指揮したバトル・オブ・ブリテン[***]の英雄の一人だった。バッキンガム宮殿に初めて姿を見せたのは一九四四年二月のことだ。ジョージ国王に初めて謁見する途中で、エリザベスと当時一三歳だったマーガレットの目にとまった。二人の王女は、本物のバトル・オブ・ブリテンの操縦士をついに近くから見ることができると待ち構えていたのだ。「あら残念」とエリザベスは妹に言った。「結婚してるわ[31]」。しかしご多分に漏れず、タウンゼントも戦時中に慌てて結婚した口で、その決断をずっと後悔していた。間もなく結婚生活は破綻する。マーガレットとタウンゼントの最初の噂は（その時点ではおそらく何の根拠もなかったが）、一九四八年には囁かれ始めていた。パーティで一緒に踊っている姿を見られた後だ。かわいくて機転が利き、活発なマーガレットは一八歳になったばかりで、タウンゼントは三四歳間近だった。しかしタウンゼントは自叙伝で、二人の距離が縮まったのは一九五〇年で、王室家政長官補に任命されたころだと記している。当時のタウンゼントはまだ結婚していた。

二人の思いはジョージ六世の崩御後、深まっていった。タウンゼントの友人の一人がこう話している。「ピーターはいつも王女のためにそこにいた。とてつもなく親切で感受性が高く、優しくて理解があった[32]」。しかし予想通りほかの廷臣たちは二人の関係に賛成しておらず、タウンゼントを宮殿から追い出す動きもあった。しかし本人が離れるのを拒んだため、〔エリザベス〕皇太后の宮廷の会計検

* 第七代ブラボーン男爵ジョン・ナッチブルのこと。第二代マウントバッテン・オブ・ビルマ伯爵パトリシア・ナッチブルの夫で、マウントバッテン一族。

** テムズ川河畔の町。失政を批判されたジョン王が、貴族らに強いられてマグナ・カルタに署名させられた場所。

*** 第二次世界大戦の英国軍とドイツ軍の航空戦。英国が勝利し、ドイツの英国本土上陸を阻止した。

査官として働くことになった。ラッスルズは後日、一九五二年九月の定例会議の後で、タウンゼントの軽率な行動について本人に話したときの様子をこう振り返っている。「私が彼に伝えたのは、マーガレット王女に頻繁に会い過ぎているというのが一般的な見解だということだ。我々の仕事には、重要かつ不可侵の規則が一つある。それは、たとえどのような状況であれ、王室のスタッフがこのような話の原因を作ってはならず、そのロイヤルファミリーのメンバーが君主の妹であり、スタッフが既婚者であればなおさらだと言い聞かせた」。タウンゼントは返事をせずにその場を去った。[33]

タウンゼントとラッスルズの関係は複雑だった。タウンゼントは、二人の間には「お互いに思いやる気持ち」があったと話している。しかし、自叙伝に書かれたラッスルズの描写は温かみに欠けていた。

私は彼の素っ気なく辛辣なウィットに敬服している。ただし、そのウィットが無慈悲な当てこすりであれば話は別だ。トミー〔ラッスルズ〕の性格はその姿を見れば分かる。痩せ過ぎで、青白い細面の顔にメタルフレームの眼鏡、第一次世界大戦の将校を彷彿とさせる口ひげが特徴的だ。装いは今でも一九二〇年代で、おもしろみに欠けた時代遅れのグレーかブラウンのスーツに、ベストと懐中時計の鎖、それに細身のズボン……とても親切ではあるものの、人にかかわること、もっと正確にいえば、何か相談しても、昔気質でイライラするような見解を示すので、大いに悩まされた。

ラッスルズは女王ほど時代の変化に対応していないとタウンゼントは考えていた。「政治と憲法に関する事柄には優れた洞察力を発揮するが、人間性に関しては、冷徹で厳しく、感情を押し殺しているように感じる」[34]

マーガレットが姉に、自分とタウンゼントは愛し合っていて、結婚したいと考えていると打ち明けたのは、戴冠式の準備をしている時期だった（そのころには、タウンゼントは離婚していた）。エリザベス女王は何とかしてやりたいと思ったが、それがどのような問題を引き起こすのかも知っていた。女王が首長であるイングランド国教会では離婚を認めていなかった。また、一七七二年に制定された王室結婚令の下、女王が許可を与えなければ、マーガレットは結婚できない。女王は困り果てた。結局、時間稼ぎという女王らしい決断を下し、一年間待つようマーガレットに頼んだ。

一方のタウンゼントはトミー・ラッスルズに会いに行った。「タウンゼントが、自分はマーガレット王女と深く愛し合っており、結婚を考えていると私に話しに来た。そのときまで、二人に結婚の可能性があるとは予想すらしていなかった。そのときの私の回答は単に、君も分かっているはずだが、結婚を実現させるには、解決しなければならない極めて厄介な障害が明らかにいくつかあるというものだった[35]」

しかしながら、それはタウンゼントが記憶している内容とは違う。タウンゼントは一九七八年に初めて出版した自叙伝『Time and Chance』で、ラッスルズにマーガレットと恋愛関係にあると話したとき、ラッスルズは座ったまま、「険悪な視線で私を見ていた」ことを覚えていると書いている。「トミーは明らかに動揺していて、『頭がおかしくなったのか？　それとも、具合が悪いのか？』と言っただけだった。正直に言うと、もっと優しい対応を期待していた[36]」

翌日、ラッスルズは王室結婚令について女王と話し、結婚の必要条件を確認した。タウンゼントはこう記している。「二人の見解が一致したのは、私が皇太后の宮廷を離れることだった。ラッスルズはそれでは足りないと考えており、直ちに私を海外へ追い払おうとした。しかしながら、あの女王が、私を妹から遠ざけるといった容赦ない方法を聞き入れるはずがない」。ラッスルズの次の一手は、協力者の新規採用だ。白羽の矢が立ったのは、エリザベス女王が王女だったころの秘書官で、当時はチャーチル首相の秘書官を務めていたジョック・コルヴィルだった。チャーチルは、首相のカントリーハウスでランチを取りながらコルヴィルから状況を聞き、マーガレットとタウンゼントに同情したものの、すぐに軌道を修正している。妻のクレメンタインから、二人に同情するなら家を出ると脅かされたのだ。「あなたがそのつもりなら、海辺の町にでも部屋を借りて、一人暮らしを始めますから」[▼37]。結局、内閣は厳しい判断を下した。王室結婚令では、マーガレットが二五歳になれば女王の許可がなくても結婚できる。しかしながら、それでも政府の同意は取り付けなければならない。その政府では、状況を鑑みた結果、この結婚を承認しない合意が内々で形成された。

それから二年間、マーガレットとタウンゼントは離れ離れの生活を耐えなければならなくなった。タウンゼントはベルギーのブリュッセルで空軍アタッシェ（英国大使館付き）の職を得た。英国に残されたマーガレットは、話をしたり、心の内を打ち明けたりする相手がおらず、寂しい思いを募らせた。女王は多忙な上、今回の件でよそよしい態度を見せていた皇太后には近寄りがたかったのだ。

一九五五年八月、マーガレットの二五回目の誕生日が訪れた。女王は例の問題について妹と話そうとする気配を全く見せなかった。そこで、マーガレットは、タウンゼントと結婚すべき理由と結婚すべきでない理由をリストアップすることにした。秋にタウンゼントが英国に姿を現すと、メディアが色めき立った。それを見たマーガレットは、なぜこれだけ長い間何も教えてもらえないのか、その主な要因がようやく理解できた。つまり、結婚に固執すれば、王位継承者としての権利や、シビルリスト（執務や王室運営のために政府から支払われる年間王室費）の収入をはく奪する法案を、首相（当時はアンソニー・イーデン）が議会に提出することになるのだ。

こうしてありのままの現実に直面し、マーガレットとタウンゼントの二人は、お互い別の道を進む決断を下した。声明文は一九五五年一〇月三一日に発表された。マーガレットの原稿執筆にはタウンゼントも手を貸している。

私は、ピーター・タウンゼント大佐と結婚しないと決断したことをここにお知らせいたします。王位継承の権利を放棄すれば、民間人との結婚も可能になることは承知していました。しかしながら、キリスト教徒の結婚は永久不変であるという教会の教えと、英連邦に対する私の責任を考えると、これらが何よりも優先されるべきだという結論に達したのです。

この声明文を発表した後、マーガレットとタウンゼントは別れる前、最後に二人で一杯だけグラスを傾けた。その夜、母親の皇太后は公式行事に参加しており、マーガレットは一人で食事をとった。

マーガレットは後に結婚と離婚を経験している。相手はトニー・アームストロングで、マーガレットとの結婚で称号が授与され、スノードン卿となった。二人の間には子供が二人いる。一方のタウンゼントは、ベルギー人で二五歳年下のマリー＝ルース・ジャマーニュと結婚し、三人の子供をもうけた。

マーガレットは、その後何年もラッスルズの対応に苦々しい思いを抱き続けた。タウンゼントとの結婚を政府が承諾することはないと教えてくれなかったからだ。二五歳になるのを待ちわびた、あの寂しい二年間は無駄だった。誕生日が来ても、一切何も変わらなかったではないか。後にマーガレットはこう言い放ったとされている――「ラッスルズが死ぬまで呪ってやる」[38]。秘書官を辞めたラッスルズは、しばらくしてからマーガレットの住まいがあるケンジントン宮殿内の優雅で瀟洒なアパートメントの住民になった。あるとき、マーガレットは乗車している車の目の前の道をラッスルズがよたよた歩いている姿を見つけた。そして、「私ったらよくもまぁ、運転手に『思い切りアクセルを踏んで、ひいておしまいなさい！』と言わずにすんだものだわ」と話していたという。[39]

一方のラッスルズは、マーガレットとの関係について違う記憶を持っている。ほとんどの作家が、マーガレットは二度とラッスルズに話しかけることはなかったというが、ラッスルズ自身、一九六二年五月にはこう書いている。「金曜日、堆肥置き場を掘っていたら、手押し車を押したマーガレット王女が突然姿を見せて、十分ほど楽しそうに話していった。実に優雅な人だ。青い瞳が本当に美しい」[40]

一九五三年、ラッスルズは現役を退いたが、慣例として引退した秘書官に授与される爵位を辞退している。本人の日記には、テレビドラマ『ザ・クラウン』で描かれている古くさくて格式ばった人物とは違うラッスルズの姿が記されている（ドラマでは、登場人物として人気を博したため、実際はもう働いていない後半のエピソードにもラッスルズを登場させている）。日記は極めて断定的な筆致で、性に合わない人たちを酷評しているが、時には現代風な見解を見せることもあり、名門紳士クラブであるリフォームクラブ Reform Club を、女性の食事が許されるようになった途端に退会してしまうような人物にはとても思えない。誰かから、「ペン先にボールがついた新しい尖筆型万年筆」（ボールペン）をもらったときには、実にうれしそうだ。「一日中、数多くの手紙に署名をするので、これなら随分手間が省けるだろう」と書いている。冗談も決して少なくない。グラントリー卿が八七歳で離婚裁判の共同被告として名前を挙げられたときには、こう残している。「いつまでたっても男は男」

一九七七年、もはやこざっぱりとした老練な廷臣ではないものの、ひげをゆたかにたくわえたラッスルズは（バッキンガム宮殿の秘書官の廊下に掲げられたラッスルズの肖像画は、まるで長髪でひげを生やした七〇代後半のロバート・デ・ニーロ）、墓石に刻んでもらいたい人生の業績を三つ挙げている。「その一。オックスフォード大学ベーリアル・カレッジのシニア・コモンルームで、生きた豚」を使い「ピッグ・タフティング」を行った唯一の学部生。その二。カンタベリー大司教とロンドンの街を歩いていて、売春婦に声を掛けられそうになった唯一のロンドン市民。その三。戦場で少将に逆らい、処罰を免れた唯一の株式仲買事務所平社員[41]」。たとえかつて「ピッグ・タフティング」が行われたことがあったとしても、それが何なのかを今どき知る人はいないし、知っていても知らなくても大差ない。

ロイヤルファミリーとラッスルズの関係にはまだ続きがある。伝記作家ケネス・ローズが一九六一年の日記に書いているのだが、ローズが皇太后の秘書官マーティン・ギリアットから聞いたところでは、皇太后はもう二度とトミーには会わないと言ったという。「皇太后は賢い人たちを怖がっていて、自分が笑われているのではないかといつも疑ってしまう[42]」

ラッスルズの後任はマイケル・アディーンだ。おっとりとしているが慎重な人物で、当初はジョージ五世の秘書官補だった。ケンブリッジ大学の歴史学で優秀な成績を残し、近衛歩兵連隊(コールドストリーム・ガーズ)に配属された後、カナダ総督トウィーズミュア卿(作家ジョン・バカンの名の方が有名)の補佐官を務めて宮廷に入った。第二次世界大戦が始まると、古巣の近衛歩兵連隊に戻り、戦地で任務に従事するものの、負傷し、公報で特別勲功者として表彰された。

ユーモアにあふれて控えめなアディーンは、ロイヤルファミリーに人生をささげた。秘書官としてあるべき姿を示す言葉をいくつも残している。例えば、「政治の世界でいえば、政務次官に相当する役職にたまたま就いているから、自分は官僚だと思ったところでそんな自負心は何の役にも立たない」とよく言っていた。「秘書官には乳母であることも求められるからだ。今、首相に書簡を書いていたかと思えば、次の瞬間には幼子のレインコートを持っている。それが秘書官なのだ[43]」。アディーンは古い礼儀作法を守り、イライラした仕草をめったに見せなかった。ある日、アディーンがバッキンガム宮殿を出ようとして、ある王室伝記作家につかまったときの話をケネス・ローズが書いている。その作家はある問題を抱えていた。「アディーンは熱心に話を聞いていたが、その作家は何となく、アディーンがこの場を去りたいのではないかという雰囲気を感じ取った。それから一、二分たってからアディーンはこう切り出した。『大変申し訳ないのですが、自宅が火事になったという連絡がちょうど入ってきましてね。私ならかまわないのですが、なにせセント・ジェームズ宮殿の一角でして……』」▼44

　ロイヤルファミリーが携わる国内外の公務がはるかに拡大し、メディアがこれまでになく厳しい監視の目を向けている時世にあって、女王が必要としていたのは前向きな考えを持つ秘書官の存在だったのではないか。しかし、マイケル・アディーンはそういうタイプの人物ではなかった。頭脳は明晰だが、冒険はせず慎重だった。決断を迫られると、たいてい宮殿の前例を踏襲した。女王に代わって書いたスピーチはどれも、おもしろみに欠けていた。宮殿では物事が予定調和で進んでいた。少なくとも、オルトリンガム卿が登場するまでは。彼が現れてからというもの、物事は二度と以前のようには進まなくなった。

　オルトリンガムの父親はエドワード八世のアドバイザーを務めたエドワード・グリッグ卿で、国王がまだ皇太子になったばかりのころは公務に随行することもあった。オルトリンガム自身は、三〇代のリベラルな保守党員で、一九五七年八月、『National and English Rereview』という発行部数の少ない定期刊行物を編集していた。君主制の未来というテーマで、多彩な執筆者のさまざまな見解を掲載した。この目立たない雑誌が通常よりもはるかに大きな騒ぎを引き起こしたのは、オルトリンガム自身の記事が原因だった。君主制はぬるま湯の状態にあり、融通が利かなくなっていると持論を展開した。国民はロイヤルファミリーに対して敬意を払っているものの、それもいつまで続くか分からない。

女王は一個人として自己主張をする必要があり、「国民の記憶に残ることを話し、国民が思わず姿勢を正してしまうようなことを率先して行う」覚悟がなければならないと指摘したのだ[45]（とはいえ当時はまだ、風向きが変わる兆しはほとんどなかった）。さらにオルトリンガムは、気取った伝統もこき下ろした。例えば若い女性を宮廷に集めて社交界デビューさせるのもその一つで、「いびつな社会のあり方」を宮廷が映し出しているようにオルトリンガムには見えたのだ。彼は、「女王の側近はほとんど例外なく『おっとりとした』タイプ」だとも書いている。時流に合わせて動くことができていないというのだ。そのほかのインタビューで、側近たちを「想像力に乏しい二流の連中で、気概が全くない」と評している。[46]

しかしながら、騒ぎがこうも大きくなったのは、「宮殿は鼻持ちならない人たちであふれている」（でも、正直なところ、本当にそうなのか？）という指摘ではなく、王室スピーチのスタイルと内容に関するコメントだった。そもそも、スピーチの大半はアディーンが書いたものだ。女王の話し方を聞いていると「イライラする」と述べ、「原稿がなければ、わずかな文章でも一気に話すことができない」ように感じると言った。「口の中で生まれ出る音や発話から察するに、女王はまるで、生意気な女学生、ミス・パーフェクト、堅信礼の候補になったばかりの信者のようだ」

実際のところ、記事の内容はエリザベスを取り巻く人々の性格や人間性にかかわることだが、厚かましくも女王陛下を批判するとは何事かと、オルトリンガムはあらゆる方面から攻撃を受けた。英国新聞記者ら、カンタベリー大主教、上院議員の面々が列をなしてオルトリンガムに非難の言葉を浴びせた。ある男性は、英国放送協会（BBC）のテレビジョンハウスから出てきたオルトリンガムに平手打ちし、こう叫んだ。「帝国王党同盟の平手をくらえ！」

しかしながらバッキンガム宮殿内部の反応はさまざまだった。それほど型にはまっていない若手の廷臣たちは、オルトリンガムの指摘も一理あると考えた。オルトリンガムと女王秘書官補のマーティン・チャータリスは共通の友人の仲介で、ひそかに会合を持っている。三〇年後、イートン校の政治集会で、チャータリスはオルトリンガムにこう話した。「あのとき君は王室によく尽くしてくれた。ようやく公の場でそう言えることをうれしく思う」[▼47]

宮殿はゆっくりと変わり始めた。しかし、本当に変わるにはまだ時間が必要だ。英国王室では何事も決して一気に起こらない。一九七二年までエリザベス二世に仕え続けたアディーンにも（長過ぎたと見る向きもある）、問題があったかもしれないが、アディーンを擁護する人たちに言わせれば、オルトリンガムがアディーンを攻撃するのはお門違いだという。「マイケル・アディーンはとても礼儀正しかった」と友人で芸術家のジョン・ウォードは言う。「水彩画をたしなみ、とても立派で機転の利く人だ。困難なことがあれば正面から立ち向かい、うまく逃れようとは決して思わない」[▼48]。しかしながら、それだけ機転が利いても、アディーンは過去の人であり、未来の人ではない。アディーンが一九五三年から女王の秘書官を務めている間に、英国はもとの面影がないほど変わってしまったのだ。ロイヤルファミリーも時代に追い付くことが求められた。

第2章 威厳ある奴隷

一九六〇年、若きウィリアム・ヘーゼルタインが、バッキンガム宮殿初出勤の日を迎えた。頭には下ろしたての帽子。ちょうど前英首相のアンソニー・イーデンがいつもかぶっていたような、黒くておしゃれな中折れ帽のホンブルグハットで、キャンベラを離れてからもらったものだ。それまでオーストラリア首相ロバート・メンジーズの私設秘書として働いてきたが、全く違うレベルのフォーマル度が求められる。「キャンベラでは、仕事で帽子などかぶったことがなかった」と本人は話す[1]。しかし、女王の報道担当秘書官補として出向することになり、まさに新たな世界に足を踏み出そうとしていた。当時、ヘーゼルタインの階級のスタッフがバッキンガム宮殿に入るには、歩いて正面門を抜けて、手許金会計官用の扉を使うのが一般的だった。ヘーゼルタインが言うには、「帽子をかぶっていれば、たいてい衛兵が敬礼してくれる」。

ヘーゼルタインは英王室にとって新しいタイプの人材だった。女王の秘書官マイケル・アディーンは、エリザベス二世の側近があまりにも「おっとり」としていて、世間の感覚とずれているという批判に応えて、英連邦各国政府に声を掛け、将来有望な職員を宮廷の報道担当出向候補者として紹介するよう求めていたのだ。当時三〇歳だったヘーゼルタインはオーストラリア政府から推挙されたのだが、それには本人も驚いたという。いわく、「報道関係の仕事は全く経験がなかったので」。オーストラリア政府の採用担当者は「先方が探しているのは、おそらくどちらかというと普通の感覚を持った人物なのではないかと思った」と答えている。[2]

新しい職場に慣れたら、次は王室の流儀だ。つまり、帽子の次は名前である。

当時はまだ上司の秘書官を「ミス・スミス」や「ミス・ジョーンズ」と呼んでいました。宮廷では、女王からクリスチャンネームで呼ばれていたのですが。マイケル・アディーンと初めて会ったときに、「サー・マイケル」と呼んだところ、本人から指摘されました。「いやいや、宮廷ではクリスチャンネームで」と。そうは言っても、下々の使用人は依然として苗字で呼ばれていました。でも当時、いつも「シリル」と呼ばれている従者がいたので、私はリチャード（報道担当秘書官のリチャード・コルヴィル）になぜあの従者だけ下の名前で呼ばれているのか、尋ねてみたのです。すると「あぁ、別に特別な話ではない。シリルは幼い王子たちのお世話係から始めたからね。お世話係は皆、クリスチャンネームで呼ばれるのだよ」。昔の呼び名がそのまま使われていたのです。[3]

ウィリアム・ヘーゼルタインが加わり、女王の側近たちの考え方が次第に変わり始めた。オルトリンガムの批判に関しても、このまま門を閉ざしていてはいけない、もっと寛容にならなければと考えるようになったのだ。もはや王室は、英国国内で生じている社会の変化や、王室の言いなりだったこれまでの態度を急速に変えつつあるメディアからの要求を、これ以上無視できなかった。ヘーゼルタインはこの二年間の報道部出向で、自身の能力を側近たちに印象づけ、メディアとの関係性でこれまでない視点をもたらした。オーストラリアから帰国後の一九六四年、王室から「報道部でもう一度働かないか」と誘いを受けた。今度は正式な職員としてだという。リチャード・コルヴィルが引退したら、彼が報道担当秘書官を引き継ぐのではないかと見られていた。マイケル・アディーンも、問題がなければヘーゼルタインが女王秘書官の下に就く三人の秘書官の一人になる予定だと明らかにしていた。

ヘーゼルタインのメディアへのアプローチはコルヴィルと全く違っていた。まず、彼はジャーナリストが好きだ。「私はメディアと連絡を取るのを、どちらかというと楽しんでいました。リチャード・コルヴィルが私のように楽しんでいたという話は聞いたことがないように思います。リチャードはメディアの人たちを十把ひとからげに下等なものと見なしていたのではないでしょうか……考え方がとても古くて、あまり親しくない人の名前は苗字で呼ぶことを善としていました。一部のメディアの人たちは苗字で呼ばれると『見下されている』と感じるようで、全くもって受け入れられていませんでした」[4]

その一方で、ヘーゼルタインはコルヴィルについて、ある興味深い見解を示している。コルヴィルのメディア対応には常に、女王自身の思いを反映していると言うのだ。「リチャードは、もともと女王から与えられた勅許に基づき業務を遂行していました。当時の女王の指示は、『公式なものは公式であり、私たちが公に行うことは、メディアが取材できるようにあらゆる便宜を払う。しかしながら、家庭生活、特に子供たちの生活はプライベートなものであり、守られなければならない』というものでした。そこでリチャードは、こうした指示を言葉通り忠実に実行したのです。私はリチャードを人として慕っていました。同じ職場で働く先輩としてとても大切な存在だったのです。でも、メディア対応の考え方は私とは全く違っていました」[5]

王室のメディア戦略は、コルヴィルが報道の責任者だったころから徐々に変わり始めていた。メディアから足を引っ張られないと判断されれば、公務や行事の情報は公表されるようになった。それどころか、メディアのメリットになるようなイベントを用意することが、宮廷にとって最も配慮すべき事項になったのだ。例えば一九六七年、ヨットの世界一周を達成したフランシス・チチェスターにナイトの爵位を授与したが、授与式は通常のようにバッキンガム宮殿で内々に行われずに、グリニッジ宮殿で公式に執り行われた。この式典では、頭の固い側近たちでさえ進化したことが窺えるエピソードがある。一五八〇年、世界周航を成し遂げた初めてのイングランド人、フランシス・ドレイク〔英国の私掠船船長〕にナイトの称号が与えられたが、その授与式でエリザベス一世が使用した剣が、今回のチチェスター爵位授与式でも用いられたのだ。このアイデアを考えたのが、ほかでもないコルヴィルだった。

ヘーゼルタインはメディア対応の透明化に取り組み、女王もそれを黙認していたが、少なくとも一度は対応を間違えたことがあった。一九六九年、フィリップ王配の発言で、王室の予算に関する話題が立て続けに報じられた。訪米時にＮＢＣ〔米国最古のテレビ局〕のインタビューを受けて、王室は今や「赤字に転落」しそうだと話したのだ。既に小さなヨットを売却しなければならない状況だと説明し、こう付け加えたのだ――「もっと狭い住まいに移らなければならなくなるかもしれません。神のみぞ知る、です」。この件でヘーゼルタインは、今後どのくらい節約しなければならないのかとあるジャーナリストから尋ねられて、「それは私の口からは何とも。ただ察するに、厩舎 Royal Mews の馬はすべて手放すことになるかもしれません」と答えた。しかし後にこれは、女王秘書官からどうやら「極めて遺憾な回答」だと指摘されたようだ。女王の馬の話は、誰も触れられない。それは知っていて当然のことなのだ。とはいえ、ヘーゼルタインは女王のお気に入りで、それはヘーゼルタインが宮殿を去ってからもずっと変わらなかった。

こうしたヘーゼルタインの変化で、王室のメディア対策にはわずかながら違いが見られるようになった。女王に危機感を与えるほどではないものの、ＢＢＣの役員が、「間違いなく、宮殿に変化の動きあり」と気付くほどはっきりしていた。[6]ヘーゼルタインいわく「前衛過ぎるのは君主らしくないとはいえ、時代から随分と取り残されるのを平然と見ている余裕もなかった」。しかしながら、あのとき始まっていたことが進化だとしたら（そして、それが概してエリザベス二世が好む変化のあり方であり、その変化は一定の速度で、社会を引っ張るというよりも社会の動きを反映したものだとしたら）、一九六九年に起きたことは変革である。

ロイヤルファミリーがテレビの密着ドキュメンタリー番組に出演して日常生活を紹介するというアイデアは、もともとマウントバッテン卿の義理の息子である映画制作者のブラボーン卿が考えたものだ。ブラボーン卿は、義父の人生と業績について取り上げた一二回シリーズのテムズ・テレビジョンの番組が成功したことからヒントを得た。フィリップと昼食をともにしながら、女王も同じようなことをやってみるとよいのでは、と提案している。ある元廷臣によると、「ドキュメンタリー番組の話はジョン・ブラボーンとウィリアム・ヘーゼルタインの双方から持ち上がった。二人とも、ロイヤルファミリーはあまりにも魅力に欠けた存在であり、誰かがそのベールをはがすべきなのではないかと感じていた」。[7]

ドキュメンタリー撮影に至った経緯に関して、ヘーゼルタインは若干違う捉え方をしている。「まず何よりも」カーナヴォン城で予定されているチャールズの皇太子叙任式を前にして、殺到するメディア各社の取材依頼に対応するためだったと話す。一九歳の王子の様子を記録に残すべきだという提案もあったが、ヘーゼルタインには茶番に思えた。

まだ人生の入り口に立ったばかりの若者について、一体何を語ることができるというのでしょうか。でも確かに、この若者の運命は普通とは全く違う方法で決められるものであり、彼にはこれからある特別な役割、つまり、現在母親が担っている役割を果たすための教育や準備が待っています。そこで女王とエディンバラ公爵のお二人は熟慮の末、女王がどのようにして公務をこなしているのか、さらには皇太子にこれから何が待ち構えているのかを紹介するテレビ番組の撮影に同意したのです。ここは謙虚さを忘れて、このアイデアを思いつき、形にしたのはほかでもない私だと名乗りでることにしましょう。

ヘーゼルタインが考えたように、このアイデアの目的は、テレビ局側の条件で番組に出演し、ゴシップ記事と新聞に毎日掲載される王室行事日報との隔たりを埋めて、ロイヤルファミリーに人間味を与えることだ。このプロジェクトを最初に提案したのはフィリップ王配だったかもしれないが、ブラボーンの指摘通り、ヘーゼルタインなしでは実現できなかっただろう。「ヘーゼルタインは番組の趣旨を完璧に理解していた」[8]。女王は警戒していたが、条件付きで承諾した。ＢＢＣドキュメンタリー部門のトップであるリチャード・カウストンは、一年間に及ぶロイヤルファミリーの撮影に着手し、女王が米国大使に接見する様子から、フィリップが書斎で仕事をする姿、バルモラル城でのファミリーピクニックまで、彼らの生活に密着した。その取材から制作された番組『ロイヤルファミリー Royal Family』は一九六九年六月二一日にＢＢＣ１で放送され、その八日後には民間放送局ＩＴＶでも放映されたが、いずれも大成功を収めた。ＢＢＣオーディエンスリサーチの視聴率調査によると、全国民の六八パーセントがどちらかの放送を視聴したという。

しかしながら、この放送は議論も呼んだ。いったんロイヤルファミリーの私生活を公開すると、歯止めがかからなくなるのではないか？　私生活のどの部分を公開すべきで、どの部分は隠しておくべきなのか、ロイヤルファミリーに継続的な決定権があるのか？　そして放送から半世紀以上が経過した今、タブロイド紙によるプライバシーの侵害が何十年も続いてきた責任は、この番組にあると見るべきではないのか？　「私は『ロイヤルファミリー』の放送に関して、全く後悔していません」とヘーゼルタインは話している。彼はさらにこう続けた。

私は今でもまだ、一九六八年にロイヤルファミリーが下すべき決断が、おとなしく座ったままテレビ局任せにするのか、それとも、もっと積極的にテレビを使うのか、一体そのどちらだったのだろうかと考えています。ディック〔リチャード〕・カウストンが制作したあの番組の放映は、テレビ史上、女王の戴冠式以来最も重要な瞬間であったのは間違いありません。途方もない人数の英国国民があの番組を視聴しました。一カ月後の例の出来事、人類の月面着陸よりも視聴されたのですから。従って、「ロイヤルファミリーは、すぐにこれが大きな過ちだったと気付くことになる」という一部のコメンテーターの意見は、私の知る限り、全くもって間違いです。[9]

王室メンバーの大半が番組放送の効果に満足していたが、一人だけ例外がいた。それはアン王女である。王女は当初からこのプロジェクトに嫌悪感を示しており、この番組は総じて有害だったというのが王女の変わらぬ見解だった。

　ヘーゼルタインが功績を残した王室変革はほかにもある。それがウォークアバウト walkabout だ。今や王室メンバーが集まった国民の列に足を運び、親しげに言葉を交わす様子は当たり前の光景だが、一九七〇年以前には決して見られなかった。ヘーゼルタインによると、このアイデアは当時女王秘書官補だったフィリップ・ムーアと、ロイヤルツアーを取り仕切っていたニュージーランドの官僚パトリック・オーディ卿の三人で考え出したものだという。きっかけは、一九六三年の女王のニュージーランドとオーストラリア訪問だ。このとき国民の間では、前回一九五三～五四年の訪問時の熱狂的な歓迎ぶりと比べると、反王室のムードが漂っていた。そこで流れを変えようと考え出したのが、「女王とエディンバラ公爵に、目的地よりも少し離れた場所で車を降りて、最後は歩くというアイデアでした。お二人を一目見ようと集まった群衆の何人かに、一言二言でも声を掛けてもらうようにしたのです」。ヘーゼルタインはメディア対応で大いに貢献した。「いつもなかなか厄介な仕事でしたが、何とか切り抜けていました[10]」

一九七二年、ヘーゼルタインは報道担当から秘書官事務局に異動した。それからの一四年間は例に違わずいばらの道が待っていた。秘書官補から副秘書官へと進み、エリザベス二世の秘書官になったのは一九八六年だった。それでは秘書官とは何なのか。彼らは一日中、一体何をしているのか。

簡単に言えば、君主と大臣、特に首相との橋渡し役である。また、公務の管理や演説の準備、書簡の対応もこなす。さらには、謁見直前で緊張した面持ちの来訪者を落ち着かせるのも実は彼らの役目だ。

しかしながら、もちろん簡単に説明できる仕事など一つもない。政治理論学者で経済学者のハロルド・ラスキがヴィクトリア女王の秘書官ヘンリー・ポンソンビーの伝記を紐解き、一九四二年にこの仕事の定義を試みている。いわく、秘書官の役割とは、「威厳ある奴隷」である。出しゃばりとは思われないように出しゃばる方法を知らなければならず、「悩みを抱えた政治家」と「嫉妬に駆られた廷臣」との間でうまく舵を取る方法も身に付けていなければならない。また、「君主が犯した過ちの責任を取ることができなければならない」とラスキは話す。

数えきれないほどの秘密を抱えながら、表に出してもよい話と出してはいけない話を見分けなければならない。（中略）王室の秘書官は常に綱渡りをしているようなもので、足元にどのような地獄が口を開いて待っているのかは分からない。君主がエドワード七世のように怠惰であれば、秘書官のせいで、判断ミスが生じる可能性も否定できない。一方で、ヴィクトリア女王のような勤勉な君主であれば、立憲制度における立場をはっきりさせるために、秘書官のあらゆる機転や配慮が求められる。

何よりも、秘書官は自分自身の意見を捨てなければならないとラスキは説明する。「君主が自分の考えを押し付けるタイプの場合、その秘書官は追い詰められやすいので、ほぼ無我の境地にならなければならない。というのも、個人的な野望がかすかにでも見え始めたら、秘書官としては役に立たなくなるからだ[11]」。ラスキの言わんとすることは関係者の大半が同意している。その一方で、ラスキはこうも書いている。「秘書官というのは、その半分は本当の意味で、政治家でなければならないが、残りの半分では、いざというときは単なる従僕と紙一重の存在になる覚悟が必要だ」

だが、結論を出すのはまだ早い。憲法の専門家ヴァーノン・ボグダナーは、ラスキの指摘について、秘書官事務局の本質を誤解していると話す。「そのような姿勢を取る秘書官は、君主にも憲法にも仕えているとは言い難い[12]」。例えばヘンリー・ポンソンビー卿は、ヴィクトリア女王が間違っていると思えば、女王に対して進言を躊躇しなかったという。

それにラスキは、秘書官の君主対応能力の重要性を甘く見ている。単に魅力的な人物だからという理由だけで選ばれる秘書官など一人もいない。何年にもわたりともに働くことになる人物と良好な関係を構築できる能力は、かけがえのないものだ。凡人であれ、堅物であれ、気取り屋であれ、策士であれ、反抗者であれ、君主がその姿を目にするのも耐えられない相手であれば、全く役に立たない。相性が良いことは不可欠で、君主を笑顔にできる能力も極めて重要だ。気分良くやりとりができるテクニックはもちろんのこと、気まずい空気を変えるテクニックも貴重である。ウィリアム・ヘーゼルタインはそうしたことが如才なくこなせた。ある夏、ロイヤルファミリーが休暇をいつものようにバルモラル城で過ごしていたときのことだ。よくピクニックにいく山小屋で昼食を取った後、女王が片付けをしていた。ほうきを持つ女王を見て、ヘーゼルタインがからかった。「ここを掃いたのはエリザベス女王ですよ……」。その言葉をきっかけに、ロイヤルファミリーの面々は一斉に笑った。

もちろん、笑いは時と場所を選ぶ。あの秘書官のヘンリー・ポンソンビーでさえ手こずったことがあった。まだアルバート王配の喪に服していたころ、侍従たちの部屋からドッと笑い声が聞こえてきて、ヴィクトリア女王がメモをよこしたのだ。そこにはこう書かれていた。「そんなに笑わせないように、ポンソンビーさんに注意する方がよいでしょうね[13]」

秘書官とその秘書官が仕える君主との関係がうまくいくかどうかは、君主の性格次第だ。ヴィクトリア女王はとても気難しく、ヘンリー・ポンソンビーは持てる駆け引きの技をすべて駆使しなければ、女王の相手はできなかった。エドワード八世の場合は、対応できる相手がほとんどおらず、助言もまず受け入れられなかった。さらにジョージ六世は、秘書官からあれこれ指図されたくないという立場を明確に示していた。一方、エリザベス二世はというと、比較的裏表がない主君だったようで、秘書官たちにはいつもざっくばらんに接していた。ある元上級廷臣がこう話している。「廷臣の役割は助言することです。その役割を全うするために問われるのは、主君との仕事で、腹を割る覚悟があるかどうかなのです。その点、エリザベス女王が相手なら問題はありません。なぜなら、廷臣が何のために女王の目の前にいるのかよくお分かりだからです。いつも廷臣の意見に同意するとは限りませんが、耳を傾けて、何を伝えようとしているのか分かろうとされます。私の重要な役割は、女王に対して、『女王、これが現状ですよ、具体的な状況はこうですよ、こんな可能性もありますよ、これが選択肢ですよ、私はXがいいと思いますが』と伝えること。そうすると、女王は『これは全くダメ』とか『これは考えさせて』とか『そうね、私はYだと思います』とか『なるほど、いいわ、それにしましょう』と返事されます[▼14]」

　時には謎解きが必要な回答もある。「女王は暗号を使って話されますから、廷臣の役割には暗号の解読も含まれます。とはいえ、たいていどのようなお考えなのかは分かります。例えば『そうね、その件は考えさせて』。家族の話であれば、『たぶん、フィリップに聞かないといけないわね』といったように。でも、会話を続けていくうちに、その話に賛成するのか、どんな見解を持っているのかがかなり明確になります。女王は通常、極めてはっきりした意見をお持ちですから」

　とはいえ、秘書官の仕事はとても厳しい。特に秘書官が秘書兼アドバイザーとして仕える人物は、英連邦各国の国家元首であり、君主でもあるからだ（二〇二一年末にバルバドスが君主制から離脱し、現在対象となる国は英国以外で一四カ国）。ある元秘書官が作家のスティーヴン・ベイツにこう話している。

> 近年、秘書官が業務を担当するのはたいてい八年から九年です。それより長く続けてもいいことはありません。ストレスがたまる仕事で、特に近ごろはメール対応に追われています。女王がロンドンにおられるときは毎朝、秘書官と副秘書官が女王にご挨拶し、たいていそのまま夕刻まで、書簡の対応やら演説の作成やら業務をこなします。（中略）忘れてはならないのは、毎日アド

バイザーという重要な仕事が待っていることです。それに危機はいつ降りかかるか分かりません。例えばダイアナ妃死去の後が、まさにその状況でした。
ご存じのように、女王はとても几帳面で、この道のプロです。もう長い間続けておられますから。何かまずいことが起きれば、すぐに察知されます。秘書官は端々まですべてに目を光らせ、状況を叩き込まなければなりません。この仕事に近道はないのです。女王が直接非難されることは決してないでしょう。でも、相手から目をそらしません。最悪の場合、こうおっしゃいます。「それで間違いはないのね？[15]」

ラスキが説明した秘書官の役割には、ほかにも足りない部分がある。ラスキの説明を読むと、秘書官はほとんど受け身の仕事ばかりで、上司の話を聞き、大臣の対応や対策の検討に携わり、助言を考えているうちに一日の仕事が終わるような印象を受けるが、彼らは指揮も執る。しかも自発的にだ。時には、あらかじめ主君に相談せずに行動する場合もある。別の元秘書官はこう話している。「廷臣に求められているのは、すべてを把握することです。でも、だからといって、すべてを主君に伝えるとは限りません[16]」

エリザベス女王統治下で、在任時、王室の難しい財政問題に携わらずにすんだ秘書官はまずいないだろう。ウィリアム・ヘーゼルタインも例外ではない。報道担当秘書官としては、女王支出調査で王室費のチェックをやめさせようと、メディア相手に戦った。ヘーゼルタインも渋々認めたように、それは勝てる見込みが全くない戦いだった。もう一つの戦いは所得税に関するもので、秘書官在任中に勃発した。

税金とロイヤルファミリーの歴史は複雑だ。ヴィクトリア女王は自主的に所得税を支払っていたが、これに一八四二年にロバート・ピール卿が導入したものである（当時の税率は現在と比較にならないほど低い）。エドワード七世も同様に所得税を支払ったものの、実は何とか免れようとしていた。ジョージ五世とジョージ六世は免税を推し進め、エリザベス二世も当初数年は所得税を一切支払っていなかった。女王即位直後には投資収入の納税免除が容認されている。これは女王の父親ですら享受していなかった免税だ。[17]

一九六〇年代以降、王室の財政問題に注目が集まり、ロイヤルファミリーが納税者の納めた巨額な税金を受け取ることに正当性があるのか疑問視されてきた。一九七一年、秘書官のマイケル・アディーンは下院の特別委員会で証言し、エリザベス二世の窮地を救っている。王室費を見直した同委員会が、アディーンに対して次のように尋ねた。「女王はその金額に見合った価値を生み出しているのか」。それに対しアディーンは証言で、女王は一日に三時間をかけて政府の報告書を熟読すること、英国全土で行われる幅広い公務に当たることなど、女王が身を粉にして働く様子をとくとくと伝えたのだ。また、女王はこれまで数え切れないほど公式行事に参加されてきたものの、いまだに緊張されないときはないと説明した。地方の町の公務では、終日「見るものすべてに積極的に興味を示したり、地元住民に優しい言葉をかけたり、質問を投げかけたり、車で移動するときには常に微笑みを浮かべて、沿道に詰めかけた市民の声援に応えたり、時にはそれが何時間にも及ぶことがあり、このような要請に応じた活動はしかるべく評価されなければなりません」[18]。アディーンは自らの証言で目的を達した。女王の収入を四七万五〇〇〇ポンドから九八万ポンドに増額するよう委員会が提言したのである。その一方で、議会による徹底調査が初めて導入された。新たな法律に基づき、管財人が王室費を毎年見直し、一〇年に一度、国会に報告することになったのだ。そのステップを踏まなければ、財務省は王室費の増額を発令できない。
その間も、なぜ女王は所得税を支払わないのかという疑問が途切れることはなかった。それに対して女王の名の下で反論が展開された。第一の反論は、免税は「君主は自らに課税できない」という原則に基づき、古くから受け継がれてきた伝統であるというもので、第二の反論は、そもそも女王には税金を払う余裕がないというものだ。免税が比較的最近の変更点であることを考えると、第一の意見は明らかにナンセンスである。一方、第二の意見は議論のテーブルに乗らないこともないが、必ずしも納得できる説明ではない。世論が動くさまを感じ取っていたヘーゼルタインは、一九八〇年代に入り、今こそ変化のときだと考えた。「所得税納税というアイデアを実行に移そうとしましたが、うまくいきませんでした」とヘーゼルタインは話す。「ある段階で新聞に話したのですが、後追い記事が出なかったのです」。所得税を払えば、女王に対する批判の沈静化が見込まれる一方、納税が女王にとって大きな痛手になるとは限らないというのがヘーゼルタインの目算だった。

私たちはいつも、「女王には、納税していない莫大な個人所得があるじゃないか」と言われていました。もちろん、この個人所得は大半がランカスター公領の収入でした。ロイヤルファミリーのメンバーには公務に携わっていながら王室費を受け取っていない人たちがおり、女王はそうしたメンバーだけでなく、（中略）王室礼拝堂の聖歌隊のような活動や、各宮殿やロイヤルファミリーの資金調達に付随するあらゆる活動にも、公領の収入から資金を提供しています。それに、もしこうした状況がすべて明らかになれば、その収入のうち実際に課税対象となる金額はあまり多くないと分かるでしょう。というのも、収入から支払われた金額の大半が経費として分類されるはずだからです。それに、この個人所得が課税されているとなれば、当時一部のメディアや世間で騒がれていた「女王は個人所得の税金を納めるべきだ」という非難を避けることができる、そう私は考えたのです。

それではなぜヘーゼルタインの考えは実現しなかったのか。「私が考えるに、女王ご自身が反対したのでしょう。亡き国王から、これは王室財政のとても重要な部分であり、決して疑問視されるべきものではない、もし課税対象にでもなれば、このまま王室を維持する余裕はなくなるだろう、そんなふうに教えられたのだと思います」

それから数年後、女王が「ひどい年 annus horribilis」と称した一九九二年の終わりに（この年は、女王の子供たち三人の結婚生活が破綻し、ウィンザー城が大火災に見舞われた）、女王は所得税納税の開始に同意した。「私が辞めた後の、ウィンザー城の火災で避けられなくなりました」とヘーゼルタインは話した。その一〇年後に女王の秘書官を務めたジャンヴリン卿、ロビン・ジャンヴリンは、このような考え方を「機が熟すのを待つ主義 the doctrine of unripe time」と呼んでいた。多くの物事が実現しないのは、時が適切でないと感じるからだ。その後、危機が訪れて、六カ月前に何かやっておけばよかったと宮殿は突然気付く。エリザベス二世の所得税納税の場合は、それが六年前だったのだ。

ヘーゼルタインが納税するよう女王を説得できなかったことから、多くのことが読み取れる。第一に、宮廷の慣性力に打ち勝つのは決して簡単ではない。当然、「機が熟すのを待つ主義」が悪影響を及ぼしたことはこれまでも何度もある。第二に、ラスキいわく、廷臣は必ずしも従僕ではない。彼らは革新者にも、変化をもたらす力にもなり得るのだ。第三は、「廷臣とは、自らの主人を自らの利益のために操るのを得意とするマキアヴェリ的陰謀者である」と思いたい人たちは、覚えておくとよい――君主はときに、廷臣の言う通りには行動しないものなのだ。

＊

一九七二年、ちょうどヘーゼルタインが報道担当から秘書官事務局に異動した頃、マーティン・チャータリスがマイケル・アディーン卿の後継者として女王秘書官に就任した。チャータリスはそれまでも長らく宮廷で働いていた。イートン校出身（アディーンと同じ）、第二次世界大戦に従軍した元軍人で、宮廷には一九五〇年にエリザベス王女の秘書官として入った。ジョージ六世が崩御し、エリザベス王女が女王になったときにケニアでエリザベスと一緒に過ごしていたのもチャータリスである。それから二〇年間、秘書官補として従事し、秘書官補歴は最も長い。

マーティン・チャータリスといえば、重要なポイントが二つある。まずは、少なくともウィリアム・ヘーゼルタインの意見では、エリザベス女王に仕えた秘書官の中で最高の秘書官であること。一九九九年に亡くなったとき、タイムズ紙はチャータリスを「最も素晴らしい女王秘書官。鋭い判断力と魅力を持ち合わせ、優れた政治的感性と明るい人柄が際立っていた」とたたえた。[20] もう一つは、女王を敬愛していたことだ。それはいつも変わることはなかった。

チャータリスは新しいタイプの廷臣を象徴する存在（従来の廷臣よりも、想像力が豊かで、慣習にとらわれず、はるかに保守的でない）だったが、上流階級出身である事実から逃れることはできなかった。第一次世界大戦中、エジプトで命を落とした父親のヒューゴは、エルカウ卿であり、母親はレティの名で知られるヴァイオレット・マナーズ、エルカウ卿夫人だ。夫人はトミー・ラッスルズと仲が良く、実のところ、トミーがロイヤルファミリーに仕えるようになったのも、きっかけはその母親だった。なお、チャータリスの父方の祖父は第一一代ウィームズ伯爵で、母方の祖父は第八代ラトランド公爵になる。

チャータリス本人も嬉々として話していたのだが、彼は縁故採用で宮廷に入った。チャーチルの元個人秘書、ジョック・コルヴィルと知り合いだったのだ。コルヴィルは二年間、エリザベスがまだ王女だったころに秘書官として宮廷に出向しており、その妻はトミー・ラッスルズと親しかった。「採用までの過程は実に簡単でしたよ」。チャータリスは作家のジャイルズ・ブランドレスにそう話している。「身元調査なし、面接なし、秘密取扱者適格性も確認されなければ、必要な資格も求められず、訓練もありませんでした。そういうものなのです[21]」

育ってきた環境がプラスに働いた。「宮廷の生活には懐かしさを感じました。もちろん、そこまでスケールは大きくありませんでしたが、家具を磨いた匂いはまさに子供のころの家の匂いと同じでしたから[22]」。エリザベスを一目見て、圧倒されたという事実もプラスに働いた。「お召し物は青いドレスで、大きなサファイアのブローチがついていました。明るい青い目と透明感のある肌に言葉を失いました。若くて美しくて、誠実。すぐに、この方に仕えることができるなら、本望だと思ったのです[23]」

二人の関係は最初の数年で確固たるものになった。当時、エリザベスとフィリップはクラレンス・ハウスで暮らしており、配下のスタッフとは頻繁にダイニングルームで一緒に昼食を取っていた。チャータリスから見ればアディーンは「堅物」だったが、そのアディーンとは違い、チャータリスはおしゃべり好きで、近寄り難い雰囲気がなく、愉快な人物だった。半月眼鏡と、からかうような表情も特徴だ。チャータリスは、エリザベスを一人の人間としてどう扱えばよいのか、適切な方法を熟知していた。二人の関係は間違いなく特別だった。女王の元報道担当秘書官チャールズ・アンソンは「女王は笑わせてくれる人が大好きなのです」と話している[24]。チャータリスがそばにいるかどうかは、たいていかぎタバコの匂いで分かった。匂いがつけ襟から漂っていても、チャータリスは全く気にしていないようだった。宮廷のほかの堅物メンバーがどのように考えていようと関係ない。

チャータリスが秘書官として傑出しているのは、その説得力にあるとウィリアム・ヘーゼルタインは見ていた。「ウィットに富み、魅力にあふれた人物です」と話す。重要なのは、女王をはじめとするロイヤルファミリーが世間との関係性を変えようと考えていることに、チャータリスが好感を抱いていたという点だ。王室は決して時代に先んじても、時代に同調してもいけない、かといって、時代から大きく取り残されるのも問題だとチャータリスは考えていたのだ。「女王と実に長い時間をともに過ごしてきたのですから、自分と同じ見解を持ってもらうように女王を説得するのは、おそらくほかのどの廷臣よりも上手だったのではないでしょうか」とヘーゼルタインは分析する。

チャータリス自身も一九九三年のインタビューでこう答えている。「女王は、何かよくないことがあるとそれを見抜くのがお上手です。（中略）そのため、女王は堂々と否定的な判断を下されます。しかしながら、行動に移すのは苦手とされているので、ほかの誰かが具体的にどうすればよいのか女王に教えなければなりません」▼[25]

チャータリスが秘書官になり、明らかに変わったのは女王のスピーチである。間違いなくおもしろくなった。前任のマイケル・アディーンのスピーチでは、度を過ぎたユーモアだと非難されることなど決してなかったのだ。例えば結婚二五周年を祝うために一九七二年にロンドン市庁舎で行われた銀婚式昼食会では、少しばかり自虐的な話から始めた。「皆さんはおそらく、今日くらいきっとスピーチが『夫と私は』で始まるに違いないと思われていることでしょう」。そしてこう続けた。「私たちは――つまり、私たち二人はという意味ですが……」。それを聞いた出席者がどっと笑ったことをヘーゼルタインは覚えている。「実にマーティンらしい」。マーティン・チャータリスはいつも自分のジョークを自画自賛していた。

チャータリスから一九七七年の即位二五周年記念式典（シルヴァー・ジュビリー）の開催を促され、女王は同年、国会議事堂（ウェストミンスター・ホール）の上院・下院両議員に向けてスピーチを行った。ちょうど政府がスコットランドとウェールズの権限移譲を計画していたときで、女王はスコットランド人とウェールズ人の大志はよく分かるとした上で話した。「私が即位したのは、グレートブリテン及び北アイルランド連合王国の女王であることを決して忘れることはできません」。そしてこう続けたのだ。「おそらく私たちはこのジュビリーを契機にして、連合王国がこれまでこの英国全土に暮らす人々に授けてきた恩恵を、それが国内のことであれ国外のことであれ、もう一度考えるべきなのでしょう」

このスピーチはスコットランドの民族主義者には好意的に受け入れられなかった。大きく意見の分かれるテーマについて、女王がここまではっきりと自らの意見を述べることに慣れていなかったのだ。憲法の正当性が定める権限を逸脱しているのではないか。女王は政党政治の領域に踏み入っていないか。首相のジェームズ・キャラハンは驚きのあまり、自ら執務室に連絡を入れ、その女王のスピーチはあらかじめ首相官邸で承認したものなのかどうか確認しなければならないほどだった（実際に承認していた）[26]。このスピーチにはマーティン・チャータリスの形跡があちらこちらに見て取れる。チャータリスは常に自分が書いた言葉ではないと言い張ったが、「そう書くように仕向けた」のは彼だ。ヘーゼルタインはこう話している。「マーティンでないとすれば、一体誰があそこまで率直な意見を述べるよう女王を説得できたというのでしょう」[27]

一九七七年末にチャータリスが引退するときには、女王が見送った。娘のアン王女も同伴させたのだが、これはアン王女なら母が涙を流すのを許さないだろうと分かっていたからだ。「女王はマーティンが泣くと分かっていました。実際、マーティンは泣いたんですよ」と未亡人のゲイ・チャータリスが王室伝記作家サリー・ベデル・スミスに話している。「感情を外に出さない人ではありませんでしたから。でも女王は泣かれませんでしたよ。口数が少ないほどよい、それが女王のお考えでした」。女王はチャータリスにシルバートレイを贈呈し、「生涯にわたり仕えてくれたこと」に対して感謝を示した。チャータリスは落ち着くと、こう女王に話した。「次回、このトレイをお見せするときには、ジンとトニックウォーターを載せてお出ししましょう」[28]。チャータリスは二七年間にわたり女王に仕え、在任中、女王との間にどの秘書官もなし得なかった関係を築き上げた。女王の廷臣であると同時に、友人でもあると、多くの人が考えていた。

一九九九年、マーティン・チャータリスが末期がんで入院していると、女王が見舞いに訪れた。二人は一時間ほど話をしたが、病気のことではなく、世間の話題について語り合った。ゲイいわく、「女王は病気の話をしても仕方ないと思われたのでしょう。マーティンも、女王にお仕えしていた当時に話していたようなことを話したかったのだと思いますよ」[29]。時間があれば彫刻に勤しんでいたチャータリスは、晩年、女王のために暖炉の鋳鉄製飾り板を作って過ごした。女王がウィンザー城のセントジョージ礼拝堂に置いた鉄板は、今もまだ変わらずそこにある。

エリザベス二世とチャータリスの関係を見ると、廷臣はその役割を見事に全うすれば、単なる上級職員では終わらないことが分かる。主君との絆は、個人的なものでもあり、仕事上のものでもあるのだ。廷臣は雇われの身ではあるが、共感や理解がなければ、決して務まらない。チャータリスが素晴らしいのは、女王の長所も短所も見抜き、理解していたことにある。だからこそ、女王が変化する時代に適応しようとしたときにうまくサポートできたのだ。理想的な廷臣は、主君を型にはめようとしたり、操ろうとしたりする人ではない。まやかしでは何の意味もないからだ。大衆にロイヤルファミリーの偽りのイメージを植え付けようとしたり、妙な方向に誘導しようとしたりしても、結局失敗に終わるものだ。それは廷臣の役割ではない。廷臣は、新しい扉の方向に導き、その扉を開けるためにそこにいるのだ。そうして開けられた扉を通るかどうかは、ロイヤルファミリーのメンバー本人が決める。

第3章 成長する

チャールズにとってオーストラリア行きは心弾むものではなかった。これから数カ月を過ごす学校で自分がどのように受け入れられるのかを考えると、一七歳のプリンスは不安でたまらなかったのだ。それまで通っていたスコットランドの一流寄宿学校ゴードンストウン・スクールは楽しくなかった。父親が少年時代を謳歌した学校だったが、チャールズはなじめずに苦労した。そして一九六六年の今、オーストラリアでゴードンストウンよりも楽しい日々を過ごせるのだろうか。なにせ英国人叩きが国技の国だ。内気な王位継承者がスコットランド北部の学校よりも温かく受け入れられる可能性はまずあるまい。

チャールズのオーストラリア行きは、父親であるフィリップ王配のアイデアだった。チャールズには鍛錬が必要だと考えたのだ。一方のエリザベス女王は、息子がいつの日か治めるであろう英連邦の国々で経験を積むのは、本人にとってよいことだろうと考えていた。生粋の君主制支持者であるオーストラリア首相ロバート・メンジーズと話し合いを重ね、学校はビクトリア州にある英国国教会ジーロング・グラマー・スクール Geelong Church of England Grammer School に決まった。同校にはメルボルンから北東約一六〇キロのティンバートップ Timbertop と呼ばれるキャンパスがあり、ジーロングの生徒であれば、この奥地で一定期間を過ごすことができる。チャールズはそれまで海外の滞在経験がほとんどなく、単独の渡豪を嫌がった。そこで同行することになったのがデイヴィッド・チェケッツだ。五年間、フィリップに仕えていたが、チャールズの世話役として宮廷にとどまるよう説得された。こうしてチャールズの人生を形作る人間関係の一つが始まった。ただし、その最後はハッピーエンドとはいかなかった。

チェケッツは当初、侍従武官 equerry としてチャールズに仕えた。本来「equerry」は、主人の馬の世話役を意味する言葉で、フランス語の「écurie〔馬小屋〕」から派生したものだ。チャールズがオーストラリアに馬を連れていく予定がないことを考えると、チェケッツを「equerry」と呼ぶのはいささか奇妙な話だが、今日の「equerry」は、現役であれ退役であれ、軍出身の侍従を指し、補佐官として、視察の計画作りやスケジュールの調整、移動の手配、雑用に携わる。しかし、当時三〇代だったチェケッツは、それ以上の存在だった。チャールズが常に幸せであるように心を配っていたのだ。中流階級出身で、現実を見る目も分別もあり、チャールズから目を離さないだけでなく、普通に振る舞うにはどうすればよいのかを教え、チャールズが知らない宮廷以外の暮らしを見せたのだ。オーストラリアを既に熟知していたチェケッツは、チャールズがティンバートップのキャンパスにこもっている間、そこから約二〇〇キロ離れた土地に居を構え、デボン・ファームと呼ばれる家で妻のライラと三人の幼い子供たちと一緒に暮らした。

チャールズの人格はティンバートップで作られた。不安を抱えながらも、下級生の面倒を見る上級生の一人になり、臆病な自分を克服できたのだ。気が付けば、人気者にもなっていた。そんなことはそれまであまり経験したことがない。ティンバートップでの肉体労働は過酷だった。照り付ける太陽の下で薪を割り、両手がまめだらけになったが、チャールズはその手を見るのが嫌だったと話していた。しかし、その苦行も楽しめるようになり、両親には熱い手紙を書いて送った。週末になると、チェケッツ家に宿泊し、しっかりと寛いだ。彼らと一緒にピクニックや魚釣りに出かけたり、時には友人の家を訪ねたり、誘われればポロの試合に出ることさえあった。こうしてチェケッツ家を訪れることで、チャールズは大らかな様子を見せた。ブーメランの練習をしていて牛糞に倒れこんだチャールズが笑い転げる姿を見て、チェケッツはとてもうれしく感じていた。お気に入りのラジオコメディ番組『ザ・グーン・ショー The Goon Show』の物まねをしてはチェケッツの家族を笑わせるほど、チャールズはリラックスしていたのだ。

オーストラリアで六カ月を過ごし、英国に戻ってきたとき、チェケッツはこう書いている。「幼い少年とこの国を離れ、大人の男性とこの国に戻ってきた」[▼1]。ここまで書くと大げさかもしれないが、少なからず真実も含まれている。チャールズは大人になり、自信をつけた。ティンバートップでの体験が、それまでいつも足りなかった自負心を見つけ出すのに役立ったのは間違いないが、チェケッツも少なからず貢献していた。

もともとチェケッツは英国王立空軍に戻る予定だったが、フィリップ王配に説得されて、チャールズの下に残ることにした。最初は侍従武官、一九七〇年以降は最初の秘書官として仕えた。チャールズは公務に携わるようになり、文書の対応や公務をサポートしてくれる人材が必要だった。チェケッツには、必要とされる職務経験があっただけではない。王室伝記作家ペニー・ジュノールによると、オーストラリアでともに過ごしたことで、二人の間には良き友としての関係が育まれたという。ただし、チェケッツはほかの廷臣たちとは違っていた。出身が貴族ではなく、長く王室に仕えてきた家系でもない。どちらかというと外部の立場で、王室の前例に縛られることなく、チャールズとともに二人ならではのやり方を模索することができた。とはいえ時には、チャールズへの影響を抑えなければならないこともあった。チャールズは飛行機好き、パラシュート好きが高じて、「アクションマン・プリンス」と呼ばれていたが、熱気球に入れ込んだときには、これはやり過ぎだとチェケッツは感じた。ハンプシャー州にあるチャールズの大叔父、マウントバッテン卿のブロードランズ邸で計画されていた気球旅行が、天候の関係で中止になったときには、マウントバッテンに手紙を書き、それ以上無謀な冒険はしないようチャールズに意見してほしいと懇願した。マウントバッテンの返事には、謝罪めいた言葉が綴られていた。▼2

そのようなことがあったものの、チェケッツは貴重な局面も含め、チャールズの関心事の変化を敏感に感じ取ることができる心強い人物だった。一九七二年後半、海軍に従事していたチャールズは、ラジオでジョージ・プラットという保護観察官がロンドンの若い犯罪者のためのコミュニティサービスの新しいプログラムについて話しているのを聞いた。若者が人生を棒に振るのは、恵まれない環境で育ったために、精神と物質の両面で必要な支援が得られていないからだという考え方に愕然として、チェケッツを介してプラットに連絡を取り、自分に何かできることはないか聞いた。面談や話し合いを何回も繰り返していくうちに、チャールズはある結論に達した。今私にできるのは、若者一人ひとりが自分自身の人生で役に立つことをできるように手助けする方法を見つけ出すことではないか。この考えから一九七六年に形になったのが、皇太子信託基金 Prince's Trust である。今や、若者を対象にした慈善活動として英国を代表する団体に成長し、これまでに一〇〇万人を超える若者を助けている。

この基金に関してチェケッツはとても頼りになったが、ほかの廷臣はそれほど熱心ではなかった。いつもなら、新しいことでも反対せず積極的に取り入れるマーティン・チャータリスが、これに難色を示したのだ。チャールズは、〔一九七七年の〕女王即位二五周年記念式典に向けた資金調達の財団で長を務める予定であり、皇太子信託基金を立ち上げれば、利益相反が生じるのではないかという。一九七四年、チャータリスはチャールズの秘書官宛てにこう書いている。「皇太子が考えておられる信託基金については、いろいろ落ち着くまで、そのまま温めておかれるのがよろしいかと思います[3]」。チャールズは、自分の大きな夢に立ちはだかった宮廷の人物たちを決して忘れなかった。

ストレスを抱え込んだときのチャールズは、必ずしもくみしやすい相手ではなかった。ケンブリッジ大学在学中も、自分なりの意見を持っていた。例えば、ウィリアム・ヘーゼルタインから、トリニティ・カレッジでの最初の学期が始まるに当たり、ケンブリッジ駐在記者の非公式インタビューを受けてはどうかと提案されたときには、即答を避けた。また、写真撮影でカレッジガウンの着用を求められて、きっぱりと拒否している。在学中は、公式訪問に関して事細かく指示をメモに書き出して、秘書官であるチェケッツに渡し、時には予定されている公式行事をこき下ろすこともあった。どうやら、ゴルフはチャールズの心に響かなかったようだ。有名人が集まるゴルフ大会の優勝カップ授与を頼まれたとき、その依頼書の余白にこう書き残している。「残念だが、私が直接授与しなくてもいい、もしくはゴルフ大会に近づく必要もないことが明確でない限り、この馬鹿げたトロフィー［の贈呈］には同意しない[4]」

チャールズは優柔不断なときもあれば、頑なに意見を曲げないときもあり、廷臣は自らの目的を達成したいと思うのなら、持てるスキルをすべて駆使しなければならなかった。うまくできなければ追い出されるリスクが待ち受けている。一九七〇年代の後半になると、デイヴィッド・チェケッツは自分がまずい立場にいることに気付き始めた。チャールズに対して以前よりも批判的な態度を取るようになり、ペニー・ジュノールもこう書いている。「批判を前向きに解釈することのないチャールズは考えるようになった。手取り足取り教えられているけれど、いい大人になった今、自分はもうそこまで世話をされる覚えはない、と」。別の王室伝記作家サリー・ベデル・スミスは、チェケッツが寵愛されなくなった大きな理由には、チャールズの執務全般が混乱していたことも挙げられると指摘する。というのも、チャールズから執務の責任者として任されていたのが、ほかでもないチェケッツだったからだ。チャールズは、現職のチェケッツに後任人事の話をする前に、〔女王の秘書官だった〕マイケル・アディーンの息子、エドワード・アディーンに後任として秘書官の仕事を依頼した。それまでチャールズの秘書官として九年間務め上げてきたチェケッツは、憤然たる思いで職を辞した。その様子をすべて見ていたある廷臣は「大混乱でしたよ。とても手際よくとは言えません」と話した。[5] 本書執筆現在、デイヴィッド・チェケッツは依然として、チャールズに最も長く仕えた秘書官である。

チャールズ皇太子に仕えた人たちの中で、マイケル・コルボーンほどチャールズから酷い扱いや嫌がらせを受けながらも、耐え忍んだ人物はいない。その反面、彼ほどチャールズから愛されて感謝された人物もいない。中流階級のデイヴィッド・チェケッツが、若きプリンスの人格形成で極めて重要な役割を担った現実は驚きに値するが、それ以上に大きな影響を与えたのが、このグラマースクール〔公立進学校〕出身のコルボーンだ。銀行員として社会に出た後、王立海軍に入隊した有能なコルボーンは、聞く力を発揮しながら、適切なアドバイスと励ましの言葉も忘れずに、忠実な補佐役としてチャールズを支えた。窮地に陥ったチャールズが怒鳴りつける相手もコルボーンである。度を越えて怒鳴りつけたこともあったが、たとえどんな事態になろうとも、全く違う環境で育ったこの二人の、極めて強い絆が壊れることは決してなかった。

チャールズがコルボーンに出会ったのは、一九七一年、地中海上の重巡洋艦HMSノーフォークだ。中尉代理だったチャールズは初めての乗艦で、まだ基礎を学ぶ段階だった。一方のコルボーンは、チャールズより一四歳年上の上等兵曹で、既に二〇年近く海軍に所属していた。チャールズの伝記執筆でコルボーンの人となりを知るようになったペニー・ジュノールはこう話してくれた。「コルボーンは、チャールズにとって少しばかり父親のような存在でした。よくチャールズを自分の船室に招き入れて、自分の結婚や人生について聞かせていました。下層中流階級出身のコルボーンは、実に立派な人物で、善人を絵に描いたような人。私も彼をよく知っています。まだ若くて右も左も分からないチャールズに世の中を見せたのは彼なのです」。コルボーンは、妻のシャーリーと週末に何をしているのか、休暇にはどこに行くのかをチャールズに教えた。ジュノールいわく、チャールズは「コルボーンの結婚生活や家族に強く関心を持ち、彼らがどのように暮らしているのか知りたがっていました」。▼6

二人の道が再び交わったのは、一九七四年に開かれたある夕食会だった。〔イングランド南西部〕ヨービル近郊の海軍海岸施設HMSヘロンで、元国防参謀長マウントバッテンが主賓として招かれたその夕食会に、チャールズも出席していたのだ。再会後、チャールズがマイケル・コルボーンに手紙を書き、海軍を退役して、私設秘書としてバッキンガム宮殿に来てくれないかと頼んだ。秘書官private secretaryとは全く違い、私設秘書personal secretaryであるコルボーンの仕事は、皇太子として決断を下さなければならないときに支えるというよりも、チャールズがプライベートの時間をうまく過ごせるように段取りすることだった。政策を立案する側ではなく、政策立案を手助けする側だったのだ。従って、コルボーンはスタッフであり、宮廷のメンバーではなかった。階級に根差した宮殿の厳しい上下関係では、こういうことが重要になる。ペニー・ジュノールはこう話している。「誰もがマイケルを見下していました。グラマースクール出身で、大学に行っていないから。当時の宮殿には、鼻持ちならない人たちが大勢いました」▼7

「私は、あの仕事に就くタイプの人間ではなかった」とコルボーンは後に話している。「私はダイヤモンドの原石だと思われていた。実際、その通りだったのだけれど」[8]

マイケル・コルボーンの主な仕事は、チャールズの収支の管理だった。しかし同時に、率直な意見を伝えることも求められていた。たとえ特に望まれなくても、感謝されなくてもだ。二人の間で頻繁に活発な意見交換が行われたが、コルボーンがチャールズから怒りをぶつけられておしまいになることも多かった。あるとき、バッキンガム宮殿を訪れたマウントバッテンが昼食後に、少しいつもと違う雰囲気を感じ取り、チャールズが困らせているのかとコルボーンに尋ねてきた。「お願いだから、何とか我慢してくれたまえ、マイケル」とマウントバッテンは話した。「君個人に文句を言っているのではないのだよ。単にうっぷんを晴らそうとしているだけなんだ。チャールズが腹を立てられる相手は君しかいないのだから。分かっているとは思うが、本当は感謝しているんだろう、素直になれないだけだ」[9]。マウントバッテンは計算高く、コルボーンを操ろうとしていたのかもしれないが、鋭い指摘も多い。特にこの分析は正しかった。コルボーンはほかの誰一人としてできないものを、チャールズに提供していたのだ。チャールズの執務室で働くのは、パブリックスクール〔私立名門校〕出身で、士官学校か外務省の型にはまった人たちばかりだった。コルボーンにしてみれば、「それがどうした」である。チャールズには目にした通り、ありのままの真実を伝えた。たとえそのせいで、時折難しい状況が生じてもかまわなかった。

時にはいざこざもあったが、チャールズとコルボーンはとても良い関係を築いていた。何よりもコルボーンは、チャールズを信頼していた。設立したばかりの皇太子信託基金を支持してくれる心強い仲間なのだ。ほかの人は、信託基金のアイデアに水を差していたが、コルボーンは全身全霊を尽くして、現代の王室メンバーとしてのあり方を模索するチャールズを支えた。チャールズは、これからの王室は若者の失業やホームレスといった問題に率先して取り組むべきだと考えていたのだ。

一九八一年、チャールズの人生にダイアナが加わり、チャールズに仕えるという仕事はさらに難しさを増した。チャールズはそれまで、気ままな独身生活を送っていた。社交界の若い女性たちと付き合っていたが、その誰もが王位継承者の結婚相手としてふさわしくない女性（驚くべきことだが、当時は依然として、ロイヤルブライドは貞節を守らなければならないと考えられていた）、もしくは、王妃になろうなど考えもしない女性だった。そこに現れたのが、ダイアナ・スペンサー伯爵令嬢である。ダイアナは若く、無垢で一途だった。出会いから数年間、二人はたびたび顔を合わせていたが、一九八〇年の夏に二人の関係は急速に進展した。王位継承者にふさわしい花嫁を探し出す時間があまり残されていないことを誰よりも分かっていたチャールズは、ダイアナの人に寄り添う姿勢に魅力を感じていた。一方のダイアナは、本気で結婚相手をつかまえようとしていた。女王の秘書官だったマーティン・チャータリスも、ダイアナは「敬愛の念を隠そうともしない、かわいらしい娘に抵抗できる男などほとんどいないと分かっていた」と話している。[10]

チャールズは心を奪われたのか？　おそらく奪われてはいないだろうが、恋愛経験のないダイアナは花嫁候補にぴったりだとチャールズは考えた。しかし、こうした心の動きは、容赦なく公衆の面前にさらされた。婚約発表後のテレビインタビューで、お二人とも愛し合っておられるのですねと尋ねられたとき、チャールズがあの悪名高い言葉を口にしたのだ――「『愛する』は意味が広いから」。ダイアナがチャールズより一回り若いという事実はどうでもよかった。問題は、二人に共通するものがほとんどなかったため（知的レベルも社会的背景も精神的状態も）、この結婚が初めから破綻していたということだ。

一九八一年二月の婚約後、ダイアナにはコルボーンの執務室にデスクが用意された。世間知らずで、勝手もよく分かっていなかったダイアナは、長時間にわたり一人で放っておかれることがよくあり、コルボーンを相手に何時間もおしゃべりをして過ごしていた。あるとき、ダイアナが誰にも告げずにウィンザー・グレート・パークへ散歩に出かけたため、警護班が慌てふためくという残念な出来事があり、コルボーンはダイアナに、彼女自身が直面している立場がどういうものなのか話して聞かせた。今後あなたにはプライバシーが一切なくなりますし、あなたの生活は、ロイヤルアスコットから第一次世界大戦終戦記念日の式典参列まで、ロイヤルダイアリーを見れば一部始終分かるようになりますよとコルボーンは説明した。「これからあなたは変わっていきます。四、五年もたてば、まぎれもない性悪女になっていることでしょう。でも、それはあなたのせいではありません。あなたを取り巻く環境のせいなのです。朝食にゆで卵が四個欲しければ用意できますし、あなたが望むなら、いつでも正面玄関で車を待機させることも可能です」▼11

　結婚式の二週間前、コルボーンの執務室に荷物がいくつか届けられた。どれも、チャールズの代わりにコルボーンが発注したジュエリーで、独身時代の友人たちに贈るプレゼントだった。その中には、一九七〇年代前半からチャールズと関係のあったカミラ・パーカー・ボウルズ宛てのブレスレットも含まれていた。二人は、チャールズが海軍で海外に派遣された時点で別れて、カミラはアンドリュー・パーカー・ボウルズと結婚している。しかしその後も二人は近しい関係を続けていた。ダイアナにしてみれば、近過ぎる。カミラ宛てのブレスレットはゴールドのチェーンで、ブルーエメラルドのプレートにＧＦというイニシャルが刻印されていた。これは「ガール・フライデー Girl Friday」の略で、チャールズが使っていたカミラのニックネームだ。コルボーンは、執務室でちょうど箱の中身を確認しているときに突然呼び出しを受けて、執務室を後にした。その間、残されたダイアナは自分の目で見ようと思えば中身を見ることができる状況にあったのだ。秘書官のアディーンがコルボーンの執務室に入ろうとしたとき、ダイアナが部屋から飛び出して、ぶつかりそうになった。「一体、レディ・ダイアナに何をされたのですか?」。アディーンはコルボーンを探し出して、こう質した。「危うくレディ・ダイアナから突き飛ばされるところでした。とても取り乱しておられましたよ」[12]。そのブレスレットは、ダイアナにとってカミラに対する疑惑のシンボルの一つになった。ダイアナの話では、絡み合ったGとFのアルファベットは、グレイズ Gladys とフレッド Fred のイニシャルで、カミラとチャールズ、二人だけの呼び名なのではないかという。

　セント・ポール大聖堂で執り行われたチャールズとダイアナの結婚式は、自己欺まん以外の何ものでもなかった。二人ともそれぞれ疑念を抱えていたが、とにかく前に進み、いつの日かすべてうまくいくことを願っていた。世間の人々は、国を挙げてこの夢の世界にのめりこんだ。まるでおとぎ話の結婚式だ。しかし、現実は違う。二人の関係は瞬く間におかしくなり始めた。新婚旅行は悲惨だった。ロイヤルヨット「ブリタニア号」で巡る二週間のカリブ海クルーズでは、読書三昧のチャールズに対して、ダイアナはチャールズにかまってもらいたくてしかたなかった。そうでなければ、カミラに対する嫉妬心に駆られていた。スコットランドのバルモラル城に移ると、チャールズは何週間も狩りや魚釣り、読書、絵画に没頭し、ダイアナは涙と愚痴をこぼしながら、退屈な毎日を過ごしていた。食事中、ダイアナが黙ったままであることも多く、女王にはそれが不快で仕方なかった。

　それからの数年間、コルボーンはチャールズとダイアナの結婚生活が破綻していく様子を目の当たりにすることになる。絶望に打ちひしがれるダイアナを前に、慰めようと手を尽くした。一方、チャールズも不安を抱えており、そのせいで心が折れていくのも分かった。日を追うごとに、二人の間で身動きが取れなくなっていくように感じた。「同時に二人にお仕えすることはできませんでした」とコルボーンは後に話している。「皇太子から求められることと、ダイアナ妃から求められることが正反対なのですから[13]」

悲惨な新婚旅行の間、打ちひしがれたダイアナは摂食障害に苦しんだが、チャールズはダイアナが抱えている問題を理解することなどできなかった。チャールズはコルボーンをバルモラル城に呼び、自分が狩猟に出かけている間、ダイアナと一緒に過ごすように求めた。夫妻が滞在しているロッジにコルボーンが到着すると、そこにいたのはペニー・ロムジーだった。彼女はチャールズのハウスゲストで、夫のノートンはチャールズと狩猟に出かけていた。ペニーは驚いた様子で、ここで何をしているのか尋ねた。コルボーンが、皇太子妃のおそばにいるためだと答えると、夫人は「それはおかしいわね」と言った。「ダイアナ妃と私は、これからすぐ散歩に出かけるところだったのだけれど」。そこにダイアナが姿を現し、夫人に一言も説明することなく、コルボーンを客間に引き入れた。ダイアナはしばらく黙ったままだったが、自分がどれだけ悲しいのか、どれだけバルモラル城を嫌っているのか、どれだけ退屈なのかを訴えているうちに、わっと泣き出した。昼食用として運ばれてきたサンドイッチをつまんだものの、そのほかは泣くか、黙り込むかのどちらかで七時間以上も過ごした後、ダイアナは部屋に戻りますと言って、客間を後にした[14]。

チャールズは狩猟から戻ると、首尾はどうだったかコルボーンに尋ねた。「あまりよくありませんね」とコルボーンは答えた。その晩、アバディーン駅からロイヤルトレインに乗るために迎えの車を待っているとき、大げんかをしているチャールズとダイアナの声が、コルボーンにも聞こえてきた。するとチャールズがいきなり姿を現し、コルボーンに向かって何かを投げつけた。それはダイアナの結婚指輪で、コルボーンは何とか落とさずに取ることができた。ダイアナがあまりにも痩せてしまい、指輪が合わなくなってしまったため、調整が必要になったのだ。

チャールズがコルボーンを叱責し続けているうちに車はアバディーン駅に到着した。チャールズが不機嫌だったのは車のせいもある。レンジローバーの新車だったのだが、お気に入りの仕様ではなかったのだ。しかしそれ以上に、コルボーンの行動がことごとく気に入らなかった。コルボーンは黙って叱責を受けながら、窓の外を見つめていた。コルボーンは列車に乗り込むとその足で、自分用のジントニックをたっぷり注文した。ジントニックが届く前に、チャールズが通路の先で自分の名前を叫んでいることに気付いた。嫌々ながらチャールズの客室に向かうと、そこでは悔恨の印として、チャールズが飲み物を用意していた。「今日は大変な一日だったと聞いた」とチャールズ。「そうです」と答えたコルボーンは、「ひどい一日でした」と付け加えた。それから五時間、二人はチャールズの結婚生活が破綻していることについて話した。明確なのは、チャールズ自身がどうすべきなのか全く分かっていないことだった。

それまでもコルボーンは、嫌になるほどチャールズから怒鳴られてきた。しかし彼の心が折れたのは一九八三年、夫妻のカナダ訪問でロイヤルヨット「ブリタニア号」に乗船したときのことだった。チャールズがコルボーンを怒鳴りつけたのだ。なぜ自分よりもダイアナの世話をする時間の方が長いのかと。チャールズは一五分間にわたり、客室をぐるぐる回り、家具を蹴散らしてはコルボーンに罵声を浴びせた。[15]チャールズが晩の公務のために着替えようと廊下に出ると、目の前にダイアナがいた。一言漏らさず、聞いていたのだ。目には涙がたまっていた。その晩、コルボーンはチャールズに短い手紙を書いた。皇太子妃を助けることで、皇太子を助けることにもなると考えているのです、と。

コルボーンは何年にもわたり精神的打撃を受け続けてきたが、会計検査官の役職とそれ相応の給与を与えることに反対する王室の対応にも傷ついていた。そのため、コルボーンがブリタニア号での出来事の数カ月後に辞表を提出したことは驚くに値しない。しかしながら、チャールズはショックを受けた。翻意を促し、コルボーンの妻、シャーリーにも電話をかけて自分の味方に付くように働きかけた。マーティン・チャータリスも、コルボーンにとどまるよう説得を試みた。しかし、時は既に遅かった。コルボーンが妥協を見せたのは、退職時期を一九八四年末まで延ばすことくらいだ。チャールズとコルボーンが最後に顔を合わせたとき、二人とも今にも泣き出しそうだった。

チャールズはマイケル・コルボーンへの愛情を決して失うことはなかった。二〇一七年にコルボーンが亡くなる少し前のある晩、チャールズはコルボーンの下を訪れた。手土産はチョコレートで、妻のシャーリーにも庭に咲いていたダリアの花束を渡している。

論理的に考えると、一九七九年にチェケッツが追い出された後のチャールズ皇太子の秘書官として最高の選択肢なのは、エドワード・アディーンだ。イートン校とケンブリッジ大学で学び、博学で聡明、名誉棄損専門の法廷弁護士として成功し、チャールズと共通の友人も数多くいる。狩猟好き、釣り好きも同じで、チャールズのためにアイスランドの釣り旅行の計画を幾度となく立てている。さらに、これまでの話からも分かるように、アディーンは申し分のない廷臣一家の出身で、祖先は代々王室に仕えてきた。アディーン自身、ジョージ六世が名づけ親で、一〇代のころは、エリザベス女王の小姓、つまり、英国議会の開会式では、女王が着用する特別なローブ Robe of State の重い裾を持つ四人の小姓の一人を務めたこともあった。

しかしながら実際のところ、アディーンはチャールズの秘書官には全く不向きであり、興味のあることや人との接し方全体を見ても、チャールズとは合うところがない。良い秘書官というのは、仕事ができるだけでは足りない。それと同じくらい馬が合うかどうかも重要なのだ。そう考えると、今さらながらこう尋ねたくなる――果たしてチャールズはどう思っていたのだろうか?

一九七九年になると、チャールズは既に、恵まれない若者の擁護者という自分の立ち位置を築き始めていた。皇太子信託基金も設立から三年がたっていた。一方、几帳面なアディーンは、会食好きで、ロンドンのセント・ジェームズにある上流階級の紳士が集まる会員制の社交場（ジェントルマンズクラブ）「ブルックスBrooks's」の会員でもあり、恵まれない人たちを助けようと思うタイプではなかった。マイケル・コルボーンは、自分の直感を信じて進むようにチャールズを激励していたが、一方のアディーンはチャールズが最も熱心に取り組んでいたことに全く共感できなかった。そもそもチャールズが若者の世話にかまけていることに納得していなかったのだ。ロイヤルファミリーがやらなければならない本来の仕事にもっと携わるべきだとアディーンは感じていた。アディーンの考えでは、皇太子信託基金はチャールズの時間と情熱を使うべき対象ではなかった。それはオペレーション・ローリーOperation Raleighも同じである。チャールズが支援するこのプロジェクトは、冒険家のジョン・ブラッシュフォード＝スネルの発案で、若者が世界を巡る船に乗り込み、科学的な探検とコミュニティサービスへの参加を通して、自信とリーダーシップを身に付けていくのを支える活動だ。アディーンは、皇太子としての活動にもっと時間を割いてもらおうと画策したが、うまくいかなかった。

さらに、アディーンとダイアナがお互いに理解し合えなかったことも裏目に出た。ダイアナの秘書官オリバー・エバレットが辞職すると、アディーンがダイアナのサポートも担ったのだが、ダイアナがオーストラリアの首都を言えなかったことに、このインテリ秘書官は驚きを隠せなかった。ダイアナはダイアナで、アディーンを「時代遅れの人」「ヴィクトリア朝の人」と揶揄したと言われている。実はそう思っていたのはダイアナだけではない。マウントバッテンの秘書ジョン・バラットも、アディーンは「つまらなくて退屈で、ユーモアのセンスがない」と話している[16]（これは多少語弊があるかもしれない。アディーンは辛口のユーモアのセンスを持っており、チャールズのような人たちからはおもしろがられていた）。

一九八二年にウィリアムが誕生し、その二年後にはハリーも誕生すると、ダイアナはチャールズには子供たちともっと一緒に過ごす時間が必要だと訴え、アディーンに短い手紙を渡した。チャールズは今後、朝一番と夕方に仕事をいたしません、これからは子供たちと一緒に過ごすことにしますので、と書いたのだ。アディーンは、おむつ替えや寝る前の読み聞かせとは無縁の独身貴族で、この宣告には唖然とした。チャールズは日中とても忙しいので、アディーンにとっても邪魔されずに直接チャールズと話ができるのは、一日の始めか終わりくらいだからだ。アディーンにしてみれば、なぜ自分がチャールズの時間をめぐり、小さな子供たちと争わなければならないのか全く分からなかった。それに、ダイアナのくだけた仕事のやり方もアディーンの流儀に合わなかった。アディーンは、ダイアナの公務に関して執務室で話し合いたかったのだが、実際に使われたのはラジオのポップミュージックが流れる居間で、ダイアナの隣には赤ちゃんハリーがゆりかごで揺られていた。アディーンはある友人にこう漏らしている。「ベビーソックスはもうたくさん。これ以上目に入ろうものなら、きっと頭がおかしくなる」[17]

ダイアナとの関係でストレスをためていたアディーンだったが、実は抜本的な問題はいつまでも解決しないチャールズとの確執にあった。保守的な廷臣である彼は、「君主の役割や目的なら、しっかり理解している」と揺るぎない自信があり、皇太子がどのように役目を果たすべきなのか自分なりの考えを持っていた。一方のチャールズは、海軍を離れてから何年もの間、周りの役に立つ方法を考えてきたので、やってはいけないことの理由しか説明しない人はもういらなかった。求めていたのは自分を後押ししてくれる人だったのだ。

二人の間で一大事が起こったのは一九八四年五月だった。チャールズはハンプトン・コート宮殿で開催される王立英国建築家協会（ＲＩＢＡ）一五〇周年記念祝賀会に、賞を授与するため招待されていた。当時チャールズは、現代建築に見られるブルータリズムの〔粗削りな〕傾向に批判的な立場を取っており、伝統的な技術と建材を扱う建築家を支持していた。その晩、ＲＩＢＡ祝賀会でのチャールズの仕事は、ロイヤル・ゴールド・メダル Royal Gold Medal for Architecture をインド人建築家チャールズ・コレアに授与することだったのだが、チャールズにはその晩考えていることがあった。「一般庶民の感情や望み」をないがしろにしたエリートたちを攻撃するスピーチを書いたのである。何よりも挑発的だったのは、ロンドンで進む二つのプロジェクトに対する批判だった。その一つが、トラファルガー広場にある一九世紀のナショナル・ギャラリーの増築計画で、チャールズは「親愛なる優雅な友人の顔に怪物のような化膿したおでき」ができたようだと述べた。警告は、チャールズがスピーチを行う随分前から出されていた。シニアアドバイザーたちを介さず、あらかじめそのスピーチ原稿をタイムズ、ガーディアン、オブザーバーの三紙に送っていたのだ。そのうちガーディアン紙がＲＩＢＡに情報を流し、ＲＩＢＡから宮廷に連絡が入った。事態を知ったアディーンは、チャールズにそのスピーチを止めるよう説得することが自分の使命だと考え、メダル受賞者に祝いの言葉を述べたら、そのまま着席するのにとどめてはどうかと提案した。二人はハンプトン・コート宮殿までの車のなかで、激しい言い合いを続けたが、結果は変わらなかった。[18] チャールズは自分の意見を話すと決めていた。チャールズのスピーチの後、受賞者のコレアは怒りのあまり、用意していたスピーチ原稿をポケットにしまうと、自分の席に戻った。

　チャールズのスピーチで、激震が走った。批判の対象になったプロジェクトはどちらとも先に進まず、建築家のなかには、その後英国で仕事を見つけるのが難しくなった人たちもいた。チャールズと建築業界との関係はそれから数十年、緊張状態が続いた。その一方で、チャールズを称賛する声もあった。自分たちは現代建築の蚊帳の外であり、ないがしろにされているのではないかという庶民の見解を代弁したからだ。エドワード・アディーンはといえば、自分の意見に耳を傾けようとしてもらえないことに不満を募らせ、チャールズから離れる道へと一歩踏み出すことになる。一九八四年末にコルボーンが辞職すると、後を追うようにアディーンも辞職願を提出した。王室はチャールズの新たな秘書官を見つけるのに九カ月を要することになる。

チャールズ皇太子に仕える廷臣には、口げんかやかんしゃく、辞職や免職がつきものかもしれないが、ロイヤルファミリーのすべての宮廷でこうした騒動が始終繰り広げられているわけではない。別の宮廷のクラレンス・ハウスでは今まさに、一人の若い侍従武官が緊張した面持ちで、ある職に就こうとしていた。喚き散らしたり、家具を蹴りつけたりする場面とは無縁の職場だ。

第4章

カクテルパーティ

一九八四年、ドイツの冬。ジェイミー・ロウサー＝ピンカートンは、凍結した塹壕のなかで二人のアイルランド人衛兵に挟まれながら、うつらうつらしていた。将来、この人物は最も影響力のある廷臣の一人になるのだが、今はまだ二三歳の陸軍将校だ。ちょうど次の任務について連絡を受けたばかりで、今後はエリザベス皇太后〔エリザベス二世の母〕の侍従武官として新たなスタートを切ることになる。四八時間後、一張羅を身にまとったロウサー＝ピンカートンはクラレンス・ハウスにいた。極度に緊張した面持ちで、エリザベス皇太后と昼食を取っている。想像を絶する展開だ。

ロイヤルファミリーと一緒に食事を取ると聞けば、誰でも何らかのイメージを思い描けるはずだ。規則。手順。格式。適切でないフォークを使った者には、必ず災いが降りかかる。でも、皇太后と昼食を取りながら、若きロウサー＝ピンカートンは気付いた。確かにナイフやフォークの使い方は話題にはなったが、それは決して彼が想像していたようなものではなかったのだ。ロウサー＝ピンカートンは後に当時のことを思い出し、皇太后は思いやりがあり、ユーモアと優しさを兼ね備えた女性なので、あのとき直感的に、自分の新米侍従武官をリラックスさせなければならないと悟ったのではないかと話した。「皇太后が〔突然〕、頭上約一・五メートルにぶらさがっているクリスタルシャンデリアの〔ハンギング〕ボウルを指さしたのです。『あなたは、今までに豆を飛ばしたことはおありかしら?』[1]。そう尋ねられました。『わたくしは幼いころ、四つ飛ばせば三つはあのボウルに入れることができたのよ』」

後にこう語っている。「それから皇太后はこうおっしゃったのです。『さあ、飛ばしてみなさい』。私は明後日の方向に飛ばしてしまいましたよ」[2]。その様子を見ていた皇太后付き秘書官のマーティン・ギリアットは大笑いしていた。

このようにしてロウサー＝ピンカートンを招き入れた皇太后の宮廷は、エドワード朝最後の偉大なる遺産だ。旧態依然としたやり方が真骨頂で、何から何まで「シャンデリアと豆飛ばし」のようにいくとは限らないものの、いつでも楽しめる場所だった。ここでは、仕事が人生の楽しみを邪魔するようなことは決して許されない。

ロウサー＝ピンカートンは、侍従武官（本人によると、話し相手と新米の秘書官を足して二で割ったようなもの）時代に、飛ばした豆の距離をフォークで測る方法だけでなく、さまざまなことを学んだ。何よりも学んだのは、廷臣のあり方である。手本にしたのは秘書官のマーティン・ギリアットだ。「彼はとにかく不思議な魅力のある人でした。誰でも人生で手本にしたい人が一人か二人いますよね。彼はそういうタイプの人なのです。身を挺して、宮廷の具体的な運営方法を示してくれました。実に見事なものです。ですから、働いている私たちはすっかりリラックスして、皆同じ方向を見て仕事ができました。素晴らしい人物です。すべてを取り仕切っていましたし、彼が知らないことは何もありません。それに、型破りで、ロイヤルファミリーにも真実を伝えました。細かいところまで気を配りながら伝えてはいましたが、なにぶんはっきりとした人だったので、決して口をつぐむことはありませんでした」[3]

もちろんロウサー＝ピンカートン同様、ギリアットもイートン校出身である。というのも、当時は限られた範囲で人材を探していたからだ。それに、同世代のマーティン・チャータリスのように、ギリアットも第二次世界大戦に従軍している。彼は陸軍の王立小銃兵団に所属し、ダンケルクの戦いで捕えられたが、繰り返し脱走を試みている。まずは二回脱走しようとしたものの、捕虜収容所に送られ、その収容所アイヒシュテットではトンネルを掘って脱出しようとした。四回目に捕まったときには「脱走常習者」となり、脱走不可能な収容所コルディッツ城[4]に送られた。ギリアットは駆け引きがうまく、そこでは、彼は皆の士気を保つのに大きな役割を果たし、捕虜仲間から副官に選ばれた。ギリアットは駆け引きがうまく、皇太后が気に入っていたのも納得がいく。一九五五年に見習いで宮廷に入ると、一九九三年に八〇歳で亡くなるまで生涯皇太后に仕えた。第二次世界大戦後には、シンガポールで総弁務官付きとして働いていたこともある。その時期、タイのプミポン国王が昼食に招待された。若き王が緊張のあまり立ちすくんでしまい、周囲の者たちも、立ったまま身動きが取れなくなっていると、ギリアットがその場を和ませた。「陛下、逆立ちをするのがお得意と伺っております。是非、やってみせていただけませんか[5]」。国王の緊張は解け、その後の昼食もスムーズに進んだ。

皇太后に仕えることは、ロイヤルファミリーのほかのどの宮廷で働くこととも違う。皇太后のスタッフは、政治や憲法に関する事柄よりも、その日、誰が昼食に来るのかという質問に答える生活を送っていた。ギリアットが皇太后に代わり執筆した手紙は、別の時代から送られてきたかのような、美しいものだった。例えば皇太后が招待を断る場合、とても魅力的な言葉で辞退のメッセージが綴られるので、受け取った方は失望感も消えてしまうほどだ。「エリザベス皇太后はお申し出に対して、とても熱心かつ好意的に検討されました。（中略）皇太后はご提案にこの上ない魅力を感じておられ、招待をお断りするほかないということは悲しみ以外のなにものでもなく……[6]」

宮廷を回していくことがギリアットの仕事だった。彼が得意なのは、周囲の人々をリラックスさせることだ。「おもしろみに欠けるスタッフの妻たちにいつもからまれていましたよ」と王室伝記作家のヒューゴ・ヴィッカーズは当時を振り返る。「よく言っていましてね、『お子さんがたくさんいるのですよね、私も娘が六人います。一体どうしたもんですかね？』とか何とか。結婚なんて一回もしたことがないんですよ。嘘ばっかり。彼の言葉がどこかで引用されようものなら……くわばら、くわばら」[7]

猫背で眉毛の濃いギリアットは、たびたびいたずら好きの顔を見せた。ロウサー＝ピンカートンは、ＢＢＣのケイト・エイディが同行した、皇太后のヴェニス訪問のことを話してくれた。「マーティンは『文化』をたしなまない人で、教会やそういった場所が好きではありませんでした」という。「ヴェニスでイエズス会教会に入ろうとしたとき、ケイト・エイディが、（中略）マーティンを引き留めて、こう言ったのです。『サー・マーティン、この教会群、素晴らしくありません？』。するとマーティンは彼女を見て、ちょうど皇太后に届くような大きさの声で返事をしました。『ケイト、いまいましい教会は一つ見たら、全部見たのと同じですよ』。もちろん、次にどうなるのか分かっていました。思った通り、皇太后が振り向いて、言ったのです。『まあ、マーティンったら』。皇太后は、優しい微笑みを浮かべていました」[8]

ギリアットは自分が会員である紳士クラブで、コメディアンのスティーヴン・フライとローワン・アトキンソンの二人と連れ立って、昼食を取ったことがある。皇太后の女官を長らく務めていたアバコーン公爵夫人の八〇歳の誕生日会で何か余興を披露してくれないかと打診するためだ。フライはそのときのことをこう話してくれた。

ローワンが、何となく恥ずかしそうに、オブラートに包みながら話しました。「私たちのコメディは何というか、実に……そう、決して下品というわけではないのだけれど、お客様に皇太后や公爵夫人と同世代のご婦人方が多いとなると……」

そうすると、秘書官はこう言ったのです。「ああ、それは気にしないで。皆さん、下ネタが大変お好みなので」。それから、部屋中に響き渡る声で付け加えました。「いやいや、もちろんアソコ好きという意味ではありませんからね」

ダイニングルームのグラスやカトラリーの音がピタリと止まりました。ローワンは顔をピンク色に染めて、自分のスープ皿を見つめていました。それで、私たちはそうした話は一切しないと約束しました。おかげで、当日はとてもうまくいきましたよ。[9]

フライによると、ギリアットはセント・ジェームズのクラブにいるときは、下品な言葉は使うものの、極めて行儀がよいという。

礼儀作法は隙がありません。何かのイベントに参加しても、彼が同席していれば、必ず心が明るくなります。まるで活力も時間も無限に手にしているよう。人を見るときには必ず目を合わせますし、話すときには相手の肩に手を置いて、スキンシップを大切にします。相手に「あなたは特別だ」と思わせるよう考えているのです。まさに古き良き時代のジェントルマンでした。

あるとき、通りで第一一代マールバラ公爵（愛称はサニー）と話していたマーティンが、誰かを手招きした。

「サニー、是非紹介させてくれ。この人は私の友人のトミーだ」。トミーが近づくと、サニーはとても丁寧に「はじめまして」と挨拶をしました。

マーティンは満足そうに頷いて、こう話したのです。「トミーは素晴らしい人なんだ。私のゴミを片付けてくれるんだよ」。トミーはゴミの回収業者だったのです。これこそ正真正銘の「身分に格差なし the duke and the dustman」です。

しかしながら、気さくで親切な顔の裏には複雑な心模様があった。ヒューゴ・ヴィッカーズは皇太后の伝記で、ギリアットを「本心を見せない人、一匹狼的な要素があり、演者の要素もあり、時には二枚舌を使うことも。（中略）［それに］戦時中の体験で心に傷を負っている」[10]と描写している。スティーヴン・フライも、ギリアットは戦争の話をしたがらなかったと言う。

いつも「いやいや、もう随分昔のつまらない話だし、関心がある人なんていやしない」と話していました。でも、捕虜生活を体験したせいで、よく眠れなくなったのだと思います。皇太后の完璧な秘書官になれたのもそのせいです。皇太后は夜遅くまでパーティやら何やらで忙しくしていましてね。常に皇太后のそばにいて、皇太后が就寝されてからも、本人は寝ずに書簡を書いていました。皇太后は早起きなのですが、朝の犬の散歩も一緒に出かけていました。二人とも息がぴったりとでもいうのでしょうか。

戦争について話したがらなかったのは、戦場やコルディッツ城に監禁されていたときのことが忘れられないからに違いない。「一度、日帰りで［スコットランドの］メイ城からオークニー諸島までフェリーで出かけたことがありました」とロウサー＝ピンカートンの友人が語ってくれた。

その日、フェリーにはドイツ人の団体がいましてね。マーティンはその人たちとおしゃべりをしていました。「どこから来たんですか？　そうですか、ドイツから？　ドイツはとても好きですよ。長い間ドイツで過ごしたことがありましてね。滞在先はどこも、歴史ある素晴らしい屋敷でした。そうそう、ある城からは離れたくても離れられませんでした」。それを聞いたドイツ人たちは、すっかり喜んでいましたよ。何を話しているのか全く理解していなかったんですね。私たちは私たちで、大笑いしました。でも、あのドイツ人の観光客は彼のおかげで楽しめたはずです。一緒にいるだけで本当に楽しい人ですから。[11]

この話を教えてくれたのはチャーリー・マクグラスで、ロウサー＝ピンカートンの軍隊時代の親友である。チャーリーの父親はブライアン・マクグラスといい、長年にわたり、エディンバラ公爵の秘書官を務めた人物だ。彼の話はまた後ほど。皆が顔見知り――それがロイヤルワールドなのだ。

生きる喜び joie de vivre が皇太后の宮廷の信条とはいうものの、誰もがマーティン・ギリアットのように愉快ではなかった。会計官のサー・ラルフ・アンストラザーは、威圧的な人物で、いつもきちんと取り外しのできる糊の効いた真っ白なカラーをつけ、ピカピカに磨かれたレースアップの黒い靴を履いている。彼に言わせれば、靴紐のない靴は「寝室のスリッパ」と同じなのだ。さらに、その基準を他人にも求めた。イートン校出身で、准男爵を二度にわたり授けられているアンストラザーは、葬式に出席しなければならないときのために、出張にはいつも予備の黒いネクタイとボーラーハットを携帯していた。[12]

ギリアットもアンストラザーも生涯結婚しなかった。その分、皇太后が「独身貴族」たちを大切にしていた。ただ、いつも皇太后に仕えていた「独身貴族」のなかでも特に華々しい活躍をしたのは廷臣ではなく、従者の一人、ウィリアム・タロンだった。イングランド北部カウンティ・ダラムの労働者階級出身で、一九五一年にロイヤルファミリーに仕えるようになってから、人生を皇太后に捧げて生涯を終えている。血気盛んな人物で、公式な役職名である「スチュワード・アンド・ページ・オブ・バックステアズ Steward and Page of the Backstairs」から取って、「バックステアズ・ビリー（裏階段のビリー）」とも呼ばれていた。タロンは、「皇太后がいつもにこやか」でいられるようにすることが自分の役割だと考えていた。それは皇太后のゲストたちに対しても同じだ。レセプションや昼食会では、出席者のグラスを満たすのが彼の仕事であり、情熱を持ってこの仕事に取り組んでいた。内気な客人でもすぐに、たいてい二杯飲むと打ち解けてしまう。王室伝記作家のケネス・ローズはこう話したという。「グラスに手で蓋をしても無駄。タロンが指の隙間からワインを注ぐから！」[13]。タロンと同僚の従者で、長年のパートナーでもあるレジナルド・ウィルコックの二人は、皇太后の生活になくてはならない存在だった。タロンの私生活がタブロイド紙をにぎわせたとき、宮廷内には、これが彼の潮時なのではないかと考えるスタッフもいた。しかし、皇太后は秘書官たちを呼び出し、はっきりと伝えた。従者の仕事は「決して替えがききません。替えがきくのはあなたたちの方ですよ」[14]。

ウィリアム・ショークロスは皇太后の公式伝記で、タロンの私生活については慎重に取り扱い、言及を避けた。単に、「プライベートでは実に派手で、眉をひそめる人たちも多かった。フワっとした髪型、天性の軽妙な受け答え、飲酒好きと、私生活の型破りな行動は話題に事欠かない。それがほかのロイヤルファミリーの神経を逆なでしたのかもしれない」と書くに抑えている。[15]別の作家、トム・

クインはそれほど遠慮しなかった。タロンは常に性欲の塊で、夜ごと若い男を探してはクラレンス・ハウスに連れ込んでいると書いている。タロンがナンパで使うお気に入りのセリフの一つが、「自分の腕一本で、皇太后に仕えている」だという。それを疑われた場合は、こう言ったという。「それならお茶をしに来ないか？　そうすれば本当だと分かるだろう[16]」。時には、言い寄られて腹を立てた相手とやり合い、負傷して夜遊びから戻ってくることもあった。たいてい擦り傷、切り傷、打ち身の類いだが、一度、ロンドンのヴォクソールで誘い込もうとした相手から、脚を刺されたことがあり、一週間、安静にしなければならない事態に陥った。そんなタロンに、皇太后はお見舞いのカードを送っている。

皇太后の宮廷の様子がエドワード七世の時代まで遡るとしたら、フィリップ王配の執務室は二〇世紀後半の様相を呈している。モダンかつ効率的で、堅苦しくない。ロイヤルファミリーの各宮廷で広まる文化は、トップに就く人物で決まる。フィリップの宮廷では、彼の指導の下、プロトコルや、王室の世界だけでしか見られない保守的な要素はそれほど重視されなかった。フィリップが、同じゴードンストウン校出身で同世代のジム・オア〔任期は一九五七年から一九七〇年〕を秘書官に決めたとき、次のような手紙を本人に送ったという。「宮殿には頭の固い人がいると思うのではないでしょうか。実際、そういう人たちは存在しますが、私たちとはほとんど関係ありません。というより、そういう人たちが一所懸命働いてくれるから、ここでは誰もがとても幸せに過ごせるのです[17]」

適材適所の人材だったのが、ブライアン・マクグラスだ。一九世紀にイングランドに移り住んだ、由緒正しいアイルランド系カトリック教徒の家系の出身で、本人はイートン校で学んでいる（まさに、うってつけだ）。第二次世界大戦ではアイルランド近衛連隊で中尉として従軍した。戦後は叔父を倣い、ワインビジネスに足を踏み入れた。それから三〇年以上をワイン業界で過ごし、最後にはヴィクトリア・ワイン社で会長の座まで上りつめた。一九八〇年代に入り、マクグラスは自分が人生の岐路に立たされていることに気付いた。数年前に妻をがんで亡くし、意見の違いから〔酒類製造会社〕アライド・ライオンの役員を辞職したばかりだった。ちょうどそのころ、フィリップの秘書官ルパート・ネヴィル卿が右腕を探していた。共通の知人を介して、ネヴィルがマクグラスに連絡を取り、フィリップの下でパートタイムの仕事があるかもしれないと話した。マクグラスが面接を受けに行ったところ、フィリップと馬が合い（息子のチャーリーいわく、「性格がとても似ていて、二人とも真面目を絵に描いたような人」）[18]、秘書官補として職を得ることになった。ところが、ネヴィルが心臓発作で突然亡くなり、マクグラスは着任から一週間も経たないうちに、トップへと昇進することになった。

　作家のティム・ヒールドは、フィリップの伝記執筆に当たり、マクグラスと親交を深めていたが、マクグラスを「きびきびとして快活で、受ける側に立った指示を出すことに慣れているのが一目瞭然」と評している。同時に、「上司であるフィリップが不機嫌なときに見せる態度に通じるもの」も持ち合わせていたという。[19]時を経て、マクグラスとフィリップの間には深い友情が育まれた。マクグラスは女王の許可を得て、愛犬の黒いラブラドールのロバートを執務室に連れてくるようにもなった。これは著しく規則に反することである。というのもバッキンガム宮殿には、コーギー以外の犬は入れないからだ。「犬の散歩でハイドパークから戻ってきて、前庭を横切るときに、女王の車が来るのが見えようものなら、父は立ち止まり、ラブラドールを隣に座らせて気を付けの姿勢を取っていました」とチャーリーは話す。「女王は通り過ぎるときに、挨拶をされるのですが、それは父にではなく、ラブラドールに対してなのです。しかも、満面の笑みを浮かべておられました」

　マクグラスはよく、自分は「宮殿で最高の職」と「理想的な司令官」に恵まれたと話していた。部下のアドバイスに耳を傾けるだけでなく、何か意見があれば必ず発言の機会を与え、さらにに、その意見に対して感謝の気持ちを述べる――フィリップはそれほど理想的な上司なのだ。仕事柄、家を長く空けることがよくあるが、それも、妻を失った喪失感から依然として立ち直れないマクグラスにとっては、気が紛れるのでありがたかった。フィリップに仕えることで、「私は救われました」と本人は話している。息子のチャーリーによると、マクグラスは（フィリップとは違い）ＩＴには疎いが、計画的に物事を進めるのは得意だという。「父はしっかり組織を統制していました。皆、父の執務室が大好きでした。秘書たちが最高にかわいいからだと冗談を飛ばしていましたよ」。フィリップの生活でマクグラスは不可欠な存在になっていたので、引退は論外だった。そのため、公式には六七歳になった一九九二年に引退したものの、その後もフィリップの会計官として働き続けた。それで、息子が言うには、マクグラスは二〇〇〇年、フィリップに話をしたそうだ。「『私も七五歳です。皆、私に引退してもらいたいのではないでしょうか』。すると殿下はこうおっしゃったそうです。『そうか、それならそれでかまわないよ。これからはボランティアで来てくれればいい。それではまた明日』」

　作家のヒューゴ・ヴィッカーズはこう振り返る。「ブライアンは何度も引退していました。本人も話しているのですが、手許金会計官用の扉から外に出ても、その先の角を曲がり、今度はフレンチ窓からまた執務室に入るといった具合です」[20]

　二人はとてもよい関係だったとチャーリーは話す。「フィリップ殿下が特に父のことを気に入っていたのは、殿下がやっていることに父が反対ならば、『反対だ』とはっきり伝えるところでした。よいアドバイスを差し上げることこそ、秘書官の務めなのですから」。そして、よい飲み物も。フィリップはよく夕食の前にマティーニを飲み、食事のときには水を飲んでいた。ビールを飲むこともあった。ヴィッカーズによれば、マクグラスのお気に入りのせりふはこれである。「殿下は食事の前に酔っぱらって、食事が終わったら素面に戻られる。私は素面で始まって、酔っぱらって終わる」[21]
週末の外出で、フィリップがとてつもなく不機嫌になると、マクグラスの出番だ。そばにいれば気持ちが和らぐ。マクグラスはいざこざがあっても、物事をうまく進めるのが得意なのだ。とはいえ、マクグラスとフィリップも仲違いをする。あるとき、二人が週末を一緒に過ごした後、息子のチャーリーがフィリップに週末はどうだったか尋ねてみた。「殿下は、『問題ない。しかし、君の父親っていうのは、なんて負けず嫌いなんだ！　クリケットでは(a)彼のほうが強い、(b)彼がズルをしている、そのどちらかだ。もう耐えきれなくなって、試合を放棄してしまったよ！』と話していました」
サー・ブライアン・マクグラスは晩年まで仕事を続けた。亡くなったのは二〇一六年六月、九〇歳、最後に執務室を出てから三週間後だった。フィリップは、ほろりとするような、心のこもった手紙を書き、遺族からいたく感謝された。そこで気になるのが、この疑問だ。果たして二人は本当に友人だったのか？　廷臣は友人になれるのか？　元侍従武官マイク・パーカーとの関係で見てきたように、仕事と友情の境目ははっきりしないことが多い。しかし、チャーリー・マクグラスは、父親は使用人というよりも友人だったと確信している。「もし友人でなければ、父が宮廷に残ることはなかったでしょう」

第5章 ゼロサムゲーム

一九九〇年代前半にチャールズ皇太子の秘書官を務めていたのは、リチャード・エイラードだ。そのエイラードが週末を自宅で過ごしていると、電話が鳴った。電話の主はチャールズの執事、ハロルド・ブラウンだった。チャールズが後で話をしたいと言っているという。「そちらに電話がかかってくるのは、おそらく三時ごろになるでしょう」。そこでエイラードは、三時には電話のそばで待機していた。電話が鳴ったのは三時半だった。しかも、声の主はまた同じ執事である。「殿下はあらためて、六時ごろに電話をかけるとおっしゃっています」。その週末、同じことが何度も繰り返され、エイラードは不安になった。何か重要な物が届かないなど、すぐに対処が必要な大問題が生じているのだろうか、それとも、迫りつつある家庭の危機の話なのか、はたまた子守りが運転手と逃げたのか。ようやく月曜日の朝、チャールズと電話が通じた。「リチャード、草原に足を延ばしたのだけれど、蘭のような花を見つけたんだ」。どんな花なのか説明するから、それがオルキス・マスクラかどうか教えてくれないかという。

蘭探しに限らず、チャールズは注文の多い上司である。「業務は九時から五時まで」と考えていては、チャールズに仕えることなどできない。宮廷の元スタッフによると、これはチャールズが自分自身に厳しいからだという。「あの方は決して自分自身に満足しないし、達成したことにも満足しません。だから、周囲の人間は取り残されないように必死にがんばらなければならないのです。あの方のスタミナは想像をはるかに超えます」▼1。ほかには、こう話すスタッフもいる。「いつも何かに取り組んでいないと気がすまない方です。週七日。決して止まりません。何時『連絡したい』と思われるのやら。その内容は課題であったり、思いつきであったり、論文であったり。とにかくペースが速いのです」。電話はいつでもかかってくる。朝食後から夜の一時まで、クリスマスであってもそれは変わらない。皇太后の宮廷の友好的な雰囲気とは対照的に、チャールズの事務局では高い勤労意欲が求められていた。それは、チャールズが強い意志を持った人だからだ。

殿下はとにかく人使いが荒い。いつもアイデアにあふれていて、絶えず「あそこに行ってくれ」、「これをしてくれ」と頼んできます。秘書官の仕事量は半端ではありません。確固たる意見をお持ちの方。腹を立てることもありますが、そこがまたとてもおもしろい。怒りの矛先が人になることはめったにありません。何か特定のことがあると、腹を立てます。そんなときはモノを投げつけます。突然怒りが沸き上がり、一気に加速したかと思うと、また一気に冷めていきます。いつもモノやコトに対してイライラしていて、特にメディアはいけません。▼2

報道担当秘書官のディッキー・アービタが、チャールズの後ろを少し離れて秘書官と一緒に歩きながら宮殿の外に出ようとしていたときのことだ。秘書官が話した言葉の何かに激高したチャールズが、突然振り返り、啞然とする秘書官にその怒りを一気にぶちまけた。アービタはこう振り返る。「私は小声で言ったんですよ。『もしあんなふうに言われたら、私なら、さっさと辞めますけどね』って――。ちょうどチャールズの耳に届くくらいの声だったという。「そのとき一瞬だけ、殿下の顔に微笑みが小さく浮かびましてね。私の言わんとすることは伝わったのでしょう。私を首にすることだってできたはずです。でも、殿下はそうしませんでした」[3]

約七年の間に五人も秘書官が変わっていることを考えると、チャールズのかんしゃくがいかほどのものか誰でも容易に説明がつくのではないか。一九八五年にエドワード・アディーンが宮廷を去り、一九九一年にエイラードがこのトップの座に就くまで、さらに三人の秘書官（デイヴィッド・ロイクロフト、ジョン・リデル、クリストファー・エアリ）が存在しているのだから。しかし実際のところ、それでは説明がつかない。それほど単純な話ではないのだ。

一九八五年に入り、チャールズ皇太子は窮地に立っていた。アディーンが去ったばかりで、この一〇年間、チャールズの味方だった元海軍下士官のマイケル・コルボーンも数カ月前に姿を消している。同時に、チャールズの増え続ける公務に対処するには、人手が足りていないことが明らかになってきた。事務局内はひどい混乱状態に陥っていたのだ。王室伝記作家のジェニー・ジュノールはこの状態を「英国で最も強力だが、非効率的な運営体制のチーム」と称している。[4]送られてきた手紙には返信が出されず、招待状はチャールズが目を通す前に却下され、本来ならチャールズと電話で話せるはずの人たちも電話をつないでもらえなかった。〔大叔父の〕マウントバッテン卿もチャールズに電話をかけては、こう伝えたものだ。「またスタッフに電話を切られたよ」

アディーンが去り、デイヴィッド・ロイクロフト（一時的に秘書官代理に昇進したものの、チャールズと厚い信頼関係を築けなかった）で見切り発車しながら、新たな右腕探しが始まった。[5]チャールズが心に決めていたのは、バッキンガム宮殿から人材をあてがわれないようにすることだった。これは、自分が特に情熱をかけていた活動の多くがアディーンから冷たくあしらわれたことに関係しているのかもしれないが、秘書官には自分が気に入った人物を選ぼうと考えた。伝統を破り、金融業界に強いヘッドハンターを利用して実業界や金融業界から人材を探し始めた。始めてみると、想像以上に大変であることが分かった。提示した報酬はシティ界隈の給与相場に程遠く、チャールズとダイアナの緊張関係の噂も、既に市中に流れていた。バンカーのサー・ジョン・リデルにたどり着いたころには、リデルいわく、「かなり必死な様子」だった。

控えめでウィットに富み、背が高く白髪まじりの巻き毛が特徴のリデルは、会う人すべてを魅了した。イングランド北部ノーサンバーランドの由緒正しい家系の第一三代准男爵として、イートン校とオックスフォード大学で学んだ同氏の社会的素養は、チャールズが探し求めていた人材のものと合致する。さらに重要なのは、リデルが、皇太子信託基金やビジネス・イン・ザ・コミュニティ Business in the Community をはじめとするチャールズのプロジェクトを真剣に捉えていることだ。ほんの数カ月で、チャールズは新たな命を得たかのように変わった。運営管理がリデルの強みではないとしても、アディーンに大きく欠けていた積極性や明るさでそれをカバーした。リデルには堅苦しい部分が一切なかった。チャールズにこう話している。「特に大きな問題がなく、殿下の書簡の返信やスケジュールの調整、移動手段の手配ができているのであれば、二一人の疲れ切った素人集団のわりに、かなりの仕事がこなせたと思いませんか？」[6]。チャールズは、ダイアナを同伴した一九八五年の訪豪では、手紙にこう書いている。「［リデルの］取り組み方は、何に対しても実に斬新です。それに、態度も小気味よいほど前向きなのです」[7]

リデルは、チャールズが選んだ最高の人材の一人と見なされている。しかし着任から五年も経たないうちに（契約満了までまだ六カ月も残っていた）、前職でディレクターを務めていたクレディ・スイス・ファースト・ボストンの副会長に招聘された。一九九〇年にリデルが宮廷を去るとき、チャールズ付き侍従武官のリチャード・エイラードが別れの言葉を述べている。「一体何度、解決できない問題を抱えてジョンの執務室に駆け込んだことか。執務室を出るときにまだ問題が残ったままだとしても、世の中がずっとましな場所になったように感じられました」

　リデルが、チャールズの選んだ最高の人材の一人であるなら、彼の後継者は、最悪の人材の一人だ。事務局で管理運営の問題で相変わらず混乱状態が続いていたところ、誰かが素晴らしい考えを披露した。今必要なのは、軍隊のような厳しい規律の導入なのではないか。そこで、秘書官の話が少将のサー・クリストファー・エアリに届いた。同氏は元グレナディア近衛歩兵連隊長で、王室師団を指令する任務をちょうど終えたところだった。バッキンガム宮殿は、礼儀正しさと思慮深さを重んじるこの人物なら、チャールズの作戦を着実に遂行する任務を安心して任せられると見ていた。しかし、エアリは一年も持たなかったのである。

　チャールズの宮廷のスタッフは、バッキンガム宮殿の一般的なスタッフよりも年齢層が低く、くだけた雰囲気があるが、そんな彼らとエアリの溝は、初めて出会ったときから明らかだった。ある内部情報提供者が話してくれた。「いつものように執務室に集まると、こう言われたのです。『会議には上衣を着用するものだろう？』。それで、皆、秘書官とのミーティングの前にジャケットを取りに戻らされたのです[8]」

　エアリの課題は二つあった。まず彼が頭を抱えていたのは、チャールズ派とダイアナ派の二つの派閥が対立を深め、宮廷の分断が加速していることだった。ダイアナはこの数カ月、自分一人で対応可能で、話題性の高い公務に積極的に取り組む姿勢を見せていた。残念ながら、そうなると、夫であるチャールズの公務とぶつかり、宮廷内の調和は乱れてしまう。しかしながら、それよりももっと根本的な問題があった。エアリ自身が周りにうまく溶け込んでいなかったのだ。チャールズは慈善活動に対して関心を深めていたのだが、その動きについていけず、チャールズがかかわっているさまざまな組織の違いを理解するのも一苦労だった。彼と同世代のある人物がこう話した。「生物多様性の戦略の目的も、別の戦略の目的も区別すらついていなかったのではないだろうか。分かるはずがないよ。何と言っても軍人だからね[9]」。ほかにはこう説明する人もいる。

　クリストファー・エアリはとにかく場違いでした。とても魅力的だし、とてもハイクラスだし、王立騎兵隊の〔エリート感が〕強烈。でも、外の世の中がどのように回っているのかちっとも知りませんでした。彼一人だけ、全く別の惑星にいたのです。きっと惨めだったでしょうね。皆、慈善活動やボランティア運動、政府関連の話には頭文字を使って話していたのですが、クリストファーは何一つ理解していませんでしたから。殿下が話された多くの内容もチンプンカンプンだったのではないでしょうか。何せ慈善活動やムーブメントや政府の方針といった世界の話ですからね。[10]

　ダイアナの秘書官だったパトリック・ジェフソンは回顧録で、エアリを辞職に追いやった「とても褒められない方法」について語っている。「大志があれば、君主の耳にいち早く情報を吹き込もうとするのが一般的な部下の行動だ。しかしながら、チャールズの宮廷（セント・ジェームズ宮殿）ではそれが違った。毎日を穏やかに過ごしたいから、ボスには何が起こっているのか最後まで伝えないでおこうというのが普通だった」[11]

　エアリの辞職が避けられなくなったのは、一九九一年四月のブラジル訪問のときだ。チャールズはロイヤルヨット「ブリタニア号」でアマゾン川を半分上り、船上で開発と環境に関する重要なセミナーを主催した。この旅には三人の秘書官補が同行しており、それぞれに担当分野（外交、ビジネス、環境）があった。一方のエアリは、コーヒーを出すくらいしかやることがない。当時、現場を見ていた人はこう話す。「〔セミナーでは〕環境の話が続き、人脈作りが盛んに行われていました。皆、バタバタと動き回ったり、セミナーをうまく回そうとしたり、リンダ〔チョーカー海外開発大臣〕に話しかけたりしている中、クリストファーはどちらかというと固まったまま、お飾りになっていました。戦力外ですね。進行内容に賛同しないこともありましたが、それは、どうしたらよいのかよく分からなかったからでしょう」[12]

この状況を何とか打開しなければと考えたチャールズは、問題を解決するには、エアリに宮廷全体を任せるしかないと論され、チャールズとダイアナはそれぞれ秘書官を持つことにした。しかし、エアリはこの動きを、自分を排除するための策略だと捉えて異動を拒否した。その後、事態が決着をみる前に、サンデー・タイムズ紙が、エアリがチャールズから首にされたとすっぱ抜き、チャールズは追い込まれる。侍従武官の海軍中佐エイラードがチャールズに「全面的に否定するか、即座にその噂を事実にするか、そのどちらかしかありません」と進言した。[13] それから数日後、チャールズのカントリーハウス、ハイグローブ邸で、チャールズの慈善事業を監督する委員会の会合が開催され、その委員会のメンバーが、悪い知らせをエアリに伝える役を任された。レジャー産業や不動産のコングロマリット、グランド・メトロポリタンのCEO、アレン・シェパードである。別の委員がそのときの様子をこう説明した。「覚えていますよ。アレンがクリストファーを散歩に連れ出し、ハイグローブの庭を歩きながら、もう潮時だと告げたのです。二人が裏口にたどり着くと、ダイアナ妃が、皆さん、飲み物はいかがですか、と聞いていました。かわいそうなクリストファーは、きっと、死ぬほど飲み物が欲しかったでしょうね[14]」

もちろん、疑問は残る。一体誰が、サンデー・タイムズ紙にこの話を流したのか？　エアリの退陣を急がせて得をするのは誰なのか？　エアリの後任として昇進したのは、前述のエイラードだ。彼なら、チャールズの環境問題に対する関心の高さを、エアリよりもはるかに理解している。だからエイラードが記事をリークしたのではないかと考える人たちもいた。しかし、チャールズの公認伝記を執筆したジョナサン・ディンブルビーは、この可能性を一蹴している。「確かにエイラードは、穏やかな見た目に反して野心家だが、彼がやったという証拠は全くない。とはいえ、セント・ジェームズ宮殿ではこの後何週間も嫉妬が渦巻くことになる[15]」

昇進、抜擢、入る人、去る人。チャールズの宮廷が、小説『Wolf Hall』（邦訳『ウルフ・ホール』（上下、宇佐川晶子訳、早川書房））と比較されるのも不思議はない。この小説は、ヘンリー八世の下トーマス・クロムウェルが出世していく様子をヒラリー・マンテルがフィクション化したもので、廷臣たちの裏切り行為が描かれているからだ。一方、作家のキャサリン・メイヤーはチャールズに関する書籍で、チャールズの宮廷のイベント立ち上げを手伝った人物の言葉を取り上げている。そのビジネスマンは後に、組織構造の「著しい欠陥」について「驚きを込めて」話し、側近たちがいつも計画を妨害している印象を受けたと語った。問題をでっち上げて、チャールズに指摘しては自ら解決していくという具合だ。「裏切り行為は数多くありました」とも話す。別の内部情報提供者によると、忠実で能力の高い廷臣のなかにも抜け目のない輩がおり、「他人を陥れる汚い手を使う」という[16]。

カミラとの結婚後、チャールズに仕え始めた別のスタッフが話してくれた。

勤め始めたばかりのころ、誰かが教えてくれました。この世界では、とても多くの人が現場をゼロサムゲームとして見ているのだそうです。殿下が誰かに話しかけているのであれば、私は話しかけられないということ。殿下が誰かのメッセージを読んでいるのであれば、私のメッセージは読まれないということ。殿下が一週間に使える時間は限られているので、殿下が公務に就いているのなら、私がお願いしたことはやってもらえていないということなのです。殿下が誰の話を聞くのかについては、少しばかり力関係にかかわります。月曜日の朝の会議になると、一部のスタッフがにわかに「この週末は三回も電話をくれました」とか、「殿下から電話をもらったとき、スーパーにいたんですよ」とか話し始めます。まるで自分こそが陛下から大切に思われているのだと言わんばかりです。でもまぁ、それが宮廷というものだから仕方ありません。私たちの場合、すべての権力の泉となる人が二人いるのです。誰もがその泉に近づきたくて、その泉から直接水を飲みたがっているのです。[17]

チャールズ皇太子に仕えている人は誰でも、主に二つの問題に直面することになる。一つは、内部の裏切り行為。そしてもう一つは、チャールズが相談している外部アドバイザーのありがたい提案にどう対処すべきなのか。ここ何年も、何十という提案が寄せられている。建築から代替医療、ビジネス、有機農業、住宅供給、ユングの精神分析、イスラム芸術、熱帯雨林、作付け周期、メディアまで、自分の考えをチャールズの耳にこっそり入れてくるのだ。チャールズは二〇代のころ、南アフリカ生まれの作家で探検家、神秘主義者のローレンス・ヴァン・デル・ポストに傾倒していた。ヴァン・デル・ポストから手紙をもらったこともあり、そこには、いかにすれば君主制を新しい社会のビジョンに適した形に変えられるのか、つまり、人の精神に本来備わっているはずの「失われた自然の側面」を人が取り戻せる社会を実現するには、君主制をどのように変えればよいのかが綴られていた。さまざまな分野に関心のあるチャールズでも、話を聞く相手をいつも正しく選べるとは限らない。例えば、テレビキャスターで慈善活動家のジミー・サヴィルは、大きな災難の後、ロイヤルファミリーがどのようにメディアに対処すべきなのかをまとめたハンドブックをチャールズのために書き記しているのだが、サヴィルは死後、性的虐待を繰り返していたことが明らかになった。チャールズはそのサヴィルのアドバイスをフィリップ王配に教えたのだが、フィリップもそれを女王へと伝えている。[18]

チャールズに仕えたことのある元スタッフによると、外部アドバイザーの影響で何よりも迷惑なのは、いつものチームが良い仕事をしていないとほのめかすことだという。「殿下は、何か新しいことを言われると、とても影響を受けやすい方なのです。誰かから、『殿下のやりたいことができないのは、あのチームのせいですよ。あのチームが邪魔をしているのです。間違いありません』とか、『あぁ、彼らのやったことは間違いですよ。殿下、是非私の話をお聞きください。私のほうがよく分かっています。客観的に判断できますから』とか言われようものなら、殿下はすぐ話を聞いてしまい、コロっと騙されます。その結果、それぞれ深刻な問題につながっていきます[19]」

チャールズの別の廷臣もこう話す。

> 世の中にはいろいろな人がいて、後々殿下の仕事に関係が出てくるかもしれないさまざまな分野の専門家がいます。そうした人たちはいくつかの種類に分かれます。専門分野の情報にとても詳しい人たち、皇太子と同じように熱い情熱を持つ人たち、戦術上のアドバイスやサポートをくれる、信頼に足る人たちなど。そのほかにも、確かに専門家なのだけれど、自分自身でやりたいことがある人たち。秘書官の役割には、皇太子が、信頼できる人たちとそれほど信頼できない人たちとを見極められるよう、手助けすることも含まれます。言うほど簡単なことではありません。[20]

チャールズの仕事の進め方では、幅広いさまざまな見解を知ることが欠かせない。昔からの王たちは、皇太子信託基金のようなイニシアチブに対して抵抗を見せたのだが、このアプローチはそうしたチャールズの経験から生まれた。あるアドバイザーはこう話す。「皇太子は、絶えず物事をつなげて考えようとして、新しいイニシアチブを生み出します。ただそのせいで、ほとんどいつもおかしな人呼ばわりされます。私にも何回か経験があるのですが、『殿下、これが最善策とは思えません』と言ったところで、決して議論になりません。『そのせりふは、もう聞き飽きた』と言われるだけなのです[21]」

リチャード・エイラード中佐は新しいタイプの廷臣の一人だ。ロンドン北部にあるグラマースクールの出身で、レディング大学に進み、動物学で学位を取得した後に、王立海軍に入った。アンドリュー王子とフォークランド紛争に従軍し、航空母艦ＨＭＳインヴィンシブルに乗船している。三年後、フリゲート艦ＨＭＳブレイズンに後方支援士官として乗船したが、ここでもアンドリューと一緒になった。このときエイラードは、一通の電報を受け取っている。そこには、海軍が皇太子の侍従武官にエイラードを推薦したいと書かれていた。即座に、これはアンドリューの悪ふざけだと考えたエイラードは、アンドリューに詰め寄った。「足を引っ張るのは止めてくださいよ！」。するとアンドリューは、とんでもないという。それは紛れもなく本物の依頼だったのだ。そういうわけで、若干嫌々ながら（というのも、ロイヤルファミリーの下で働くことが、海軍での出世につながるとは思えなかったからだ）、チャールズとダイアナの面接を受けた。驚いたことに、そこで待っていたのは、ダイアナが公人としての生活に慣れていくためのサポートという、実に興味深い仕事だった。

エイラードは二年契約で仕事を引き受けた。仕事の内容は、訪問の調整、ダイアナ用ブリーフィングの執筆、車中の単なるおしゃべり（ダイアナが次の公務に張り切って臨むための最善策）だが、思いのほか楽しんで働けたので、二年が三年に延びた。王立海軍には戻らず、チャールズとダイアナの宮廷の秘書官補と会計検査官になった。ちょうど二人の関係に緊張が走り始めたころだ。宮廷の二つの世界を結びつけることがエイラードの仕事だった。

それは簡単な話ではなかった。例えば、チャールズは夏に狩猟やポロの時間がほしい、一方のダイアナは月曜日に自分だけの時間が必要で、仕事は一切受け付けないとなると、二人の予定の調整は一筋縄ではいかない。チャールズとダイアナが宮廷を分かつと、エイラードはチャールズと組むことになった。ダイアナにしてみれば、これは大きな裏切りだが、エイラード（とチャールズ）は大きなチャンスだと考えた。動物学の学位を持ち、環境問題に関心があったエイラードにとって、熱心に環境問題に取り組んでいたチャールズのアドバイザーという立場は理想的だった。しかしながら、未来の国王に仕えた人であれば誰でも直面したことのある問題に、エイラードも直面していた――チャールズの友人をどう扱えばよいのか？

チャールズは顔が広い。知り合いは皆、自分の意見を持っている。チャールズの仕事に長く携われば、友人たちについてもよく分かるようになる。その友人たちも電話をかけてもっと意見を教えたいと思うようになる。それに、チャールズが公の場で発言した内容に関して反対意見を持つ場合は特にそうだ。あのときは、有機農業とそのほかの環境問題に対するチャールズの発言だった。多くの時間とエネルギーを費やして考えた意見だが、従来の農業のやり方に従事している友人たちには受け入れられなかった。〔作家の〕ジョナサン・ディンブルビーによれば、彼らはチャールズの環境保護運動に対して懸念の声を上げたが、エイラードはその不安を「他愛のない懸念」として、取り合おうとしなかった。[22]

その一方で、チャールズ自身が危険な分野に足を踏み入れたことがたびたびあった。誠実な秘書官なら、上司を説得して差し迫った愚行を思いとどまらせることができるのだろうか？　この疑問はもっと抜本的な疑問につながっている――廷臣は耳障りなことでも主君に伝えるものなのだろうか？

数年後にチャールズの顧問として働いた人がこのように話してくれた。「そこまでやらなければなりませんし、よく考えなければなりません。［同僚も］私もこう言うでしょうね。『とにかく話さなければなりません。とても大変なことです。相手が話したがらないでしょうから。どうするのか、ですか？　相手がこれを話したら、私はあれを話す。私が手紙を書いたら、相手が電話をかける。それから、会いましょうと提案する。［カミラとも］話さなければなりません。何を考えているのか知る必要がありますから。警察官と話すつもりでいきましょう。車の中で怒ったら、手の付けようがないですから』。とても疲れますし、とてもばかげています」[▼23]

別の上級廷臣の意見はこうだ。

> 避けたいのは意地比べです。最終的にはいつも向こうが勝つのですから。向こうはこう話すんだと決めたら、何が何でも話すでしょう。私がいつも使う駆け引きはこんな感じです。「いいですか、それをしたいのなら、それはそれでいいですよ。でも、そうなると、こういうことが起こるのではないかと私は思います。しっかり詰めてみましょう。こんな反応になるでしょうね。そうなると、達成したいことが達成できなくなるのではありませんか？　達成するには、ほかにこんな方法もあるのではないでしょうか。例えば三カ月で一度訪問するようにするとか、興味を持っていることを示すとか。気に入っているということを声高に話すのではなくて」。時には、素直に従ってくれることもあるでしょう。あるいは、「とにかく話してみるよ」と言うかもしれま

せん。秘書官として、上司に使える政治力はたかが知れています。すべてにノーと言おうものなら、この仕事は長く続けられないでしょうね。戦う場所は選ばなければ。▼24

これは、どの時代であれ廷臣なら誰でも心当たりのあるジレンマだ。ヴィクトリア女王に仕えた忍耐強く冷静な秘書官ヘンリー・ポンソンビーは、女王が気の進まないことでも何とか行動に移してもらいたいときに、どの程度まで女王に意見を唱えられるのか心得ていた。「女王が二＋二＝五と言い張っても、私は『それは四と考えざるを得ません』と答えます」と書き残している。「あなたの言うことにも一理あるかもしれないわねと女王は返事をするでしょう。でも、女王は心の中で、答えは絶対に五だと思っています。だから、この話はここでおしまいです。続けても意味がないので、ここで手を引かなければなりません」▼25。チャールズの廷臣たちも同じ結論に達することがたびたびあった。

ロイヤルファミリーのメンバーによっては、違うテクニックも使える。ダイアナの秘書官だったパトリック・ジェフソンは、何かを隠そうと思っても無駄だと学んだ。ダイアナが必ず見つけ出してしまうからだ。その一方で、失敗をしたときにはいつでも包み隠さず白状すれば、いい結果につながることが分かった。初めて白状したとき、ダイアナはとても喜んだ。「あのね、パトリック。宮廷の人が、間違いでしたと私に白状するなんて、初めてのことよ」と話した。ジェフソンは即座に許された。これが彼の新しい戦略になった。

これはとても健全な流れだと考えました。何か間違いがあれば、私ならその旨を伝えるはずだとダイアナが認識しているのですから。それからというもの彼女は私を許すという特権を得ました。「許すは神の心」。侍従と主君の正しい関係を強めてくれます。その結果、ダイアナは自分の組織で何が起こっているのか把握できるようになりました（実際に把握できていました）。それに何か良くないことが起きれば、必ず彼女の耳に入ります。ただし、過ちは少しに抑えなければなりません。一カ月に一つがいいところでしょう。[26]

しかし、「神の心」は長く続かなかった。結局、ジェフソンはダイアナとうまくいかなくなったのだ。いつかそうなるのではないかと思っていた。それまでの秘書官にも起きていたことであり、自分は例外だと思うほどうぬぼれてはいなかった。デイリー・メール紙のある記事を読み、密かに宮廷を去る計画を立て始めた。その記事の中で、ダイアナは、たとえ最も身近にいる人たちであってもその忠誠心を信じていないと話していたのだ。「その記事を読めば、私が自分のキャリアについて考え始めるだろうと私の雇い主は思ったのではないでしょうか[27]」。歯車が狂った本当の理由をジェフソンが初めて知ったのは、一九九五年にBBCジャーナリストのマーティン・バシールがどのようにしてダイアナに報道番組『パノラマ』のインタビューを受諾させたのかが明らかになったときだ。このスキャンダルは、元英国最高裁判所裁判官ダイソン卿が二〇二一年に発表した報告書で詳細に書いているように、ダイアナの信頼を勝ち取ろうとしたバシールが、数々の嘘をでっち上げたものである。その嘘には、ジェフソンとリチャード・エイラードが警備会社から金銭をもらい、ダイアナの情報を漏えいしていたという虚偽も含まれていた。「なぜダイアナとの仕事の関係があんなふうにダメになってしまったのか、二五年間ずっと不思議だったのです」とジェフソンは話してくれた。真実を知って、当然のことながら怒りに震えたという。「彼女は、八年もの間、一緒に仕事をしてきた私が自分を裏切っていたと思ったまま亡くなったのです。大変なこともありましたが、得るところもとても大きな八年でした。あのとき何が起きていたのか突然明らかになり、それが誤解ではなく、入念に計算され

た卑劣な詐欺行為のせいだったとは……とても納得できません」▼28

四〇代半ばになったチャールズ皇太子は、実齢よりも老けて見える。顔には既にしわが入り、その表情は、まるで長きにわたり世界中の問題を自分一人で背負ってきたかのように悲しげである。一九九四年のことだ。作家のジョナサン・ディンブルビーが全国ネットのテレビ番組でチャールズにインタビューを行った。「結婚式で誓われたように、ダイアナ妃に対して誠実かつ正直であろうとされました？」とディンブルビーが尋ねた。

「ええ、もちろん」とチャールズ。

ディンブルビーが畳みかける。「それで、実際は？」

「ええ」とチャールズは答える。二秒間、沈黙した。まるで時が止まったかのようだ。「結婚生活が取り返しのつかないほど壊れてしまうまでは」。その後またしばらく口を閉じた。手をこすり合わせ、下を向き、何やら考え込む。チャールズはすっかり落ち込んでしまった。

チャールズが不倫を告白したことで（この件は、翌日、エイラードが記者会見で改めて発表した。その会見場で、チャールズがパーカー・ボウルズ夫人について話していたことを明言している）、チャールズの名前に見えない傷がつくことになった。また、アンドリュー・パーカー・ボウルズもカミラの下を離れ、離婚へと続いた。ダイアナが報道番組『パノラマ』の悪評高いインタビューを受けることにしたのも、この告白が直接のきっかけだ。ダイアナが、結婚生活に「私たち三人」がいると話したのは、この『パノラマ』のインタビューである。リチャード・エイラードにしてみれば、これがロイヤルファミリーに仕えるキャリアの終わりの始まりになった。ロイヤルファミリーに近しい多くの人々は、チャールズ批判でまとまっていた。結婚の誓いを破ったという事実を、あれほどあからさまに話すべきではなかったというのだ。その責めを負ったのがエイラードだった。

それから数カ月後、チャールズとエイラードが夕食会に出席したときの話だ。ウェストミンスター公爵夫人がチャールズに、なぜ〔不倫を〕告白したのか尋ねた。チャールズはテーブルの反対側にいる秘書官を指さして、怒りながら言った。「あいつがやらせたんですよ！」。そのやりとりを別の客人が覚えていた。「あれは居たたまれない瞬間でした。自分のために働いてくれている人たちに対して失礼な態度を取る方なのですよ[29]」

エイラードは、チャールズに不倫を認めさせたのは正しいことだったと固く信じていた。インタビューに関して、エイラードが想定していた選択肢は、チャールズが「嘘をつく」、「真実を話す」、「質問をはぐらかす」の三つだ。嘘をつけば、間違いなく将来どこかの時点で嘘がばれる。質問をはぐらかせば、タブロイド紙がほしい証拠を見つけ出すまで執拗につきまとう。大衆のほとんどがチャールズとカミラはどのような形であれ愛し合っているのは間違いないと思っていることや、「カミラゲート」と呼ばれる音声データが暴露され、二人の親密で赤裸々な会話が取りざたされたことを考えても、真実を認めるのが唯一理にかなった行動だと思えた。

リチャード・エイラードの論理が納得のいくものかどうかは別にして、彼の任務は終わりに近づいていた。「当時パーカー・ボウルズ夫人はリチャードを良くは思っていませんでしたよ」とある内部情報者は話す。「ディンブルビーのインタビューには激怒していましたね。あれのせいで本当に結婚生活が終わってしまったのだから[30]」。そのほかにもエイラードが宮廷を去らなければならない理由があった。彼こそ、セント・ジェームズ宮殿で反ダイアナの動きを工作した首謀者だと主要メディアが踏んでいたからだ[31]。新たな戦略が必要なタイミングだ。

ここにきて、この約三〇年のロイヤルドラマのなかでも特に華があり、おもしろいプレーヤーが登場する。マーク・ボランドだ。賢くて魅力的、しかも人を操るのが上手なボランドは、宮廷の上級職で同性愛者であることを初めてオープンにした人物だ。ボランドが宮廷に入る前、セント・ジェームズ宮殿宛てに、「あなた方が雇おうとしているこの人は、過激なホモセクシュアルだと知っていますか？」と書かれた書簡が送られてきた。チャールズはもちろん承知しており（当時ボランドは、ガイ・ブラックと交際歴六年だった。現在は夫で、ブレントウッド男爵ブラック）、全く気にしていなかった。彼の態度は、「少なくとも、ほかの皆のように、私の妻と恋に落ちることはないだろう」だった。

一九九六年の夏、チャールズとダイアナの離婚を受けて、チャールズを取り巻く人々の目には、宮廷に徹底した改造が必要であることが明らかになった。カミラの親友で離婚弁護士のヒラリー・ブラウン＝ウィルキンソンも、エイラードがチャールズによくないアドバイスをしたと考えている多くの人たちの一人だ。不倫の告白だけではなく、弁護士のチェックがほとんど入らずにディンブルビーの伝記が出回ってしまったことも、目が行き届いていないからだと考えた。たとえエイラードがまだ現役だったとしても、次の人材を探すちょうどいいころ合いだった。ある晩、チャールズとの夕食会で、ブラウン＝ウィルキンソンは提案をした。「マーク・ボランドはどうかしら？」

ボランドは三〇歳で、英国報道苦情処理委員会（ＰＣＣ）のディレクターだった。身長は一九〇センチ以上、イングランド北東部ミドルズブラのコンプリヘンシブ・スクール（地域内の生徒すべてが入学できる総合制中等学校）出身で、言葉には北東部ディーズ川流域のアクセントがまだ軽く残っている。機敏で不遜、何よりもメディアの重要人物たちをすべて把握していた。本人も秘書官の職にとても関心を持ったのだが、一つだけ問題があった。報酬だ。ＰＣＣの給与よりも低ければ、宮廷に入るつもりはないという。そのため、秘密裏にすばやく契約がまとめられ、肩書は下級の報道担当秘書官補だが、報酬はリチャード・エイラードと同じ金額で決まった。ボランドの新しい同僚たちは、この奇異な人物の登場に既に疑惑の目を向けていた。もし報酬の件を知っていたら、「やはり、そういうことか」と納得したに違いない。

しかしながら、チャールズは喜んでいた。セント・ジェームズ宮殿の皇太子チームとバッキンガム宮殿との間にほとんど信頼関係がない時期であり、世間での評判も悪化の一途をたどる中、ボランドが新しい前向きな風を宮廷に吹き込んでくれた。チャールズがお決まりの鬱々とした調子で、この仕事に「耐えられる」のかとボランドに尋ねたところ、楽しみを見つけようと思うという返事が返ってきた。「仕事が楽しくなければ、意味がないですから」とボランドは話す。「悪いことばかりとは限りません。きっとよくなりますよ」

「君がそういうなら」とチャールズ。

「ええ、間違いありません」[32]

それに、楽しむ力こそ、彼の持ち味だった。ボランドの仕事は、チャールズの名誉を取り戻すことに加え、カミラ・パーカー・ボウルズを英国の一般大衆に受け入れてもらうことだった。「彼の目標は、〔タブロイドの〕デイリー・メール紙やサン紙にカミラを好きになってもらうことでした」とある内部関係者は話す。「そうするには、山ほどおいしい話を新聞に与えなければなりません。休みになるとレベッカ・ブルックス〔ニュース・オブ・ザ・ワールド紙の編集者から、後にサン紙の編集者に転身〕と出かけていましたし、編集者とは皆個人的に親しくしていました。ポール・デイカー〔デイリー・メール紙の編集者〕は、ガイ・ブラックとの結婚式に参列していたほどです」[33]。カミラを巡っては、ボランドと女王付き秘書官のロバート・フェローズがひどい言い争いをよく繰り返していた。バッキンガム宮殿が、ボランドのカミラを推す取り組みが少し行き過ぎていると感じたら、エアリ伯爵（宮内長官、バッキンガム宮殿の最上級職）が伯爵のクラブ「ホワイトWhite's」の昼食にボランドを連れていき、ボランドに向けて人差し指を振った。指を振ったといっても、仕草はとても優雅だ。「皆を刺激してはいけないよ」。伯爵はそう話した。「受け入れられるまでには、しばらく時間がかかるだろう。でも必ず受け入れられるはずだ。皇太子がせっかちなのはよく知っている。でも、物事には流れというものがある。バランスがあるのだ」。それは、節度を求めるものだったが、セント・ジェームズ宮殿ではその動きを懐疑的に見ていた。

　ボランドは、カミラが世間に受け入れられるようにするのと同時に、ウェールズ公夫妻の戦いの終焉にも着手した。チャールズとダイアナの争いはもう随分長い間続いており、チャールズのイメージアップにはつながらない。ボランドはセント・ジェームズ宮殿に到着してあまり日数が経たないうちに、見覚えのあるブロンド女性が自分のデスクのそばに立っているのを見て、驚いた。「こんにちは、ダイアナよ」と彼女は言った。「デイヴィッド（イングランド出身、アソシエイティッド・ニュースペーパーズの会長、デイリー・メールの元編集者）からあなたのことはよく聞いているわ。ケンジントン宮殿に来ていただけるかしら」。こうやって、ボランドとダイアナの良好な関係が始まったが、在任中にはチャールズとも良い関係を続けていたので、一部の同僚がボランドを見る目はさらに懐疑的になっていった。

　聞くところによると、ボランドの任務にはエイラードを追い出すことも含まれていたという。

　しかしながら、その任務がどの程度必要だったのかは意見が分かれるところだ。カミラの件からエイラードを辞めさせせろとチャールズに訴えてくる人は尽きない。エイラードの失脚を願う人は多いのだ。一方でボランドには重要な役割が一つあった。スムーズな権力の移譲を確実に実現することだ。チャールズの宮廷に加わってから数カ月、ボランドはスティーヴン・ランポート（チャールズの副秘書官になるため、一九九三年に外務省から移籍）に、もし秘書官の席が空いたらその席に就くことになるたと尋ねた。ランポートは几帳面で慎重な人物で、何とか質問をはぐらかそうと、たとえそんなことが起きても、自分には全く関係ないと話した。しかし、実際にそれが起きたのだ。今回はチャールズが自ら引導を渡したのである。エイラードをスコットランドに招き、一緒に歩きながら話をした。ランポートが秘書官職を引き継ぐことに同意したと伝えたのだ。ボランドはランポートの下に就いた。

　ボランドが「カミラを英国で最も嫌われていたであろう女性から、英国の現在の王妃Queenに変えたのは、自分の功績だ」と声を大にしてもかまわないだろう（なお、カミラの地位はエリザベス二世から正式な承認が与えられている）。ボランドの業績のハイライトは、一九九九年一月にリッツで行われたカミラの妹アナベルの五〇歳の誕生日会で、チャールズの隣にカミラが登場する計画を慎重に立てたことだ。デイリー・メール紙は「Together（二人一緒に）」の見出しで、その下に「注意深く練られた戦略の最終局面。この戦略でカミラは完全に表舞台に立ち、正式にチャールズのエスコートとして選ばれる」と説明が続く。

　ボランドは十分に楽しみ、成功も手にしたが、敵も作った。ウィリアム王子とハリー王子からは「ブラックアダー卿*」と呼ばれていて、自分のお気に入りの記者向けに行うブリーフィングは度を越えたものもあった。ウィリアムがスコットランドのセント・アンドリューズ大学で学生生活を始めた二〇〇一年に、メディアとある取引が行われた。ウィリアムの大学到着時の様子は撮影してかまわないが、それ以降は、撮影しないという約束だった。しかし、エドワード王子（チャールズの弟）が経営する制作会社のスタッフ二人連れが町に残り、契約に反して、アメリカ向けドキュメンタリーシリー

＊　BBCのシットコム『ブラックアダー』シリーズの主人公。ローワン・アトキンソンが演じるブラックアダーは、さまざまな時代の廷臣の姿を映し出す。

ズの撮影を始めた。出ていくように言われると、エドワードから許可は得ていると話した。最終的に撮影スタッフは引き上げたものの、話はそれで終わらなかった。その後、この件のブリーフィングをメディア一社向けに行ったところ、デイリー・メール紙が「チャールズ激怒」と報じて、エドワードの評判はズタズタになった。二年後、ガーディアン紙とのインタビューで、ボランドはこの件への関与を認めている。[34]

そのインタビューのためにガーディアン紙のジャーナリストと会った日の夜、ボランドは本来なら、退職するチャールズ付き広報担当秘書官コリーン・ハリスの送別会に出席する予定だった。しかし当日の朝、招待は白紙だとハリス本人から電話が入ったのだ。「どうやら、私のことがあまりにも嫌いで、もう二度と会いたくないらしい。お願いだから来ないでほしい、という。そこまで言われるなんて、私は一体何をしたのだろうか[35]」

宮殿にいる多くの内部情報提供者にしてみれば、それは決して答えるのが難しい質問ではないという。ある人はこう話す。

マーク・ボランドは素晴らしい仕事をやり遂げましたよ。でも、それには内々でかなりの犠牲が払われました。彼は廷臣とは何かを示す見事な例です。期待に応えたのですから。裏技の達人で、ほかの時代なら、人を操るのが上手、賢い、巧妙な廷臣だと言われるところでしょう。自分の得になるのなら、何でも情け容赦なくやってのけました。バッキンガム宮殿で幹部の会議が開かれると、翌日のデイリー・メールにはその内容が掲載されるのも、マーク・ボランドがいつもデイリー・メールを贔屓にしていたからです。優秀な人物でしたが、ほかの宮殿やほかのロイヤルファミリーの不評を買っていました。彼の成功は、皆の犠牲のもとに成り立っていましたからね。自分の身内は褒め立てて、身内でなければけなしていました。無慈悲なので、信頼されていませんでした。最後にはわずかに残った信頼も失墜しました。

ボランドの時代から約二〇年後、バッキンガム宮殿の上級廷臣は今でもまだ、彼のことを苦々しげに話している。

> あそこにはひどい人がいましたよ。いつも新聞の見出しを賑わせて、想像を超える損害を与えていました。信じられないほどの破壊力。君主制を終わらせたい人たちにとって、願ったりかなったりの行為です。ランカスター家とヨーク家、二つの王家の間で、戦闘が繰り広げられたようなものですから。彼は、皇太子を独立させて、君主制とは全く別の制度を作りたかった。（中略）君主制を存続させて強くしたいのなら、逆の方法を取るはずです。[36]

二〇〇三年が始まり、ボランドは辞職した。前年の二〇〇二年には自分のコンサルタント会社を立ち上げて、もう既にチャールズの仕事から離れ始めていた。実際のところ、彼の時代は終わったというのが真実だ。新しい秘書官サー・マイケル・ピートが着任したが、ボランドとは馬が合わず、彼の居場所は自然になくなっていった。いたしかたない。まずエイラードで、その後にボランド。二人とも、なくてはならない人物として始まり、ある意味、問題を引き起こした人物として終わった。彼らに願うのはただ一つだけ。この先、波風を立てないでもらいたい。

ボランドが静かだったのはつかの間だった。二〇〇五年、チャールズはメール・オン・サンデー紙に対して初めて民事訴訟を起こした。これは、八年も前、中国返還で香港を公式訪問した際に書いた日記の抜粋を同紙が記事にしたことを受けての行動だ。「香港の返還か、中華料理のお持ち帰りか」と題された記事で、チャールズは中国共産党の指導者たちを「ビックリするほど年老いた蠟人形」と称していた。ボランドは同紙に、チャールズは自分の日記を世の中の人々に読んでもらいたいと思っていたのではないかと話し、この日記を記事にしても問題ないことを示す証言を提供した。同様の日記がジャーナリストや政治家や俳優をはじめ、チャールズの友人たちなど五〇人から七五人に渡されたと述べたのである。ボランドの日記提供にどうやら良い印象を持たなかった裁判所は、チャールズ勝訴の判決を下した。後に、ボランドはチャールズに対して長い謝罪の手紙を書いている。なお、カミラとは現在でもときどき顔を合わしている。

宮廷で働いた経験のある人物が、廷臣という仕事の寿命について考察している。

> こうした人間関係や任務は、良い終わり方をしないものが数多くあります。王室だけでなく、首相官邸であれ大富豪の豪邸であれ、そうした場所で働いていればどこにでも起こるものです。好き嫌いに関係なく足を踏み入れた先は、知らないことばかりで、心が高鳴るものです。三年、五年が経過すると、主人は古株に飽きて、また新しい人が入ってくる、その繰り返し。こういう仕事は、たいてい用なしになって終わります。主人はおそらく、もうこちらの言うことは聞いてくれません。人には「旬」がありますからね。新入りのときは、誰でも変化の担い手の候補であり、自分には変化の担い手になることが求められているのではないかと考えるものです。実際に変化にかかわる時期もきます。それはそれで大変ですが。それから、すべてがうまくいき、機械的にすむので、惰性で進められる時期が来ます。そしてその後に、息切れする時期が待っています。▼[37]

しかし、権力闘争や裁判所の駆け引きだけが、王臣たちの直面する課題ではない。時には、外の世界の出来事が深刻な危機をもたらし、王室そのものが脅威にさらされることもある。

一九九七年八月三一日の日曜日、夜中の一時ごろ、女王付き副秘書官のロビン・ジャンヴリンは電話の呼び鈴で目が覚めた。そのとき彼は、バルモラル城のクレイゴワン・ロッジに滞在していた。電話の主は、駐仏英国大使である。パリで自動車事故があり、ウェールズ公妃ダイアナと恋人のドディ・ファイドが巻き込まれているという。ジャンヴリンは母屋にいた女王と皇太子に電話をかけると、急いで身支度をして、ほかのスタッフと合流した。それからの数時間、ロイヤルファミリーは事態の進展を確認しようと躍起になり、バルモラルとパリとロンドンの電話回線は焼き切れんばかりの状態に陥った。〔イングランド東部の〕ノーフォークでは、女王付き秘書官サー・ロバート・フェローズの妻であり、ダイアナの姉でもある、ジェイン・フェローズが、ダイアナの状況を必死に確認しようとしていた。そして、朝四時、重大な知らせがパリから届いた。ダイアナが亡くなったのだ。チャールズは依然としてドレッシングガウンをはおり、室内履きを履いたまま、暗い顔をして言った。

「きっと皆、私のせいだというんだろうな」[38]

当時一五歳と一二歳だった、ウィリアム王子とハリー王子は起こさないことにしようという決断が下された。翌朝二人が起きてから、チャールズがその知らせを伝えた。夜のうちに何が起きたのかを話し、これからパリに行き、母親の遺体を引き取らなければならないことを説明した。決めなければならないことが既に待っていた（それからの数日は慎重に決断を下さなければならないことが次々と降りかかり、ロイヤルファミリーは、今自分たちが現代王室にとって最大の危機に直面していることに気付いた）。チャールズをはじめとするロイヤルファミリーはその日の朝、いつものように教会に行くことにしたが、子供たちはどうしたものか。「お前たちも一緒に行きたいかい？」。「はい」とウィリアムが答えた。「行きたいです。そうすればお母さんに話しかけられるから」

バルモラル城の関係者の目には、誰もが完璧な気配りを見せながら行動しているように見えた。王子たちの意見も聞いた。確かに、教会に行けば子供たちの慰めになるだろう。しかしながら、世間はそう感じなかった。その朝、ロイヤルファミリーがウィリアムとハリーの手を引いて、教会のクラシー・カークに姿を現すと、大人たちの冷静な振る舞いが、「配慮に欠けている」、「悲しくないのか」といった印象を与えた。その上悪いことに、礼拝の祈りがチャールズと息子たちに向けたものだけであり、ダイアナに関しては一切言及されていなかった。世間からは、なぜダイアナの息子たちは大衆の面前に連れ出されたのか、最も深い悲しみに襲われているだろうに、という批判が聞かれた。これは、この数日で起こる話の序章にすぎない。つまり、ダイアナの死を悼むときに、感情を露わにするなど英国人らしからぬ様子を見せる英国国民、冷淡かつ無情、しかも無関心なロイヤルファミリーという構図が出来上がったのだ。

実際のところ、誰もどうすべきか分からなかったというのが真実だ。ノースホルト空軍基地に士官が集まり、ダイアナの遺体の帰還を待っているとき、トニー・ブレア首相の首席報道官アラステア・キャンベルは廷臣の世界に生まれて初めて遭遇した。「宮内長官〔エアリ伯爵〕が巨大なロールスロイスで到着した」と彼は書いている。「靴のつま先部分が光り輝いていて、今まで見たことがないほどだ。髪は美しい白髪。雰囲気は少しピリピリしていた。これから先、一体どこに向かっていくのか皆が不安に感じているのだと分かった」。ダイアナの死から最初の数時間のうちに、ダイアナの弟であるスペンサー伯爵が、身内だけで葬儀を執り行いたいとロイヤルファミリーに申し出た。女王は当初、それを受け入れるつもりでいたが、世間はそのような雰囲気ではないことがすぐに明らかになっていった。キャンベルは「ダイアナの家族がロイヤルファミリーに対して不満を示したと考える人たちもいた」と言いている。「一方で、これはダイアナを侮辱しようとするロイヤルファミリーの計略だと考える人たちもいる。何にせよ世間には本当のところは決して分からないだろう」[39]

一日目が終わるころには、側近たちが葬儀の計画を考え始めていた。国葬にはしない予定だが、ダイアナらしさが映し出されるような何かを用意しなければと考えていた。ルールブックはない。エアリ伯爵は、慣習にとらわれずに考えるよう、皆に伝えた。女王の報道担当副秘書官ペニー・ラッセル＝スミスは、兵士やマーチングバンドの代わりに、ダイアナが携わった慈善団体の人たちが棺の後ろを歩くというのはどうだろうと提案した。女王は特にそのアイデアを気に入った。

バッキンガム宮殿とロイヤルファミリーは、柔軟に考えていることを示そうと必死だった。宮殿での会議が終了した後、〔秘書官の〕ロバート・フェローズがアラステア・キャンベルにこう話した。「時折こうして型を破るというのは実におもしろいですね。あまり頻繁だといただけませんが」[40]。葬送行進のルートを延ばして、一般人も参加できるようにするとか、エルトン・ジョンを招待して、式の間に歌を歌ってもらうとか、画期的なアイデアが提案されると、積極的に採用された。ただ、アイデアが行き詰まる場面もあった。その一つが旗の問題である。バッキンガム宮殿に半旗が翻っていないことが既に耳目を集めていた。この手抜かりで、ロイヤルファミリーがまるで気を配っていないように思われてしまった。サン紙はこの点を突き、責任は廷臣にあると書き立てた。「ロイヤルファミリーの考え方が革新的に変わることなどないだろう。出身が保守的な特権階級で、これまでと変わらない古いアドバイザーたちの意見しか君主の耳に届かないのだから」[41]。しかしながら、タブロイド紙の第一面を飾った見出し「気にかけているのなら、ちゃんと見せて SHOW US YOU CARE」という大衆の求めに抵抗していたのは廷臣たちではなかった。女王だったのだ。女王は、バッキンガム宮殿ではためく旗は王室旗（ロイヤルスタンダード）だけであり、この国には必ず君主がいるので、旗は決して半旗にはならないという伝統に固執していた。ロビン・ジャンヴリンがその考え方を変えてもらおうと説得しようとしたが、女王は断固として耳を貸さなかった。

木曜日になると、世間の受け止めは固まりつつあった。つまり、旗のこともそうだが、女王がバルモラル城に引きこもったままで、ロンドンに戻らず、国家を挙げて追悼すると公式に表明しないという事実も問題だというのだ。もはや妥協は避けられない。女王はその朝の電話会議で、この危機的状況に当たり、国家元首として自らの役割を果たすことが責務であると悟った。その結果、国旗（ユニオンフラッグ）をバッキンガム宮殿に半旗で掲げ（ただし、土曜の朝までは掲げない。掲げるのは女王が葬式に参列するためにバッキンガム宮殿を出た後）、女王は予定より早くロンドンに戻り、金曜日の夜には全国民にテレビで話しかけることになった。

ロンドンに到着した女王とフィリップ王配は、ロールスロイスをバッキンガム宮殿の外に止めさせて、ダイアナを追悼して置かれた花を見て回り、集まっている人たちにも話しかけた。側近たちは、大衆が女王の姿を見て、どのように反応するのか不安でしかたなかった。「ロンドンは非常に不穏な空気に包まれていました。けれど、女王たちの車が宮殿に近づくと、人々の拍手が聞こえてきたのです」。女王の秘書官補メアリ・フランシスが作家のロバート・ハードマンにそう話した。「たとえタイミングを逸したとしても、前向きな対応を見せれば、人の心を変えられることもあるのだと分かりました」▼42。

一一歳の少女キャサリン・ジョーンズが五本の赤いバラを差し出した。

「そのバラを供えましょうか？」。女王が尋ねた。

「いいえ、女王陛下」と少女は答える。「女王陛下に差し上げます」

女王は明らかに感動していた。後ほどキャサリンはタイムズ紙に、その花は、本当はダイアナのためだったと話した。「でも、女王様の姿を見たときに、とても悲しそうに見えたの。いろいろなことを言われて、女王様がかわいそうだなと思って。何も悪いことなんてしてないのに。女王様はウィリアムとハリーのおばあちゃまでしょ。私たちよりも三人の方がダイアナ妃をずっと必要としていたはずよ」[43]

首相官邸は女王の演説を生放送で午後六時のニュースに流すのはどうかと提案したが、バッキンガム宮殿は「女王は生放送をやらない」という理由でその提案を却下した。しかしながら元廷臣によれば、女王はその提案を直接聞いて、彼女は「一切躊躇せずに」同意したという。[44]秘書官のロバート・フェローズが原稿の草案を書き、報道担当秘書官のジェフリー・クロフォードが手を加えた。話し方に関しては首相付き首席報道官のアラステア・キャンベルが、「孫に話しかけるように」と提案している。女王は慎重に練習して、チーム全体で微調整していった。何よりも重要なのは、自分が話す言葉を女王自身が信じているかどうかだ。結局、女王はフェローズの文章をほとんど変えなかった。「ロバートは女王の心を理解している」。そう話すのは以前ロバートの同僚だったベン・ピムロットだ。「彼は女王の直感に寄り添っている」[45]。女王はスピーチで、ダイアナの人生と「彼女が亡くなったことに対する驚くべき感動的な反応」には「学ぶべき教訓」があると伝えたのだが、そのスピーチの放映後、国全体を包む雰囲気が変わった。人々は女王に同情するようになり、王室の差し迫った危機的状況は回避できた。しかしながら、ダイアナ問題で大きな痛手を受けてきたこの組織が完全に立ち直るまでには、まだ長い道のりが待っていた。

第6章 宮殿戦争

理屈で考えると、バッキンガム宮殿とセント・ジェームズ宮殿の関係がぎくしゃくし始めたのは二〇〇二年ごろだ。もともとチャールズ皇太子は母親の宮廷を信用していなかった上に、マーク・ボランドが、懇意にしていた新聞社に軋轢の原因になるような情報を与えたため、既にライバル関係にあった二つの宮廷は数年にわたり、いがみ合っていた。チャールズの秘書官スティーヴン・ランポートが二〇〇二年の年末に辞めたいと辞職願を提出すると、会計士のサー・マイケル・ピートが秘書官職を引き継いだ。ピートはバッキンガム宮殿で、手許金会計官として女王の金庫番をしていた人物で、つまり親会社の最高財務責任者が主要子会社の最高経営責任者になったようなものだ。

現代のロイヤルファミリーに仕えてきた栄誉ある人物の中でも、特に君主制の長期存続に大いに貢献した人物といえば、マイケル・ピートとエアリ卿の二名である。デイヴィッド・エアリ（イートン校、スコットランド近衛連隊出身）は、マーチャントバンクのトップとして働き、一九八四年に宮内長官に就任した。実質的に、女王の王室の長（官僚ではない）に当たる。本人はこの責務を、ガーデンパーティやら晩餐会やらに時折出席する引退までのお気楽な名誉職とは見ておらず、本格的な改革を行う絶好の機会だと捉えていた。着任直後から、王室には資金ショートの危険があると判断したエアリは、女王に、本格的な予算の見直しが必要だと訴えた。実際に業務を担ったのがマイケル・ピートである。ピート（イートン校、オックスフォード大学出身）の曾祖父は、現在、超大手会計事務所として名を馳せるKPMGの創業者の一人であり、ピート自身もエアリから予算見直しで引き抜かれる前にはKPMGでパートナーとして働いていた。几帳面で沈着冷静、ピシッとしたピンストライプのスーツにつるっとした頭が特徴で、自転車で通勤していた点以外は、まるでおもしろみのない会計士を絵に描いたような人物だった。しかし、それだけではないことが次第に明らかになっていく。

そもそもピートは部外者ではない。ピート・マーウィック〔KPMGの前身〕といえば、王室の会計監査を担当していた会計事務所である。父親が会計監査を行っていたころ、宮殿内の手許金会計官執務室にはテーブルクロスとシルバーウエアが用意されていた。これは当時、会計士が宮殿のダイニングルームで昼食を取るのは好ましくなかったからだ。[1] ピートは猪突猛進で仕事に取り組み、六カ月後には一八八の勧告を含む一三八三ページもの報告書を作成した。この一九八六年の報告書では、バッキンガム宮殿の電球交換に年間九万二〇〇〇ポンドをかけていたことも明らかになっている。報告書の勧告（五カ所に分かれていた宮殿内の職員用食堂を一カ所にまとめるという提案など）は、保守的な考えを持つ一部の人たちの反発を招いたが、すべてが女王から承認された。エアリとピートの改革は単に会計の視点から考えたものにもかかわらず、王室は一九九〇年から二〇〇〇年で年間経費三〇〇〇万ポンド近くの削減に成功した。[2] さらに根本的なところでは、政府に対して、王室向け長期資金調達計画の策定を新たに促すのにも役立った。そうした長期的な計画があれば、毎年追加の資金を申請しなければならないという屈辱を女王が受けずにすむ。

ここで気になるのが、「なぜ、ピートがバッキンガム宮殿からセント・ジェームズ宮殿に移ったのか」である。ピートは王室の顧問として宮殿に入り、一九九六年からは手許金会計官を務めたほどの人物だ。当時のバッキンガム宮殿関係者に話を聞くと、デイヴィッド・エアリの提案だと口を揃える。まるで、女王が自分の側近をチャールズの陣営に差し向けたと言わんばかりだ。しかしながらチャールズは、一九八五年に自らサー・ジョン・リデルを指名したことから明らかなように、自分の顧問はバッキンガム宮殿から邪魔されずに選ぶと決めていた。当時からセント・ジェームズ宮殿で働く情報提供者らに話を聞くと、ピートの引き抜きは彼らのアイデアだという。ある人は「皇太子は昔からマイケルを知っています。手許金会計官としての実績や、バッキンガム宮殿の財政立て直しでマイケルがやってきたことはすべてが極めて素晴らしい」と話した。[3]

また別の人物は、「皇太子から引き抜かれたのです。女王から送り込まれたわけではありません」と話し、こう続けた。

マイケルはバッキンガム宮殿の会計責任者という仕事に飽きていたところでした。チャールズとはさまざまな委員会で顔を合わせていました。チャールズは資金も組織も握っていましたが、いかんせん配下の人数が多過ぎました。「［皇太子の所領である］コーンウォール公爵領からはもっと稼がなければならず、ビジネスとして運営していく必要がある。子供たちも成長していて、資金はさらに必要になる。その上、チャリティ部門で思い描くような変化を起こすには、その基盤作りにも資金が必要だ」

そこで登場するのがマイケルです。彼なら、その必要な資金を調達できるだけでなく、見事に筋を通すことができますから。[4]

こうして、マイケル・ピートがバッキンガム宮殿からセント・ジェームズ・パークを横切り、セント・ジェームズ宮殿にやってきたことが、停戦の第一歩になるはずだった。両宮廷間の緊張が解けて、個々のスタッフの行動にも影響を与え、さらにボランドが辞職し、女王の金庫番がセント・ジェームズ宮殿に参画するとあれば、二つの権力の関係は間違いなくうまくいくはずだったのだ。実際その当時、女王にはロビン・ジャンヴリンという未来志向の秘書官がついており、ジャンヴリンがチャールズとバッキンガム宮殿との関係を改善しようと考えていたことも、功を奏して不思議はない。しかしながら陰謀渦巻く宮廷では、そう簡単に事は運ばない。

マイケル・ピートの指導の下、チャールズの宮廷では変革が始まった。マーク・ボランドの取り組みを引き継いだピートが優先すべきミッションには、チャールズとカミラ・パーカー・ボウルズとの関係を「整える」ことが含まれていた。ピートはこの件に関して、これまでとは全く違うアプローチを取った。人事で特筆すべきは、新しいコミュニケーション担当顧問パディ・ハーヴァーソンの招聘である。元フィナンシャル・タイムズ紙のジャーナリストで、当時は英国サッカー名門チームのマンチェスター・ユナイテッドでコミュニケーションの責任者として働いていたハーヴァーソンは、ボランドのやり方には反対だった。ボランドよりも背が高く、はっきりした物言いをする実直な人物で、ブリーフィングや漏洩が正しいとは信じていなかった。そもそもチャールズの下で働かないかと誘われてとても驚いた。ロンドン・スクール・オブ・エコノミクスで学び、思想は穏健な左派で、それまでロイヤルファミリーには特に関心を持っていなかった。ダイアナ妃の葬儀の当日にはゴルフに出かけており、クラブのあるメンバーからは、それは敬意を欠いた行為なのではないかと指摘されたほどだ。秘書官のピートとお茶を飲みながら顔合わせしたときには、王室スタッフを引き抜く場合、通常なら政府や軍で人材を探すのが一般的だが、今回は外部の人材を探していると説明を受けた。マンチェスター・ユナイテッドで働いていたハーヴァーソンは、三六〇採用につきものの厳しい審査といった類いに対応するのも慣れていた。それに、デイヴィッド・ベッカムなどのサッカー選手の面倒を見てきたので、ウィリアム王子やハリー王子が共感できる相手でもあった。

ハーヴァーソンはピートのことを、きっと典型的な廷臣、つまり「グレースーツの老成の男 a grey man in a grey suit」だろうと想像していた。しかし実際は、すっかり意気投合し、顔合わせはほぼサッカーの話題に終始し、ピートがサッカーに驚くほど精通していることが明らかになった。

ハーヴァーソンがマンチェスター・ユナイテッドを辞めて、クラレンス・ハウス〔メアリ太皇太后の元宮殿で、チャールズが使用〕に入ったとき、マンチェスター・ユナイテッドの監督、アレックス・ファーガソンはハーヴァーソンにこう話している。「ここよりも無茶苦茶な場所は一カ所しかないのに、よりによってそこに行くとは……」。ハーヴァーソンが加わった一年後の二〇〇五年に、チャールズとカミラの結婚を何とか実現させたハーヴァーソンとピートの二人は、一つの大きな戦略的目的を掲げた。それは、皇太子〔現国王〕がどのような人物なのか、何をしているのかをうまく世の中に伝えることだ。気候変動であれ、異教徒間の関係であれ、若者の問題であれ、チャールズが心を動かすものに対して、世間の人々にも意識を高めて理解してもらおうと考えたのだ。そのために、ボランドは新聞を利用するのがよいと考えるまで、何度でも繰り返し同じ話を伝えた。メッセージがしっかりと伝わっていたが、ハーヴァーソンとピートが選んだのはテレビだった。〔一九九四年に〕ディンブルビーによるドキュメンタリー番組が放送されてからというもの、チャールズの宮廷でテレビという言葉は禁句だった。とはいえ、人は皆、実際に目にしたことなら信じられるのだから、大勢の聴衆に声を届けるにはテレビが最善の方法だと二人は確信していた。次第にチャールズは、またテレビに出演するようになった。

ハーヴァーソンのような仲間が「マイケル・ピート・ファンクラブ」のメンバーに続々と加わったが、ピートと働いた誰もが彼のやり方にもろ手を挙げて賛同していたわけではない。バッキンガム宮殿の宮内長官事務局で各種式典の責任者を務めていた陸軍中佐のサー・マルコム・ロス（イートン校、スコットランド近衛連隊）は、二〇〇五年に会計検査官の職を引退したばかりのころ、チャールズから王室家政官として働いてくれないかと頼まれた。その件を女王に話すと、女王はこう答えたと言われている。「また変なことを言い出して……あなた、本気なの？　チャールズのところで働くなんて！」。少し間を置くと、驚きも収まったようだ。「それもいいかもしれないわね……[5]」。ロスは、初めてチャールズの下で働く前からマイケル・ピートと仕事をしていた。しかし、作家のトム・バウアーによると、「ピートは全く別人だった」とロスが話したという。「私たちに対して傲慢な態度を示し、すぐにいくつか会議を欠席するようになった。チャールズは強い管理者がほしくて、お山の大将を雇ったんだ[6]」

そうだとすると、ロスがチャールズの下で働くことに同意したのは解せない。ロスは二〇〇六年一月、クラレンス・ハウスに入ると、王位継承者の下で働くことが、「いかに大変なのか」すぐさま思い知らされた。チャールズの伝記作家サリー・ベデル・スミスにこう話している。「業務時間外に女王から電話がかかってきたのは一八年間で三回だけでした。でも皇太子からは、着任最初の週末に六回から八回も電話がかかってきました[7]」。チャールズの長所は、思いついたアイデアを積極的に追求することだが、その副作用で、自分の命令が即座に実行されないと激しくかんしゃくを起こす。「罵倒されるなんて、軍隊に入隊した当初以来でした」とロスは話す。

それよりもさらに気になったのが、まるで女王に面向かうかのようなマイケル・ピートの態度である。ロスの頭からは、着任直後の会議の様子が消えない。ピートがバッキンガム宮殿の顧問らを「恐竜」やら「過去の遺物」となじったのだ。このような無礼な言動が続くのであれば、この部屋から出ていくとロスは伝えた。ピートはチャールズのクローンになったのだと考えた。「皇太子が『おいおい、母君は一体何を目論んでいるのか？』と言えば、マイケル・ピートは同じ意見を自分の言葉で繰り返します」。ロスは着任から二年も経たないうちに、表向きは非常勤〔の経営陣〕として警備会社から引き抜かれた形で、ピートから首を切られた。「実際、それでよかったと思っています」と後日ロスは話した。「クラレンス・ハウスは、もうたくさんです[8]」

ピートはその後もバッキンガム宮殿の面々と衝突を繰り返し、二〇〇七年に女王秘書官の職がロビン・ジャンヴリンから手強いクリストファー・ゲイトに引き継がれても、それは変わらなかった。ある廷臣はこう話している。

〔ピートは〕いつもバッキンガム宮殿とうまくやっているわけではありませんでした。最後には決まって衝突していたのです。主人の命令を遂行していただけなのですが。皇太子は皇太子で、ますます声高に意見を主張するので、両宮廷の間はいつもピリピリしています。王室は宮廷のトップ同士、組織同士が競争するような仕組みで成り立っているのです。皇太子と衝突していたのはほとんどの場合、クリストファー・ゲイトでした。これは、二人ともとても個性が強くて、とても自信を持っていたからです。どんなことでも衝突していました[9]。

ゲイトは王室の将来を形作る上で重要な役割を担うことになる人物で、チャールズの無鉄砲なアプローチを必ずしも認めていなかった。

意見の衝突といえば、ダンフリーズ・ハウスもその一つだ。この邸宅は、スコットランド南西部の人里離れた場所にある一八世紀の屋敷で、ちょうど第七代ビュート侯爵が売却の話を進めているところだった。二〇〇六年一二月、チャールズはこのダンフリーズ・ハウスを救済してくれる買い主を探す運動について噂を耳にした。この運動の主催者たちは、邸宅を売却して、調度品も分散させるのではなく、邸宅全体を利用すれば、深刻な失業問題を抱えたイースト・エアシャー一帯を活性化できるはずだと確信していた。母屋以外の建屋は教育施設、母屋は地元住民の雇用センターに変更可能だ。しかし、邸宅が市場に出されたときには、既にオークションハウスのクリスティーズで調度品のオークションを行う手筈が整っており、運動主催者が邸宅を救おうにも、十分な資金を調達できていなかった。そこでチャールズはここ一番の大きな賭けに出た。内部の調度品はすべて荷造りされており、後はクリスティーズに輸送するだけという土壇場で、チャールズが買い主として名乗りを上げ、四五〇〇万ポンドで屋敷と調度品を購入することにしたのだ。

しかし、チャールズには資金がなかった。銀行から二〇〇〇万ポンドを借金するしかなかったが、そのおかげで慈善事業の基盤が確保された。改装の資金集めと借金の一部返済のためには、チャールズが自ら腰を上げ、富裕層に対して積極的に寄付を求めざるを得ない。そのタイミングで起きたのが二〇〇八年の金融危機だ。動産も不動産も価値が急落し、資金調達に大きな打撃となった。プロジェクトが二年を経過するころには、資金も底をつくのではないかと危ぶまれた。さらに寄付を募り、チャールズは四年で一九〇〇万ポンド（主に海外から）を集めた。[▼10] 最終的にチャールズは成功を収め、ダンフリーズ・ハウスは、当人いわく「遺産主導型再生」として、需要の高い雇用センターに成長した。それでも危険な状態を抜け出たわけではなく、バッキンガム宮殿の女王の顧問陣は眠れない夜を何日も過ごした。マイケル・ピートの熱心なサポートがなければ、チャールズがこの事業を成し遂げることはなかっただろう。それでも、ピートとクリストファー・ゲイトとの関係は改善しなかった。ゲイトはバッキンガム宮殿への相談が足りないと感じていたのだ。「マイケルは大きなプロジェクトや新しいことが好きでした」とある同僚は話す。「とても野心家でしたし、決して物事を中途半端で終わらせません。だから、いつも結果を出していました[11]」

サー・マイケル・ピートは全盛期に宮殿を去った。クラレンス・ハウスで約一〇年を過ごし、辞職を決意した二〇一一年にはもう六一歳になっていた。その約一〇年を最前線から陣頭指揮を執り、チャールズ皇太子の幅広い事業に漏れなくかかわった。もう十分やれることはやった。妻も、夜遅くかかってくる電話はもう十分だと感じていた。ピートは王室のスタッフには〔ぐずぐず仕事をするのではなく〕プロ意識を持ってもらおうと尽力した。皆が不要に遅くまで仕事をしなくてもすむように取り組んだのだ。しかしその彼をしても、たとえ夜中であろうと時間に関係なくいつでも電話をかけてくるボス（チャールズは部下からそう呼ばれていた）の習慣を変えることはできなかった。ピートは金儲けも好きだった。一〇年間、秘書官の給料でやってきたが、王室の側近としては破格の待遇だったとはいえ、民間で働いていればもっと稼ぐことができたはずだ。もう本来の生活に戻ってもよいタイミングだった。「それに、皇太子との人間関係も……もううんざりしていたのではないかと思います」とある人物が話してくれた。「誰だって、同じ人としばらく一緒にいれば嫌になりますよね。特に皇太子のような忙しい人の秘書官ともなれば……四六時中、行動をともにして、顔を突き合わせているのですから。自然な成り行きだったと私は思いますよ[12]」

チャールズは、ピートが去った後（新しいアイデアやプロジェクトが次々に思い浮かぶ、心が躍るような歳月を経て）、もっと皆の合意に基づいたアプローチを取るべきタイミングだと悟った。ピートは物事を一方的に決める傾向があり、マーク・ボランドとよくぶつかったのもそのせいだったのだが、〔ピートが去った」今なら、意思決定のプロセスにもっと多くの人を巻き込むことも可能だ。少しばかり公務員の仕事らしくなる。そこで、チャールズは次の秘書官をウィリアム・ナイに決めた。ナイはケンブリッジ大学で学んだ官僚で、前職は内務省国家安全保障局局長だった。チャールズは、人生の次の段階に進むに当たり、理想的な人物を見つけたと思った。しかし、今回も人選を間違えたのだ。

敬虔なキリスト教徒のナイは、物静かで内気、冷静で極めて有能だ。向こう見ずなピートとは違い、「この部屋で一番賢いのは自分だ」とナイが考えているようには誰も感じなかった――たとえ一番賢いのはおそらく本当にナイだとしても。チャールズが好む「是非私に任せてください」タイプの人物には決して見えない。チャールズをよく知る人がこう教えてくれた。「初めてウィリアムに会ったとき、どちらかというと驚きました。あの二人がうまくいくとは、にわかに信じられませんでした。とても冷静で、控えめでした」。それに、思慮深いナイが、チャールズの下で働くという過酷な状況を覚悟しているようには思えなかった。「ウィリアムがこう話していたのを覚えています。『皇太子には、私が新婚で、幼い子供がいることを理解していただかなければ。六時には自宅に帰るつもりです』。これではチャールズ時間にとても対応できません[13]」

チャールズがナイを選んだのには、もっと深いところに理由がある。ダイアナの秘書官パトリック・ジェフソンは回顧録で一九九〇年代初めの逸話として、明らかに不機嫌な皇太子が側近に、なぜまたしても国家行事に出席しなければならないのかと詰め寄ったときの様子を記している。当時秘書官だったクリストファー・エアリは、「あなたの義務です」と答えたという。ジェフソンの記憶では、「皇太子は体をこわばらせ、テーブルの向こうで大きく息を吸い込みました。そして、『ほお。そうなのか？』と痛烈な皮肉を放ったのです[14]」。会議はその後、極めて冷ややかに終わった。

当時チャールズは、慈善団体の活動にエネルギーを注いでおり、参加しなければならない国事があまりにも多く、閉口していたのかもしれないが、それから二〇年がたち、それまで以上に国家に対する責務を担わなければならないと国事を積極的に受け入れようとしていた。母親は体力が衰え始め、チャールズは自ら喜んで、自分が次期国王であると世間に思われようとしていたのだ。英国議会の開会式でも、英連邦諸国首脳会議でも、チャールズは母親のそばにいることをとてもうれしく思っていた。というよりむしろ、母親に代わってその任に就くことをうれしく思っていたのだ。時代が変われば、視点も変わる。秘書官たちも新しい視点を持たなければならなかった。かつてチャールズの側近は、慈善起業家としてのチャールズを盛り立て、建築から代替医療、さらには伝統的な芸術から都市部過密地区の貧困まで、幅広いテーマに取り組み、成長を続ける巨大な帝国を管理運営することに尽力していた。しかし、二一世紀に入り、その慈善起業家としての役割が重要視されなくなると、顧問らはグローバルな政治家としてチャールズをポジショニングし始めた。

「ウィリアム・ナイはとてもできた人でした」とある同僚は話す。「中には、少しばかり冷たいのではないかと感じる人もいました。でも、ウィリアムは実にプロに徹していて、よく考えて行動していました。マイケル・ピートとは正反対でしたね。マイケルはとても愛想があり、おもしろくて、ある意味、目的のためなら手段を選ばないタイプでした。やんちゃなところも多くて、ゴシップ好き。とても頭の切れる人でした。ウィリアムも同じように頭が切れて聡明なのですが、ずっと控えめでした。とても立派な人です[15]」

ナイが秘書官として素晴らしい仕事をしたことは間違いない。任期中、下院決算委員会に召喚され、コーンウォール公領に関する質問に回答することになった。この公領は広大な領地で、皇太子はここから収入を得ている。そのときの諮問の争点は、長年にわたり共和主義者を怒らせてきた疑問「なぜコーンウォール公領は法人税を支払わないのか」だった。マーガレット・ホッジ（労働党議員。証人喚問に定評がある）を委員長とする同委員会にしてみれば、これは皇太子の代理人を厳しく追及する千載一遇の好機である。

しかし下院決算委員会の一撃はナイに届かなかった。ナイは何を聞かれても礼儀正しく辛抱強く答え、淡々と事実を並べていった。フィナンシャル・タイムズ紙はその様子を「洗練されたパフォーマンス」と称している。[16] スポットライトを浴びた同委員会はその存在を誇示し、舌鋒鋭くナイを攻めたてた。しかしこの証人喚問が委員会にとって、ナイが今、守ろうとしている人はどうやっても守りきれないことを示す絶好のチャンスだとしたら、彼らはそのチャンスを逃した。ジャーナリストのレイチェル・クックがオブザーバー紙に書いたように、ホッジは絶好調ではなかった。「彼女は終始、言葉を都合よく解釈していた。法人税とキャピタルゲイン税を混同しただけでなく、極めて重要な事実を明らかに誤解している」。[17] ナイは無傷で委員会を後にした。

ナイはクラレンス・ハウスで、委員会よりもはるかに厳しい敵を相手にしていた。二〇一二年の夏、クリスティーナ・キリアコウがクラレンス・ハウスに入ったのだ。それまでは音楽業界でキャリアを積み、英国のポップグループ、テイク・ザットの宣伝を担当し、テイク・ザットのメンバーで、シンガーソングライターのゲイリー・バーロウのマネージャーとして働くと、エンターテインメント界の有志が始めたチャリティプロジェクト、コミックリリーフComic ReliefとそのスピンオフのスポーツリリーフSport Reliefでメディア対応と広報の責任者を四年間務めた。また、シェリル・コール財団も設立している。この財団では、恵まれない若者を支援し、皇太子信託基金の事業に資金も提供している。チャールズがキリアコウに初めて出会ったのは、彼女がアーティストのシェリル・コールと一緒にクラレンス・ハウスを訪問したときだ。チャールズは好印象を持った。

たいてい誰でもキリアコウに好印象を持つ。エネルギッシュで、ぶれることがなく、非常に忠誠心が強い。そんな彼女から嫌われたくないと誰しも思う。物おじせず自分の意見を述べる女性を「ファイスティ feisty（血気盛んな）」と称することがよくあるが、その言葉ではキリアコウを正しく表現できない。ある王室関係者は「控えめに言っても、爆竹ですね」と話した。[18] キリアコウにどのような能力があるのか一目見てみたいなら、二〇一五年のチャンネル4の映像をチェックするとよい。その映像には、視察に来たチャールズが車から降りると、政治記者マイケル・クリックが大胆にも直接チャールズに大声で質問を投げかけた姿が映し出されている。すると、途中で控えていたクリアコウが肩でクリックにぶつかり、マイクをつかもうとしたものの、手に残ったのはふわふわなマイクカバーだけ。彼女のメディア管理はまるでコントのようだった。

当時四〇代前半だったキリアコウは、新設された非常勤のコミュニケーション担当秘書官補として、チャールズの慈善活動をサポートしていた。しかし、チャールズにとってかけがえのない存在になるために一切の時間も無駄にはせず、ゆくゆくは最側近の座を獲得するつもりだった。それはつまり、もちろん秘書官だ。秘書官になれば、チャールズとほとんどの時間をともにし、移動も車で一緒、チャールズから指示された通りに行動して、昼も夜も電話に出る。それに比べるとコミュニケーション担当秘書官はもともとチャールズとの接点がはるかに少ない。一方のナイは、バッキンガム宮殿の〔秘書官〕クリストファー・ゲイトと連絡を密に取るようになったおかげで、既にそうしたクラレンス・ハウスのあり方に対して疑問を抱いていた。まるで、上司に対する盲目的な服従を拒んでいるかのようだ。そうなると、ナイがキリアコウに勝てる見込みはない。二〇一五年、ナイは職を辞することになった。ある情報源はこう話す。

クラレンス・ハウスはクリスティーナが仕切っていました。［ナイが］回していたのではないのです。誰も、責任者はナイだというふりさえしませんでした。ナイはとても素晴らしくて、実に親切で温かい心の持ち主でしたが、「自分よりもクリスティーナの方が、ずっと殿下と親しい」といったようなことを公言していました。これはよくありません。宮廷として決して健全な状況ではありませんでした。彼女の影響力が大きくなり過ぎたのです。これでは必ずしもチームのためになりません。[19]

ほかの情報源はこう話している。「彼女は、チャールズにとって利益のあるプロジェクトをいくつかこなしました。チャールズが彼女を気に入っていたのはそのせいです。チャールズの期待に添ったのですから。でも、彼女もチャールズを操る方法を知っていました。堂々としていて、とても説得力があり、華やかで、チャールズが好きそうな雰囲気をすべて備えています。いろいろなことを考え付く人ですが、決して根からの競争好きというわけではないと思います[20]」

いずれにしても、キリアコウにとってナイは真のライバルではなかった。心底チャールズの秘書官になりたいと思っていたわけではないからだ。真の敵が登場したのは、チャールズの下で働き始めてから一年がたったころだった。それまでの最初の数カ月はクラレンス・ハウスでほとんど問題がなかった。チャールズのコミュニケーション担当顧問を務めたパディ・ハーヴァーソンは同僚によくこう話していたという――「彼女を物置きに閉じ込めておけば、たいていうまくいってたのだけれどね」。その後、二〇一三年にハーヴァーソンが退職すると、元ジャーナリストのサリー・オスマンが後任を務めた。彼女はBBCやソニー、スカイ、チャンネル5の各社でコミュニケーション担当責任者として働いてきた。小柄で忙しく動き回るオスマンは場を和ませる人物で、ジャーナリストに対しては、マイクを取り上げるというよりも、コーヒーを差し出すタイプのように見える。当初、チャールズとはうまくいっており、チャールズ自身も、彼女のメディア戦略なら自分のキャリアの次のステージにうまくつながると考え、そのやり方に信頼を置いていた。しかしながら、だからといってオスマンがチャールズのかんしゃくと無縁というわけではなかった。あるとき怒りを爆発させたチャールズは、側近に電話でまくし立てた。「いやはや、まだ辞めていないようだ。最初の一週間で、恐れをなして逃げ出したものだとばかり思っていたのだが」

ハーヴァーソンが宮廷を去ると、キリアコウは閉じ込められていた物置きから抜け出した。サリー・オスマンが着任してちょうど三週間が過ぎたころ、キリアコウは彼女に会い、こう伝えた。「心配しないでくださいね、サリー。私があなたを皇太子や皇太子が抱える問題から守りますから。だってあなた、そんなに経験がないでしょう?」[▼21]。オスマンは即座に、一体何が起きているのだろうかといぶかしんだ。その直後チャールズは、それまでコンサルタントだったキリアコウを常勤に引き立てた。それから数カ月で、オスマンは自分が干されていることに気付いた。チャールズから話しかけられなくなっていた。同僚には何とかしようと試みた人たちもいたが、状況は破滅的な状態に達していたので、もう元に戻ることはできなかった。チャールズは既に心変わりしていたのだ。

ある関係者はこう見ている。「クリスティーナとサリーは忌み嫌い合っていました。二人とも、いつも皇太子の近くにいて、大きな影響を与えたいと考えているようでした。どちらとも、違う意味で扱いにくい人でしたが、お互い良い関係を築く道を模索しようとは決してしませんでした。皇太子の注意を引こうと必死だったのです」[▼22]。一人の王子をめぐり、大勢の側近が注意を引こうと張り合っている。これは典型的な宮廷の図だ。

クリスティーナは、全く別世界から来た金ピカの新しい持ち駒で、皇太子には魅力的に映りました……自画自賛するのが上手で、「私なら何とかできますよ。他の廷臣たちの話は聞かないでください。私があなたを英国で一番愛される人にしますから」が口癖でした。しばらくは皇太子もその言葉を信じていました。その一方でサリーは、「それは、そんなに簡単なことではありません」と話していました。誰もがそれぞれに自分の意見を持っていて、宮廷はバラバラでした。[▼23]

別の関係者によると、キリアコウはバッキンガム宮殿でそれほど人気があったわけではないという。

「皆、嫌っていましたよ。でも、彼女は負けん気が強かったのでしょう[▼24]」

二〇一四年に入ると事態は危機的状況に陥り、サリー・オスマンのキャリアどころではすまされない問題が生じようとしていた。エリザベス二世の秘書官サー・クリストファー・ゲイトが、秘書官補であるサマンサ・コーエンと協力して、三つの宮廷（エリザベス女王のバッキンガム宮殿、チャールズ皇太子のクラレンス・ハウス、ケンブリッジ公爵夫妻とハリー王子のケンジントン宮殿）の報道部を一つにまとめて「王室報道局」と名付けるという新しい計画を考えていたのだ。ある王室関係者は、「クリストファーは、宮廷間で一貫性がないことにかなり不満を抱えていました。決してコミュニケーションの問題だけではありませんが、コミュニケーションなら何とか対応可能だと感じたのでしょう[▼25]」

当時はまだ、ロイヤルファミリー間で公務が重なる事例が頻発しており、その結果、ゆっくりと時間をかけて練り上げた計画がメディアから注目されずに終わることもあった。こうして予定が重なるのは、三つの宮廷によって時間の尺度が異なることも一つの原因として考えられる。バッキンガム宮殿は女王の予定を半年から一年前には計画しているが、クラレンス・ハウスは三カ月から六カ月前が一般的だ。ケンジントン宮殿ではわずか三週間から四週間前に若いロイヤルファミリーの予定を決めていた。王室報道局を創設する目的は、柔軟な取り組みを実現するだけでなく、三つの宮廷をうまく調整することにある。仕える上司は変わらなくても、もっと包括的に捉えられるようになる。それに、これに新しい治世をスムーズに開始するためにも役立つ。

女王付き報道担当秘書官アイルサ・アンダーソンがカンタベリー大司教の下で働くため宮殿を去ったばかりで、サリー・オスマンが新設された王室報道局の局長を任された。オスマンの任命には二つの理由がある。まず、オスマンには新たな部署を取り仕切るために必要な経験があった。それに、チャールズに話を聞いてもらえなくなったクラレンス・ハウスから、オスマンを救い出すことにもなる。先述の王室関係者はこうも話した。

> 〔女王付き秘書官の〕クリストファーはサリーのファンだったのでしょう。彼はサリーのことをとても有能な人物だと思っていましたから。それに、サリーは皇太子の側近なのだから、もし彼女を王室報道局局長に任命できれば、きっと皇太子もご機嫌になるはず。ただ、こうした話にはつきものなのですが、問題は皇太子の同意を得なければならないことでした。これまでもクリストファーと皇太子は意見の食い違いがたびたびあり、おそらくクリストファーが皇太子にこの件を持ちかけたときも、話が食い違ったまま進んだのではないでしょうか。それが最初の問題でした。皇太子はこの考えに諸手を挙げて賛成したわけではなかったのです。でも、明らかにサリーは大役に関心を持っていました。だから、その話に賛成して、すぐさまクリストファーと手を組んだのです▼26。

しかしながらクラレンス・ハウスの面々は、チャールズが新しいコミュニケーション帝国の二番手に甘んじてしまうのではないかと感じていた。「コミュニケーションにおいて、女王は絶対的な存在であり、皇太子には勝ち目がないでしょう」

報道部を一つにまとめようという考えが話題に上がったのは、今回が初めてではなかった。二一世紀に変わるころ、クラレンス・ハウスのスティーヴン・ランポートやマーク・ボランドなど数多くの人が、既にその可能性を試したがっていた。合理的であり、敵対する宮廷同士を一つにまとめる癒しの役割を果たすのではないかと考えたのだ。しかし、この件を示されても当時のチャールズは全く関心を示さなかった。この考えは机上の空論と化した。

それから一〇年以上が経過し、ゲイトがその計画を練り直して提案したところ、チャールズは承諾したようだった。ウィリアム、ケイト、ハリーをはじめ、ほかのロイヤルファミリーも、このアイデアを支持した。理論的には素晴らしいアイデアだった。しかし、いざ実践してみると悲惨な事態に陥った。

誰もが（正しくは、ほとんど誰もが）バッキンガム宮殿に新設された部門に協力した。しかしながら、クリスティーナ・キリアコウは新しい計画を頑として聞き入れようとしなかった。また、チャールズも部下全員が自分のすぐ手の届くところにいないことに不満を募らせており、数日のうちに、チームのスタッフに一人残らずクラレンス・ハウスへ引き上げるよう強く求めた。ただし、一人だけ例外がいた。サリー・オスマンである。オスマンは残留できたのだ。「そもそもクリスティーナが合併の妨害を始めたのですが、この計画が白紙に戻ったのもそのせいだと思います」とある関係者は話した。[27] ほかの関係者も、「クリスティーナが、これはきっとうまくいかない、皇太子の役に立たない、だから、撤退すべきだ、と皇太子を説得したのでしょう」と話した。[28] キリアコウは、これまでの方法がうまくいったのは、各宮廷がある程度独立していたからだと考えた。その結果、どの宮廷も、誰から監視されることなく、独自の計画を進め、独自の利益を求めることができたのだ。

宮廷の合併がよくないと考えたのはキリアコウだけではなかった。クラレンス・ハウスのある関係者も「あれは、構想がお粗末な上に、やり方も間違っていて、全く救いようがない状況でした」と話す。

「ちっとも筋が通っていませんでした。私たちは皆、一つの組織のために働いていると認識していて、そこは譲れないところでした。でも、別の場面ではそれぞれ違う主人に仕えていました。それは、働いている者の人格も実態も何もかもすべて無視していることにほかなりません。私たちは皆、バッキンガム宮殿に事務所を構えるように言われましたが、それは皇太子に『これからはもう独自のチームは持てませんよ。秘書官ら側近は皆、クラレンス・ハウスのままですが、報道関係のスタッフは全員バッキンガム宮殿に移動します』と言っているようなもの。これはあまりにもひどい話です[29]」

構想自体は支持していたケンジントン宮殿の報道担当者さえも、この計画には問題があると分かっていた。ウィリアム、ケイト、ハリーの三人と秘書官たちは毎日ケンジントン宮殿で顔を合わせているというのに、自分たちだけがバッキンガム宮殿にいるというのは納得がいかない。結局、この計画は形にならなかった。ある関係者が話してくれた。「クリスティーナとサリーがうまくいかなかったのが原因です。二人ともお互いを信頼していなかったのではないでしょうか。だから、崩壊するのに時間はかかりませんでしたね。かなり大変でつらい思いもしました。批判もありましたし。特にクラレンス・ハウスは当初から『こんなのがうまくいくわけがない』と言っていましたからね。それで、すっかり元通りにするしかなくて。本当に残念な話ですよ[30]」

別の関係者もこう話す。「はっきり言って、うまくいかなかったのは、クリスティーナがうまくいかせたくなかったからにほかなりません。あれだけクリスティーナが皇太子とべったりだったことを考えると、当時のサリーとクリスティーナの関係がぎくしゃくしていたのは明らかです。この状況では、サリーの仕事が成立することなどほとんど不可能でしょう。クラレンス・ハウスのチームが王室報道局の立ち上げに参加しなければ、うまくいくわけがありませんから」[31]。クラレンス・ハウスのチームのある人は、丸二日間をバッキンガム宮殿で過ごしてから、クラレンス・ハウスに戻ったという。その後、キリアコウがクラレンス・ハウスの報道担当になった。「結局、彼女は自分のやり方でやりたかったのでしょう、大きな力の一部に組み込まれたくなかったのです」と別の関係者は話す[32]。

そのころには、オスマンとキリアコウの関係は手が付けられない状態で、オスマンの留守中にキリアコウから電話がかかってきても、オスマンが電話をかけ直さなくなっていた。その後はお互いに礼節をわきまえるようになり、やむなく一緒の仕事に携わることもあった。そうこうしている間に女王が手を回し、オスマンはバッキンガム宮殿に迎え入れられることになる。

ケンジントン宮殿では、ウィリアムの秘書官ミゲル・ヘッドが、自分のチームが騒ぎに巻き込まれないよう必死に取り組んでいた。スタッフを集めて、宮廷間の中傷合戦には決して加わらないよう釘を刺した。「この問題はこれからも続きますし、とても難しい状況です。すぐにメディアからも注目されるでしょう」と皆に話した。「私たちは白よりも白くあり続けて、この騒ぎから離れていなければなりません。きっとこれは泥沼の戦いになるでしょうから。それには決して巻き込まれたくありません。ですから、決してそうした会話には加わらないこと。決してゴシップに首を突っ込んではいけません」

とはいえ、王室報道局が完全に失敗だったというわけではない。同局はその後も王室全体にかかわる業務を続けており、結果として、バッキンガム宮殿とケンジントン宮殿双方の報道部の関係はかなり改善された。しかしながら、クリストファー・ゲイトが思い描いた、単一の統合された業務は実現できなかった。それに、チャールズに対するゲイトの友情にも悪影響を与えている。それまで、チャールズとゲイトはいつもうまくやっていた。しかし、王室報道局の構想が大失敗してからというもの、二人は二度と同じような関係に戻らなかった。「あのせいで、クリストファーと皇太子の関係はうまくいかなくなりました」とクラレンス・ハウスのある関係者は話す[33]。クラレンス・ハウスのスタッフは皆、皇太子はそれまでゲイトととても馬が合っていたが、各宮廷の報道部門を統合した部署が創設されれば、皇太子は自分自身の報道部が失われると考えていたと口を揃える。王室報道局の失策で植え付けられた不信感の影響は、三年以上後にはっきりとした形で現れることになる。

こうして権力闘争が続いている間、一人の男が、チャールズ皇太子の右腕になる階段を静かに上っていた。マイケル・フォーセットはチャールズの人生でかけがえのない存在になる従僕だった。チャールズが、「誰がいなくても何とかなるが、マイケルだけは例外だ」と話したのは有名である。フォーセットの力と影響はとても大きかったので、二〇一七年のある新聞に、チャールズが国王になった暁には、宮殿のもてなしをすべて取り仕切る王室家政長官になるのはフォーセットだろうと予測されるほどだった。そのころには、彼はおそらくサー・マイケル・フォーセットになっているだろうとも書かれていた[34]。

もちろん、その記事にも、マイケル・フォーセットが後に、一切王室にかかわれなくなるとは書かれていない。二〇二一年のフォーセットの失脚はあまりにも痛ましく、その最後があまりにも無残だったため、それまで何度となく猶予を与えてきた、あのチャールズでさえも、助けることができなかった。フォーセットの多くの敵はおそらく、今回こそフォーセットは永遠に葬り去られたと考えたはずだ。

マイケル・フォーセットは身分の低い家柄の出身だ。出納係の父と保健婦の母の長男として、ケント州ベクスレーで育った。母親は彼が一〇代のころに亡くなっている。セカンダリー・モダン・スクール〔中等学校の一種〕と料理専門学校で学び、一九八一年に従僕としてバッキンガム宮殿に入った。するとすぐにチャールズの従者補佐として働くようになる。そしてゆっくりと着実に、チャールズにとってかけがえのない存在になるステップを踏み出した。それと同時に、上司のためなら何でもやる召使いとしても悪い評判がゆっくりと広がっていく。例えば、従者に昇進したときには、チャールズのために歯磨き粉をチューブから絞り出し、歯ブラシにつけてあげたと揶揄されている（本当にそんなことがあったのだとしても、それはチャールズがポロで右腕を骨折したからだろう）。天性のおもてなしの才能を発揮しながら、フォーセットはチャールズが主催する社交行事を管理し、晩餐会があれば、スタイリッシュなテーブルコーディネートでチャールズを喜ばせた。その結果、出世の階段をまた一段上り、パーソナルアシスタントに昇進した。背が高く威風堂々としたフォーセットは、装いも上司のまねを始めた。一方、ダイアナはフォーセットに対して強い嫌悪感を抱いていた。チャールズと別居した後には、ケンジントン宮殿の錠という錠を変えて、フォーセットを締め出したほどだ。▼35

フォーセットは自分の権力が強くなるにつれて、全身全霊でチャールズに尽くすようになった。しかしながら、ほかの若手スタッフに愛情を注ぐことは一切なく、多くの人はフォーセットを傲慢な人物だと感じていた。ダイアナの伝記作家サラ・ブラッドフォードによると、フォーセットの人柄や行動を批判したスタッフは解雇されたという。一九九八年、主要スタッフの三人がフォーセットの横柄で威圧的な態度について、チャールズに抗議した。フォーセットは辞表を提出し、チャールズを残して出ていったが、カミラが間に入り、辞表を受け付けないようにチャールズを説得した。フォーセットはまさにチャールズの弱点だったのだ。チャールズの上級顧問の一人が、サー・マイケル・ピートに書簡を送り、フォーセットの「卑劣な振る舞い skulduggery」を詳しく報告したが、チャールズはそれを見ようともしなかった。あきらめの悪いピートは、チャールズの前に立ちはだかり、報告書を読んで聞かせた。[36]しかしながら、それでも何も変わらなかった。そもそもチャールズは、全く関心がなかったのである。

それから五年後、ピートの内部報告書でチャールズの宮廷の不適切な管理が明るみに出ると、フォーセットはまたしても窮地に陥った。ピートの報告書は、フォーセットが規則を破り、会員制クラブの会費三〇〇〇ポンドや高級腕時計ロレックスなどの贈り物を業者から受け取っていたことを指摘していた。そのほかにも、客人用贈答品の現金化（フォーセットが「故買屋フォーセット Fawcett the Fence」と呼ばれるようになった所以）が報告されたのだが、どの悪事も疑いが晴れた。このときもフォーセットは辞表を提出したが、今回は受理された。しかしだからといってフォーセットが王室から永遠に姿を消したわけではない。五〇万ポンドの退職手当をもらい、[37]失職の痛手が抑えられたフォーセットは、プレミア・モードという会社を立ち上げた。これは、彼のもてなしの才能を余すことなく発揮できるイベント会社だが、それでは一番の顧客は一体誰だろうか？

ほかでもない、チャールズ皇太子だ。

マイケル・フォーセットの反転攻勢は止まらなかった。二〇〇五年にチャールズとカミラの結婚披露宴を担当したのもフォーセットである。チャールズは、例のダンフリーズ・ハウスの運営を誰かに任せたいと考えていたが、それもフォーセットの役目になった。ダンフリーズ・ハウスは（スコットランドの）エアシャーにある一八世紀のパラディオ式邸宅で、チャールズが慈善事業財団を代表して自ら二〇〇〇万ポンドを借り、国に代わって保存管理を続けている。元従者のフォーセットは、かつては金食い虫だったこの場所を、企業のイベントや結婚式会場として人気の高い場所に変えたのだ。二〇一八年、チャールズの慈善事業の再編で、新たに創設された皇太子財団（ダンフリーズ・ハウス・トラストも含む）の最高責任者に指名されると、フォーセットは完全復活を遂げた。眉をひそめる人たちもいたが、チャールズは気にしなかった。どうしてもマイケル・フォーセットが必要だったのだ。

私がフォーセットに初めて出会い、彼のビジネス手法に関心を持ったのは、ちょうどこのころだった。チャールズは七〇歳の誕生日の準備で、ジャーナリストの一団をダンフリーズ・ハウスに招待し、この場所がどのようにして遺産主導型再生で注目を集めるようになったのかを見せた。晩餐の前の食前酒で、私はフォーセットに自己紹介した。ひょっとしたら私の名前を聞いたことがあるかもしれないが、せいぜいその程度の認識だろうと思っていた。しかしフォーセットは「あぁ、ご子息がティフィン・スクールに通っている方ですね」と答えたのだ。私は唖然とした。そう、その通り、それは息子が通っていた学校だ。チャールズのスタッフの一人と話をしているときに、一度だけそのことを口にしたような気がする。フォーセット（私の知り合いにはいないタイプ）は、小耳に挟んだ情報を整理して、初対面の私に話してみせたのだから、これは驚くべき能力だと私は思った。確かに覚えられたのには理由がある。というのも、彼の住まいが私の息子の学校のすぐ近くだからだ。しかし、もしこれが私の不意を突くために考えられた心理戦のパワープレーだとしたら、合点がいった。実は以前、チャールズの下で働いたことのある人と昼食をともにしたときに、フォーセットに初めて会ったときのことを話してくれたのだ。「Aさんはじめまして。Bと呼んだ方がいいでしょうか？」と声を掛けられたという。「Bというのは学生時代の私のニックネームでしてね。私は思いましたよ、『こいつは一体どこでそのニックネームを知ったんだろう。学校か？』ってね。それがマイケルなんです。実に抜け目ない人でね。相手よりも優位に立つのがとても得意なのです」

当時、フォーセットはセント・ジェームズ宮殿でチャールズのイベントを数多く担当していた。チャールズの元スタッフはこう話している。

マイケルはイベントの鬼でした。何をするにしてもマイケルの思い通りでなければ物事は進みません。どうあるべきなのか知っているのは彼だけでした。皆がいつも知りたがっているのは、「マイケルが皇太子に関してつかんだ情報は何なのか」です。でも、重要なのはそういうことではないと思います。皇太子には、何があっても一〇〇パーセント自分のためだけに働いてくれると思える人がいるということが大事なのでしょう。マイケルは皇太子のお助け係……でも、とてもはた迷惑で、とても扱いが難しい人物。皆が皆、マイケルを恐れていたかどうかは知りませんが、マイケルには逆らわないのが一番――もし逆らおうものなら、きっといい結果は出せないでしょうね。[38]

元側近の一人が、フォーセットのことを「肩で風を切って」歩き回っていた人として覚えていた。「権力を振り回す傾向がありました。何といっても、皇太子の従者ですから。いい人ではありませんでした。一緒に座ってコーヒーでも飲みたくなるようなタイプの人ではありません」[39]

「あの人を好きでない理由はいろいろ山ほどあります」と別の元側近も話す。「多くは嫉妬からでした。でも、明らかにやり過ぎだと思うときもよくありました」。イベントの計画会議では、余計なことに時間を使わず、要点だけを話していた。たいてい「それではどうすればうまくいくのか話しましょう」から始めたという。その元側近によると、「頭の回転が速くて、情け容赦ない。でも言っていることは正しい」。その人物はこうも話した。「マイケルと皇太子には、言葉にはならない信頼と尊敬の絆がありました。マイケルが『これはこうしなければならないと思いますよ』と言えば、ほとんど反対されませんでした」▼40。この元側近がチャールズ付きに加わったとき、聞かされたのがチャールズには耳が二つあるという話だ。一つは秘書官用、もう一つはフォーセット用。新人たちはそれを覚えておくように注意されていた。

それだけ成功したにもかかわらず、最高責任者に出世してからも(最初はダンフリーズ・ハウス、その後に皇太子財団)、フォーセットがもともとは従者だったことを忘れられない人たちがいた。おそらくフォーセット自身もそれは同じだったのだろう。「そこがマイケルの最大の欠点でした」と前述の元側近は話す。「その事実を決して克服できませんでした。いつまでたっても従者として扱われているように感じるときがあったようです。そう感じると、人は皆、ほかの誰よりもしっかりしなければならない、厳しくしなければならない、結果を出さなければならないと焦るものです」▼41

別のチャールズ付き上級顧問はそっけなく話した。

私は一度も彼を好きになったことはありません。それほど好感が持てるタイプの人ではありませんから。でも、皇太子がしたいことを把握して、それを実践することにはとても長けています。特に客人のもてなしや相手をさせれば実に見事。皇太子にはとても忠実ですよ。それから、資金調達も得意ですね。人の財布の紐を緩ませるのがうまいのです。単に、いい人ではなかったというだけです。実に尊大でしてね。下の者をよくいじめていました。彼の行動を見ていれば、必ずしも部下に優しい人物ではないということがよく分かるでしょう。▼42

フォーセットには、揺るぎない忠誠心のほかにも大きな武器があった。それは勤続年数の長さである。チャールズとは長い付き合いだ。

スタッフ、従者、執事、警護の警察官は皆、〔ロイヤルファミリーと〕多くの時間を過ごし、彼らの一番無防備な、一番人間らしい部分を見ている人たちです……いえいえ、皇太子が世間に知られては困るような話やばかげた秘密をお持ちだなどと、断じて考えてはおりません。単にフォーセットがかけがえのない存在であり、皇太子が何をお望みなのか、どうすればそれが実現できるのかを正確に知っているというだけなのです。[43]

しかしながら、永遠にかけがえのない存在であり続けられる人はいない。フォーセットがダンフリーズ・ハウスを運営していた二〇二一年、ある新聞報道が流れた。チャールズの慈善団体に多額の寄付をするサウジアラビアの大富豪が勲章と英国市民権を得られるように、フォーセットが便宜を図ったと報じたのだ。[44]この報道は極めて大きな痛手となった。チャールズは本件を一切知らなかったと表明したが、フォーセットが真っ黒である証拠が挙がっていた。二〇一七年にサウジアラビアの大富豪マフフーズ・マレイ・ムバラク・ビン・マフフーズに宛てた書簡が出てきたのだ。同氏はチャールズの慈善団体に一五〇万ポンドを寄付している。フォーセットは問題の書簡に、「継続的に寄付をいただいている上に、最近もまたご配慮くださったことを鑑みて、私どもは喜んで、市民権の申請を支援、貢献いたします」と書いている。さらには、同氏の勲章を名誉大英勲章CBE〔コマンダー〕からKBE〔ナイト〕に格上げする申請の支援も申し出ている。皇太子財団は調査を開始し、その二カ月後、既に「一時的に」職を辞していたフォーセットは完全に辞任した。辞任はこれで三度目だったが、今回は永遠に戻ることはなかった。クラレンス・ハウスは、同宮殿もフォーセットが運営するプレミア・モード社とつながりがあったことを明らかにし、フォーセットがチャールズのために用意した数々の豪華なパーティは過去のものだとした。ある関係者はこう話す。「マイケルは今後、殿下ともクラレンス・ハウスとも一切取引がないでしょう。それは絶対に間違いありません。どんな形、どんな姿であれ、彼がもう戻ってくることはないのです。このことは、どれだけ強調しても強調し足りません」。チャールズは、事態の終わり方に「悲しみ」を感じているものの、状況は受け入れていると言われている。それ以外で、涙が流されることはほとんどなかった。巡り行く季節の中で寵臣の浮き沈みに事欠かないチャールズ版「ウルフ・ホール」にあっても、ここまで見事に主君の恩寵が失われた話はない。

第7章 王室用燕尾服

二〇〇七年、バッキンガム宮殿の地下室で、歴史上のささやかな出来事が起ころうとしていた。同宮殿の報道部に採用されたばかりのエド・パーキンズが、女王の王室に加わる儀式の一つに参加していたのだ。決して断言はできないが、ウェールズ南部ブリッジェンドにあるブリンティリオン・コンプリヘンシブ・スクールの卒業生にとって、王室用燕尾服の採寸はほぼ間違いなく生まれて初めての経験だろう。

宮殿奥深くにあるストックルームでパーキンズの衣装を見ると、宮殿の古い体質と新しい価値観が交錯していることが分かる。王室には、ちょうど軍隊の士官のような階級制度があり、王室の側近と使用人で区別されるが、報道秘書官補のパーキンズは側近の最下級に位置する（使用人は第三階級）。年に一度、バッキンガム宮殿で行われるホワイトタイの外交パーティに招待されたパーキンズは、ほかの宮殿の、あるコミュニケーション担当秘書官から、なぜ自分は招待されたのに、うちの副秘書官は招待されないのかと質問されたという。「その件を上司に尋ねると」「あぁ、それは、君はこの宮廷のメンバーだが、彼らはこの宮廷のメンバーではないからだ」と答えが返ってきた。

バッキンガム宮殿の側近はパーティや晩餐会に招待される。パーキンズは最初に参加した晩餐会のことをよく覚えている。「私はひたすらしゃべり続けていました。何せ、ウェールズ人はおしゃべりですから」とパーキンズは振り返る。「従僕が後ろにやってきて、こう告げたのです。『早く終わりにしていただけないでしょうか。食事を終えていないのはあなただけだと女王陛下からご指摘をいただいています』。それでナイフとフォークを置いて、言いましたよ。『ご馳走様でした』と」[1]。以前、宮廷には側近専用の食堂が用意されていた。入り口も、パーキンズがバッキンガム宮殿に加わる直前まで、専用のものがあった。側近はバッキンガム宮殿正面の右手にある手許金会計官用の入り口から中に入ることができた。普通のスタッフ、例えば、報道担当秘書官補の下にランクされる報道担当職員は、反対側の脇にある扉の利用が求められ、目的地は全く同じオフィスにもかかわらず、かなり遠回りをしなければならなかった。

このような訳の分からない階級の違いが過去を表すとしたら、未来を表すのはパーキンズだ。美術教師の父と公務員の母の長男として生まれたパーキンズは、ケンブリッジ大学の地理学部で首席を取り、疫学で博士号を取得し、過去の数多くの廷臣よりも学力ははるかに高かった。報道部にはジャーナリストの経歴を持つメンバーがほかにもいたが（パーキンズは〔テレビの〕BBCニュースとITNに勤務経験あり）、バッキンガム宮殿は報道部の運営を本格的に強化するため、ジャーナリズムの世界で活躍した経験を持つ人材を積極的に探していたのだ。そんな折、左派系反体制的思考の砦であるガーディアン紙のメディアページに掲載された求人広告を見て応募したのが、パーキンズだった。

パーキンズの仕事の一つは、ヨーク公爵アンドリュー王子の報道対応だった。英国人誰もがジェフリー・エプスタインやヴァージニア・ジュフリーの名前を耳にするようになる随分前の話で、今思うほど希望のない任務というわけではなかった。しかしそれから約四年後の二〇一〇年末、有罪判決を受けた小児性愛症者のエプスタインが釈放され、アンドリューがニューヨークのセントラルパークで、そのエプスタインと一緒に歩いているところを写真ですっぱ抜かれると、エプスタインの逆風が吹き荒れた。そのすぐ後、アンドリューはニューヨークのあるイベントに出席したが、通常ならメディアが全く興味を引かないような、ありふれた仕事だったにもかかわらず、どの新聞もアンドリューが一面を飾っていたので、新聞社もテレビ局もこぞってその建物の外に集まり、アンドリューの姿を捉えようと必死だった。アンドリューが屋内にいる間、押しかけたメディア関係者とともに時間を過ごしたパーキンズは、バッキンガム宮殿で仕事を始めたころを思い出していた。当時は、アンドリューが王室メンバーとして公務をこなしていることをより多くの国民に知ってもらうのが自分の仕事だった。「あぁ」。パーキンズは、山のように集まった記者やカメラマンやテレビ局のクルーを悲しげに見つめながら、ため息をついた。「今さら注目されてもなぁ」

しかし、それはすべて何年も先の話。今はまだ、王室用燕尾服の採寸をしてもらう段階だ。燕尾服は、紺色のベルベットカラーと真鍮のボタンがついた黒いウールのコートに、白い蝶ネクタイを合わせる。ボタンにはジョージ五世を表す組み合わせ文字が施され、どのくらい歴史ある物なのかが分かる。パーキンズいわく、ストックルームの燕尾服は、どれをとっても修繕の必要な部分があちらこちらに見られる。「何とかそれなりに良いものを手に入れるようにしました。使うのはおそらく年に三回か四回。先輩たちはきっと、週に一度は使っていたのでしょうね」[2]。こんな格好をしていると、「ジントニックをお願い」と言われてしまうのではないかと不安になることもよくあるが、そう感じるのは決してパーキンズだけではない。ジョーイ・リー(サー・ピアズ・リー、後の王室家政官)は、皇太子時代のエドワード八世の侍従武官としてオーストラリア訪問に同行した。ある公式行事で、エド・パーキンズの王室用燕尾服と同じようなものを着て、用を足しに外に出た。会場に戻ろうとしたのだが、扉がなかなか開かない。ようやく開いたと思いきや、お仕着せの制服を着た大柄なオーストラリア人が目の前に立ちはだかり、怒鳴りつけてきた。「何度言えば分かるんだ！　ウエイターは外！」[3]

公式行事に着る服装に関しては、もちろん女性陣の方が、はるかに自由度が高い。パーキンズが報道担当秘書官補として働くようになった同じころ、アイルサ・アンダーソンとサマンサ・コーエンも王室に入ったのだが、二人とも服のサイズが同じだったので、イブニングドレスを交換して着用していた。

彼らは皆、ヴィクトリア時代でなくてよかったと思ったことだろう。紳士が正式にヴィクトリア女王の面前に出る場合、制服着用の資格がない人は、宮廷服で姿を現さなければならなかった。すなわち、赤紫色（クラレット）のコートに、膝丈の半ズボン、長くて白いストッキング、バックルのついた靴に剣も身につけなければならない。既婚女性は、装飾用クロスのラペットを首の両側に垂らし、未婚女性はヴェールをかぶった。既婚女性も未婚女性も、三本の白い羽根のついたヘッドドレスを着用する。[4]ネックラインが通常よりも高い宮廷服を着用したい場合は、宮内長官から特別な許可をもらわなければならなかった。なお、宮廷のメンバーは夜のディナーには、たとえヴィクトリア女王が同席していなくても、宮廷服の着用が義務付けられた。

二〇世紀になると、このような旧態依然とした形式主義に抵抗する動きが見られ始めた。ジョージ五世の治世に米国大使が、バッキンガム宮殿訪問時に膝丈の半ズボンを着用しないと発表したところ、皇太子（後のエドワード八世）がある妥協策を提案した。大使館を出るときには半ズボンの上からイブニングパンツを履き、宮殿に到着したらパンツを脱げばよいというのだ。とんでもない、と大使は断った。それを聞いたメアリ王妃は、「おそらく夫は好ましく思わないでしょう」と言った。「素晴らしい方なのに、なんて面倒くさいこと[5]」

ロシア人はもっと融通が利いた。ソ連の新しい大使がロンドンに到着し、バッキンガム宮殿では膝丈の半ズボンを着用すべきなのかクレムリンに尋ねたところ、このような返事が来た。「必要があれば、ペチコートを履くことも厭わないように[6]」

古いルールは徐々に変化した。エリザベス二世の下、王室が次第に二〇世紀を受け入れるようになると、宮廷の晩餐会も、男性はホワイトタイと燕尾服の代わりにディナージャケットの着用が許されるようになっていった。とはいえ、たとえ衣服のしきたりが緩くなったとしても、ロイヤルであるためには常にドレスアップが必要とされた。女性の場合、それはジュエリーを意味する。女王はロイヤルファミリーに対して、古いメンバーにも新しいメンバーにもときどきジュエリーを貸し出している。これは歓迎と支持の意思表示だったのだが、それが原因で問題も生じている。

二〇一八年五月にハリーがメーガン・マークルと結婚する数カ月前、メーガンは、女王が結婚式当日用にティアラを貸してくれるという情報を耳にした。七年前のケイト・ミドルトンの結婚式と同じだ。二月には、最終候補のティアラをチェックするため、メーガンがバッキンガム宮殿を訪れることになり、ハリーも同伴した。女王のスタイリストであり、女王のジュエリーのキュレーターでもあるアンジェラ・ケリーが見守る中、メーガンはメアリ皇太后のダイヤモンド・バンドゥ・ティアラを選んだ。ここまでは問題ない。いくつか誤った記事がでたものの、メーガンのティアラ選びに関して一切もめ事はなかった。メーガンは一番気に入ったものを手に入れたのだ。問題は、その後だった。

ティアラをつけるのは決して簡単ではない。髪とティアラはセットで考えなければならず、メーガンは、自分のヘアスタイリストが結婚式当日の前までに練習できるようにする必要があった。残念ながら、ヘアスタイリストのセルジュ・ノーマンがロンドンにいる日には、アンジェラ・ケリー（女王陛下と親交が深く、バッキンガム宮殿にも影響力のある人物）の都合がつかなかった。アンジェラ・ケリーがいなければ、ティアラも手に入らない。ハリーに言わせれば、こんなことになったのは、ケリーが邪魔をしたからにほかならない。ハリーとメーガンがともに人生を歩む姿を描いたノンフィクション『自由を求めて』（著者二人は間違いなくハリー＆メーガン擁護派）によると、ヘアメイクリハーサルの日程に関して、ケンジントン宮殿サイドから何度もリクエストを出したが、ケリーがそれを無視したという。それで、ハリーが激怒した。共著者のオミッド・スコビーとキャロリン・ドゥランドは「バッキンガム宮殿の古株の中には、メーガンが気に入らず、メーガンの人生を邪魔するためなら、手段を選ばない人たちがいる」[7]と書いている。

しかし、この件には別の話もある。バッキンガム宮殿が鼻であしらったわけではなく、よく言えばハリーとメーガンが世間知らずだったというものだ。悪く言えば、わざわざ予約を入れなくても、自分たちが命令すれば誰でもすぐに従うと思っていた。ある関係者がメール・オン・サンデー紙にこう話している。

「メーガンは、ティアラを手に入れようと躍起になっていました。アンジェラと約束していませんでしたが、「バッキンガム宮殿に来たので、ティアラがほしい。今、もらえないだろうか」と言ってきました。アンジェラの返答は次のような主旨でした。「残念だが、そういうわけにはいかない。こうしたジュエリーには守らなければならない手順がある。非常に厳しく管理されているので、ヘアスタイリストがたまたまロンドンにいるからといって、宮殿に来れば、ティアラを手にできるというものではない」[8]」

ハリーは承服できなかった。メーガンが望むものを入手できるようにするため、ケリー以外の人物に電話をして、ケリーに圧力をかけて規則を曲げさせようとした。そのつたない交渉で、ハリーはかなり挑発的な言葉を使ったと言われている。祖母の側近ケリーに直接罵詈雑言が浴びせられたのか、ケリーについて罵ったのかは定かではないが、どちらにせよそのときの言葉は、リバプールの岸壁クレーンドライバーを父親に持つケリーなら、その昔、耳にしたことがあるような言葉だったに違いない。ケリーは歯に衣着せぬ人物であり、「ＡＫ－47」（自動小銃カラシニコフから）というあだ名も伊達ではない。その彼女がこの事態をよく思わなかった。女王に報告すると、女王はハリーを呼び出し、二人だけで話をした。「王子は『少しは身の程をわきまえなさい』と厳しく言われていました」とある関係者は話す。「やり過ぎてしまったのです」[9]

実に分かりやすい教訓だ。ＡＫ－47にけんかを吹っかけてはいけない。

アンジェラ・ケリーは本来なら、エリザベス女王とこれほど強い絆で結ばれる可能性のない人物だ。六人きょうだいで、リバプールの裏通りにある、一階に二部屋、二階に二部屋の長屋式公営住宅で育った。バッキンガム宮殿で働き始めてからかれこれ四半世紀がたち、女王とは非常に近しい関係性を築いてきた。その関係は、鏡の前で服を合わせていた女王が、笑みを浮かべながら振り返り、「私たちは姉妹かもしれないわね」と話しかけるほどだった。[10]

何しろ、女王の靴を本人に代わって履きならした女性なのだ。自分の靴を履かせるより近い関係があるだろうか。離婚歴があり、王立婦人陸軍に属した経験のあるケリーは、女王と靴のサイズが同じだった。これは利用価値のある特徴だが、おそらく面接時には言及されなかった（記録ではサイズ四（二三センチに相当））。二〇一九年には著書にこう書いている。「メディアでさんざん報道されているが、女王陛下の靴は履き心地をよくするように、いつでも履いて出かけられるように、使用人が履き慣らしている。そう、その使用人が私だ。女王はほとんど自分の時間が取れず、靴を履きならす時間もない。私たちは靴のサイズが同じなので、私が履き慣らすのが理にかなっている」[11]

ケリーは女王の信頼が厚く、女王の装いが垢ぬけないときには、そう進言できるほどだ。あるとき、ドレスデザイナーとの打ち合わせで、女王がジャカード織の大きな布をまとったことがあった。女王にはまるで似合っていない。そこでケリーは思った通りを伝えた。「私は躊躇なく『これはありえません。全くお似合いではありませんよ。それに模様も全然合っていません』と言ったのです。妙な沈黙が続き、部屋の空気は凍り付きました」。そのとき、フィリップが入ってきて、こう言った。「これはソファーの新しい布地かい?」。その生地がドレスに使われることは決してなかった。[12]

物言いはストレートだが、ケリーは分別もわきまえていた。実際、この仕事に就けたのもその分別のおかげだ。一九九二年、ベルリンの在独英国大使サー・クリストファー・マラビーの公邸で家政婦として働いていたとき、女王とエディンバラ公爵フィリップ王配がその公邸に滞在した。女王陛下夫妻は公邸を去るときに、写真とEⅡRの刻印が入った針ケースをケリーにプレゼントした。ケリーが感謝の気持ちを伝えると、女王は次に誰が滞在するのか尋ねた。すると、ケリーはその情報は機密情報だと伝えた。フィリップがいぶかしげに言った。「女王陛下になら伝えられるのではないか?」。すると、いや、公務機密法に署名したので、それはできませんとケリーは説明した。居たたまれなくなった彼女は、写真と針ケースの返却を申し出た。すると、女王は取っておくようにと伝えた。ケリーが「このことは一生の思い出になります」と言うと、女王はこう応じた。「アンジェラ、私もですよ」。それから数週間後、女王のスタイリスト、ペギー・ホースから電話がかかってきた。アシスタントスタイリストとしてバッキンガム宮殿で働かないかと女王が依頼したのだ。ケリーはその仕事を受け入れて、それ以来、女王ならではのスタイルを創り出す重要な役割を果たしている。

バッキンガム宮殿では、フォーマルなドレスコードが徐々に緩和される一方で、ほかのしきたりはなかなかなくならなかった。エド・パーキンズがバッキンガム宮殿に入ったころ、宮廷ランチのような慣習がまだ残っていた。ランチの前は、当然のことながら食前酒だ。飲み物はすべて無料で、その費用はエリザベスが自ら負担していた。側近たちは毎日必ず宮廷のダイニングルーム（大回廊にあるボウ・ルームの隣室）でランチを取るわけではないが、朝、手許金会計官の扉から入るときには、任務の小姓からこう質問される。「おはようございます。本日はランチを召し上がりますか？」

ランチの前になると、秘書官や報道担当秘書官、各部門の責任者、女官のような女王の側近たちは秘書官の廊下を通り、侍従武官の部屋に向かう。紺色のこの部屋には、壁に大きな絵画がいくつも飾られており、大きなドリンクキャビネットでは各人が、ジントニックやブラッディメアリー、シェリー酒など自分の飲み物を思い思いに作る。一五分ほどそうしてから、ホスト（最も上位の者、たいてい王室家政官）が、皆をダイニングルームに案内する。そこには、ビーフシチューや舌平目のムニエルといった、一九七〇年代の役員会の代表的な料理が用意されており、一堂に会して食事を取る。プティングはタルト地のものや、メレンゲやクリームを加えたイートンメスの場合もある。ランチに使用されるカトラリーは、女王のアンティークの銀製で、食事中は、お仕着せ姿の従僕がそばに控えて、飲み物を出したり、お皿を下げたりする。当時でも、それは時代錯誤のようであり（少なくとも、ウェールズのブリジェンド出身の若手パーキンズにとっては時代錯誤に思えた）、信じられない特権のようにも思えた。

そもそも、おそらくこの慣習は自分たち側近のためというよりも、客人のためだった。エリザベス女王の側近には接待費が認められていなかったので、誰かをもてなしたければ（例えば、公式訪問の後に警察署長をねぎらうなど。ただし、ジャーナリストがねぎらわれることは決してない）、バッキンガム宮殿のランチに招待することはできる。だからランチが側近ばかりで、招待客が一人もいないというのは実に残念なのだ。

「たいてい側近よりも招待客の方が多かったですね」とパーキンズは話す。「側近が招集されるということは、客人が多くて、もっと世話係が必要だということ。財務大臣の秘書官や局長が来るという通知が流れると、時間までに集い、客人を相手に適切な会話を交わします。気の利いた世間話をするのが私たちの仕事なのです[13]」。チャールズ皇太子とダイアナ皇太子妃が離婚前に別々の宮廷を持つことになると、ダイアナ付き秘書官のパトリック・ジェフソンがときどきケンジントン宮殿からランチを食べに来た。彼は常に気を張っていなければならなかったという。「女官が来て、隣に座るんですよ。女官の仕事は、基本的に情報収集ですからね。というより、誰もが情報収集に勤しんでいます」。ジェフソンいわく、「王妃が何を考えているのか、何とか教えてくださいよ」と言われる。もちろんそのように下手に出られても、簡単には口を割らない。「決してリラックスできません。あそこは情報交換の場ですから。ランチは口実にすぎません[14]」

二〇〇〇年代になると、ランチで招待客にアルコールが振る舞われたものの、側近には出されなくなった。とはいえ、宮廷に長らく仕える上級側近の中には飲んでいた人もいただろう。例えばフィリップ殿下の秘書官サー・ブライアン・マクグラスは、ランチでビールをよくたしなんでいた。

仕事終わりには宮廷の飲み会がある。一日の仕事が終わると、三々五々、侍従武官の部屋に集まり、一杯飲む（時には、その後また仕事に戻ることもあるが）。たいてい二〇分もいない。ただし金曜日の夜になると、二時間は居座る。ある側近がこう教えてくれた。「ドリンクキャビネットが一つありましてね。蓋を開けると、ワインやらシェリーやらジンやらトニックウォーターやら、何でもある。毎日補充されているのですよ。すべて女王のポケットマネーから支払われたものです。決して税金ではありません。シニアスタッフに対する女王個人の心付けなのですよ」[15]。パーキンズはこう話す。「せっかく女王が負担してくれるのだから、一杯いただこう。いや二杯、三杯、四杯……でも空にしてはいけない。翌朝また補充しなければならないから……そんな感じですかね」[16]。パーティであれ晩餐会であれ、その後、皆で集まるお楽しみの時間でもあったのだ。時には客人も参加した。

二〇一四年、宮廷のダイニングルームと飲み会の習慣は、廷臣たちが自らの特権を放棄したことでなくなった。現在では皆、スタッフ用の食堂で食事を取る。おそらく大きな原因は、当時女王の秘書官だったサー・クリストファー・ゲイトがあまり昼食会に参加しなかったからだ。王室に長らく仕える人物が「今では食堂で、ほかのスタッフと同じようにトレイを持って並んでいる秘書官の姿が見られますよ」とデイリー・メール紙のリチャード・ケイのインタビューに答えている。「静かな変革ですね。これでバッキンガム宮殿はかなり民主的になりました[17]」

バッキンガム宮殿の人々は近代化という言葉が好きではない。ちゃらちゃらした、流行りの新しい概念の匂いがする上に、今風の考えについていくのは大変に違いないと考えていた。これはもともとエリザベス二世の考えだ。「女王陛下はおそらく、『近代化』という言葉にあまり興味をお持ちではなかったのでしょう」とある上級廷臣が説明する。「とはいえ、進化、つまり、前進する必要性は間違いなく理解されていましたし、実際、変化は不可欠でした。王室が継続を象徴するものなのであれば、改革は必要ありませんが、変化は必要です[18]」。女王が名作『山猫』（〔シチリア島名門貴族出身の〕ランペドゥーサが、イタリア統一のさなかにシチリア社会の変転を描いた小説〔邦訳は『ランペドゥーザ全小説』（脇功、武谷なおみ訳、作品社）に所収のものなど〕）を読んだことがあるかどうかは定かではないが、この廷臣が読んでいたのは間違いない。「それはまさにランペドゥーサの信条であり、『山猫』に登場する公爵の『同じであろうとするなら、変わらなければならない』という言葉にあるのです」

その変化は一九九〇年代、〔宮内長官〕デイヴィッド・エアリの下、マイケル・ピートが実施した宮廷再編で始まった。その後、ロイヤルファミリーのメンバーや彼らのシニアアドバイザーは、自分たちの行動について、もっと基本的な質問の答えを考えることになる。前述の廷臣によると、一九九〇年代の認識は『今、自分たちは正しいことを行っているのか？』であり、問うべき質問は『適切に組織化されているのか？』ではなく、『この組織は正しいことを行っているのか？』だったという。[19]

こうした考えから生まれたのが「ウェイ・アヘッド Way Ahead」グループ〔王室の未来を考える会〕だ。実質上、エリザベス女王、フィリップ王配、夫妻の四名の子供たちとそれぞれのシニアアドバイザーで構成された宮廷内のフォーカスグループである。年に二、三回、バッキンガム宮殿やサンドリンガム・ハウス、バルモラル城に集まり、性別に関係なく王位を継承できるようにする法律の改正からロイヤル・ガーデン・パーティの社会構成まですべてを話し合う。当時の女王付き報道担当秘書官チャールズ・アンソンによると、グループの目的は、「英国王室が現代社会に即したものであり続けられるようにする」ことだ。[20]それと同時に、秘書官事務局もゆっくりと変わり始めていた。ジョン・メージャー首相の秘書を務めていた野心的な官僚のメアリ・フランシスが秘書官補として加わり、バッキンガム宮殿の上層部を担う初の女性となった。外務省と軍隊ではなく財務省出身者や元公務員を雇うのも秘書官事務局にとっては初めてである。ケンブリッジ大学で歴史学を研究し、官僚になってからは金融経済政策を専門にしてきたフランシスの役割は、王室が変化と将来の戦略を考えられるようにサポートすることだった。フランシスと同年輩のある人物によると、彼女は気難しいものの、並外れて賢く、物事を俯瞰しながら詳細にも目を配ることができるため、「ヘリコプター脳」とニックネームがつけられたほどだ。「オックスフォード卒やケンブリッジ卒に見られる典型的な才女です」とある同僚は話す。「とても頭脳明晰。ユーモアのセンスもありますが、極めて挑発的な人です[21]」

メアリ・フランシスが加わったことで、エリザベスがなぜそれまで上層部に女性を登用しなかったのかという疑問が生じている。バッキンガム宮殿の秘書官事務局には極めて有能な女性がいたが（フランシスも、後のサマンサ・コーエンも、その能力が広く評価されていた）、秘書官のトップになった女性は一人もいなかった。エリザベスにはこれまで男性アドバイザーしかいなかったのだから、おそらくそれも理解できる。サラ・ブラッドフォードが記しているように、エリザベス女王は「男性中心の世界で育ち、そのままのやり方で満足していた[22]」。一方、チャールズ皇太子は秘書官が一〇名も変わったが、女性のシニアアドバイザーはおらず、現在秘書官が五人目のウィリアム王子も女性のシニアアドバイザーはいない。社会は目の回るようなスピードで変化しているが、王室はそうした変動に決して流されることはないのだ。

ロバート・ハードマンが著書『Our Queen（我が女王）』で引き合いに出しているが、一九八〇年代に入り新しい時代が直面したのは、過去を生きる宮廷文化だった。「ツイードジャケットとグレーのフランネルトラウザーズに身を包んだ洗練された廷臣は、おいしい紅茶とおもしろい余興を楽しみ、たっぷり酒を飲み、素晴らしい時を過ごしていた。必要なのは、もっとプロ意識を持った人材だった。宮廷では、ぶらぶら過ごす、陰口を叩く、スケジュールで次の社交行事を確認する、狩猟や魚釣りをするといった過ごし方が普通だ。しかしながら、必要なのは、実務を司る人たちだったのだ[23]」

エリザベスが「ひどい年」と称した（一九九二）年から一九九〇年代半ばには、王室では既に変化が進んでいた。しかし、一九九七年のダイアナの死に直面して初めて、これまでの変化はすべて（所得税の支払い、予算の合理化、宮殿の開放）、あまりにも微々たるものであり、あまりにも遅過ぎることを悟った。

彼らが対処しなければならなかったのは、もっと基本的な疑問「王室は何のためにあるのか」だったのだ。

ダイアナの死後、王室が注目し始めたのは（エリザベスは既に注目していたが）、ダイアナの人生から教訓を得ることだった。委員会を設立し、元首相や野党のトップ、学者のような人たちが、何が変わるべきだと考えているのか、その見解を調べるようになった。また、スティーヴン・ランポートやメアリ・フランシス、マーク・ボランドを含むチームは、有識者らの考えを集めて回った。秘書官らは以前よりも思い切った内容を提案し、エリザベスもそうした提案を思い切って承諾する。その結果、公務はくだけた雰囲気になった。ある新聞が「親しみやすい、新しい王室の時代」と書いたように、[24]エリザベスがロンドンのイーストエンド、ハックニーの年配年金受給者に話しかけることもあれば（「彼女となら、一日中だって話せた」と八五歳のエヴァ・プリーストは語る）、マクドナルドのドライブスルーの外で挨拶もした。手袋を外して、アロマセラピストにエキゾチック系のアロマオイルで片手だけマッサージしてもらうこともあった。〔マレーシアの〕クアラルンプールを訪問したときには、サッカーボールにサインをしている。一九九八年三月に〔イングランド南西部の〕デヴォンにあるパブを訪れたときも大歓迎を受けた。もっとも側近たちは、女王がパブに出向いたのはこれが初めてではなく、一九五四年のロンドン郊外スティヴネイジにあるパイド・パイパーが最初だと尊大な態度を取っていたが。メアリ・フランシスはこう話す。「ダイアナ妃の死後、女王の公務には、世間の関心が高く、おもしろそうな内容を取り入れるよう心掛けました。思い通りにいったのではないでしょうか」[25]

一九九〇年代後半に始まった革新的なプログラムの一つが、調整・調査隊（ＣＲＵ）Coordination and Research Unit だ。これはロイヤルファミリーの時間の使い方などを調べる部署である。その調査で明らかになったのは、エリザベスとフィリップの学校訪問の時間が公立学校よりも私立学校に偏っているという事実だった。さらに、英国の経済は圧倒的にサービス部門が優勢であるにもかかわらず、製造部門の訪問に時間を使っていた。エリザベスとフィリップが訪問する場所にも偏りが見られた。公式訪問の大半がイングランドのロンドン、スコットランドのエディンバラ、ウェールズのカーディフの周辺であり、北アイルランドのベルファスト周辺には足を運んでいない。「ほとんど訪問していない地域もありました」とアンソンは話す。「イングランド北部のニューカッスルへのロイヤル・ビジットは、驚くほどわずかです[26]」。王室は、自分たちが現代の英国と触れ合っている事実を周知させる必要があった。そこで調査結果に基づき、側近らはロイヤルファミリーの仕事のあり方を変え始めた。公式訪問も進化を遂げた。アンソンはこう説明する。「『カンブリアに行く時間はありますよね？』ではありません。『いやいや、まずはカンブリアが今どうなっているのかを調べるのが先決です。産業省に問い合わせて、新規で実施されている大きな産業プロジェクトのリストをもらいましょう。保健省には、科学的に見て、健康分野で何が起こっているのかを教えてもらいましょう。もっとプログラムに力を入れる必要があります。十分に注意が行き届いていない地方が一部あるので』というふうに変わったのです」。一日のテーマを決めて訪問するアイデアも導入された。これは、芸術や雇用などのテーマを決めて、それに即した訪問をいくつも行うというもので、時にはイベントの最後にバッキンガム宮殿でパーティを開催する場合もあった。

ほかにも、バッキンガム宮殿初のコミュニケーション担当秘書官サイモン・ルイスが始めた革新的なプログラムがある。ルイスのアイデアは、市場調査会社ＭＯＲＩのボブ・ウスターに依頼して、ロイヤルファミリーのイメージがどのようなものなのか、教会や軍隊、警察などのほかの組織と一定期間比較調査するというものだ。その世論調査では心強い結果が出た。側近の一人は当時をこう振り返っている。「ボブ・ウスターは、自分がこれまで担当していたどの調査よりも安定した結果が出ていると話していました。いつも必ず六五から七〇パーセントの支持を獲得していました。政治家なら誰でも死ぬほど欲しい数字ですよね」▼27

最近の出来事で最も重要な変化といえば、エリザベスが所得税を支払うという決断だ。この件は、一九九二年一一月のウィンザー城火災を受けて、ジョン・メージャー首相が下院議会で発表した。エリザベスが言うところの「ひどい年」のとどめとなったこの火災で、ロイヤルファミリーの人気は過去にない失墜を見せた。というのも、ウィンザー城に保険がかかっていなかったために、推定二〇〇〇万ポンドとも四〇〇〇万ポンドとも言われる修復費を国が支払うと政府が発表し、大不評を買ったのだ（世間の激しい抗議を受けて、ウィンザー城は公的資金を投入せずに修復された）。ロイヤルファミリーの納税に対する国民の厳しい声はますます高まった。煽ったのは、前年の一九九一年に放送された（ドキュメンタリー）番組『ワールド・イン・アクション World in Action』である。同番組で、ロイヤルファミリーの免税は、二〇世紀のイノベーションというよりも過去の権利にすぎないと断罪されたのだ。外から見れば、あたかも国民の不満が高まったせいで、ロイヤルファミリーが納税で妥協せざるを得なくなったように見える。

バッキンガム宮殿の関係者によれば、これでは誤解を招きかねないという。王室内でしばらく話し合いが続いたと彼らは指摘する。宮内長官のエアリ伯爵が一九九三年二月の記者会見で、一二カ月前（『ワールド・イン・アクション』放映の六カ月ほど後）に女王から納税の実現可能性について調査するよう頼まれたことを公にした。主要廷臣の一人が作家のベン・ピムロットに「私たちは、女王陛下の納税に関して何カ月も検討してきました」と話している。一九九二年二月には、王室の納税に関する作業部会が財務省との間で設立されていた。「火災が生じたとき、まだ結論が出ていませんでしたが、それでも話し合いは九割終了していたのです。本当に運が悪かった。計画では一九九三年四月一日施行予定で、新年を迎えた時点で発表することになっていました。それであのような事態に陥り、急いで進めなければならなくなったのです。まるで、周囲から言われたから、やむなくやったというような形になってしまいました」[28]

しかしながら、それもすべてが本当の話というわけではないようだ。側近の主要メンバーの一人が認識しているように、「敏感に反応した部分もあった」のだ。[29] チャールズのある元アドバイザーは、この件はそもそも対応がよくなかったと話す。「実質上、タブロイド紙の攻撃で、女王は納税に同意していました」[30]。そうした中で、一九八〇年代、エリザベスの秘書官だったサー・ウィリアム・ヘーゼルタインが、女王の所得税支払いを内部文書で提案していたことは特筆すべきである。しかし、当時は何も変わらなかった。というのも、エリザベスにその覚悟がなかったからだ。宮殿に住み着く煩わしいゴブリン「機が熟すのを待つ主義」が貫かれたのだ。

この難局を解決した人物は、当時王室の財務責任者であるサー・マイケル・ピートだった（その後、手許金会計長官になり、公的なものも私的なものも含め、エリザベスの資産すべてを管理する立場についた。異例ながら、会計士としてその役職についた最初の人物である）[31]。当時の宮内長官で、心強い支援者でもあるデイヴィッド・エアリとともに対応したのである。

アンソンはこう話している。

> マイケル・ピートは独創的で創意工夫に富む財務責任者で、「ウェイ・アヘッド」グループのメンバーをすぐに安堵させました。この納税の問題を、国民がもっと納得できる方法で、かつ、女王や皇太子が既に払っている以上の税金を納めずに済むような方法で考えていたのです。王室には支払わなければならないものがいろいろとあります。そのなかには、公務の一部として免税

の対象になるものも含まれます。例えば、衣装費、移動費、会議で使われる公邸の使用料、国賓としての公式訪問など。マイケルは、財務省と話し合いを重ねれば、合意に持ち込めるのではないかと考えました。[32]

王室が所有する美術品のロイヤルコレクションは守れるはずだ。それに、エリザベスの公式文書への署名や首相との会談は、変わらずバルモラル城とサンドリンガム・ハウスで行われるので、その二カ所の運営費の一部は税金と相殺されるだろう。エリザベスは、バッキンガム宮殿におらずとも、どこにいようと国家元首であり、英連邦王国の長なのである。〔アンソンは〕「女王がはるかに多くの税金を納める必要はなかったでしょう。そんなことになれば厄介ですから。支払う税金はほぼ同じような額に落ち着くでしょうが、〔その算出過程は〕公平で、不透明な部分が少なくなっているはずです。私有財産の税額は多くなりますが、必ずしもそれほどまで大きな問題にはならないでしょう」と話す。[33]

しかしながら、エリザベスはまだその話に納得したわけではなかった。説得は秘書官のサー・ロバート・フェローズが担った。アンソンはこう話す。

ひょっとしたらロバートは女王に「公開討論となると、王室の財務状況は私たちにとって悩みの種です。マイケル・ピートと私とほかのメンバーで、もっと独創的かつ創意に富んだ方法で対応策を考えていきます。しかしながら、これに関しては政府、特に財務省と手を組まなければなりません。もう少し様子を見なければ。決断どころか、提案さえもしないほうがよいでしょう。この件に関してフィリップ殿下にお話ししてもよろしいでしょうか」とでも話したのではないでしょうか。そう言われれば、女王は「はい」と答えるはずです。それで、フィリップ殿下が、これはいい考えだとおっしゃったので、女王にもっと調べてみようと考えたのではないでしょうか。これはジョージ六世からの教えの一貫です。慎重になること。理にかなっていると確信できなければ、何事も決して同意しないこと……そして、決してやり込められないこと。

おそらく、「やり込められたとは思われないようにすること」だろう。

エリザベスの説得には、フィリップがよく重要な役割を果たしていた。秘書官が（宮内長官であっても）難しい問題で頭を抱えていると、エリザベスはこう言ったものだ。「フィリップ殿下のところに行って、少し話をしてみてはいかが？　その結論をもってきてくださいな」

「殿下はとにかく素晴らしい方でした。どんな問題でも非常に気さくに話ができました」とある関係者は話している。[34]

「ウェイ・アヘッド」グループは、その真価が問われた。誰もが、このグループがあれば何とかなると思っているわけではなかったからだ。何かの提案が出されても、エリザベスの心の準備ができていないという理由で、却下されることがあるからだ。例えば、女王の誕生日祝賀パレード Trooping the Colour のような行事で、バルコニーに集まるロイヤルファミリーのメンバーの数を減らすという提案もその一つであり、ここでもまた「機が熟すのを待つ主義」が貫かれたのだ。会議によく参加していた廷臣の一人は、「とてもうまくいったというわけではありません」と話す。「女王は特に意見を出しませんでしたし、そもそも出そうともしていませんでした。仕切っていたのはエディンバラ公でした」[35]。別のアドバイザーも、「最初はそれほどうまくいきませんでした」と認めたが、一九九七年八月にダイアナがパリの交通事故で亡くなってから、「王室のメディア対応を向上させて、もっと積極的なアプローチをとるにはどうしたらよいのか」といった話題が進んで話し合われるようになった。

サイモン・ルイスの登用も変化の一つだ。バッキンガム宮殿初のコミュニケーション担当秘書官となるルイスは、王室が外の世界に対してどのように話をすればよいのかをより戦略的に捉えるために雇われた。当時、ブレア〔労働党〕政権〔のアプローチ〕は現代のメディア戦略の基準として見なされており、新顔のルイスは「新しい労働党New Labour」の手先のようなものだと認識されていた。ところが、そうではなかったのだ。一時期、労働党の党員だったこともあったが、社会民主党初のコミュニケーション責任者を務めたこともある。しかしながらバッキンガム宮殿では、全く新しいタイプの人物だった。あるとき、まだ副秘書官だったロビン・ジャンヴリンがルイスにこう話した。「コミュニケーション担当の典型的な候補者像があるとしたら、コンプリヘンシブ・スクールで教育を受けた中道左派だろう」。それを聞いたルイスは思った。「よし、まさに自分だ」

エネルギー企業セントリカのコミュニケーション責任者だったルイスは、二年間の期限付きでバッキンガム宮殿に出向することになる。何回か面接を受けた後、最終面接に呼ばれた。面接官はエリザベスとフィリップだ。驚いたことに、思いのほか長く階下で待たされた。「なぜ待たされているのか理由は話せませんが、何も心配することはありませんよ」と女王の従者ポール・ウィブルウから言われたちょうどそのとき、上階の扉が開いた。階段を降りてきたのはネルソン・マンデラだった。

最終面接はいわゆる面接ではなく、どちらかというと雑談だった。三人は歴史や歴代の君主、ヴィクトリア女王、秘書官の役割について話したが、話していたのはほとんどフィリップだ。そこには愛犬コーギーたちもいた。「威圧的な雰囲気ではありませんでした。カジュアルな感じでしたから」とルイスは話す。知らぬ間に、ルイスは採用されていた。秘書官の仕事をロバート・フェローズから引き継ぐところだったジャンヴリンが、ルイスに一つのアドバイスを送った。仕事は九月一日からでよい、と。

「それはなぜですか？」とルイスは尋ねた。

「なぜならその前日、メディアがどうなるのか予想もつかないし、私は君にその責任を押し付けたくはないのですよ」。その日、一九九八年八月三一日は、ダイアナの死から一年という節目だった。

一九九九年に入ると秘書官のバトンがフェローズからジャンヴリンに渡され、バッキンガム宮殿のプロフェッショナリズム化はまた一歩進んだ。フェローズは高潔で慎みと分別があり、とても聡明だが、保守的だった。その昔、父親がサンドリンガム・ハウスで女王の（それ以前はジョージ六世の）土地管理に携わっていたため、文字通りロイヤルファミリーとともに育った。フェローズのゴッドマザーだったエリザベスは、よくこう話していた。「ロバートは私がこの腕に抱いたことのある唯一の秘書官だわ」。イートン校出身でスコットランド近衛連隊に所属した後（廷臣として優れた経歴。エアリ伯爵とサー・マルコム・ロスと同じ道を歩む）、フェローズは一四年間ロンドンの金融業界で働き、一九七七年に秘書官補としてバッキンガム宮殿に入る。一九九〇年にサー・ウィリアム・ヘーゼルタインから秘書官の職を引き継いだ後は、エリザベス女王の治世の中でも激動の時代を耐え抜かなければならなかった。こうした大嵐には、チャールズ皇太子とアンドリュー王子の破綻した結婚生活、ウィンザー城の火災、女王の所得税納税の決断、ダイアナの死などが挙げられる。ロイヤルファミリーの結婚生活の危機はフェローズにとって問題がさらに複雑だ。というのも、ダイアナとも、アンドリューの妻セーラ・ファーガスンとも親戚だからである。セーラの父親ロナルドとは母方のいとこであり、フェローズの妻ジェーンは、ダイアナの姉の一人である。チャールズ皇太子夫妻の戦いが最も激しくなったとき、ダイアナと姉との関係も悪化した。というのもダイアナは、義兄がバッキンガム宮殿を取り仕切る「グレースーツの男たち」の中でも重要人物の一人だと考えていたからだ。宮殿内で彼女の個人的な電話の通話内容を監視する計画に加担したとして、フェローズを非難さえしていた。[36]

フェローズの忠誠心が引き裂かれて、最も苦しい状況になったのは、アンドリュー・モートンの著書『Diana』〔邦訳『ダイアナ妃の真実』(入江真佐子訳、早川書房)〕が一九九二年に出版されたときだった。同書はダイアナの摂食障害や自傷行為、うつ状態が描写されており、最初はジャーナリズムに特有のでっち上げだとして片付けられた。ダイアナが、モートンに一切協力などしなかったとフェローズに繰り返し訴えたため、フェローズは報道苦情処理委員会の委員長であるマクレガー男爵に、ダイアナは同書と一切関係ないと保証した。マクレガーは「他人の心の中にずけずけと入り込んだ」として出版社を非難する声明を発表したのである。その結果、ダイアナはその声明をわざとらしく支持してみたものの、密かに懇意にしていたカメラマンらが、同書に協力したダイアナの友人の一人を訪ねていたことが明らかになり、「自分は何も知らなかった」という彼女の言葉は、いつものごとく茶番としか受け取られなくなった。

フェローズは、誤解を与えてしまったことに対してマクレガーに謝罪した。同時に、受け取られはしなかったものの、エリザベスに辞表を提出している。フェローズに対するダイアナの不誠実な対応で、フェローズには騙されやすい愚か者というイメージがついた。さらには、そのせいで、姉や義兄との関係もしばらくの間うまくいかなかった。しかしながら、フェローズはそんなことがあっても相変わらず義理の妹には甘くて、ニックネームの「ダッチ Duch」と呼んでいた[37]。一九九六年、チャールズとの離婚が成立する日の朝、フェローズはダイアナに電話をかけ、これからの大変な一日が無事にすみますようにと告げた。「素晴らしい物語の悲しい終わりだね[38]」

「いえいえ、違うわ」とダイアナは答えた。「新しい一章の始まりよ」

フェローズはといえば、バッキンガム宮殿に新しい時代をもたらす人物ではなかった。「彼にとっては王室に仕えることがすべてでした」と彼と同年輩の廷臣が話した。「非常に頭のいい人でしたが、攻めの広報活動を行う時間がほとんどありませんでした。女王を守ることが唯一の自分の役割だと考えていたのです。それ自体は決して悪いことではありません。でもきっと、自分は決して近代化できるタイプではないと自ら認めてしまう人です」[39]

副秘書官のロビン・ジャンヴリンは、寄宿学校のマールバラとオックスフォード大学のブレーズノーズ・カレッジの出身で、王立海軍で一一年務めた。野心家の外交官であり、インド公式訪問でエリザベスの目を引いた。報道担当秘書官として引き抜かれると、秘書官事務局の出世の階段を上り（秘書官補から副秘書官）、ついにはフェローズの秘書官引退でその後を引き継ぐことになった。「ロビンはいつも考え方がとても前向きで、ロバートよりも今風だと見られていました」と先述の廷臣が話す。チャールズ・アンソンはこう話している。

ロビンは、堅苦しくなくて、はっきり物を言うタイプの人です。公僕として素晴らしい。というのも、もとから謙虚で、賢くて仕事ができるから。それに、同僚としても気が合うし、思いやりがある。政府や英連邦諸国などを相手にするとき、秘書官という繊細な役割には慎重な態度が求められますが、彼には間違いなくもともとそれが備わっています。大きな変化が生じたときには、女王に助言していました。変化にもうまく対応できました。馬も脅かしませんし、女王も脅かしません。女王は生来変化に敏感ですが、話を聞く耳はお持ちです。有意義な議論なら、しっかりと話を聞く準備はできているのです。必ずしも同意するわけではありませんが、人の話にはしっかりと耳を傾けます。[40]

一方、ジャンヴリンは慎重そのものだ。同僚が躍起になって、ジャンヴリンの意見を引き出さなければならないときもたびたびあった。そんなときには「おいおい、ロビン。そんなに隠し立てしないでくれよ。腹の底で何を考えているのか教えてくれ」と声がかけられた。

ほかの同僚もこう話す。「彼は抜群に優秀です。彼なら一番に事務次官になれたでしょう。内閣官房長にもなれたのではないでしょうか。見事なアドバイスに、素晴らしい知性。物事を俯瞰して考える能力。女王も個人的に彼を気に入っていました」▼41

近代化の形はさまざまだ。国賓を迎える晩餐会では、二一世紀早々、一つの改革が行われた。そのときは気付かれずにすみ、おそらく関係者はホッとしただろう。実は、宮内長官が後ろ向き歩きを止めたのだ。

宮内長官はエリザベス女王の宮廷の長である。理論上、すべてにわたり責任を持つ（つい最近まで、英国国内で公開上演される演劇もすべて宮内長官が正式な検閲を行っていた。この役目は一九六八年の劇場法 Theatre Act of 1968 によって廃止されている。もちろん、廃止は誰もが喜んだ）。しかし、現在、宮内長官は管理職ではない。宮殿の日々の業務を回す仕事には携わらないのだ。その代わり、戦略的な視点を持ち、各部局長の集まりである宮内長官委員会がその戦略を実践する。おもしろいことに、宮内長官の役割は明確に定められていない。過去にはエリザベス女王の指南役や、女王と皇太子との橋渡し役や、宮殿で働くすべてのスタッフを最大限に活用するための報告役を担ったこともある。エリザベス女王はある宮内長官に、最も重要なのは、良い職場の雰囲気を作ることだと話した。職場の雰囲気が良ければ、スタッフが王室のために最善を尽くそうと思えるようになるからだという。

宮内長官の役割はこのように重要なのだが、勤務形態は非常勤である。とはいえ、その解釈はとても自由だ。二〇二一年に引退したピール伯爵はなかなか捕まらない宮内長官だった。これは、イングランド北部のヨークシャーに大きな所領があったからだが、メールを使うのが嫌だったことも関係しているかもしれない。それとは対照的に、一九七一年から一九八四年にかけて宮内長官だったマクリーン卿は常勤で、セント・ジェームズ宮殿の角にある瀟洒なアパートメントの「店舗の上階」に暮らしていた。管理すべき所領がなく、会社も経営していなかったので、何ものにも邪魔されず、宮内長官の仕事に没頭できた。宮廷の側近は、この状況に少しばかりうんざりしていたようだ。なにしろ出勤した上司から、仕事の様子を覗き込まれることに慣れていなかった。[42]

　ミンズミアのパーカー卿は元ＭＩ５長官で、二〇二一年に宮内長官に任命された。着任時から、一部の先達よりも実践的な役割を担うと意志表示していた。この役職にしてはおもしろい人選である。貴族でもなければ、ロイヤルファミリーのメンバーの親しい知り合いでもない。ただ、エリザベスには何度か顔を合わせている。おそらく女王自身が変化を望んでいたのだろう。

　外界とのかかわりに関して言えば、宮内長官は、宮殿で行われるありとあらゆる儀式を知る人物だ。ロイヤルウェディングなどさまざまな儀式の全体的な責任を担い、宮殿のガーデンパーティでその姿が目に入らないことはない。参列者が待ちわびる中、君主を先導するのがトップハットと燕尾服を身につけた宮内長官だ。国賓を迎える晩餐会では、宮内長官が君主と国賓を先導し、晩餐会の会場に入る。数年前まで、後ろ向き歩きで先導していた。これは、君主にお尻を向けるのは失礼であるという考え方に基づいた伝統である。宮殿内のカーペットには便利な縫い目があり、宮内長官はそれを目印にすれば、後ろ歩きでも安全にパーティルームへ案内することができた。

　伝統の後ろ歩きは、保守党の元大臣で二〇〇〇年から二〇〇六年に宮内長官を務めたルース卿で終焉を迎えた。この伝統が現代人の目には陳腐に見えたからだけではない。ルースは腰に問題を抱えていて、女王の面前で転びでもしたら大惨事になると恐れたのだ。女王陛下は納得していた。

後ろ歩きはなくなったものの、ルースの腰は依然として問題だった。一度、気象予報士マイケル・フィッシュの叙勲式では、鎮痛剤が効かずに激痛が走り、表彰の最中に気絶してしまったのだ。ルースは運び出され（チーム内に機転の利く人物がいて、体を支えてくれたので、ルースは床に体を打ち付けずにすんだ）、エリザベスは会計検査官に表彰を続けるように頼んだ。この件はちょっとした騒ぎになり、昼にニュース速報が流された。宮殿の外で、フィッシュは記者たちにこう話した。「宮内長官は、少し体調が悪かった under the weather ようです」

宮内長官の仕事の中で最も厳粛なものといえば、君主の崩御に当たり、杖（全長約一八〇センチの細くて長い木製の棒）を棺の上で折ることだ。最近では、折る必要はない。ちょうど真ん中でねじを緩めると、スヌーカー（ビリヤードの競技の一つ）のキューのように二本になる。エリザベス女王の母であるエリザベス皇太后（クイーン・マザー）は、葬儀の後、ウィンザー城にある聖ジョージ礼拝堂の国王ジョージ六世記念礼拝堂に埋葬された。皇太后の宮内長官第二九代クロフォード伯爵が、杖を緩め、棺の上に投げる任務をまさに果たそうとしたとき、エリザベスがそれを制止した。「あなたが取っておいてください」と言ったのだ。そこで、クロフォードは取っておくことにした。

あるとき、〔『ハリー・ポッター』シリーズの作者〕J・K・ローリングがバッキンガム宮殿の行事に参加したことがあった。そこで、ピール卿がローリングに話しかけた。「そうだ、新しい杖が必要なのです。私の杖をデザインしていただけませんか？▼43」

残念ながら、その後、ローリングから音沙汰はない。

一九二三年まで、宮内長官は政治任用制で決められていた。首相が選任するので、新しい政権が発足するたびに、新しい宮内長官が着任した。しかし、一九二三年にラムゼイ・マクドナルドが労働党初の首相になると、宮廷官職を自ら任命しない意向が示された。宮内長官任命のシステムが労働党国会議員にに好意的に受け取られなかったのかもしれない。たまたま、国王ジョージ五世と秘書官スタムファーダム卿もしばらくは宮廷官職の政治任用をやめたいと考えていたので、現職のクロマー卿が上院で内閣に反対票を投じない限り、そのまま職に残ることに同意した。

それ以来、宮内長官は常に君主に選ばれている。そのため、宮内長官と一口に言っても、さまざまな人たちがいる。「宮内長官は十人十色です」と元王室関係者が話す。▼44 偉大なる改革者デイヴィッド・エアリは、金融業界のキャリアで得た専門知識を生かせば、宮殿のマネジメントを近代化できたかもしれないが、彼は究極のロイヤルファミリー関係者でもあった。第一三代エアリ伯爵はエリザベス女王と全く同い年であり、両家はとても関係が深かったので、二人は幼いころ一緒に遊んでいたほどだ。エアリはエリザベスととても近しい関係だったとはいえ(いや、おそらくだからこそ)、宮内長官になったときには、ある上級廷臣が「大胆不敵なアドバイス」と称するようなことも提示できたのだ。多くの人がそう見ているように、エアリ伯爵は現代の宮内長官の中で最高と評されている。

どうやらこの世界は名門学校出身のネットワークで出来上がっているようだ。事実、その通りである。しかし、それにも利点はある。エリザベスと宮内長官との関係は極めて個人的なものだ。女王は、宮内長官の前ではリラックスできなければならず、何でも自由に気兼ねなく話せるように感じられなければならない。一方、宮内長官は恐れずにアドバイスできるように感じられなければならない。おそらく、女王がその役職には、一緒にいて女王が心地良いと感じる人、さらに、女王と一緒にいて本人も心地よいと感じる人に担ってもらいたいと考えるのは驚くことではない。そうなると、ロイヤルファミリーを骨の髄まで知り尽くしている人物を選ぶことになりそうだ。あるいは、権力の回廊ではどのように振る舞えばよいのかを熟知しており、彼らと一緒にいてもまず怖気づくことのない堂々たる人物を選ぶパターンもあり得るだろう。ロイヤルファミリーに仕える人たちに外務省出身者が多いのは、そうした理由もある。理由はそれだけではない。あまりに単純でつまらないが、実は、彼らはエリザベスが実際によく顔を合わせる人たちなのだ。諸外国に歴訪となれば、すべてが計画通り進むよう段取りを確認する人が必要である。相手国に入り、その任務に就いているのは一体誰なのか？外務省の男性（あるいは女性）職員だ。エリザベスが優秀な彼らに感心してしまうことも少なくない。ロビン・ジャンヴリンの場合もそうだった。ほかにも、ロイヤルファミリーの未来のあり方を形作るのに重要な役割を果たすことになるサー・デイヴィッド・マニングなど、出会いはまだある。

これで、王室に紛れもなく多様性が欠けている理由の説明がつくのではないだろうか？　間違いなく説明はつく。多様性が欠けているせいで、宮廷文化は変化が遅く、世の中の様子を反映できないのではないだろうか？　きっとその通り。それでは、どうすればいいのだろうか？　問題はそこだ。

第8章　賞味期限

『オーシャンズ11』から『スティング』、それに『スペースカウボーイ』や『ミニミニ大作戦』（リメイク版）に至るまで、傑作映画には秀逸なお決まりのパターンがある。主人公がミッション遂行に必要な仲間を集めて、ラスベガスのカジノを襲ったり、目前に迫った危機から世の中を救ったりするのだ。たいていカリスマ的リーダーと、作戦のブレーン的存在で主人公よりも年上の人物、お茶目な若者、ITオタクなどが登場する。仲間を集める場面で、こんなセリフがつきものだ。「We're gonna need a crew for this.（それには仲間が必要だな）」

サー・マイケル・ピートが「それには仲間が必要だな」と実際に言ったのかどうかは記録に残っていないが、二〇〇〇年代の初め、ウィリアム王子とハリー王子の世話係のチーム作りで起きたことを突き詰めると、そういうことになる。母親の死から数年が経過し、二人の生活で最も大きな存在の男性といえば、マーク・ダイアーが挙げられる。ウェールズ近衛連隊の元士官で、二人がもっと幼いころはチャールズ皇太子の侍従武官として働いていた。「物事をはっきり言うタイプで大酒飲み、わざわざ大変な道を選ぶ冒険家で偉大なる兵士▼」のダイアーは王子たちにとって話ができる相手で、チャールズからも、難しい時期にある二人を助けてほしいと頼まれていた。とはいえ陽気な兄貴といった立場を取り、必ずしも、期待されていた心の安定につながる影響を与えるとは限らなかった。例えば、弟のハリーが安全装備を着用せずにダムに飛び込むところを写真に撮られたときには監視役だったため、チャールズとの間で一悶着あった。それでもダイアーは両王子の親友であり続けたのだ。しかし、ウィリアムのセント・アンドリューズ大学卒業が目前に迫り、ハリーもサンドハースト王立陸軍士官学校での生活を始めるころになると、二人の人生は新たなステージを迎えた。それまで無償で働き続けてきたダイアーも、ロンドンのガストロパブ*のチェーン店を経営し、自分自身の人生をやり直したいと考えた。彼は王子たちの次のステージの登場人物ではなかったのだ。登場したのはジェイミー・ロウサー＝ピンカートンである。

　ロウサー＝ピンカートンのことは、一九八〇年代、まだ二〇代の彼がエリザベス皇太后の侍従武官だったときから知っている。皇太后は慈愛にあふれた上司で、当時、ロウサー＝ピンカートンは満ち足りた時間を過ごしていた。ある年の誕生日祝賀パレードの前夜に男同士のパーティがあり、友人たちをクラレンス・ハウスの侍従武官の部屋に連れ込んだ。夜遅くでも飲める場所といえば、そのくらいしか思いつかなかったからだ。翌朝、いくつものグラスと酒の空瓶が散らかる部屋で、秘書官に睨まれながら何とか制服に着替えると、ぎりぎりのタイミングで皇太后のアテンドに間に合った。ちょうど皇太后が、陸軍省司令部に向かうため馬車に乗り込むところだった。

「昨晩はここでパーティがあったのかしら、ジェイミー?」と皇太后は尋ねた。

　足元の靴を見つめたまま、ぼそぼそ答えた。「はい、本当に申し訳ありません。睡眠の邪魔をしていなければよいのですが」。もちろん、邪魔をしていた自覚はある。

　皇太后はこう返した。「あら、私はうれしいのよ。この場所が適切に使われているのが分かったのだから」

ロウサー＝ピンカートンは四〇代半ばになると、イラク戦争からバルカン諸国へと赴き、特殊空挺部隊で成功を収める一方、友人のチャーリー・マクグラスとともに企業を共同経営し、ギャップイヤーで大学を休学中の学生やジャーナリストを対象に、海外で安全に暮らす方法を伝授していた。一九九〇年代前半には、コロンビアの麻薬カルテル壊滅の功労で大英勲章MBEが授与されている。マーク・ダイアーからの電話を受けたのは二〇〇四年だった——近々軍隊を離れる予定で、ウィリアムとハリーのために働いてくれそうな人を誰か知らないか？　ダイアーのことは軍隊にいたころから知っており、一緒にラグビーをしたこともある。軍隊のつながりは重要だ。ハリーが陸軍に入隊するところであり、ウィリアムもまもなく弟と同じ道を進むことになるからだ。ロウサー＝ピンカートンはいろいろ当たってみたが、よい回答が得られない。そんなときダイアーがこう言い始めた。「それなら、君は？」

ロウサー＝ピンカートンは当初渋っていたが、フィリップ王配付き秘書官だった父を持つマクグラスから、「ちょっと待てよ、何を迷っているんだよ。どれだけ楽しいことが待っているのか考えてみてごらん。それに、永遠にやらなければいけないわけではないんだから」。そういうわけで、二〇〇五年一月、ウィリアムの大学卒業五カ月前に、ロウサー＝ピンカートンは非常勤でウィリアムとハリー、両王子の秘書官に任命された。

ロウサー＝ピンカートンは、いわゆる「グレースーツの男」ではない。宮廷らしいこびやへつらいは彼のスタイルではないのだ。武器には事欠かないが、そこにおべっかは含まれていない。実に印象

＊　酒だけでなく料理も提供する英国のパブ。

深い人物で、怒らせたら厄介なタイプには見えず、最後には「一緒にいてよかった」と思わせる特別な魅力も持ち合わせているように見える。戦争なら、間違いなく味方につけたいと思うはずだ。本人がよく言っていたが、彼はバイクでクロスカントリーができなければならない唯一の秘書官だった。というのも、それが職務の条件だったからだ。最初の一年半は、さほど仕事は過酷ではなかった。軍人としてのキャリアが始まった王子たちは、やらなければならないことが山ほどあった上に、チームのメンバーであるヘレン・アスプレイが既に兄弟の生活の世話役として配置されていた。アスプレイはジュエリーで有名な一族の出身で、この仕事の前は宮内長官事務局とフィリップ王配の下で個人秘書として働いていた。彼女をよく知る人物によると、「とても保守的、とても几帳面、とてもバッキンガム宮殿的」人物だが、一緒にいてとても楽しい人でもあるという。[2] アスプレイは書簡の処理から医者の予約まですべてをこなし、当初は王子たちの公務にも同行した。

仕事が軽ければ、秘書官として最も重要な仕事、つまり、ウィリアムとハリーをよく知ることに集中できる。バイクの小旅行や田舎の散策は絶好のチャンスだ。王子たちは時折、ロウサー＝ピンカートンが家族と暮らすサフォークの自宅を訪ね、彼も王子たちを訪ねたりしていた。任命当初、ウィリアムとともに行った経験といえば、二〇〇五年のニュージーランド訪問が挙げられる。ニュージーランドに遠征中のラグビー代表チーム「ブリティッシュ＆アイリッシュ・ライオンズ」を応援した。ラグビーの試合や公務の間は二人でとても楽しく過ごした。バーで食事を取ったり、カフェに立ち寄ったり、誰からも邪魔されない状況を満喫した。

ロウサー＝ピンカートンは徐々に、王子たちのサポート体制作りに着手した。二人が「青年王族として生活を送る」、「ありのままの姿で心地よく過ごす」、「自分たちに課された責任が何なのかをしっかりと理解する」といったことを実現するために自分に何ができるのかを考えたのだ。ウィリアムの場合、考えなければならないのは、将来君主になる人物がどのような人なのかを英国国民に知ってもらう方法だった。そのために最も重要なことの一つが、適切な軍隊経験の構築である。軍隊に所属したといっても、手取り足取りでは意味がない。ロウサー＝ピンカートンの英国系アイルランド人の父親は、「私は現場を知っている」とよく話していた。ウィリアムはいつの日か英国軍のトップに立つことになる。「最高司令官になるのなら、現場を知っておかなければなりません」。ロウサー＝ピンカートンはウィリアムにそう伝えた。[3]

王子たち初の報道担当秘書官ミゲル・ヘッドはこう話している。「王子たるもの、本格的に王室の責任を引き継ぐ前に、青年男子として生きがいを見出さなければならないとジェイミーは頑なに考えていました。王子たちが軍に所属していたころは、過保護といってもいいくらいでした。ジェイミーがきっかけを作ったハリーのアフガニスタン派遣も、彼の粘り勝ちでした」[4]

ハリーのアフガニスタン従軍後の大きな課題は、「いかにしてウィリアムにも適切な経験を積ませるのか、しかも周囲の人々を危険な目に合わせずに」だった。ヘッドいわく「当時のウィリアムは、イラクやアフガニスタンに兵士として従軍したいと考えていたのですが、それが無理だと知り意気消沈していました。そこでジェイミーが自分のつてを使い、ウィリアムをサポートしたのです」。ロウサー＝ピンカートンはこう振り返る。「その希望を実現するために、ピンからキリまでありとあらゆる方法を模索しました」。しかしながら、最終的に答えを見つけ出したのはウィリアム自身だった。捜索救助ヘリコプターの操縦士として働くことにしたのだ。

「実に素晴らしい考えです」とロウサー＝ピンカートンはウィリアムに話した。「頭を切り替えて、ほかの人を危険にさらすのではなく、操縦席のスキッパーになろうというのだから。要救助者だけでなく、乗務員も含めて自分の周りのすべての人の命を守るのですね」

ロウサー＝ピンカートンは重い責務を担っていた。ウィリアムの人生の舵取りをサポートすれば、ロイヤルファミリーに対する世間の評価に多大な影響を与えることになるからだ。ウィリアムの国王になる覚悟だけでなく、国全体が彼を受け入れる覚悟にも影響を与えてしまう。そこで彼は三脚椅子のアプローチで物事を捉えるようにした。もし平均的な思考力の労働者がロイヤルファミリーの良い点を三つ挙げられるのなら、ロイヤルファミリー支持の評価は維持できるだろう。ウィリアムにとって三つの良い点とは、捜索救助ヘリコプターの操縦士としての任務、安定した家族生活、義務感だった。

ハリーの場合、状況はもっと複雑だった。弟王子は熱血漢で、攻撃型ヘリコプターを操縦し、ウェル・チャイルド Well Child のような慈善団体を支援して児童の健康分野に深くかかわっていた。その一方で、なかなかのやんちゃぶりも発揮していたのだ。若いころなら、常識から逸脱しても容易に許された。やんちゃな若者が評判の悪い放蕩者に変わるのは、どのようなタイミングなのだろうか。当時、心配する必要はなかった。ただ目を配っていればよかった。もちろんその問題も最終的には自然に解決するのだが、それはロウサー＝ピンカートンをはじめ、誰もが想像すらしなかった形だった。メーガン・マークルに出会ったその日、やんちゃな若者は鳴りを潜めたのである。

次に引き抜かれた仲間はミゲル・ヘッドだった。二〇〇七年から二〇〇八年の冬の一〇週間、ハリー王子はブルーズ・アンド・ロイヤルズ連隊に配属され、アフガニスタンの任務に就いた。このロイヤルファミリー情報はしばらくの間、世間には秘密にされており、決して漏れることはなかった。各メディアは秘密厳守の宣誓を条件に、ハリー派遣の情報を得ていた。情報が漏洩すると、ハリーが英国に戻らざるを得なくなったが、これは英国主要メディアの責任ではなく、オーストラリアの雑誌による過失だった。その雑誌はメディアの報道管制に気付いていなかったのだ。報道管制の責任者はミゲル・ヘッドで、当時は国防省の首席報道官としてアフガニスタンとイラクのメディア戦略を担当していた。ハリーがブライズ・ノートン空軍基地に戻ると、メディアのインタビューを受けるハリーの世話をするためにヘッドが指名された。インタビューになると、ハリーはいつもよりも不機嫌になった。メディアがアフガニスタン従軍をつぶしたからだけではない。そのメディアにいい顔をしなければならないからだ。ハリーに会いに来たウィリアムも、その日は機嫌が悪かった。弟が五体満足で戻ってきたのを見てうれしかったものの、戦争から帰還した英雄である弟の、文字通り、カバン持ちをしなければならなかったからだ。

その日のヘッドの行動が、チャールズ皇太子のコミュニケーションチーフであるパディ・ハーヴァーソンの目にとまった。後にハーヴァーソンはヘッドに連絡し、クラレンス・ハウスでウィリアムとハリーの世話をしないかと声を掛けた。ヘッドにしてみれば、まさに青天の霹靂である。宮殿で働くような身分ではなかったからだ。ロンドン北東のサウス・ウッドフォードで育ち、父親は地元郵便局の局員で、母親は無認可保育所で働いていた。イートン校も〔オックスフォード大学の〕ベリオール・カレッジも、ヘッドには関係ない。奨学金を受けて、地元の私立校インディペンデント・スクールのバンクロフトズ・スクールに進学し、その後、ノッティンガム大学でスペイン語とポルトガル語を学んだ。チャールズの宮廷のハーヴァーソンをはじめとするスタッフと何回か顔を合わせてから、ウィリアムとハリー両王子との最後の面接のためにクラレンス・ハウスに呼ばれた。

面接はヘッドが想像していたものではなかった。行われたのは事務局の居間で、ソファーが二台入る程度の狭い場所だった。驚いたことに、紅茶はマグカップで出された。宮廷なら最高級の陶器が出てくるものだとばかり思っていたからだ。ほかにも驚いたのは装いである。ヘッドはスーツにネクタイを結んでいたが、二人の王子は非常に軽装だった。ハリーの足元はビーチサンダルだ。質問はメディアに関するものだった。ヘッドがメディアにやり込められてしまうタイプなのかを見極めるために作られた質問が続いた後、度肝を抜くような質問が出された。「もし自分なら、一七世紀のイングランド内戦では、〔議会派と王党派の〕どちらについたか?」

ヘッドは唖然とした。一瞬、言葉に詰まったが、正直に答えるしかないと覚悟を決めた。「本当に申し訳ないのですが、おそらく自分なら議会派についたと思います。というのも、究極的には議会君主制が正しいと信じているからです。君主制にはとても重要で象徴的かつ立憲的な役割がありますが、最終的な権力は議会と国民にあると私は信じています」。その後、自分なら国王の首ははねなかっただろう、極刑が正しいとは考えていないのでと素早く付け足した。

その後、セント・ジェームズ公園を横切り、国防省に向かいながら、自らチャンスをつぶしてしまったと思った。「なんて愚か者なんだ。きっと無政府主義者か何かだと思われただろうな」[5]

もちろん、ヘッドの回答が正解だった。ヘッドは仕事を獲得した。

ミゲル・ヘッドは、スリムで黒髪、眼鏡をかけた屈託のない笑顔が特徴だ。そのヘッドがウィリアムとハリーに再び会ったときには、任務が始まってから一週間以上が経過していた。ヘッドの着任時、二人は南アフリカにいて、募金活動の一環として行われる、八日間のチャリティ・オフロードバイクレースの開始に備えていた。ヘッドも、レース開始時の取材に対応するため、二人に合流しようと南アフリカに向かった。現地でメディアの相手をしていたときに、ウィリアムとハリーの姿を見つけたヘッドは、話しかけようと二人に近寄った。するとハリーがいぶかしげに兄の方を見てこう言ったのだ。「一体、誰?」。覚えてないのか、報道関係を取り仕切ってもらうために雇ったばかりじゃないかとウィリアムがハリーに話す。ヘッドはすっかり厳しい現実の世界に引き戻された。
ヘッドは不安に感じていたかもしれないが、すべて杞憂に終わった。報道担当秘書官としていかに成功したのかは、ロウサー＝ピンカートンが去った後、二〇一二年にヘッドがウィリアムの秘書官になったことからも分かる。それでもヘッドは気にしており、ウィリアムにこう話している。「ウィリアム、私の経歴はご存じのとおりですが、私が秘書官として何よりも気にしているのは、この仕事の大半が、あなたとつながりたいと思っている人たちとの人脈作りができるかどうかにかかっていることです」。それは、イートン校卒でアイルランド近衛連隊出身のロウサー＝ピンカートンが得意としていたことだ。しかし、ヘッドは、郵便局員の息子である自分には、廷臣の典型的な資質はないと感じていた。

ウィリアムは気の利いた答えを返した。「ミゲル、それはすべて私が持っているので、あなたが持っている必要はないですよ。私が秘書官に望むのは、良いアドバイスができること、そのアドバイス自体が真摯であること、そして、その先を見極められること、その三点です[6]」

ヘッドの次の仲間を引き抜いたのは、サー・マイケル・ピートでもパディ・ハーヴァーソンでもジェイミー・ロウサー＝ピンカートンでもなかった。エリザベス女王である。サー・デイヴィッド・マニングは元在米英国大使で、トニー・ブレアの外交政策顧問も務めた人物だ。二〇〇八年、米国から帰国し、外交官を辞めていた。エリザベスの秘書官サー・クリストファー・ゲイトがマニングに連絡を取った。この二人はボスニアの戦争に従軍していたので、お互い顔見知りだったのだ。ゲイトはマニングに、女王がウィリアムとハリー、二人の王子にふさわしい事務局を作ってやりたいと考えていると伝えた。今はクラレンス・ハウスにある父親の設備を使用して、事務局を構えているのだが、何とか助けてくれないだろうか？　マニングに声を掛けるというアイデアは、女王の考えだ。外交経験があり、王子たちが海外での役割を構築する手助けができる人物を必要としており、ゲイトには、その件についてマニングに話すよう頼んだ。女王はそれまでもたびたびマニングに会っていたので、人となりはよく知っていた。マニングはアドバイザーの仕事を引き受けることに同意したが、それには二つの条件があった。非常勤で従事できること。そして、無償であること。王室の歯車にがっちりと組み込まれたくはなく、それよりも非公式な立場でアドバイスを出したいと考えていた。それに仕事がうまくいかず、王子たちが自分を気に入らなければ、すんなりと手を引けるようにしたかったのだ。

しかし、二人はマニングを大いに気に入った。それは当然だ。デイヴィッド・マニングを嫌いな人などいないのだから。小柄でやせ型のマニングは、思慮深く、自分の発言を慎重に吟味する。それでいて、開けっ広げなところもあり、皆、そこに魅力を感じるのだ。

動じることのない元特殊空挺部隊員ロウサー＝ピンカートン。おっとりとした微笑みと気取らない態度で、魅力的な若い報道担当秘書官ヘッド。そして、白髪頭で老練、ほぼ四カ月ごとに女王へ報告することが任務であるアドバイザー、マニング（当時五〇代後半）。ここに奇妙な三人組が誕生した。「ミゲル［ヘッド］が広報担当秘書官というのは実に見事な人選でした」とマニングは話す。「いわゆる廷臣とは全くタイプが違います。半分ポルトガル人の血が入っていて、陽気で愉快で賢い人。相手の感情を理解する能力（EQ）がとても高く、同時に管理能力も非常に長けている。それに、上に真実を報告するのを決して厭いませんでした。私たち三人はおもしろいほど似ていませんでしたが、それでいて調和がとれていたのです。三人でとてもうまくやっていました」▼7

コウサー＝ピンカートンは、両王子にとって頼りになる腹心の友だと話すのはマニングだ。「彼は、王子たちが冗談を言える話し相手であり、自分たちが習得してきた宣[illegible]へ[illegible]ての精神を持つ人でもあります。とても安心できて、とても親切で、とても分別がある。人に対する判断が実に素晴らしい。王子たちは彼を信頼しきっていたと思いますよ。とても信用できると分かっていました。それに、彼なら窮地に陥っても戦ってくれると分かっていたのです。ジェイミーは間違いなく二人の王子の片腕でした」

　別の同僚はロウサー＝ピンカートンについてこう話していた。「三人組の中でもジェイミーは、名門出の貴族に一番近い人物。私たちの中にはイエスマンなど一人もいなかったけれど、ジェイミーは中でも特に正直で誠実でした。それに、罵り言葉も使えます。完璧な廷臣というのは彼のような人を指すのでしょう。目がギラギラと光っていたら、要注意。文字通り、怒りで首をはねるかもしれません。何せ元特殊空挺部隊ですから。この軍隊出身という経歴は、当然、ハリーにとっては重要でした。ジェイミーは怒鳴り散らす場合もあります。怒り始めると、こめかみの血管が浮き出てくるので、すぐに分かりますよ」[8]

　デイヴィッド・マニングはジェイミー・ロウサー＝ピンカートンのご意見番だった。「デイヴィッドはかなり慎重でした」とほかの廷臣は言う。「ジェイミーの方がクリエイティブでした。これならウィリアムとハリーにできるのではないか、こうすればそれを達成できるのではないかといった大きなビジョンがありましたね。限界を押し上げようと進んで取り組んでいました。特にハリーに対してはその傾向が強く見られました」[9]

　当初、セント・ジェームズ宮殿内の小さな事務局が拠点だったころは、ごく内輪の集まりで、使用していた部屋は二部屋、メンバーもロウサー＝ピンカートンとヘレン・アスプレイとヘッドの三人だけ、マニングがたまに顔を出すという状態だった。ウィリアムとハリーはよくジーンズ姿で立ち寄り、チームの皆と一緒にコーヒーを飲んでいた。時にはピザを一緒に食べることもあった。「ファーストネームで呼び合っていました。和気あいあいと冗談を言い合っていましたね」とマニングは当時の様子を話す。海外訪問のとき、ウィリアムは自分で荷造りしたバッグを肩にかけて、皆と一緒に出かけて行った。ウィリアムが初の公式訪問で二〇一〇年にニュージーランドを訪れたとき、私はウィリアムの隣に立っていて、シャツの肘のほころびに気付いた。そこでミゲル・ヘッドに、王子は着替えをたくさんお持ちではないようですねと指摘した。すると、ヘッドは「そうなのです」と少しばかり戸惑ったように答えた。それから、こっそりとこう付け加えた。「新聞には書かないでくださいね。ここだけの話、スーツケースは私の方が大きいんですよ！」

　このニュージーランド公式訪問と、翌年のクライストチャーチ地震後の訪問は、ウィリアムが実質的に一人もスタッフを帯同せずに行動しようとしていた時期だった。これはハリーも同じだ。しかしながら、ある側近が話すには、それには限界があったという。「二人は物事を最小限に抑えようとしていました。でも、きちんとやりたいのなら、そういうわけにもいきません。一日中、王室を代表して表舞台に立ちながら、夜の公務に着るシャツのアイロンがけをどうしようかなどと考えるのは無理です。それでも、王子たちは何とか身軽でいようとしていました。でも、当然影響は出てきます。スーツは何着も必要ですし、穴の開いていない服も用意しなければなりません。何せ人々が会いたいのは『王子様』なのですから。時代は変わりました。王子も今では、以前よりも良い服を用意しています」▼10

　チームの方針の中心にあるのは、「ウィリアムとハリーは、自分たちが自然だと感じる方法で成長することを許されるべきだ」という考え方だった。「私は、ありのままの王子たちでいさせようと考えていました」とマニングは話す。「二人の王室が成功できる唯一の方法は、大衆が王室をまがいものではないと認識するかどうかにかかっています。王子たちは実在する人間であり、記号ではありません」

カギになるのは、王子たちがワクワクすることを見つけることだ。自分たちが自然に好きだと感じる方向に進むことが許されれば、同世代の人々と分かり合えるようになる。実のところ、これはおそらくチャールズがなし得なかったことである。ロウサー＝ピンカートンは、兄弟同士をできる限り長くつなぎとめておきたいとも考えていた。二人の王子の影響力は、一人ひとりよりも二人組の方がはるかに大きいと悟ったからだ。ロウサー＝ピンカートンは、王子たちが達成しなければならないことは二つあると考えた。それに関してはミゲル・ヘッドが「まずは、自分自身の仕事で達成感を見つけること。そうすれば、自信がつきますし、誰かが自分の代わりにいろいろな仕事を担ってくれているのだと理解できるようになります」と説明する。「二つ目の目的は、信頼してもらえるように、世間に二人をよく知ってもらうこと。ご存じのように、二人はこれから長い間、英国国民と英連邦の人々の生活の一部になります。世間の人々には、王子たちがどのような人間なのか、本当の彼ら、真実の彼らを知ってもらわなければなりません」

それから七年から八年後、第二段階が始まった。この段階のポイントは王子たちの人となりにつきる。「この時期は、王子たちが公人として実際に何をしたのかという観点で、影響を与え始めなければなりません」とヘッドは話す。ハリーがインヴィクタス・ゲーム（男女問わず負傷兵が出場するパラリンピックのような大会）を始めたのもこの時期だ。一方のウィリアムは会談やそのほかの問題にかかわるようになった。ただし、ゆっくりと進んでいった。

実はそのころになると、対象はウィリアムとハリーだけではなくなっていた。ケイトも加わったのだ。ウィリアムは二〇〇〇年代前半にセント・アンドリューズ大学でケイト・ミドルトンと出会ってから、彼女と付き合うようになった。しばらく別れたこともあったが、長い交際期間を経て（あまりにも長かったので、タブロイド紙はケイトのことを「待ちぼうけのケイト Waity Katie」と揶揄した）、二〇一一年にウェストミンスター寺院で結婚式を挙げた。ベストマン*はハリーが務めた。ケイトは王室で新しいタイプの花嫁だった。貴族とは全く関係のない、完全に中流階級の出身だ。両親はイングランド南東のバークシャーにあるバックルベリーという村に暮らし、航空産業で働いた後、パーティプランニングの企業を経営していた。絆の深い家族に囲まれながら、幸せな子供時代を過ごしたケイト（三人きょうだいの長姉）は、両親の結婚生活が破綻していく様子を目の当たりにした上、わずか一五歳で母親の死に直面した王子に、揺るぎない安心感を与えた。

ケイトがロイヤルファミリーに加わったときには、これからは時間をかけて物事を進めていくことにしようと慎重な決断が下された。ロウサー＝ピンカートンをはじめとするチームは、手当たり次第に慈善活動を始めるのはよくないだろうと考えた。慌てて着手すると、しまいには抜け出せなくなり、後々手を引くのが難しくなるのは目に見えている。特筆すべきは、王子たちの慈善活動へのかかわり方がチャールズと全く違うという点だ。チャールズは自ら立ち上げた慈善事業に、数十年にわたり携わり、巨大なチャリティ帝国を構築したが、この帝国は巨額の資金を使い果たしただけでなく、右腕だったマイケル・フォーセットが爵位売買で告発されるような状況を生み出した。ウィリアムとハリーはそのような方法を取りたくなかった。そこで、自ら資金調達をしなければならないような巨大慈善団体の代わりに、王立財団を創設した。この財団は、スリムで融通の利く取り組み方を目指し、長期的な縛りで財団の活動が重荷になるのを避けた。つまり、目標達成に集中できるようにしたのである。王立財団 Royal Foundation を通じて、達成したい内容とそれを達成するための最善策を二人で考え出していく。出口戦略が用意されているので、戦略的目標を達成すれば、撤退が可能になる。

マニングの役割には、財団創設時に王子たちの名声を守る一端を担うことや、二人が誰からも利用されないようにすることも含まれていた。献金予定者の情報チェックは不可欠だ。時折（それほど頻繁ではないが）、献金の申し出が却下されることもあった。「この件に関して、ウィリアムは非常に鼻が利きます」とマニング。「彼の人に対する判断は非常に厳しいですよ」。マニングはウィリアムとケイトを慕っており、この二人の決意や見栄を張らない姿勢や良識を称賛していた。「国民に奉仕することに対する考え方は、［亡き］女王の考え方と同じようです」とマニングは指摘する。「この国と王室はとても運がいいですよ」

それから数カ月後、チームは規模が大きくなったので、事務局をセント・ジェームズ宮殿のもっと広い場所に移動した（後に、正式に新たな宮廷として、ケンジントン宮殿に移っている）。居間も広くなったが、家具は同じものを使った。チームは、例えばハリーが王室騎兵連隊 Household Cavalry にとどまるのか、それとも陸軍航空隊 Army Air Corps に入隊するのかといった大きな決断を下すときには、皆で集まって意見を交わすのだが、それを「グリーンソファーの時間 green sofa moment」と呼んでいた。いつも話し合いではそのソファーに座っていたからだ。

当時、ウィリアムもハリーもまだ軍に所属していたので、時間はほとんど軍の仕事に取られた。しかし、戦略的に決断しなければならない重要な課題もあった。どのようにして公務を始めるのかもその一つで、王子たちが支持したい運動や、どのような仕事に携わるのか、メディア対応はどうするのかを考えなければならない。まもなくとても重要なことが見え始めてきた。二人は王子であり、兄弟であり、二人とも軍隊に所属している。しかし同じなのはそこまでだった。「しばらくすると、ウィリアムとハリーの仕事のスタイルに違いが出始めました。二人とも性格が違いますからね。好む方法が

＊　新郎の付き添い人の代表。新郎の兄弟や友人が務める。未婚の男性。

少し違います」とある内部関係者は話す。二人の仕事を見ると、スタイルの違いがよく分かる。

二人ともヘリコプターの操縦士になりましたが、ハリーは陸軍航空隊で、ウィリアムは捜索救助でした。（中略）陸軍航空隊は攻撃ヘリコプター部隊で、瞬時の判断などのスキルが求められる戦闘部隊です。一方の捜索救助隊ははるかに地道で地味ですが、ある意味、危険度ははるかに高くなります。ほかの誰も飛んでいないときに空を飛ばなければならず、任務は何時間も延々と続く場合があるからです。ウィリアムの場合、少しばかり裏方で、長期にわたるような仕事を考えていました。一方のハリーは、すぐ行動につながることを好む傾向にありました。特に関心があったのは、その日、その場ですぐにできるチャリティの支援ですね。だから、ハリーが訪れると、目に見える結果がでます。ウィリアムがその類いに関心がないというわけではないのですが、はるかにじっくりと、戦略的に考える性質でした。例えば、「今ここで僕がこのチャリティを支援すれば、彼らの理想とする方向性に導く手助けができるのだろうか」と考えます。[▼11]

王子たちの外国訪問にも戦略的思考が働いた。二〇一〇年にはウィリアムがニュージーランドを訪問しているが、これは彼にとって初めて単独で海外に行く大きなチャンスであり、慎重に考えて対応した。ウィリアムが女王の代理で最高裁判所の開所式典に携わるという事実から、女王がニュージーランド訪問を重要視していることが実によく分かる。同様に、ハリーが早めにブラジルを訪れたのは、「世間の注目を集める訪問で、ネットワークを作ったり、体験を深めたりするチャンスを与えるためであり、一方のウィリアムには、彼が英連邦で形成しなければならない関係性の構築に向けて時間を与える必要がありました」とある内部関係者は明らかにした。[▼12]

しかしながら、すべてが順風満帆というわけにはいかない。この兄弟は二人とも、環境保全や軍隊、ホームレスといった分野に関心があった。「ホームレス問題はウィリアムが情熱を注いでいるもの」と考えるハリーは、喜んでその活動をウィリアムに譲った。二〇〇七年から二〇〇八年以降になると、ハリーは軍隊、ウィリアムは環境保全に関してそれぞれ率先して取り組み始めた。ウィリアムは、野生動物違法取引の撲滅運動を展開する包括的な団体ユナイテッド・フォー・ワイルドライフ United for Wildlifeを創設した。「ウィリアムならではの発想です」とある関係者は話す。「これは『一緒に働くべき人たちを集めよう』という長期的アプローチで、実際に目標を達成しようとする人たちの共同体が形成されていきます。でも、それにはさまざまな渉外や、典型的なチームビルディングが必要です。一方のハリー王子は、地上の動物保護の方にはるかに関心がありました。また、キャメロン政権時代、ボツワナで一部のレンジャー連隊を訓練する陸軍プロジェクトに本格的にかかわっていました」[13]

「そこから時折、緊張が生じていたのは間違いありません」と別の内部関係者が話す。ハリーは、アフリカにいって環境保護団体と外で仕事ができないなど、自分のやりたいことができないときにはイライラしていた。「インスタグラムにアップできる素晴らしい写真があるよ。あれなら『ナショナルジオグラフィック』にも載せられる」と主張することもあった。口癖は「なぜ僕ができないのか」。また、ウィリアムも彼なりにストレスをためており、「これに取り組んで五、六年。インスタグラムに投稿しているだけではない」と訴えていた。[14]

ある人はこう話す。「最終的には、二人の王子を交えて皆で話し合いました。どの分野を周りが引き受けて、どの分野で王子たちがトップに立つのか、あらかじめ決めておかなければなりませんから。それに、どちらが窓口になるのかも。というのも、第三者にしてみれば、ほぼ同じ内容について、両方の王子の事務局から連絡が入ると混乱してしまうからです。でも、先に決めなければならないのはそのくらいでしたね。結局、落ち着くところに自然と落ち着きました」[15]
次のように話す人もいた。

「二人がお互いに補完し合えるように持っていけなかったのは残念でなりません。プロジェクトの進め方に関しては、二人とも独自の考えや人的ネットワーク、窓口がありましたから。私たちは、二人が同じテーマに夢中で、お互いに支え合っていることを絶えず見てきました。実際は『このトピックの表向きの担当はウィリアム王子、こちらのトピックはハリー王子でいきましょう』といった具合に調整しています。そんな中、二人をまとめてくれたのがキャサリン〔ケイト〕です。常に素晴らしい役回りを担ってくれました。彼女がいると話が穏やかに進むのです。私たちは今後の行事やトピックについて話し合いを重ねていましたが、いつもキャサリンが発言すると、場が落ち着きました」

ケイトは兄弟の間を取り持つ調停役を担っていた。その一端は、二〇二一年四月のフィリップ王配の葬儀でも確認できる。ウィリアムとハリーの関係は、ハリー王子夫妻が同年三月にオプラ・ウィンフリーのインタビューを受けてからぎくしゃくしていたが、その二人の緊張を葬儀の終盤にほぐしたのがケイトだった。彼女が率先してハリーに話しかけ、ウィリアムにも話すように促したのだ。

ウィリアムとハリーは昔から仲違いしていたわけではない。というよりも、仲違いはしていなかった。しかし、一〇年後の様子を予感させるかのように、ハリーは配下の者たちに対して鬱憤を晴らしていた。彼らには、ハリーのサンドバッグだったのだ。その一方で、アドバイザーの中には多くの時間を割いて、いろいろあるハリーのやりたいことをあきらめさせようと説得する人たちもいた。なぜならそれは、俯瞰してみると、ウィリアム、ケイト、ハリーの三人が達成しようとしていたことにそぐわないからだ。ただ、ハリーは問題を抱えていた。誰も解決できなかった問題だ。ハリーは自分には時間がないと信じていたのだ。「彼はいつもぐいぐいくる」とある内部関係者は話す。「自分には賞味期限がある、そんなふうに思っていました。すっかりとらわれていたのです。自分を叔父さん〔アンドリュー王子〕とよく比較していました。いつもこう話していましたよ。『この時間は、このインパクトを与えるためにある。だって僕ならそれができるから』。ジョージ〔甥。ウィリアム王子の第一子〕が一八歳になるまで、というのが彼の考えでした。『そのときが来れば、自分はもうお払い箱だ』。王子は真剣にそう考えていました。『このプラットフォームを持っていられるのも、限られた時間だけ。前に進みたい、とにかく前に進みたいんだ』と話していましたから」▼16

　側近たちは一所懸命、スローダウンさせようとした。あなたはアンドリュー王子とは違うのですから、と話して聞かせたのだ。その助言は、今や当時よりもはるかに核心を突いた分析である。彼らはこう話した。「四〇代でも五〇代でも、もっと後になってからでも影響を与えることは可能です。今しっかりとした基盤を築いている限り。サッカー選手のように三五歳で引退することはありません」。しかし、ハリーは決してそうは考えなかった。単に、今が絶好のチャンスであり、皆が自分のことを忘れてしまう前にできる限り大きなインパクトを与えなければならないと考えたのだ。インヴィクタス・ゲームの設立は、ハリー史上最高の実績であり、ハリーが自ら、大義のためにロイヤルファミリーのメンバーとしての役割を担ったと感じられた数少ない機会の一つだ。ある元アドバイザーはこう話している。「インヴィクタス開催前日に、こう言われたのを今でも覚えています。『これでようやく自分には何ができるのかが分かる。どんな影響を与えられるのかが分かる▼17』」

事務局が大きくなるにつれて、昔の心地良いカジュアルな雰囲気が少しばかり失われていった。それは組織が大きくなった結果でもあり、王子たちが成長し、公務の数が増えた結果でもある。しかしそれも計算の上だ。ウィリアムとハリーの日中のドレスコードがジーンズとサンダルだった当時でさえ、スタッフの装いは常にきちんとしていた。男性はタイの着用が義務付けられていた。「王子たちには、自分がロイヤルファミリーのメンバーであるという認識を持ってもらうことがとても重要でした」とチームの元メンバーが話す。「彼らがどれだけ生活にくだけた要素を求めても、必ず型にはまった扱いを受けることになります。王子たちはこうした形式ばった環境に慣れる必要がありました」▼18

彼らのチーム、特に当初からいたメンバーは、王子たちをファーストネームで呼んでいた。慈善事業団体のCEOのような人に話すときにも、ウィリアム、ハリーと紹介していた。しかしながら時の経過とともに、それではあまりにもくだけ過ぎると感じられるようになってきた。そこで、たとえ王室のほかのメンバーと内輪で話をするときにもウィリアム王子、ハリー王子と呼ぶようにした。

私たちは一歩ずつ型を身に付け、よそよそしくしていきました。とはいっても、実際のところは皆で一緒に取り組みながら、大いに楽しみました。比較的小さなチームでしたので、お互い自分の意見を自由かつ正直に交わすことができたのです。それに、王子たちも何をするわけでもなく立ち寄っていました。とはいえ、ちょっとした変化はありましたよ。王子が部屋に入ってくるときには、いつも立ち上がるのですが、何年経っても、二人は「ちょっと、もうお願いだから、それはやめてくれ。頼むから、立ち上がらないで」と言っていました。でも、私たちは毎回立ち上がりました。二人のお願いを無視していたら、とうとうお願いを口にしなくなりましたよ。

当時、チャールズの宮廷との世代差は目を見張るものがあった。例えば、クラレンス・ハウスでは簡単な決まり文句があった。朝一番にチャールズに挨拶するときは「Your Royal Highness（殿下）」と呼び、その後は「Sir（サー）」、一日の終わりに挨拶するときは「Your Royal Highness（殿下）」と呼ぶ。パトリック・ジェフソンがダイアナの秘書官だったときも同じルールで、一日の最初と最後は「Your Royal Highness（妃殿下）」で、その間は「Ma'am（マム）」と呼んでいた。これなら、ダイアナが打ち解けた雰囲気を出してきても惑わされることはなく、いいアイデアだった。

ジェフソンはこのように説明している。

廷臣なら、主君が何やらとてもくだけた感じを求めていたり、上機嫌だったり、世の中すべてがお友達といった雰囲気になっていたりするのは、何となく分かるものです。でも、君主は友人ではないのです。ですから、お辞儀をして、「おはようございます。妃殿下」とご挨拶します。この言葉を聞けば、主君も、私も、それを聞いた人なら誰でも、「お互い、今日はいい感じですね、でも、あくまでもフォーマルな関係で。あなたにはやらなければならない義務があり、それは私も同じ」といったニュアンスを感じ取れるでしょう。ここにはいくつも線が引かれていて、決してどの線も越すことがないように気を付けなければなりません。若いロイヤルファミリーに仕える廷臣の仕事は、彼らに「自分たちはほかの人と違う」としっかり認識させることなのです。引かれた線を自分で越えてしまうのは危険です。線がそこにあるのは、双方を守るためだからです。形式ぶるのをやめて、距離を縮めて仲良くしたくなるのはよく理解できますが、それはとても危険であり、決して長く続きません。▼19

ヴィクトリア女王とジョージ五世の両主君に仕えたスタムファーダム卿は、同僚たちにこう諭していた。「影響力の差はあるとしても、私たちは皆ここでは召使いである」[20]

しかしながら、これは決して世代だけの問題ではない。おそらく軍隊経験のある廷臣よりも行政の世界から来た廷臣の方が、堅苦しい形式よりもリラックスした態度に親和性が高くなる。ある人はこう説明する。「込み入った会話を『おはようございます、陛下』の挨拶とお辞儀で始めるのが、必ずしも良い人間関係につながるとも思わなければ、その結果、特に正直でオープンなアドバイスができるようになるとも私は思いません」[21]

廷臣たちの主君の呼び方には、宮廷によってそれぞれわずかな違いがある。ニック・ローランはケンジントン宮殿で報道担当秘書官として働いていたころ、ハリーをファーストネームで呼んでいたが、ウィリアム王子に対してはもっと硬い呼び方をしていた。ウィリアム王子とはそれほど近しい関係ではなかったからだ。一方、エド・パーキンズは、交代で二人の王子の報道担当秘書官を担っていたのだが、あるとき、ハリーに誤って「ハロー、メイト」と書いたメールを送信してしまった。パーキンズがこう教えてくれた。「もう一度メールを送りましたよ。『メイト呼ばわりしてしまい、本当に申し訳ございませんでした。そんなつもりではなかったのです』と書いて。すると「ハリーから」返事が来ました。『どうか、気にしないで』」[22]

最終的に、タイは使われなくなった。時折使われる程度である。ウィリアムとケイトの子供たちがまだとても幼く、家族がイングランド東部ノーフォーク州にある別邸アンマー・ホールとロンドンのケンジントン宮殿を行ったり来たりしていた時期、ウィリアムはスタッフに、事務室で働くときにはスーツを着ないでもらいたいと伝えた。「カジュアルな場所にしたいのだと思います」と側近の一人が話した。「子供たちが事務室を走り回りますし、堅苦しい感じにしたくないのでしょう。重要な会議や、バッキンガム宮殿に行くときには、もちろん〔スーツを着用〕します」[23]。世間では〔金曜日はラフなスタイルで仕事をする〕カジュアル・フライデーが始まったが、ウィリアムはそれ以外の曜日も、会議で重鎮が来る予定がないのなら、カジュアルな格好で問題ないと話している。「ここは私の家族が暮らす場所です」と皆に伝えた。スタッフが何を着ようと問題ではなかった。「プロとして仕事に取り組んでください」

ウィリアムが自分の事務局をほかの宮廷の事務局とは違うものにしたいと考えているのは、単に、ドレスコードのような表面的なものだけではない。エド・パーキンズがバッキンガム宮殿からケンジントン宮殿の広報を担当する新しい仕事に志願したとき、ウィリアムのチームの一人がパーキンズを脇に呼び、こっそり尋ねた。「単なる確認ですが、コンプリヘンシブ・スクールの出身ですよね？」

そうですよ、とパーキンズは答えた。

大正解だ。

二〇一二年一二月、ケンブリッジ公爵夫妻〔ウィリアムとケイト〕の結婚式から一年四カ月後、ケンジントン宮殿はケイトの第一子妊娠を発表した。二人の希望よりも早く妊娠を発表せざるを得なかった。ケイトのつわりがひどく、入院しなければならなかったからだ。ケイトは三日後に退院し、回復期間を経て、翌月には公務を再開した。二〇一三年七月二二日、ジョージ王子が誕生し、三カ月後にはセント・ジェームズ宮殿の王室礼拝堂で洗礼を受けた。ジョージは、ヴィクトリア女王の娘が着用した洗礼式用ローブのハンドメイドレプリカで身を包み、とてもおとなしくしていた。ジョージの洗礼式は、いろいろな意味で極めて伝統に則ったものだった。しかしながら、名付け親のリスト（合計で七名）

からは、伝統との決別が見て取れる。従来であれば王室の人々が名を連ねるところだが、そのほとんどがケンブリッジ公爵夫妻の親友だった。ロイヤルファミリーから唯一選ばれたのはザラ・ティンダル〔アン王女の長女〕だったが、彼女は称号さえ持っていなかった。そのほか、特に重要な名前の中で、呼ばれないわけがないと思われていたのが、ジェイミー・ロウサー＝ピンカートンだ。そのころには、既に秘書官は辞めていたが、依然として週に一度はウィリアムとケイトとハリーのアドバイザーとして働いていた。

私が本書の執筆で話を聞いたほとんどすべての秘書官に共通して言える絶対的な信条は、アドバイザーと主君は純粋に仕事の関係で成り立っているというものだ。「秘書官は友人ではない」と話した秘書官は一人だけではない。

「秘書官は友人ではない」とデイヴィッド・マニングは話す。「秘書官はアドバイザーです。秘書官としてその場で求められるのは、できる限り最善のアドバイスを提供することであり、主君がしてもらいたいと思っていることを実践することです。秘書官がそれに同意するかどうかは関係ありません。どうしても同意できないというのなら、宮殿から去るのみです。いずれにせよ、友人としてそこにいるのではありません」

しかし、ジェイミー・ロウサー＝ピンカートンは王子たちの友人だった。「彼は組織の一部でしたから」とある内部関係者は話す。「つまり、ロイヤルファミリーの一部なのです」。ロウサー＝ピンカートンの息子ビリーは、ウィリアムとケイトの結婚式ではページボーイ[*]を務め、本人は未来の国王の名付け親になった。そもそもロウサー＝ピンカートンの役割はほかの秘書官とは違っていた。何せ彼は最初から、王子たちが宮廷を持つ前の、メンバーがヘレン・アスプレイと二人だけだったころから一緒にいるのだ。ウィリアムとハリーとは、一緒に長い散歩にも出かけた。バイクのクロスカント[▼24]

リーも一緒に体験した。公務が終わり、宮殿に戻るときには車の後部座席で笑い合った。ロウサー＝ピンカートンは腹心の友であり、メンターであり、年の離れた兄でもある。それに、何事も正しくあるべきと考える人物なので、任務でウィリアムに仕えているときに、「私はウィリアムの友人です」と言うことなど絶対になかった。そんな仕事を一体ほかの誰ができたのだろうか。それでも、そう、彼はウィリアムの友人である。ウィリアムとケイトがことのほか好きだ。それではハリーは？　もちろん、今でもまだハリーを大好きだ。けれど、ハリーとメーガンがロイヤルファミリーとの関係を断ち、引き戻せなくなってからというもの、状況は全く同じとはいかなくなった。

＊　キリスト教式結婚式で、挙式に用いる聖書を祭壇まで運ぶ役目を務める男児。

第9章 ゴールデントライアングル

二〇一四年九月一四日の日曜日、数名のメディア関係者が、クラシー・カーク教会に続く坂道の下に集まっていた。クラシー・カークは、エリザベス女王がバルモラル城に滞在中、毎週日曜日の礼拝に出席する教会である。そこにいたのはいつもの顔ぶれで、皆、勝手を知る者ばかりだった。たいていいつも彼らが期待できるのは、せいぜい教会に向かう車中の女王の姿をカメラに収めることくらいだ。ただし、今回は違った。四日後には、英国からの独立を問うスコットランドの住民投票が予定されていた。スコットランドの独立には反対の立場を取ると考えられている女王が、この住民投票について何らかの発言を行うのだろうか。この数週間、誰もが気にしていたのだ。

現場にいた記者ジム・ローソンは、女王が何か話すのであれば、今回が最後の機会になると考えていた。ローソンの未亡人ベティはこう振り返る。「女王がバルモラル城に滞在しているときには毎週日曜日の朝、ジミーは必ずあの教会で待機していました。辺りをうかがいながら立ち続け、いつもあれこれ考えていました。何か起こるのだろうか、今日は誰がいるだろうか、女王は違うことをするのだろうかって。住民投票の前後に何か起こるのは間違いないと確信を持っていましたよ」[1]

その日曜日、ついにその「何か」が起こった。礼拝の終了予定時刻まで後一五分ほどになったところで、警察官が坂を下り、集まっていたメディア関係者に話しかけた。「上までお越しください」。カメラマンの一人、ジム・ベネットはそのときの様子をこう語る。「皆、担がれているのかと思っていました。それで口々に『えっ、何ですって?』と尋ねました。すると、女王が集まった市民に挨拶するので、丘の上まで行き、群衆の反対側に回りこんで女王の様子を撮影するように伝えてくれと頼まれたと言うのです。そんなことはあり得ない。私は三〇年この教会に通っていましたが、写真撮影を頼まれたのは一回だけ、チャールズがウィリアムとハリーの二人と一緒に教会を出たときだけでした」[2]

メディアが女王を撮影した後、ジム・ローソンは、教会の外で女王が話しかけた人たちの声を聞きに行った。ローソン(二〇二一年六月逝去)は後にこう話している。「教会を去るとき、女王が五〇人ほど集まった人々に話しかけようと近づいたところ、誰かが叫んだようでした。『女王陛下、今回の住民投票についてはどう思われますか?』[3]」。見物人の話によると、女王はこう答えたそうだ。「そうですね、皆さんには将来について慎重に考えていただきたいと思います」

翌日、その女王の言葉は新聞の一面を飾った。スコットランド国民党の重鎮の中には、国民投票に故意に影響を与えようとしていると怒り狂う者もいた。一方、反対運動を展開する市民はこれ以上ないほど喜んだ。女王の発言は彼らがまさに有権者に伝えようとしているメッセージと同じだったからだ。つまり、独立に投票する行為は、取り返しのつかない決断を下すことにほかならない。バッキンガム宮殿は、言葉を投げかけられて咄嗟に対応しただけだと主張した。広報官は当時こう説明した。「王室としては、内輪で交わした言葉や会話には決してコメントいたしません。女王が常日ごろから発言されている内容を繰り返すだけです。それはつまり、憲政に基づく公平な世界の維持にほかなりません」。ある関係者によると、あのときの発言は「本当にふいに出たもの」だという。[4]

しかしながら、そうではなかった。慎重に用意された発言であり、政府と王室がかかわる、入念に計画された作戦だったのだ。「自然発生的に生じたものではありません」と宮殿関係者は話す。「そうなるように、決断が下されたのです」[5]

バッキンガム宮殿はそれまでも窮地に陥った首相官邸を助けてきたが、中にはそれを、憲政の大きな過ちだと考える人たちもいた。

二〇一四年に実施された住民投票日までの数週間、反対運動は厳しい状況に立たされていった。それまでは、独立反対が明らかに優勢だったのだ。ところが、投票日が近付くにつれ、世論調査の結果から、両陣営とも実質的に互角だと明らかに分かったのだ。保守党の首相デイヴィッド・キャメロンは、自分が英国解体を統轄することになるのではと不安に感じ始めていた。ある王室内部関係者はこう話している。「首相官邸は混乱に陥り、『これはもうありとあらゆることをやらなければならない』と話していましたよ」[6]。二〇一九年、キャメロンは、終盤に入って介入するよう女王に依頼したことを認めている。BBCのインタビューで、女王の秘書官サー・クリストファー・ゲイトに、ユニオニスト側〔親英派〕のためになるような言葉をさりげなく言ってほしいと頼んだことを明らかにした。キャメロンいわく、「何も不適切なことや違憲なことではなく、わずかに片眉が上がるような、上がるといってもほんの五ミリくらいで、ほんの少し『おや?』と思わせるような、影響を与えるのではないかと思うこと」を頼んだだけだ。[7]

その「おや?」と思わせるシナリオを用意したのは、ゲイトと内閣官房長サー・ジェレミー・ヘイウッドの二人だ。両者はこれまでも、スコットランド独立の世論に王室が介入すべきか否かについて徹底的に議論を交わしてきた。そもそも王室は、政治から距離を置き、徹底して公平な立場を取り続けようと常に細心の注意を払ってきたのだが、女王が発言を希望していることが明らかになった時点で、二人は、立憲君主制の枠を決してはみ出さない表現の練り上げに着手した。▼8 しかしながら、バッキンガム宮殿の誰もがそれに賛同したわけではない。こう話す関係者もいた。「多くの同僚が言っていましたよ。『政府を救済するのは女王の仕事ではない。それに、今何かコメントして、後になって女王が〔意図的に〕話していたことが明らかになったら、というより最終的には明らかになるのだろうけれど、そんなことにでもなれば、女王は政治を超越した存在だなどとはもう二度と言えなくなる』と」▼9

論争に勝利したのはゲイトだった。しかし、メッセージを伝える言葉を探すのはまた別物だ。つまり、その方法を見つけ出すのは全く違う問題なのだ。前述の王室関係者はこうも話した。「その方法が女王の憲政の立場を踏まえたものだと明らかになり、女王の警告する責任が権限内であることが見極められたら、次に重要なのは指紋を〔一切〕残さないようにやり抜くこと。まずは、市民の中から質問者をどのようにして確保するのか。その次は、女王の声を世の中に届けるジャーナリストをどのようにして確保するのか」

エディンバラの報道担当秘書官ルイーズ・テイトはその日、教会まで直接出向いて、待ち構えるカメラマンたちに狙いの写真を撮らせる段取りを任されていた。しかし、それができなかった。渋滞に巻き込まれたのだ。それでも、現場にいるチームのメンバーと何とか電話で話し、カメラマンが女王の姿を捉えて、撮影可能なタイミングを用意できた。たとえそれが、これまでのやり方ではあり得ないとしてもだ。記者のジム・ローソンは、未亡人のベティによると、いつもと違うと感じていたらしい。「そのときは、仕組まれたものだとは分からなかったようですが、妙だと感じていました」と言う。クラシー・カーク教会のケン・マッケンジー牧師も、女王が教会の外に集まった市民に話しかけるのは珍しいと話した。「女王は少しばかりウォークアバウトをしましたが、女王にしては非常に珍しい行為です」[10]。王室と政府で共同戦線が敷かれていたことが明らかになったのは二〇二〇年で、フィナンシャル・タイムズ紙の元編集者ライオネル・バーバーは日記に、スコットランド住民投票の一週間前、ヨーク公爵（女王の次男、アンドリュー王子）と昼食をともにしたとき、公爵から女王が介入を画策している話を聞いたと書いている。[11]

しかし、果たしてこれは正しいやり方だったのだろうか？　バーバーの話が公になると、当然のことながらスコットランド国民党から激しい抗議の声が上がった。それに、王室内部にも快く思っていない人が少なくとも一人はいた（少数派のようだが）。その王室関係者はこう話している。「女王は、ほかのロイヤルファミリーからも大きな圧力をかけられていました。特にウィリアムは、何らかの行動を取るようにと女王を急き立てていましたよ」。一方、元内閣官房長バトラー卿（ロビン・バトラー）は、ゲイトとヘイウッドが練りに練った言葉は「最上の挨拶」だったと考えていた。バトラーは「女王は、もっともなことを言ったまででしょう。どちらに票を投じるとしても、スコットランド人ならよく考えなければなりません。あの言葉は、どちらかの陣営への投票を促すものではありませんが、女王の言わんとすることは誰もが分かっていたのではないかと私は思います。だとしても、女王の言葉選びを非難できる人はいませんよ。考え抜かれた言葉でしたからね」と話した。[12]

女王が政治に関わりたくない（少なくとも、政治にかかわっていると見られたくない）と思い始めた原因には、一九五七年の新首相任命で、批判の矛先が王室に向けられたことも挙げられる。同年一月、首相サー・アンソニー・イーデンが医者の勧めで辞職を決意した旨を女王に伝えたのだが、当時、明確な後継者も決まっていなければ、首相選びの厳格な手順も全くなかった。そこで、首相候補ではない二人の古参閣僚、ソールズベリー卿と大法官のキルミュア卿が、ある閣僚会議の終了時に次の首相に関する出席者の意見を聞いた（極めて通り一遍の協議だったと考えられている）。首相候補として挙がったのは、ハロルド Harold・マクミランと、「ラブ Rab」の異名を持つR・A・バトラーの二名だった。ソールズベリー卿が「R」をうまく発音できなかったために、今でも「Hawold なのか、それとも Wab なのか」と言われている。

女王の秘書官マイケル・アディーンが保守党議員に対して独自調査を実施したところ、上院・下院ともに圧倒的多数でマクミランが支持されていた。イーデンが女王に辞意を表明した二日後、正式な辞職から二四時間経たないうちに、マクミランが首相になった。歴史家ヴァーノン・ボグダナーが著書に書いているように、「協議のあり方のせいで、貴族議員たちによって首相が決められているという選定プロセスが、揶揄されることになった。国民の代表ではない人間によって選定されているという事実が、二〇世紀後半の現実社会からかけ離れている」のだ。[13]

マクミラン後任の選択では、女王の役割も批判された。一九六三年一〇月、マクミランが前立腺がん手術で辞職する前には、四名が首相候補に名を連ねていた。ラブ・バトラー、ヘイルシャム卿、ヒューム卿（後に称号を放棄し、サー・アレック・ダグラス＝ヒュームに）、レジナルド・モードリングである。当初、マクミラン内閣で副首相を務めていたバトラーが最有力候補だった。しかしながら、バッキンガム宮殿から、女王がマクミランにアドバイスを求めるようだという話が流れると、間もなく退陣するマクミラン首相（バトラーの首相就任を阻止したいと考えていた）は、ロンドン中心部にある病院のベッドから独自調査を行った。彼の結論は、これまで長い間多くの物議を醸してきた「次期首相はヒューム」であり、女王にもその旨を伝えた。それを聞いて、女王は喜んだ。ある側近が作家のベン・ピムロットに「ラブは女王の好みではありませんでした」と話している。「アレックに連絡するようにアドバイスされて、女王は『本当によかった』と思っていました。アレックと懇意にしていたからです――

なにせ古くからの友人ですからね。犬や狩猟の話で盛り上がっていました。二人ともスコットランドの地主ですし、同級生のような、同じタイプの人なのです」[4]。ピムロットの見解によると、首相選びには、女王と宮殿のアドバイザーたちにも非があるという。大半の人にとって、バトラーよりも納得のいかない人選だったからだ。女王の決断は、バトラーの首相就任を阻むマクミランの話に乗ったものだったが、ピムロットはこれを「エリザベス女王の治世で最も大きな政治的判断ミス」だと書いている[15]。

ロビン・バトラーは、後に三人の首相の下で内閣官房長（英国で最高位の上級官僚）を務め、ブロックウェルのバトラー男爵として爵位を授けられることになるが、ラブ・バトラーとは全く血縁関係がない。しかしながら財務省に入省した当時は、この苗字のせいで時折間違えられることがあり、メモはいつもラブ・バトラーのデスクに届けられていた。そこで、宛て名が「R・バトラー」のものはすべて、まずラブのデスクに届けられ、それからラブ以外の宛て先のものは適切な場所に回されるようになった。オックスフォード大学時代にはラグビーの代表選手に選ばれていたバトラーが、まだ現役でプレーを続けていたころ、ある日一通の手紙を受け取った。そこには「貴殿は土曜日のリッチモンド・ファーストXV戦に選出されました。午後二時までにトゥイッケナム・スタジアムにお越しください」とある。メモの下の方には、彼よりも四〇歳近く年上のラブがメッセージを残していた[16]。「ロビン、土曜日は時間が空いていないので、私の代わりを務めてもらえないでしょうか。ラブ」

ロビン・バトラーは内閣官房長になる前、エドワード・ヒース首相とハロルド・ウィルソン首相の秘書官として首相官邸で働いており、一九八二年にはマーガレット・サッチャー首相の首席秘書官になった。そのため現役時代には、憲政上、英国の政治的影響力を握る三頭、つまり「ゴールデントライアングル Golden Triangle」のうち二頭を務めたことになる。この「ゴールデントライアングル」は政治史家ピーター・ヘネシー（現在はニンフスフィールドのヘネシー卿）が作り出した言葉だとされており、「女王の秘書官」、「首相の首席秘書官」、「内閣官房長」の関係を指す。総選挙では、この三人が英国で最も重要な三人になる。選挙結果が一党の圧倒的勝利であれば、決断すべき事柄の幅は狭まる。しかし、絶対多数党不在議会（ハングパーラメント）の場合、この三人が中心となり、首相候補に対する組閣着手の声がけのタイミングについてどのようなアドバイスを君主に授けるのか、そもそも、その首相候補が誰なのかも見極めなければならない。

　歴史家のヴァーノン・ボグダナーは、憲政の視点で捉えるなら、最も重要な関係は君主の秘書官と内閣官房長（両者とも顧問官）との関係だという。ボグダナーいわく、首相の秘書官の仕事は「議員の意向を表すことだが、内閣官房長は、言うなれば憲法の番人である」[17]。確かにそうかもしれない。しかし、親密さで言うなら、バッキンガム宮殿の秘書官と首相官邸の秘書官の関係ほど結びつきが強いものはない。

　あるエリザベス女王付き秘書官は、現役当時、首相官邸の首席秘書官とほぼ毎日話していたと言う。あらゆる情報を交換していたが、それは、相手の組織が考えていることをお互いに知るためだった。「例えば『いいですか、ここだけの話ですが、この件に関してうちの首相は頑として意見を変えません。私たちはやめてくれと伝えてはいるのですが……あと一押しして、状況が変わるとよいのですが』といった話をすることもよくあります。でも、それよりも重要なのはノーサプライズを徹底させることでした。女王が夜テレビをつけたら、内閣改造のニュースが報道されていて、本人はそれを一切知らなかったなどということがあってはならないのです[18]」

　その結果、二人の秘書官の距離が特別に縮まることもよくある。「首席秘書官とは毎日、電話で

『二分だけ、ちょっといいですか？』と話す関係ですね。最後には、いくつもの秘密を共有して終わります。友情というのは多くの場合、共通の体験と相互の信頼で培われるものだとするなら、強い絆が生まれることになっても決して不思議ではありません」

首相の首席秘書官と王室の距離が縮んだ可能性を示すサインの一つが、この役職に就いた人のほとんどが、王室に対する奉仕に感謝した女王が授ける勲章、ロイヤル・ヴィクトリア勲章のコマンダー（CVO）を授与されている点だ。二〇一五年一一月、デイヴィッド・キャメロンの首席秘書官クリス・マーティンは、がんで命を落とす四日前に病院でCVOを授与された。まだ四二歳だった。当時女王付き副秘書官だったエドワード・ヤングは、仕事上、マーティンと親しい間柄で、彼に勲章を渡したのもヤングだ。勲章授与のころ、マーティンは既に数日間にわたり苦痛に苦しんでいた。彼の妻でBBCジャーナリストのゾーイ・コンウェイの話では、家族の数名がその日、勲章の授与に立ち会ったと言う。「エドワード・ヤングが病院に来るというのはとにかく特別です。クリスの表情を見れば、それが彼にとってどれだけ意味があるのかよく分かるはず。あのときは本当に調子が優れませんでした。でも、この勲章が彼にどのような意味があるのか、必死にメッセージを女王に伝えたがっているのは明白でした。何かどうしても伝えたいことがあるんだと思いましたね」。家族が病室を出たので、マーティンとヤングは二人だけの時間を持つことができた。[19]

バトラーがサッチャーの秘書官だったとき、バッキンガム宮殿の秘書官はサー・フィリップ・ムーアだった。キャリア官僚のムーアは、女王の治世で初めての中流階級出身の秘書官で、周りからは少しばかり話がつまらないと思われていた。「彼はとてもおしゃべりでしてね」とある元廷臣が話す。「それで、女王はひどくうんざりしていたのです」[20]。しかしながら、ムーアとバトラーはラグビー好きという共通点があり（二人ともオックスフォード大学時代に選手だった）、とても親しくなった。ゴルフにも一緒に出かけた。「私たちには自然と友情が芽生えました」とバトラーは話す。「ムーアは私よりもかなり年上でしたがね。とても親しくなりました。それにこの関係はとても有益でした」

二人が顔を合わせるのは主に、毎週バッキンガム宮殿で行われる女王とサッチャー首相の謁見時である（バトラーの現役時代は火曜日の夕刻。トニー・ブレアが首相になると、議会質問制度「首相のクエスチョンタイム Prime Minister's Questions」の曜日が変更され、謁見は水曜日に移った）。謁見前、ムーアとバトラーは情報を交換し、女王と首相が話し合う可能性のあるテーマについて考えた。「私たちは二人で、テーマをカードに書き出すことにしました。ムーアが女王に一枚カードを渡し、私も首相に一枚カードを渡します。渡したカードが使われたかどうかは、私たちには分かりません。当然ですが、謁見には同席しませんから[21]」

二人の女性が話している間、バトラーはムーアのオフィスで過ごし、ジントニックを飲みながら、その日の問題について話し合った（近ごろはサー・エドワード・ヤングがワインを用意する。場合によっては紅茶も。サンドイッチが出されることもときどきある）。その後、サッチャー首相が秘書官たちの中に加わると、首相にウイスキーを振る舞いながら、会談の内容で、秘書官が知るべき情報を聞き出した。「マーガレット・サッチャーは女王と一緒だと非常に緊張することで有名でした」とバトラーは話す。「謁見の後にはウイスキーが必要でした」

首相との会話は、噂話というよりも二人の秘書官による情報収集だった。「フィリップと私の二人で、彼女たちがどのような態度を取るのか、首相から情報を何とか聞き出そうとしていたときの気持ちをまだ覚えています。とはいっても、基本的には、寛いだおしゃべりの時間でしたよ。もちろん、仕事の一部ではありましたが」

ムーアの後任ウィリアム・ヘーゼルタインも、週一回の謁見後に同じような雑談をしていた。「謁見が終わると、首相も私たち秘書官に加わり、お酒を飲みながら、政治の世界で起きていることについて意見を交わしました」。興味深いのに、女王の秘書官は週一回の謁見後、二回も報告会に出ていたという事実だ。一回目の相手は首相、二回目は女王である。ヘーゼルタインはこう話している。

女王陛下もミセスT〔サッチャー首相の呼び名〕との会合について説明してくれました。また、私はこれまでの前例に従い、ロイヤル・アーカイブス Royal Archives 向けに記録を残しています。秘書官という仕事は、首相をよく知る機会がほかにもあります。例えば当時ミセス・サッチャーは、平日の長い仕事の後、週末にかけて女王陛下と過ごすために、土曜日にはバルモラル城に足を運んでいたのですが、ランチの時間までにお見えになり、私と一緒にエステートハウスで食事を取ります。ここでは、夏の仕事がたっぷりと待っています。私に言わせれば、ミセス・サッチャーはとても素晴らしいお客様です。滞在されてから一両日中には必ず感謝の手紙が届いていました。

もちろん、首相と君主との間でどのような話が取り交わされたのか、本当のところは誰も知らない。ルース卿はマーガレット・サッチャー政権で大臣、エリザベス女王の宮廷でも最高位の宮内長官と両方の責務に携わった経験があり、当時の様子を話してくれた。「マーガレット・サッチャーには一度、こう尋ねたことがあります。『毎週女王との会談では、女王に発言の機会を差し上げているのでしょうね？』。そんな質問をしたのは、彼女のことをよく知っているからです。夫のデニスも一緒に座っていましたが、彼女は『当然でしょう。とても有意義な会話ができましたよ。話題もとても幅広くてね』と答えました。するとデニスから『全く、君って人は！』といさめられていましたよ」[▼22]

はっきり言わなくても分かる。首相ばかり話していたのは間違いない。

バトラーは、バルモラル城までサッチャー首相に同行するときには、ムーアと領地内のクレイゴワン・ロッジ Craigowan Lodge に滞在し、二人でゴルフを楽しむ。あるとき、女王がムーアに四駆を貸してくれたことがあった。ムーアとバトラーは土曜の朝に城までその四駆を運転したところ、車から異音がしたのだが、二人とも機械には疎く、何がどうしたのか全く分からなかった。結局、気にせず、そのまま運転を続けることにした。

カーブを曲がったところで、馬車に乗ったフィリップ殿下に出くわしました。私たちは車を止めて、「おはようございます」と挨拶をし、フィリップ［ムーア］がエディンバラ公に話したのです。「この車から変な音がするのですが、問題はなさそうです」。するとエディンバラ公がおっしゃいます。「何をバカなことを。タイヤが一本、パンクしているではないか」。それからこう言われました。「私の四駆にこれ以上傷をつけてもらいたくない。そこでそのまま待っていてくれたまえ。誰か迎えをよこすので」。それで私たちは何とも恥ずかしい状況で、迎えが来るまで待っていなければなりませんでした。

バトラーはおそらく自転車派だ。一九八三年、サッチャーが選挙を実施しようとしていたとき、バッキンガム宮殿と首相官邸では、女王が議会を再開するのに最適な日程について交渉が行われていた。「ダウニング街一〇番地の首相官邸玄関前には、メディアが群がっていました」とバトラーは話す。「それで、自転車で裏口から出て、近衛騎兵連隊の前を横切り、バッキンガム宮殿に到着すると、フィリップ［ムーア］に情報を伝えました。それからフィリップが女王に日付について電話で連絡し、話をつけました。その後に私は戻ったのですが、連隊の誕生日祝賀パレードのリハーサル中だったので、自転車で横切り裏口まで戻ることができませんでした。それで、正面玄関から入らざるを得なかったのです」。そのせいで戻りが遅れてしまい、サッチャーをやきもきさせてしまった（そもそも、事が予定通りに進まないとイライラするタイプ）。「彼女は、『一体どうしたの、ロビンはまだ？ なぜこんなに時間がかかっているの、日程に何か問題でもあったの？』といった状態に陥っていました」

　女王から批判されているというサッチャーの妄想は、一九八六年七月にさらに激しくなったかもしれない。ちょうどサンデー・タイムズ紙が、女王と首相は基本的に意見が一致しないとする記事を掲載したときである。ジャーナリストのマイケル・ジョーンズ（同紙の政治担当編集長）とサイモン・フリーマン（同紙の記者）が「女王に近い関係者の話」として伝えた記事には、女王はサッチャー首相の政策に対して憤慨していること、英連邦に関して二人の意見が違うことはよく知られた話だが、今回の女王の憤慨はそれをはるかに超えていることが書かれていた。さらに、首相のアプローチはそのすべてが「思いやりがなく、衝突が避けられず、社会に軋轢を生じさせる」と女王が考えている動かぬ証拠も、同紙は手にしていると言う[23]。

　これは一触即発の事態だ。女王はショックを受け、当時首相の秘書官を務めていたチャールズ・パウエルは、ミセス・サッチャーが「非常に動揺していた」と話した。いわく、「首相は誰がそんなことを新聞に話したのかと憤慨していましたが、女王ではないと考えていました[24]」。記事が報道された当日、女王はウィンザー城からサッチャーに電話をかけ、その新聞の記事はことごとく虚偽であると話した。ヘーゼルタインはこう話している。「このサンデー・タイムズの件は、私が現役時代に対応した中で、おそらく最悪の問題でしょう。一〇番地との関係に脅威をもたらしましたから[25]」

　首相官邸は考えた。政府を批判するために、バッキンガム宮殿が（女王自身ではなく）わざと報じたのか？　あの記事の内容は女王の本心なのか？　サンデー・タイムズ紙に情報を流したのは一体誰なのか？　同紙編集長のアンドリュー・ニールが、情報提供者はバッキンガム宮殿内の人物だと明らかにしたことで、可能性のある人物は三人に絞られた。サー・ウィリアム・ヘーゼルタイン、秘書官補のロバート・フェローズ、報道担当秘書官のマイケル・シェイである。しかし宮殿内では、一人に特定されていた。

　一九七八年にバッキンガム宮殿に入ったマイケル・シェイは、従来の王室報道担当秘書官とは違う経歴の持ち主だ。ゴードンストウン校（スコットランド北部名門寄宿学校）とエディンバラ大学の出身で、元外交官で時間があれば作家としても活動していた。サラ・ブラッドフォードはシェイについて、「リベラルな見解を持つ、知的で親しみやすい人物」として描いている[26]（うがった表現をすると、「うぬぼれが強い」[27]）。

　シェイは問い詰められると、新聞記事の内容は自分と一切関係ないと答えた。ヘーゼルタインの話では、シェイは何日もの間、彼が二人のジャーナリストに話した内容が、サンデー・タイムズ紙の記事の土台になっているのではないかという可能性を否定し続けた。ヘーゼルタインはこうも話している。

> 今ではそれが事実であることは明らかです。彼は、私にも宮廷のほかの誰にも相談せず、あの二人に話をしていました。実際に記事が出て、あまりに動転してしまい、自分が情報源であることを認めることができず、それどころか、自身が話した内容を二人が脚色して、自分たちのストーリーに仕立て上げたことすら否定したのです。私は全く誤った話を聞かされていたのですが、一週間ほど経過したころにようやくシェイが情報源だったことが私にも分かりました。（中略）

もっと迅速に対応すべきだったと思います。でもようやく真実にたどり着きました。それで、現実を突き付けられたシェイは、「確かに、これやあれや言ったかもしれないが、それほど重要な意味があるとは思ってもいなかった」と説明したのです。本当のところ、彼は自分のしでかしたことにかなり動転したのではないかと私は思います。[28]

シェイの言い分では、フリーマンとの電話の会話は、フリーマンが準備しているという記事に対する非公式な説明で、テーマは遠い未来の王室に関するものだった。しかしながら、フリーマンによると、シェイは女王の政治的発言について驚くほど積極的に話したという。例えば「人種と社会の分断に関して、女王は中道左派の立場」もその一例だ。[29]その上、炭鉱ストライキや米軍によるリビア爆撃や英連邦に関する女王の意見に関しては、さらに踏み込んで答えていた。

おそらく、フリーマンとの会話で何が語られたのかを明確に見極めるのはまず不可能だろう。シェイはフリーマンにうまく乗せられたのではないか？　サンデー・タイムズ紙は会話の内容の解釈で、ほんのわずかでも話を都合よく変えたのではないか？　作家ベン・ピムロットは、サンデー・タイムズ紙側の希望的観測と、王室側の軽率な行動がもたらしたものだと結論付けた。ヘーゼルタインはその見解に反論を示さない。「今となっては、私がピムロットの意見に大きく反論することはないでしょう。ただ、『王室側』はいただけません。その責めを受けるべきは私たち側近であり、さらに言うならマイケル・シェイその人でしょう」。そのシェイは二〇〇九年に他界し、もはや彼の口から弁明を聞くことはできない。

この騒ぎの直後、シェイはサッチャーに親切にしてもらったが、宮殿に長くとどまることはなかった。半年後、丁寧に、しかしはっきりと、何かほかのことを探す潮時ではないかと勧められたのだ。

ヘーゼルタインも、「宮廷のメンバーでも解雇される可能性があるという話は、今までに聞いたことがありません」と話していた。バッキンガム宮殿の元スタッフが言うには、シェイは辞職前に爵位を要求したほど「厚顔無恥」だった。

ロビン・バトラーが内閣官房長在任中に構築した関係は、親密で長く続いた。ヘーゼルタインの後任の女王付き秘書官ロバート・フェローズとは親友になった。二人はゴルフを楽しみ、休暇になると家族ぐるみでよく出かけた。「ロバート・フェローズが相手だと、言えないことは何もありませんでした」とバトラーは話す。「私は女王の秘書官たちと、首席秘書官だけでなく、それまで出会ったほかの秘書官たちとも、とても親しくしていました。まさにゴールデントライアングルです」

この親密な関係は、一九九七年にウェールズ公妃ダイアナがパリで命を落としてからの嵐のような二四時間で浮き彫りになった。ダイアナが亡くなった翌朝、バトラーは内閣官房長としてすべきことがあるはずだと考え、ロバート・フェローズに電話をかけた。ちょうど、遺体を引き取りにパリへ飛行機を向かわせているところだとフェローズは話した。その日のうちに、バトラーの親友でBBC会長のジョン・バートも電話をよこし、メディアは遺族がダイアナの遺体を斎場に安置しようとしている情報を既につかんでいると話した。その動きは間違いなく不適切だとバートは告げた。ダイアナは皇太子の元妻であり、もっと正式な段取りを取らなければならないと言うのだ。「そこでロバート・フェローズに連絡を取ったところ、遺体はチャペル・ロイヤルに安置されることになりました」。これは、フェローズ（とバート）との緊密な関係が功を奏した一例だとバトラーは話す。もしこの連携がなければ、この件は見過ごされていたに違いない。

バトラーとバートの関係は、その二年前、ちょうど報道番組『パノラマ』でダイアナのインタビューが放送される直前にも役立ったことがある。ダイアナはインタビューを受けた話を誰にも伝えておらず、ＢＢＣから公式発表が出される当日（一一月一四日で、チャールズの誕生日）の朝に女王に電話をかけ、発表の話を伝えた。しかし、バッキンガム宮殿は事前にその情報を得ていた。プレスリリースが出される前に、ジョン・バートがバトラーに電話をかけ、注意喚起していたのだ。電話をもらったバトラーは「あなたから教えてもらった情報として、王室に警告してもよいでしょうか」と尋ねた。すると、バートはこう続けた。「もちろん、この情報を聞いてもバッキンガム宮殿が何らかの行動を起こすことはないというのであれば。ほかのところから情報が漏れていればその限りではありませんが」

バトラーは女王付き秘書官のフェローズに電話をかけ、ダイアナのインタビューがまもなく放送されること、また、これはとても厄介な話になることを伝えた。彼らにできることはほとんどなかったが、少なくとも覚悟はできた。その朝、ダイアナの秘書官パトリック・ジェフソンは情報を得ると即座に、女王付き報道担当秘書官チャールズ・アンソンに電話をかけたのだが、そのときのアンソンの対応が人間業とは思えないほど落ち着き払っていたのも、これで説明がつく。何も不思議ではない。もう既に知っていたのだから。ロバート・フェローズがバトラーの秘密情報を数分前に伝えていたのである。

ある元秘書官が言うには、バッキンガム宮殿と首相官邸との関係は「飛びぬけて親密で、とても私的なもの」である。その関係に欠かせないのは、週に一度の謁見であり、そのおかげで、お互いに相手が何を考えているのか分かり、誰もが厄介ごとに巻き込まれずにすむ。憲政の重要な原理の一つは、「君主はその政府の助言に基づき行動する」である。「もちろん、助言を鵜呑みにしたことも数多くありますが、何よりも重要なのは、首相官邸が今後の成り行きに不満を感じないようにすることでした。なぜそれが重要なのかといえば、政治家というのは、責任を取ることが仕事だからです。つまり、『女王が助言に基づき行動している』それ自体が女王を批判から守るのです」[30]

二〇〇五年から二〇一一年まで内閣官房長を務めたオドネル卿（ガス・オドネル）にとって、ゴールデントライアングルは重要な関係性であり、重要度が非常に高まることも一度や二度ではない。例えば、二〇一一年のエリザベス女王の歴史的なアイルランド訪問実現に向けた長きにわたる交渉でも、政府と王室の緊密な連携の中でその実力を発揮している。「女王は訪問の計画にとても熱心でした。アイルランドで見たいものがたくさんあったのです。政治的にも個人的にも。特に馬がお好きでしたから。私たち側近も皆、熱心でしたよ。ポスト北アイルランド紛争時代〔ザ・トラブルズ〕を確立し、関係性を整えようと政治が努力を続けていたからです。当時を振り返ると、あのアイルランド訪問はエリザベス女王の歴訪の中でも特に成功したものだと私は思います。本当に素晴らしかった。私もアイルランドに出向きました。内閣官房長の私にしてみれば、首相と女王に同行するのはとても珍しいことなのですが、実にドラマチックな体験でした」[31]

ゴールデントライアングルは、憲政の核になる重要な関係性であるにもかかわらず、ここ何年も批判にさらされてきた。例えば一九九四年、インディペンデント紙の政治担当編集長だったアンドリュー・マーがある記事で、一九九二年の総選挙の夜、女王と首相の秘書官たちが、内閣官房長のバトラーとともにテレビで結果速報を見ていたという事実をやり玉に挙げている。どの政党も単独過半数の議席を獲得できなければ、この三人組はころ合いを見て交渉を始めるつもりだったのではないかとマーは書いた。「しかしながら、労働党党首は内心、このいわゆる『ゴールデントライアングル』が公明正大だとは信じていなかった」[32]。政治史家のピーター・ヘネシーも同じく一九九四年に、ロンドン大学クイーンメアリー・ウェストフィールドカレッジの現代史教授就任記念講演で長々と演説をぶった。彼が話したのは、「国民に選ばれたわけでもない数人の役人が、『大丈夫、きっと何とかなる』を前提に、内輪で作るＤＩＹ的憲政」についてだ。[33] この問題は、政党にとっても議会にとっても王室にとっても国民にとっても極めて重要なので、パパッと作られた先例に委ねるわけにはいかないと訴えた。彼が提案したのは閣内委員会を設立し、一般的な行動規範を作るというものだ。そうすることで、君主がどちらか一方を支持するようなリスクも「大きく軽減」されるはずだと言う。

歴史を遡ると、二〇世紀の初めには、個人的な政治信条が君主の決断と混ざり合えば常道を踏み外す危険があることを極めて如実に映し出した例もある。その事例は、悪名高い（しかも長きにわたり物議を醸した）欺瞞でクライマックスを迎えた。主人公はジョージ五世の秘書官、フランシス・ノウルズだ。この話をするには、まず政治史を少しばかり紐解かなければならない。一九一〇年、ジョージ五世は父親の死に伴い、憲政の危機も引き継いでいた。その前年、自由党の首相ハーバート・アスキスの過激な人民予算 People's Budget が貴族院で否決され、自由党はその後に実施された一九一〇年一月の選挙で単独過半数の議席を獲得できなかった。憲法会議が開催されるも問題は解決せず、アスキスは同年一一月になると、二度目の選挙実施を新国王ジョージ五世に求めた。その三日後にはさらに、一二月の選挙に勝った暁には（実際はしっかり勝利したものの、またしても単独過半数を獲得できなかった）、選挙後に貴族院に自由党議員を大量に投入し、上院〔貴族院〕の妨害を防ぐことを国王に約束してほしいと求めたのだ。これで国王は窮地に立たされた。もし同意すれば、国王は自由党の操り人形になる。もし同意しなければ、新内閣は辞職し、また選挙を実施しなければならず、国王が責めを負うことになる。

そこで登場するのが、ノウルズの見事な方向転換だ。それまでのところ、ノウルズは貴族の叙爵を保障する要請を「イングランドが立憲君主国家になって以来、経験したことのない、国王に対する大いなる侮辱」[34] だと捉えていた。しかしながら四八時間後には、国王の政府提案受け入れに関して意見を変えただけでなく、決定的な情報を教えずに国王を欺いたのである。実は、内閣辞職の脅しは、保守党の反対勢力が政権を樹立できないときに限定されていたのだ。自由党員のノウルズは、保守党党首アーサー・バルフォアと話し合いを持ち、もしアスキスが辞職すれば、自分が政権を握るつもりだと話していた。しかし、その情報を国王には伝えなかった。

ジョージ国王は不本意ながら、求められた保証をアスキスに約束した。国王は日記にこう書き残している。「こうするのは実に嫌だが、これが内閣辞職を避ける唯一の代替案であることは認めよう。今辞職されれば、目も当てられない」。翌日の日記には、ノウルズがそうするよう「非常に強く推した」と書かれている。「彼の進言は概して非常に信頼できる。今回も彼が正しいと信じて祈ろう」[35]

ジョージ五世の伝記作家ハロルド・ニコルソンは、残された記録に目を通した後、日記にこう書いた。「このときのノウルズの行動は非常に悪質であり、自らの党のために国王を欺いたのは疑いなく明らかである」[36]。この欺瞞は、三年後にノウルズが失脚するまで国王には気付かれなかった。しかしその事実に気付いた国王は憤慨した。ニコルソンが幾分控えめに指摘しているように、「ジョージ国王はそれ以降、この治世初の政治危機にあって、与えられていたはずの信頼も配慮も実は与えられていなかったことを決して忘れなかった」[37]。この危機の記憶のおかげで、ハングパーラメント*の場合はどうすべきなのか明確なルールを決めるべきだという声が高まった。ピーター・ヘネシーが一九九四年に話したように、オープンであり、予測可能であることが必要なのだ。

ヘネシーの講演後、この問題が対処されるまでには、一五年という歳月を要した。ゴードン・ブラウンが二〇〇七年に首相に就任したとき、最初の閣議では憲政の問題に関して議論が長く続いた。「多種多様な事柄がたくさんありました」とオドネルは話す。「議会の改革、貴族院の改革、そういったことすべてです。それに彼は、こうしたことを全部ひっくるめて、『英国という国家がどこまで機能すべきなのか』を示す指針を作成したいという一種の希望を抱いていたのです」[38]。ちょうどニュージーランド政府が内閣執務提要を用意したところで、ブラウンは内閣官房長のオドネルに同じようなガイドラインの作成に着手するよう依頼した。「そこで私は、選挙が控えているので、まずは選挙とハングパーラメントに関する原案から始めてはどうかと考えたのです」

オドネルは、ヘネシーなど憲政の専門家を集めて、基本的な部分に取り組んだ。同時に、女王の秘書官クリストファー・ゲイトとも密に連携を取った。「私は皆をテーブルに集めて言ったのです。『さて、現在起きていることに対する我々の見解を確認しましょう。総選挙の結果がどうであれ、ブラウン首相が女王の下に参じて、次期首相はXですと進言しない限り、首相は首相の座にとどまります』と。実際にそのときが来たら役立つようなものがすべて揃っていました」。当時彼らは、いざ選挙が実施されれば用意した原案が使われることになるのか全く分からなかった。一党が圧倒的多数で勝利していれば、誰もその原案を見てみようと思わなかっただろう。オドネルはこう話す。

> 実際のところ、とても便利であることが分かりました。あの取り組みに携わり、何が必要なのかを考えているうちに、これにはゴールデントライアングルが極めて重要であることがこれまで以上にはっきりとしてきました。英国政府には連立政権を組んだり、連立政権について考えたりした人が誰一人としていなかったのです。そこでクリストファーと私は、純真無垢な素人として原案作りに取り組むことにしました。内閣官房長のバトラーや首相秘書官のロバート・アームストロングに頼めるようなことではありません。二人もやったことはありませんから。私の経験で

＊　絶対多数の政党が不在の議会。

は、誰もやったことがないことなら、途中で間違えても仕方ありません。だから、それに備えようと積極的に取り組み、いくつかシナリオも考えました。実はそのシナリオの一つが現実の出来事と、とても似ていたのです。ですから、役立ちましたよ。

ゲイトは、この仕事にのめりこんでいった。ある人によると、憲政に関して書かれた本があれば一冊残らず買い上げて、週末になると読み漁っていたという。原案作りに取り組むオドネルのチームは、バッキンガム宮殿に原稿を送って、ゲイトにチェックしてもらっていた。オドネルはこう話している。

チームのメンバーがコメントを送ってくると、クリストファーと私でそれをまとめます。いつも探検しているような感じでした。それまでこのようなものを書いたことがなかったのですから。これはどのような意味だと思う？　この言葉遣いで正しいのだろうか？　私が間違える典型的なパターンは、「もちろんこれはすべて連立の計画に関するもので、残りはすべて、女王を政治に巻き込まないようにするため」といった言い間違えです。クリストファーがすかさず、「いやいやそうではありませんよ。女王は政治を超越 above politics していなければ」と指摘を入れます。確かにその通り。そっちの方がずっとよい表現だと私も思いましたよ。

一方、チームの皆を結びつけるものもあった。それは、「アドバイザーは次期首相を女王に推薦するとき、自らいかなる判断も下してはならない」という皆の共通する信条だ。その判断は選出された政治家たちに委ねるべきである。

二〇一〇年一月、官庁街ホワイトホール七〇番地にあるオドネルのオフィス、すなわち内閣府の本部で、官僚がその日の政治家の役を演じて、シナリオを試してみた。内閣官房長のオフィスは、近衛騎兵隊のパレードが見下ろせて、ホワイトホールでも一番素晴らしい場所だと言われている。「ガス〔オドネル〕がいたころは、デスクに二台のモニターがあり、金融市場で何が起きているのか確認できました」とある内部関係者。「元財務官僚のガスにとって、金融の動きはとても重要でしたね」

ゲイトはこうしたセッションに、少なくとも一回はオブザーバーとして参加した。「あれは憲政の点から見て適切なものでした」と前述の関係者は話す。「というのも、クリストファー・ゲイトにとって、連立政権になった場合、女王に首相がいない状況を決して作らないことが、最も重要な原則だったからです」。さまざまなシナリオを試していくうちに、皆、人間味の重要性を思い知らされた。政治家は官僚とは違う。官僚は与えられた原稿にどこまでも忠実だが、政治家は権力を握りたいと考え、最後には妥協も辞さない。「驚くことに、それが政治家の力なのです」[39]

ハングパーラメントに関する原案が出来上がると、オドネルは選挙前に公開しようと考えた。下院司法委員会に送られると、二月にオドネルが委員会に出席して、彼が最も重要な問題の一つだと考えていることに対して意見を述べた。つまり、「次期首相が誰になるのか明らかになるまで辞職しないのは、現職首相の責任である」だ。それが、選挙結果が出た時点で重要な問題になるのは間違いない。

二〇一〇年の総選挙は五月六日木曜日に実施された。ゴードン・ブラウン率いる現職の労働党政権は、主な野党であるデイヴィッド・キャメロンの保守党、ニック・クレッグの自由民主党よりも多くの議席を持ち、第一党死守を掲げていた。すべての票が集計された結果、保守党が第一党になり、三〇六議席を獲得するも、単独過半数には二〇席足りない。オドネルとゲイトがそれまで取り組んでいたシナリオの一つ、ハングパーラメントが現実になったのだ。ここ何年もなかったことだが、五七議席を持つ自由民主党が久しぶりに権力の座に就く。つまり、政権を樹立できるのは、自由民主党の支持を得た大政党のどちらかだ。即座に、保守党と自由民主党との間で連立に向けた会談が始まり、五日間続いた。両党にはこのように伝えられていた。「本件において女王の役割に関し、どのような役割があるのかなどの質問があれば、ここにいるクリストファーがお答えします」

一方のゲイトは単なる傍観者ではなかった。首相不在の場合、女王が政治決断を迫られる場面に引きずり込まれる可能性があり、とにかく首相不在の状況を作らないようにしようと決意していた。政治の駆け引きから距離を取るため（物理的にも、比喩的にも）、女王は害が及ばないウィンザー城にとどまった。一方、バッキンガム宮殿の謁見の間には、パネル暖炉があり、テーブルの上にはロイヤルファミリーの写真が飾られて、女王が首相と会談をいつでも始められるよう準備が整っている。ゲイトは一日に数回女王に電話で状況を説明し、常に交渉の最新情報を伝えていた。

政治ジャーナリストのピーター・リデルは、英国政府研究所の所長在任中に、ゲイトの役割についてこのように話していた。「ゲイトは非常に積極的に動いていました。彼の役割はスーパージャーナリストのようなもの。何が起こっているのか見つけ出し、（中略）政治の風向きや展開を見極めて、女王に報告するのです[40]」。首相首席秘書官のジェレミー・ヘイウッドが断言するには、ゲイトはいつも必ず有力な情報が得られるようにしていたという。ある関係者はこう話す。

> あれは、ゴールデントライアングルがうまく機能している、とても興味深い例だと思います。真の絆がありましたし、単に憲政のためだけではなく、個人の人間関係の問題です。ゴールデントライアングルの定義については誰かが既に書いているかもしれませんが、それは間違いなく、三人の主要人物がいて、彼らが憲政のマシンを動かし続け、ギリギリまで密に協力し合う状態を指します。でも、形式が決まっているわけではありません。まさに英国の憲法と同じです。[41]

総選挙翌週の火曜日になると、忍耐も限界に近付いてきた。労働党が自由民主党に持ちかけた話はうまくいかず、アラステア・キャンベル（労働党の情報操作に長けた元報道官で、ブラウン首相のアドバイザーも担っていたことがある）は、自由民主党がキャメロンから譲歩を引き出すため、党首のクレッグにもっと時間を与えて、話を引き延ばしているに違いないと考えた。一方、ブラウンはメディアから退陣圧力を強く受けていた。これは少しばかりアンフェアな話だ。仕組み全体が、辞職する首相は後継者が見つかるまでその地位にとどまらなければならないという前提に基づいているのだから。首相首席秘書官ヘイウッドから連絡が入ると、ゲイトは彼にこう告げた。「じっとがまんするように首相を説得しなければなりませんよ[42]」

その午後遅く、ゲイトはヘイウッドに、自ら政権樹立は不可能だと確信しているのなら、女王はブラウン首相の辞任を受け入れる用意があると告げた。ダウニング街の関係者は当時をこう振り返る。

> 火曜日の夕方に、ゴードンにはもはやこの虹色連立政権（労働党、自由民主党、民族主義者やそのほかの党派の連合）を打ち立てられないことが明らかになると、最後の約一時間を動かすカギは、ゴードンが、女王をこれ以上待たせないという正しい決断を下せるかどうかになりました。というのも、自由民主党党首のニック・クレッグはこの段階になっても依然として、ゴードンが政権樹立に固執するように仕向けていたからで、しかも、それをキャメロンとの交渉材料に使っていたから。ゴードンがニック・クレッグへの電話をかけたとき、私も同席していました。あれは午後五時半だったでしょうか、「ニック、返事が聞きたい」と切り出しました。ニックは明らかに「ちょっと待ってほしい……」と言っていました。すると、ゴードンはこう言ったのです。「これ以上女王を待たせるわけにはいかない。（中略）女王には今何が起きているのか説明しなければな

らない」。あれはとても説得力がありましたね[43]。

午後七時一八分、ゴードン・ブラウンはダウニング街の首相官邸から家族と一緒に表に出て、辞職する旨を発表した。女王には野党党首を次期首相に招くことを勧めたと説明した。真夜中を過ぎたころ、自由民主党党員が議員会議から姿を現し、連立の合意が「圧倒的多数で承認された」と伝えた。

この総選挙は（準備も選挙後の連立の話し合いも、両方とも）、ゴールデントライアングルがうまく機能したお手本だ。クリストファー・ゲイトは心身ともに選挙に打ち込んでいた。ある友人がこう話している。「クリストファーは素晴らしい能力で、女王が結果の責任を取らずにすむように尽力し、王室が政治に携わらないように守り抜きました。（中略）見事な政治手腕で、実にクリストファーらしいやり方でした[44]」。その後二〇一八年三月に、ゲイトが貴族院で初めてのスピーチを行ったとき、二〇一〇年総選挙の取り組みに触れて、オドネルに対して心からの賛辞を送り、オドネルのことを「前の仕事でコツを身に付けたときには、私にとって何でも知っている賢人であり、心の広いメンターでした」とたたえた。内閣官房長のロビン・バトラーはガス・オドネルに対し、内閣執務提要作りで「国民のために素晴らしい仕事」を成し遂げたと裁定した。

ガスが世間に知ってもらいたかったのは、選挙に勝てずに政権樹立に遅れが出ても、ゴードン・ブラウンが首相を辞めなかったことです。また、今回、ガスが世間に理解してもらえたのは、今後を決める話し合いが続いているうちは、すぐに辞職して首相官邸を出る必要はないということでした。これができたのは、実に有益でした。というのも、そのおかげで二〇一〇年の各党同士の会議は、何がどうなっているのか誰もが理解している状況で行えたからです。

総選挙後、女王はホワイトホールのオドネル・チームを個人的に訪れて、感謝の意を表している。あの取り組みにかかわった官僚たちに、直接感謝の気持ちを伝えたのだ。

二〇一四年の新年の叙勲で、クリストファー・ゲイトには、上級将校と高級官僚に限定された勲章、バース勲章ナイトコマンダー（KCB）が授与された。これはゲイトにとって二つ目になるナイトの爵位だ。一つ目は二〇一一年の誕生記念叙勲で、ロイヤル・ヴィクトリア勲章ナイトコマンダー（KCVO）を授与されている。二〇一四年の表彰では、「憲政にかかわる事柄の新しいアプローチと、治世の変化に対応する準備」を高く評価された。

もちろん、バッキンガム宮殿と首相官邸の間でどれだけ信頼を培っても、上級廷臣が命令に背いて好きなように行動すれば、すべての取り組みが無駄になる。二〇一五年六月、八九歳のエリザベス二世はドイツを訪問した。結果として、これが国賓としての最後の外国訪問になった。英国が欧州連合に残るべきかを問う国民投票への準備段階にある中、政治的期待という重荷を背負っての訪問である。ドイツのメディアは、英国政府がロイヤルファミリーを利用し、欧州の一員として積極的に活動している様子を見せようとしているに違いないと盛り上がった。まさに彼らの憶測通りである。女王が到着したその日の夜、女王に敬意を表して公式晩餐会が開かれたが、珍しくデイヴィッド・キャメロン首相も姿を見せたのだ。

しかしながら、ドイツ訪問初日（訪問地はベルリン、フランクフルト、ツェレ）に女王に同行した王室担当記者らの注目を集めたのは、ドイツ人が「ディ・クイーン Die Queen」と呼ぶ女性のために用意されたパーティではなく、本国で展開している王室の騒動だった。騒ぎを引き起こしたのは、女王の財布を管理する高位宮廷官職の手許金会計長官である。女王は自身の廷臣に出し抜かれたのだ。

女王の財務状況は年に一度メディアに発表され、ロイヤルカレンダーの予定にも含まれている。これは開催日を簡単に動かせないイベントで、そのタイミングは王室の会計報告書が国会に提出されるまでに決められる。儀式化されていて、いつも同じ光景が続く。ジャーナリストがぞろぞろとバッキンガム宮殿の中に集まり、数字のチェックをしながら三〇分ほど待っていると、手許金会計長官が現れて、女王のコストパフォーマンスがいかに優れているのかを説明する。その手元にはたいてい、女王に使われる税金は一人当たり年間わずかベークトビーンズ一缶分程度といったような数字が用意されている。同時にジャーナリストらは、くまなく報告書をチェックして、王室の浪費の証拠を見つけ出そうと躍起になる。すると二回に一回は、例えば、アンドリュー王子がヘリコプターを利用してゴルフのコースに出たときには何万ポンドも費用がかかったといった事実が明らかになる。いつもどこかに必ず話のネタがあった。

しかしながら二〇一五年は、会計報告の公表が女王の訪独とたまたま重なってしまった。こればかりはどうしようもない。王室担当記者のほとんどは女王に同行し、ベルリンで目の前の仕事に取りかかっていたので、王室助成金の詳細について聞きに集まった記者は、おおむね王室に詳しくない人たちだった。

しかしその日の午前中、女王がドイツに到着する前から徐々に情報が届き出した。ロンドンで何やら話題になっている。しかも、ベルリンで何が起きようと大したことではないレベルだ。

嵐の中心にいたのはサー・アラン・リードである。大手会計事務所ＫＰＭＧの元シニアパートナーで、二〇〇二年から女王手許金会計長官を務めていた。極めて聡明で、何気なく冗談を言うような、人当たりの良いスコットランド人で、ジャーナリストの前では自然に控えめな態度を取る。かといって、自分のメディア対応能力に全く自身がないといった印象は決して与えない。しかしながらその朝、理由は一切詳しく説明されなかったが、彼は本来なら言わないような話をしようと決めていた。リードはまず、デイヴィッド・キャメロンが政権に就いてからのロイヤルファミリーの収支について手早く説明した。二〇一一年には、女王の資金調達で王室助成金 Sovereign Grant という新たな手法が取り入れられている。これは基本的に、王室には毎年、あらかじめ決められた予算が与えられて、その使い道を王室が自ら決めるというものだ。その予算額は、クラウン・エステート Crown Estate〔英国君主の資産を管理する法人〕の利益の一五パーセントに相当する。クラウン・エステートの広大な不動産は、理論上女王に帰属するが、現実的には政府に譲与されてきた。注意すべきは、女王の予算が、クラウン・エステートの利益から出されたものではないという点だ。これは実に都合がよく、象徴としてもうってつけなやり方である。女王の予算は一般税収から出されているのだ。

その日リードが伝えようとしたのは、王室助成金の今後の資金調達に関する警告だった。英国政府からスコットランド自治政府に権限が移譲され〔ブレア政権以後、各地域への権限委譲が進められている〕、その一環として、クラウン・エステートのスコットランドにおける資産すべての管理がスコットランド議会に移ることになった。クラウン・エステートの利益のうちスコットランド分は総額で二一〇万ポンドだが、リードが言うには、不足分をスコットランド自治政府がほかの基金で埋め合わせることはない。つまり、その分はイングランドとウェールズと北アイルランドの納税者が負担しなければならなくなると考えられる。記者から、それはつまり、今後スコットランドは王室に資金を提供しないということかと聞かれると、リードは「ええ、王室助成金を通じてではないですね」と回答した。さらに、スコットランド自治政府がほかの手段でその歳入を財務省に提供するということはあり得るのかという質問に対し、こうも話している。「いいえ。もともとアレックス・サモンド〔元スコットランド自治政府首席大臣〕は、あり得るかもしれないと匂わせていましたが、新しいトップは、それはないと言っています。今のところ補塡できる仕組みは他にありません」[46]

同室にいたバッキンガム宮殿の側近たちは、リードがこのようにはっきりと発言する道を選んだことに驚いた。「目が飛び出しました」とある側近は話した。[47] リードの補佐官マイケル・スティーヴンスは、目の前で起きている事態に危機感を覚えた。打撃を最低限に抑えようと果敢に上司を遮り、「スコットランドが王室助成金への献金を止めることはないだろう」と指摘しようとした。しかし、遅きに失した。発言の影響は既に生じていたのだ。

ベルリンの王室報道チームは、何とかニュースの一面に載せないようにしようと、同行するメディア陣に対して、バッキンガム宮殿で予定されている改修工事に関する場当たり的なブリーフィングを行った。しかし、これは無残な結果に終わった。メディアにしてみれば、大きな王室関連記事が二つに増えたにすぎない。一面に予算がらみの記事、中面に改修工事の記事を置く。タイムズ紙一面の見出しには、「スコットランド、女王の資金調達を中止」の文字が躍った。

政治的な観点からすると、バッキンガム宮殿にとってこれは大惨事だった。この前年の二〇一四年には、スコットランド独立を問う住民投票で女王が例の介入を行い、「慎重に考えて」からどちらに投票するのか決めてほしいと人々に訴えている。コメンテーターの中には、スコットランドが資金提供を差し止めると脅しているのだとしたら、それは女王の発言に対する報復なのではないかと考える者も出てきた。しかし、バッキンガム宮殿にしてみれば、スコットランド国民党党首でスコットランド自治政府首席大臣を務めるニコラ・スタージョンを怒らせることだけは避けたかった。スコットランド国民党が公式に掲げる方針は王室支援だが(スコットランドが独立しても、国家元首は女王のまま)、党内には喜んで英国政府とともに女王も見捨てようとする党員が数多くいることを女王の側近たちは嫌というほど知っていた。リードの発言で、スタージョンがこれまで公式に示してきた王室擁護の路線を維持するのが難しくなるかもしれない危険が大いにあったのだ。
一方、スコットランドの資金の話は、驚くべきスピードで火消しが始まった。スコットランド自治政府は取り急ぎ、クラウン・エステートの移転により、王室助成金の減少は生じないだろうと話した。また、財務省もリードは間違っていると主張した。間違いなく同額が一般税収から投入されるからだという。実は、ロンドンのメディアに対するブリーフィングに先駆けて、宮殿内で話し合いがもたれたのだが、その際、リードはスコットランドのクラウン・エステートの資金に関して懸念を訴えていたのだ。そのとき、報道担当秘書官ジェームズ・ロスコー（コミュニケーション担当秘書官サリー・オスマン直属の部下）はリードに、その件には決して触れないようにと釘を刺した。しかし、リードはそれを反故にした。憤慨した側近たちは、なぜブリーフィングの現場にいた同僚たちがリードの口をふさげなかったのかと疑問を呈した。怒りの電話もやまなかった。
緊急事態を収拾する動きは、王室助成金のブリーフィングが終了した時点から即座に開始された。リードの補佐官であるマイケル・スティーヴンスがサリー・オスマンに面会し、「何か手を打たないとまずいことになります」と訴えた。女王付き秘書官クリストファー・ゲイトが状況の説明を受けた時点で、財務省にも連絡を入れた。ブリーフィングで何が話されたのか説明すると、受話器の向こうから「ハッと息を飲む声」が聞こえてきたとある側近は語る。「クリストファーはスコットランドの一件をとても危惧していました。状況がどのように展開するのか、なぜこんなことになったのか。羽交い絞めにしてでもアランに謝らせなければなりませんでした。少なくとも『もう一度真意を伝えさせなければ』なりません。『羽交い絞め』は言い過ぎでしょうが、クリストファーは、発言の主旨を明確にするのはよい案ではないかとリードを説得しました」[48]
アラン・リードの勝手な行動から二四時間ほど経過したころ、バッキンガム宮殿は屈辱的な撤回を強いられた。リードが前例のない声明文を発表したのだ。その声明文で、王室の件に関するブリーフィングは「決して、スコットランドを批判するものでも、スコットランド自治政府首席大臣を批判するものでもなく、首席大臣が王室への資金提供の継続を疑問視していたことを示唆するものでもありませんでした」と弁明した。財務省は状況をさらに明確にするため、スコットランドのホリールード宮殿への助成金を減額して、収益減少の回収に努める旨を発表している。首席大臣ニコラ・スタージョンはこう話した。「これまでスコットランド自治政府から、クラウン・エステート移譲の結果として、王室助成金が削減される可能性がある、もしくは、削減されるべきだという話は一切出ていません」

現在でも王室関係者の間では、なぜリードがあのように発言し、逸脱してしまったのか謎のままだ。「どういう理由からあの発言に至ったのか、私にはまだ分かりません」とある関係者は話す。▼49リードの説明は今でも解釈の問題に終始しており、スコットランド人が正当な金額を支払っていないと非難しているように誤解されてしまったと説明するにとどまる。「そんなふうに非難したつもりはありません」と本人は説明する。「政界で騒ぎ始めたので、翌日に私が声明文を出すのが一番分かりやすい方法でした。私にはスコットランド人を非難するつもりなど一切ありませんでしたから。実際、一切非難していませんでしたよ、私の見解では」▼50

スコットランドはその後も、王室助成金に資金提供を続けている。リードは例の公言で立場が悪くなったが、結局、クリストファー・ゲイトとの関係は改善しなかった。性格が全く違う二人は決してうまくやっていけなかった。それから二年後、二人の緊張関係は沸点に達することになる。

第10章 とどめを刺す

クリスタルのシャンデリアとパイプオルガン。二脚の立派な王座は、一九〇二年に国王エドワード七世とアレクサンドラ王妃の戴冠式用に誂えたものである。バッキンガム宮殿の赤とゴールドを基調にしたボールルームは、「ロイヤルファミリーの住まいとはこうあるべし」を華麗に体現している。ここが、英国君主が公式晩餐会で訪英中の王族や元首をもてなし、功労者に勲章を授与する場所だ。二〇一七年五月四日の朝、宮内長官ピール伯爵の招待で五〇〇〇人もの王室職員がこの場所に集まり、重要な知らせを聞いた。その重要性は、バッキンガム宮殿のスタッフだけでなく、ウィンザー宮殿やノーフォークの公邸サンドリンガム・ハウス、さらにはスコットランドにある女王の邸宅バルモラル城のスタッフも呼ばれていたことから明らかだった。中には状況をうっすら把握していた者もいたが、その知らせを聞いてショックを受けていた者もいた。エディンバラ公爵フィリップ王配が九六歳で公職から退くというのだ。七〇年間にわたり公務に携わってきた今、引退を迎えている。今回の動きがこの後さらに重要な影響をもたらすことを、その場に集まった人たちはまだ誰一人として理解していなかった。

ピール卿による説明が終わると、女王付き秘書官サー・クリストファー・ゲイト（現在はゲイト卿）が、金の刺繍を施したベルベットの王座用天蓋の下に立ち、王配の数十年にわたる功績のすべてに敬意を表した。それに加え、今後に関するメッセージも用意していた。フィリップ王配が女王のそばからいなくなるので、これからはロイヤルファミリーの各メンバーとその宮廷のメンバー全員が、力を合わせて女王を支えなければならないと話したのだ。この言葉は女王とチャールズ皇太子とケンブリッジ公爵ウィリアム王子の代理として述べていることも明言した。その後、このゲイトの発言の真意を見極めるべく、王室内で情報が飛び交い始めた。ある関係者は、宮廷の合併はないだろう、各宮廷は独自の「特徴と役割と運営方法」を維持することになるだろうと指摘する。一方で、「宮廷同士、力を合わせて女王をサポートしなければならないときが、これまでよりも増えるだろう」とも付け加えた。[1]ケンブリッジ公爵夫妻は当時、ハリー王子が始めたメンタルヘルスの慈善活動ヘッズ・トゥギャザーHeads Togetherに多くの時間を割いていたが、ある関係者は、公爵夫妻が今後はその活動を減らして、もっと公務に携わることが求められるだろうとサンデー・タイムズ紙に話した。その人物によれば、「おそらく今までよりも個人の活動が少なくなるだろう」[2]。

それから三カ月も経たないうちに、サー・クリストファー・ゲイトは職を失った。

背が高くがっしりとした体格で、頭がつるりとしたゲイトは、堂々たる印象を与える。見た目は、映画『００７』シリーズに登場する悪役のような雰囲気だ。その巨体にもかかわらず、背景に溶け込む能力には素晴らしいものがある。まるで人から見られたくないようだが、おそらく本当に見られたくないのだ。外の世界から見ると、ゲイトの佇まいはいつも謎めいている。それでもきっと、本人が望むほどは謎めいていない。ゲイトは個人のプライバシーを何よりも大切にしていたので、実際のところは人目を避けたいだけなのだろう。

治安判事裁判所の首席書記官の息子として生まれたゲイトは、スコットランド北西沖に連なるアウターヘブリディーズ諸島のルイス島で育った。母方の祖父は、ストーノーウェイにある魚の燻製業者で、ハリスツイードの製造会社も所有していた。高校を卒業し（パース近郊にある民間寄宿学校グレナルモンド・カレッジ）、スコットランド近衛連隊に入隊するも、脚を負傷し免役された。その後、ロンドン大学キングス・カレッジで戦争研究の学位を取得し、防衛関連のシンクタンクに就職した後、陸軍の諜報部隊で士官になる。一九九四年には外務省に入り、ボスニア・ヘルツェゴビナのサラエボ、スイスのジュネーブ、ベルギーのブリュッセルで任務に就いた。

その外交手腕や諜報部隊で働いていた過去、徹底した秘密主義から、ゲイトは疑い深い人たちに、見かけからでは分からない何かがあると思われていた。ジャーナリストのジョン・ピルジャーからは、カンボジアのクメールルージュの地雷設置の訓練に手を貸したとしてテレビのドキュメンタリー番組内で根拠のない批判を受けていたが、一九九一年に同氏を告訴した。この件が下院で議論されたとき、労働党国会議員ボブ・クライヤーは議員特権を使い、ゲイトがなぜカンボジアにいたのかを尋ねた。「本当はＭＩ６の仕事だったのでは？」。たとえ勝訴したとはいえ、あのときの名誉棄損の起訴内容が一部でも公有の情報として残されていることを、ゲイトは今でも非常に腹立たしく思っている。「あの体格の割には、自分の評判に対してとても過敏に反応していました」とある同僚が話した▼3（二〇二二年六月にボリス・ジョンソン首相の倫理顧問を辞めたときにも、再び世間から注目されているのを知り、憤懣やるかたない様子だった）。

二〇〇二年、秘書官補としてバッキンガム宮殿に入ると、副秘書官になり、二〇〇七年には第一秘書官まで上り詰めた。昇進にかかったのはわずか五年。最初からトップとしての素養が備わっていたことが分かる。女王がいつもゲイトを信頼していたのは明らかだった。同僚の間でも、クリストファー・ゲイトのファンクラブのようなものが存在した。多くの時間を割いて各宮廷を訪れては、スタッフと触れ合い、自分はいつでもここにいるからと安心させていたとある人は振り返る。「彼は大きな人で、存在感が抜群です。女王の権威をまとい廊下を歩いているのですから。女王が大いに信頼していたことも、彼が何をするにしても王室を中心に考えていたことも、誰もが分かっていました[4]」。また同僚も「女王は彼に一目置いており、高く評価していました[5]」と話す。別の人はこう説明した。「彼には威厳があります。それは疑いようがありません。厳粛だけれども、決して偉そうには見えない。とても控えめ。実に親切ですが、人当たりがよいわけではありません[6]」。ゲイトの友人で作家のウィリアム・ショークロスは、カンボジアで初めて会ってから三〇年以上にわたる知り合いで、二〇一五年にBBCのインタビューにこのように答えている。「彼の能力の根源は、誠実さ、慎み深さ、聡明さ、礼儀正しさ、忍耐強さ。それらすべてが組み合わさり、誰よりも格別な存在になったのです[7]」

ゲイトの前任者は、歴代の女王付き秘書官の中でも優秀な一人に数えられるロビン・ジャンヴリン（現在はジャンヴリン卿）で、ダイアナの死後、王室の変革に尽力した人物だ。ゲイトも「素晴らしいリーダー」だったが、ジャンヴリンとは違うタイプだとある同僚は話す。「彼は非常に、物事を深く考え、熟慮に熟慮を重ねてから決断を下し、大きな一歩を踏み出すタイプの人。リーダーなら誰でもそうだけれど、彼も正しいこともあれば、間違うこともあります。でも、いつでも自分の職務に積極的に携わっています。難しい状況でも積極的。彼が責任者だった当時、バッキンガム宮殿は良くなったと私は思います。ただ最後は、彼にとって少しつらい結末になりましたが[8]」

エド・パーキンズ（報道担当秘書官）はゲイトを「これまでの人生で最高の上司」と称した。いわく、「彼は目を見張るほど頭が切れて、感情も豊かだし、一緒にいてとても楽しい人。女王の右腕として必要な要素はすべて持ち合わせています。女王は主君として、彼の話には必ず耳を傾けていました。クリストファーと話をすれば、わざわざ女王に確認する必要はありません。それが女王の考えていることなのか、女王が望まれるであろうことなのか、クリストファーには分かっていました。何せ女王の思考に深く入り込んでいましたから」[9]

ゲイトは長期的な視点で仕事をしていた。女王に仕える（バッキンガム宮殿と政府の橋渡し役、女王のスピーチ原稿の執筆、公務の調整）だけでなく、王室の将来を守ることも自分の仕事だと考えていた。だからこそ、公務であれプライベートであれ、ウィリアム王子が女王と一緒に過ごせる時間をわざわざ用意して、君主の仕事には何が必要なのかをじかに知ってもらおうとしたのだ。「ウィリアムが女王とよく話すようになったのも、彼のおかげです。密かに工夫して、家族の関係がうまくいくようにしていました」とある関係者は話す。[10]

ウィリアムは、ロンドン着任の命を受けた海外の大使から、女王が信任状を受け取る儀式に何度か同席した。また、ケニアやボツワナの大統領など、海外のリーダーが女王に謁見するときにも参加している。ある内部関係者はこのように話した。

> クリストファーは、政府の報告書が詰まったレッドボックス*のようなものを作ってはどうかとウィリアムに強く勧めていました。また、数カ月に一回はスケジュールを押さえて、二人で話し合いを積極的に持つようにしていました。女王は、皆が独自のスタイルで物事を学ぶことを望ん

＊　いつでもどこでも報告書を読めるように、各大臣にはレッドボックス Red Box と呼ばれる重要な文書が入った赤いブリーフケースが用意されている。

でいました。嫌がったのは、ウィリアムに「これが私のやり方だから、あなたもこのようにやらなければなりません」と話すこと。そうはいっても、物事がどのように進むのかをウィリアムは少なくとも自分の目で見ておくべきだとクリストファーは考えたのです。そうすれば、いざ彼の時代が来たときに、ゼロから学ばなくてもすみます。そのときには既に女王はそばにいないのですから[11]。

二〇一〇年、ニュージーランドのウェリントンに最高裁判所の新庁舎が完成すると、女王はその開所式にウィリアム王子を派遣した。明るい夏の陽射しの中、新庁舎の周りには多くの人々が集まり、屋内では、抜け目ないカメラマン（サン紙のアーサー・エドワーズ）が傍聴席に座るゲイトの姿を捉えた。見つかってしまい動揺を隠せないゲイトは、たまたまウェリントンにいたので、立ち寄っただけだと抗議した。「ちょうど休暇中で、だったら、立ち寄るのも一考ではないかと勧められたまでだ[12]」と、ガーディアン紙のスティーヴン・ベイツに話している。

ゲイトの話はすべてが事実というわけでもない。確かに、南島の家族を訪ねるためにニュージーランドにいたのは事実だ。それに、英連邦王国の総督が集まる会議に出席するためオーストラリアにも滞在していた。「私たちが任務を果たしているかどうか確認するために、わざわざニュージーランドまで来たのではないと思いますよ」と王子たちのアドバイザーを務めるデイヴィッド・マニングは推測する[13]。しかしながら、女王の孫が女王の代理としてこれほど重要な式典に出席するその当日に、ゲイトがウェリントンにいようと決めたのは、決して偶然とは考えられない。もちろん意図的であり、意思を示すためのものだ。ある関係者はこう伝えた。「クリストファーは、象徴には素晴らしい力があると強く信じていました。だから、女王の最側近がその場に立ち会うことが、ニュージーランド側にとって象徴的な意味があると考えたのではないでしょうか[14]」

クリストファー・ゲイトとウィリアム王子は「非常に近しい間柄」だったとその関係者は説明する。「ウィリアム王子は、クリストファーに重要な問題や憲政についてよく質問し、アドバイスをもらっていました。世界各地の問題にどのように対処すればいいのかも話し合っていました。ウィリアムはクリストファーをとても気に入っていたのです。ウィリアムが未来の国王として扱われ始めたとき、クリストファーはそばにいてアドバイスを与えていました。そうすることが極めて重要ではないかと感じていたからです」。二〇一七年に王配引退がスタッフに告知されると、王室に劇的な出来事が生じるが、この二人の親しい関係も重要な要因の一つとなる。

ゲイトはチャールズ皇太子とも良い関係を築いていた。チャールズはゲイトが好きで、理知的なところを高く評価していた。スコットランド北東部に皇太后が暮らしていた邸宅メイ城があるが、夏になるとそのメイ城で、一度は一緒に週末を過ごすという習慣がもう何年も続いていた。ほかの宮廷メンバーは伴わず、二人だけで君主制の将来について議論を交わす。ゲイトの友人はこう話す。「[ゲイトが]とても気にしていたのは、変化する社会においてコンセンサスを得るには、王室も常に変化しなければならない、また、見事な繁栄を誇るエリザベス女王長期治世の後に続く時代への転換は、国家にとってもロイヤルファミリーにとっても難しいということでした[15]」

ゲイトはチャールズのことも幾度となく助けていた。二一世紀に変わるころ、英連邦内には、チャールズの英連邦とのかかわり方に関して水面下で不満が渦巻いていた。確かに、カナダやオーストラリア、ニュージーランドといった国々は訪問していた。しかしながら、母親である女王と比較すると、関心が薄いように見える。女王はファミリーである連邦加盟国にすべてを捧げていた。大英帝国の名残りから成長し、民主主義や人権、法律の価値観を共有する、五〇以上のさまざまな国の集まりに尽くしていたのだ。女王は王位継承から常に英連邦の元首だったが、英連邦の法律にはチャールズにその座を保証するものは何一つない。英連邦加盟国の首脳にはそれほど肯定的な考えではない者もいた。二〇〇〇年まで英連邦事務局長を務めたエメカ・アニャオクは後継者のダン・マキノンにこう話したという。「次の英連邦の元首をチャールズにしたいのなら、よっぽど努力しなければなりません」[16]

　この話から、バッキンガム宮殿が問題を抱えていることは明らかだ。英連邦が次の元首にチャールズを望んでいないのであれば、ロイヤルファミリーにとってそれほど屈辱的なことはない。舞台裏では、その日が来た暁には、加盟国各国がチャールズをトップとして据えることで一致団結するよう、懸命な外交努力が行われた。二〇一三年、特命を受けたゲイトがオーストラリアのアデレードに飛び、首相のジュリア・ギラードの説得に当たる。これが功を奏した。二〇一八年四月に開催されたロンドンの会議で、英連邦加盟国の首脳は正式にチャールズが英連邦の長として母親の跡を継ぐことに同意したのだ。前章で触れたように、ガス・オドネル内閣官房長とともに憲政に尽力したことに加え、今回のロビー活動が評価され、ゲイトは二つ目のナイトの称号を授与されることになった。

　ゲイトは、チャールズ皇太子がロイヤルファミリーの将来のあり方を模索するときにも手を貸している。チャールズが一九九〇年代から訴え続けているのが、ロイヤルファミリーの存在を正当化するためにはスリム化しなければならないという考え方だ。国民の税金で大人数の一族に公務を任せるのは、現代の感覚にそぐわないとチャールズは信じている。認識とコスト、両方の問題だ。確かに、君主とその近親者が携わることで任務とコストを正当化するのも一つの方法だが、従兄弟姉妹や甥、姪が携わる現在のやり方を続けるのは甚だ難しい。二〇一二年、女王即位六〇周年記念式典で、チャールズは自らの考えを実行に移した。

　即位記念式典の最終日、セント・ポール大聖堂で感謝の礼拝が執り行われ、引き続きウェストミンスター・ホールで祝賀昼食会が開かれた。その後、女王をはじめとするロイヤルファミリーはバッキンガム宮殿に戻るとバルコニーに集まり、即位記念行事のクライマックスである王立空軍の儀礼飛行をバルコニーで見守った。以前は、大勢のロイヤルファミリーがバルコニーでひしめき合っていたが、二〇一二年は違った。このときバルコニーにいたのは、女王とチャールズ皇太子、コーンウォール公爵夫人〔カミラ夫人〕、ケンブリッジ公爵夫妻〔ウィリアムとケイト〕、ハリー王子だけだった〔フィリップ王配は膀胱の感染症で体調を崩していた〕。これは、「ロイヤルファミリーの中で本当に重要なのは誰なのか」というメッセージを伝えるための考え抜かれた行動だった。だが同時に、チャールズの弟妹の中には、その事実をとても受け入れられない人たちもいた。アンドリューの場合、近しい人物によると、ロイヤルファミリーの上位からその他大勢への格下げは、突然かつ予想外だったという。「まるで心臓に短剣を一突きされたようで、立ち直れない」状態だった[17]。エドワード王子は、チャールズの行動に戸惑っていたとも言われている。その一方、アン王女は、ある関係者によると「関心がない」[18]らしい。

　アンドリューは即位六〇周年記念祝賀行事の前から、儀礼飛行の観覧メンバーから自分が除外されることに対してとても敏感に反応していた。ある古参の側近にこう話している。「クリストファー・ゲイトに伝えてくれ。あのバルコニーに立ちたいんだ。皆、一年中懸命に女王を支えてきたじゃないか。これはあまりにもひど過ぎる」[19]。しかし、ゲイトはチャールズの味方だった。というより、お出ましの人数を減らすメリットを女王に進言し、説得を手助けしたのはゲイト本人だったのだ。「皇太子は世の中にはっきりと示したかったのです。『これが君主国の未来である。これが核となるグループである』と。クリストファーはそれを実現しました。それに、女王ならそれを了承したでしょう」

　そう考えると、チャールズはクリストファー・ゲイトにどれだけ感謝してもし足りないはずだ。しかしながら、二〇一四年の初めに計画した王室のコミュニケーション対応の一本化が破綻し、二人の間には大きな溝ができていた。そのころから、二人の関係は以前と全く同じとはいかなくなったのだ。ある元廷臣が教えてくれた。「皇太子は、クリストファーがサリー［オスマン。コミュニケーション担当秘書官］を横取りした、ダメにした、翻意させたと考え、悪い印象が刷り込まれました。それで二人の関係にも影響が出たのです。漏れ聞こえてくる情報は信じられないほど否定的な内容で、そのせいで雰囲気も重々しくなり、とても不快でした」[20]。女王とチャールズの両者が参加する行事の計画は「極めて難しい」ものになった。

三つの報道部を統合するという試みは、ロイヤルファミリーが直面しているより深刻な問題の一端にすぎなかった。その深刻な問題とは、「女王がセミリタイアした印象を与えずに、公務の一部を皇太子に引き継ぐにはどうすればよいのか」である。チャールズが英連邦の未来の元首としての地位を確実に獲得するために誰がどのように働きかけていたのかは、舞台裏で交わされていた話がすべてを物語っている。ある関係者が説明してくれた。

女王は長距離移動が必要な海外訪問を止めていましたし、叙任式やガーデンパーティなど、自身が主催する行事の数も減らしていました。携わっている公務も徐々に断っています。いずれも正式に発表されたわけではありませんが、少しずつ徐々に行われていったのです。皇太子の責任が増えていくものの、継承には見えないようにしなければならないのですから、実に厄介です。[21]

こうした交渉はすべてゲイトが取り仕切った。おそらく悩ましい任務だったに違いない。古参のアドバイザーだけでなく、彼自身の将来にもかかわる微妙な問題だからだ。チャールズが王位を継いだら、誰が国王の秘書官になるのだろうか。女王の秘書官がそのまま居座るのだろうか。チャールズは自分のチームをそのままバッキンガム宮殿に連れてくるのだろうか。前述の関係者はこう話す。「もしすべて一緒にしようものなら、誤解から判断ミスやら不信感やらいろいろ起こる可能性があります。その点、クリストファーは実に毅然としていて、すべての地盤をしっかりと築きました。ただその過程で、皇太子との関係は大きく壊れていったのだと私は思います」

*

二〇一七年五月にバッキンガム宮殿のボールルームでクリストファー・ゲイトが発表してから、ロイヤルファミリーの三つの宮廷には噂話が飛び交った。クリストファーは、フィリップ王配の引退後は皆で力を合わせて女王を支えようと言っていたけれど、本当のところ、それはどういう意味なのだろうか？　「多くの人が『クリストファーは何が言いたいのか？　これからは、彼の言うことを聞かなければならないということなのか？』と言っていました」と関係者は話す。「気になることがあったのです[22]」。発表を聞いていたスタッフの中には、ゲイトが伝えようとしていたことについてはまだそれほど話し合われていないのではないかと感じる人たちもいた。確かに、ゲイトは、自分の意見はほかの宮廷からも支持されていると話していたし、彼のメッセージが、サマンサ・コーエン（ゲイトと緊密に連携をとっていた女王付き秘書官補）とともによく考え抜いたものであることは間違いない。それでも、スタッフの中には、今までそれらしいことは何も言われてこなかったと話す者たちもいた。ビジネスの世界なら、「皆を驚かさないように」それなりの段取りがあって然るべきところだ。とはいえ、ある関係者が皮肉を込めて言っていたように、「そうはいっても、どこの世界にも必ず自分の都合の良いように解釈する人はいるもの」なのだ。[23]

それは決して一般論ではない。クラレンス・ハウスのチャールズのスタッフのことだ。別の関係者が話していたが、実際にもう「クリストファーは既に皇太子の信頼を失っていました。〔皇太子は、〕自分のやりたいことを〔ゲイトが〕理解することは決してないと判断したのです[24]」。その上、別の要因もあった。サー・クライヴ・オルダートンである。

弁が立ち、チャーミングでユーモアのセンスにあふれたオルダートンは、二〇二二年の女王誕生日記念叙勲でナイトの称号が授与された元外交官である。外務省から出向してチャールズの下で働き、副秘書官まで出世した後、在モロッコ英国大使として古巣に戻った。ベビーフェイスで長めのブロンドヘアだからか、よく風刺画に登場する英国人紳士のようにも見える。二〇一五年には王室に戻り、ウィリアム・ナイから秘書官の職を引き継いだ。元外交官の廷臣らしい洗練されたイメージなので、オルダートンを敬愛する人たちもいる。その一方で、捉えどころのない印象を受けたと言う人たちがいるのも事実だ。おそらくマキアヴェリの『君主論』を熟読しているのではないかと彼らは踏んでいる。「クライヴは策士で、チェスがうまいですよ」と友人は話す。「まさにドラマ『ウルフ・ホール』や『ハウス・オブ・カード』の登場人物です[25]」

それに、皇太子の操り方もよく知っている。

ある関係者はこう説明した。

彼はご夫妻の両方とも関係が良好でした。特に公爵夫人とはよかったですね。何よりも重要なのは「二人を笑わせる」ことですが、それも彼の得意技の一つです。皇太子が少しつむじを曲げていても、〔オルダートンなら〕笑わせる方法を見つけ出すでしょう。二人をよく理解していますし、何が好きなのか、何が好きでないのかも知っています。とてもよく気が付くことを本人も自覚しています。それに、どんなことがあっても議論に負けたことがないタイプです。自分が勝ったと分かるまで、決して態度を和らげることはないでしょう。何せ外交官ですから。人を説得するのがうまいのです[26]。

弁が立つとはいえ、複数の同僚によるとオルダートンは決してごますりではなかった。権力を持つ者には真実を伝えていたという。「クライヴが、皇太子との難しい話し合いを敬遠している姿を見たことがありません」とその一人が話す。「……［飛行機が好きでない］公爵夫人に、なぜ飛行機に乗って、英連邦競技大会Commonwealth Gamesの開会を宣言しに行かなければならないのか、なぜチャールズが外交パーティから米国に飛び、ブッシュ大統領の葬儀に出席しなければならないのかを粘り強く説明していた。同僚たちは厄介な話が持ち上がると、オルダートンの優れた説得力に内心感謝しつつ、相談を持ちかける。「ほかの誰もうまくできなければ、クライヴのところに行きます。すると彼は、『だったら覚悟を決めて、是が非でも説得するしかないですね』と答えていました[27]」

クライヴは、激しい議論が続く状況でも平常心を保つことができた。「どんなに理不尽なことを言われても、クライヴが怒ったところを見たことがありません」と一人の同僚が話す。「彼は究極の現場責任者です[28]」

ここまでがオルダートンに好意的な人たちの話だが、反対意見もある。例えば別の元スタッフはこのように話した。「彼に型にはまった見方や統一見解は必要ありません。上司に気に入られようと必死になっているだけ。上司の利益になるなら情け容赦ありません」。人としては「いつもとても親切で礼儀正しくて、ユーモアにあふれて[29]」いた。しかしほかの二つの宮廷に対しては、かなりけんか腰だったと言える。例えばチャールズがビジネスの話題でスピーチを行う日に、ケンブリッジ公爵夫人の保育園訪問が予定されていれば、ケンジントン宮殿に電話をかけて文句を言うこともあった。「クライヴは、一緒に仕事をする相手としてはよくありませんでした」とケンジントン宮殿の関係者は話す[30]。

ゲイトとオルダートンは馬が合わなかった。ほかの人が同席している会議ではお互い非の打ち所がないほど丁寧で礼儀正しい。しかしながら心の奥深くでお互いに反感を持っていることは周囲の人たちの目には明らかだった。ある元スタッフはこう話している。「クリストファーとクライヴの反りの悪さは、とにかく滑稽で笑えます。なぜって、周りは二人が犬猿の仲で、裏では真剣にいがみ合っているのはよく知ってますからね。それなのに毎週顔を合わせて、お互いとても親切なのですから[31]」

別の関係者によると、ゲイトは「クライヴを決して真剣に取り合わず、対等に扱っていなかった」という。オルダートンのクラレンス・ハウスでの最初の任務が終わりに近づくと、彼がゲイトのところまで出向き、モロッコの大使に任命された旨を伝えた。そのときの様子を前述の関係者が教えてくれた。「クリストファーはあまり興味がなさそうでした。クライヴが『それでは、この良い知らせを女王にお伝えするとしましょう』と言うと、どうやらクリストファーがこう言ったようなのです。『なるほど、クライヴ、もちろん君が伝えてもかまわないが、その前にまず私が足を運び、君がどこの誰なのか説明した方がよさそうだ』と。その後クライヴは怒りまくったと思いますよ[32]」。しかしながら別の関係者は、ゲイトがオルダートンにそのようなことを話すとは想像できないという。「クリストファーはそういうタイプの人ではありません[33]」

クラレンス・ハウスが、ボールルームでのゲイトの言葉にどう対処すべきか悩んでいたころ、ケンジントン宮殿（ウィリアム、ケイト、ハリーの拠点）はまたもや、いざこざに巻き込まれないようにするのに必死だった。ゲイトの話は、自分自身の大義よりも女王のサポートに力を入れるよう若いロイヤルファミリーに促しており、彼らは先制攻撃を受けたように感じた。その一方で、ウィリアム王子は（ハリー王子も）ゲイトには個人的に忠誠心を抱いていた。そのころ既にウィリアムの秘書官を務めていたミゲル・ヘッドなどは、ゲイトをメンターとして見ていたほどだ。

クライヴ・オルダートンは例のボールルームの集まりには出席しておらず、ゲイトの言葉を直には聞いていない。当時はスコットランドにいたのだが、すぐに何が起こったのか理解した。あのときボールルームにいたクラレンス・ハウスのスタッフがこう話している。「誰もが、何を言われたのかすぐにはよく分からず、少し混乱したような状態でした。しかし、私はよく考えていくうちに、あのときクリストファーは自分の権力がほかの宮廷にも及ぶと断言していたのだ、あのメッセージの真意が、今後、指示系統がとても明確になるということだと次第に分かってきました」[34]。違う解釈をする人たちもいた。「クリストファーのことはよく知っているので、私には分かります。彼は女王陛下をお守りし、王室を強くすることにしか興味がありません」と友人は話す。ゲイトのことを、フィリップの引退を利用して宮廷全体を乗っ取り、我が物にしようと企む「仕切り屋」に仕立てるのは、「悪意ある愚行」だとその友人は指摘した[35]。

ボールルームの集まりから数週間後、ゲイトはクラレンス・ハウスから、運営チームのトップと直接話をしてもらいたいと招かれた。その目的が状況の整理なのであれば、大成功とはいかなかった。ゲイトは、ほかの人が着席する中、約一五分にわたり立ったまま話をした。その部屋にいた人は、妙な感じだったと言う。「具体的に指図はせず、『これがこれからの姿です』と話すのですが、あのボディランゲージはいただけない……わざわざこちらにやってきて、自分だけ立ちあがり、これからはこうしなければならないと話す。とても不自然な印象を受けました。パワープレーというか。『私たちはこれから、皆同じビジョンに向かって取り組んでいくのです』と言っていましたが、そんなことは言われなくてもやっていますし。皆、少しばかり混乱していました[36]」

その会に出席した人の中にはこう話す人もいた。「あの会議で覚えていることと言えば、クリストファーがやってきて、一五分くらい私たちに話をしてから、そそくさと帰っていったことと、すべてがすごく妙で、何を言われたのか私たちにはよく分からなかったということくらいでしょうか。はっきり分かったのは、私たちに見えていない、予想を超えた事態が舞台裏で生じているということでした。それからすぐ後だったと思うのですが、（中略）本当の対決は非公開の集まりか何かで、クライヴが成り行きに満足していないのは明らかでした[37]」

混乱したのは、この目撃者の二人が初めてではない。ゲイトは博学で聡明だが、メッセージをうまく伝える才がなかったようだ。ある関係者（批判しているものの、実はゲイト派）はこう話している。「そもそもクリストファーは交渉がうまくありません。相手をうまく取り込めませんでした。あれはとても感情的な話ですからね。それにクラレンス・ハウスは何事にもとても感情的に反応する傾向があります」。ゲイトが提案していたのは大きな変化だ。「駆け引きが必要で、皆を同じ場所に集めなければならないとなると、うんざりするほど厄介で、何しろ時間がかかります。彼が得意とする分野ではないし、いい加減うんざりして別の手を打つことにしたということでしょう[38]」

こう話す同僚もいる。

> クリストファーの最大の欠点には、「持って回った話し方をする」、「物事を比喩的に表現する」も挙げられるのではないでしょうか。彼は特にズバズバ話す人ではありません。物事を概念化するのはとても上手で、素晴らしいアイデアもよく浮かぶのですが、いかんせん、その考えた内容

を説明するのがあまり上手ではないのです。謎かけのような話をしておしまいということもよくあります。おそらく自分では何を言っているのか明解なのでしょうが、座ったまま話を聞かされている方は「もう一五分も話を聞いているが、何を言いたいのかさっぱり分からない」状態になります。クリストファーが言いたかったのは要するに、「女王は年を取ってきた。ロイヤルファミリーのほかのメンバーの参加が必要だ。それを効果的に実施するには、うまく調整しなければならない。その一つの方法がこれだ」ということなのです。▼39

しかしゲイトが彼の考える将来について皇太子に話したとき、二人の間で根本的な誤解が生じた。それがチャールズのゲイト不信につながったと言ってよいだろう。「そこからは坂道を転げ落ちるようでした」と前述の同僚が付け加えた。クライヴ・オルダートンとクリストファー・ゲイトは反目していたので、事態は一向に改善しなかった。「クライヴはクリストファーに反感を持つタイプ」とその同僚は指摘する。ゲイトに対するオルダートンの感情が、おそらくチャールズの見方に影響を与えたのだろう。さらに、「そういった意味でも、クライヴが［二〇一五年にモロッコから］戻ってきたのは、とても重要でした。なぜならクライヴはクリストファーに対して少しばかりけんか腰でしたから」とも話した。オルダートンがゲイトを批判し始めようとしまいと、「最終的にクリストファーを追い出すのはおそらくクライヴだと思う」という同僚の考えにたどり着く。

宮廷内にはゲイトの敵がほかにもいた。エリザベス女王の次男、ヨーク公爵アンドリュー王子だ。女王の宮廷の元メンバーは「アンドリューは本当にクリストファーを目の敵にしていました」▼40と話す。二人の反目感情の始まりは何年も前に遡る。アンドリューは、二〇一一年にジェフリー・エプスタインとの関係が暴露され、政府の貿易特使としての役割を失ったのはゲイトに原因があると考えていた。

それが反目の一つ目の要因である。「アンドリューは、あの仕事［を失ったこと］をクリストファーのせいにしていました。でも実際のところ、『ご協力くださいましてありがとうございました。もうこれで結構です』とアンドリューに告げる決断を下したのは首相官邸なのです」とある関係者は話した。「とはいえ、二人の間に敵意のようなものがあったのは明らかです[41]」

もう一つの要因は、既に紹介しているように、チャールズが掲げる王室スリム化をゲイトが支持している点だ。ゲイトは、アンドリューの娘たち、ベアトリス王女とユージェニー王女が公務を行う主要王室メンバーとしての役割を担うべきではないと考えていた。「彼はこの考えを断固として譲らず、その結果、王室はピリピリしていました[42]」と、ある関係者がサンデー・エクスプレス紙に話している。「王室はピリピリ」とはアンドリューを怒らせたという意味だ。こう話す関係者もいた。「［アンドリューは］心の底から彼を嫌っています。それに、その気持ちはクリストファーも同じだと私は思いますよ。アンドリューにとどめを刺したくてたまらなかったのでは？[43]」

二〇一四年、ゲイトは三カ月の長期リフレッシュ休暇を取り、女王付き秘書官職から離れた。長期休暇を取った理由は、健康問題ではないかと考えられているが、ルイス島の農場を相続したことも関係している。驚くまでもなく、彼の不在に関しては、バッキンガム宮殿内で多くのゴシップや憶測が飛び交った。その大半がある疑問にまつわるものだった。それは「彼は戻ってくるのか？　女王のチームは後継者を考えているのか？」である。

ある関係者に話を聞いた。「存在感のある人だったので、彼がいないと気になりました。それでも王室は回っていきます。そこで気付いたのです、彼は引き際をどうするつもりなのだろうと。だからあの休暇がきっかけで、皆、『そうか、今が変わるタイミングなのかもしれない』と思い始めたのではないでしょうか。もちろん本人は違う見解で、もっと働き続けたかったと思いますけど[44]」

結局、ゲイトは戻ってきた。しかしながら、現場を離れていたときも、「この人物は自分に忠実ではない」と感じた人たちのことを忘れることはなかった。依然として仕事は安泰だったが、それまで宮廷内で享受していたほどではなかった。

二〇一七年五月の出来事の直前、女王はゲイトに、自分の秘書官としてとどまるように依頼していた。ゲイトは既に最高職で、重要な任務をこなしてきた。通常なら、秘書官からの引退を考えるところだろう。次の治世への移譲が滞りなくすむための準備は万全で、王室関係者が口々に言うところの「グライド・パス glide path（滑走路への進入路）」は確保されている。それでも女王は自らの治世が終わるまで、ゲイトが秘書官でいることを望んだ。そうすれば、王位継承時に、経験豊かな秘書官が君主をサポートできるからだ。ゲイトは自分なりに現職にとどまるという難しい決断を下した。しかしバッキンガム宮殿ボールルームでのあの発言の後、ゲイトへの支持は急激に低下していく。

手許金会計長官のサー・アラン・リードは、女王の宮廷で最も大きな権力を持つ三人のうちの一人であり、何よりも重要なのは、女王のお気に入りでもあるということだ。「女王はアランと一緒にいると楽しそうでした。彼はおもしろい人ですし、人を喜ばせるのが上手でした」と同僚は話す。[45] そんなリード（偶然にも、クリストファー・ゲイトと同じグレナルモンド・カレッジの出身）だが、今回の秘書官残留は受け入れ難いと思い始めた。リードはもともとゲイトに対してわだかまりを感じていた。この気まずい雰囲気は、ある同僚によると、何年も前から続いていた。さらに、二〇一五年の王室助成金ブリーフィングでリードが暴挙に走り、その発言撤回の声明文を出すよう、ゲイトがリードに依頼しなければならない事態に陥った。

前述の同僚はこう語る。

あの二人は常にプロとしての意識がとても高く、それは二人とも一番に女王のためを考えて行動していたからです。それが回りまわって二人の老練家を生み出したのかもしれません、よく分かりませんが。クリストファーは、盛装して式典などに出席したり、あたかも廷臣だと言わんばかりに振る舞ったりして、廷臣の役割を演じることは決してありませんでした。裏方に徹し、すべてがうまくいくように心がけていました。表舞台の役回りは楽しめなかったのです。一方のアランはそうした表舞台の仕事をすべて楽しんでいました。二人は単に、全く違う性格の持ち主というだけ。二人とも、とても重要な自分の役割を若干違うアプローチで取り組んでいたのです。

会議では、ロイヤルファミリーが直面する問題に対して、アラン・リードはいつも誰より率直に発言していた。ある同僚はこう話す。「アランは、それはそれはとてもざっくばらんでした。でもクリストファーを含めほかの人たちは、大きな問題が何なのか話し合うようなとき、回りくどい言葉をいろいろ選んで、なるべく直接的な表現は避けていました」[46]。リードはクラレンス・ハウスのチャールズ・チームと親しかった。しかし、ゲイトの思い描く道程にはチャールズの姿が見えないとリードは信じていたのではないか——先ほどの同僚はそう話す。「彼はその状況を大きな問題だと思っていましたし、クリストファーはチャールズから信頼を得ていないと確信していました。信頼されていなければ、やろうとしていることが正しいとか正しくないとかに関係なく、事はうまく運ばないものです」。多くの同僚たちも、宮廷における意思決定のプロセスではリードがいつも中心的役割を担っていたと話す。その決定の中には間違いなく秘書官の運命を左右するような重要な案件も含まれている。ある人はこう指摘した。「それほど重要なことが、アランのサインなしで決まるわけがありません」[47]

終焉はボールルームの一件から数週間で訪れた。チャールズとアンドリュー（チャールズの王室スリム化計画が原因で、この兄弟の間に生じた緊張状態を考えると、あり得ない組み合わせに二人で連携して、女王に話をすることにした。「ゲイトには辞めてもらわなければ」と話したのだ。その後クライヴ・オルダートンが、チャールズととても親しい宮内長官のピール卿に話をした。これからの流れを説明し、女王の支持も得ている旨を伝えたのである。それからピールはアラン・リードとともに、五五歳のゲイトに面談し、宮廷を去る時が来たと伝えた。

ゲイトの同僚たちによると、彼はそのとき起きた出来事に「とても傷ついた」という。「ひどい仕打ちですよ。クリストファーはなかなか受け入れられなかったのではないかと思いますよ」と話す同僚もいた。[48] ほかには、「この一五年間、彼は廷臣の仕事に人生をかけてきました。私生活の多くを犠牲にしてきたのです。それなのに、突然放り出されたりしたら、あなたならどう思いますか？ きっと裏切られたと思うはず。まさに悲劇です」[49]。タイムズ紙に話をした同僚もいた。「クリストファーほど慎み深く立派な人物と一緒に働いたことはおそらくない。実に無心で、常に思慮深い優れたアドバイスをくれた。彼がいなくなると本当にさみしくなるだろう」[50]

友人の一人は、王室を去ることはゲイトにとって「大きな打撃」だと述べた。「彼は公僕として長きにわたり仕えてきましたが、これまで一度も職務怠慢のようなことで責められることはありませんでした。どの職務でも、辞めるときには評価が上がっていました。それなのに、彼が愛する国の最も重要な地位の一つから、彼が大切に守ってきた王室の職務から、突然解雇されるなんて」[51]

クラレンス・ハウスの人たちからも惜しむ声が聞かれた。「クリストファーが大好きでした。素晴らしい人だったと思いますし、とても好ましい人物だったと思います。彼が辞めただなんて信じられない。クリストファーがやってきたことはどれも、宮廷間の関係を改善するためでした。でも、その結果の一つがこの仕打ちだとしたら、とても皮肉ですね。そう、本当に皮肉です」[52]

この件におけるケンジントン宮殿の役割は謎に包まれたままだ。クラレンス・ハウス関係者の中には、ケンジントン宮殿はゲイトが自分たちと同じように権力を握っているのを見るのは我慢ならないと思っていたと、主張する人たちもいる。一方で、ケンジントン宮殿には、自分たちはゲイトの失脚とは何ら関係はないと主張する人たちもいる。何が起こっていたにせよ、明らかなことが一つある。それはウィリアム王子がゲイトの処遇についてよく思っていないということだ。そして、ピール卿のところまで出向き、自分の考えを伝えた。ある関係者はこう話す。「ウィリアムは激怒していました。ピール卿の祖母にも父親にも訴えたほどです。ウィリアムは、クリストファーは王室という組織の近代化と絆の強化に一緒に尽力してきたと考えていました。だから、対応の仕方やクリストファーの処分について懸念していたのです[53]」。別の関係者もウィリアムの様子を話してくれた。

「彼は本当に怒っていました。決断が間違っていたからというわけではありません。王室という組織の柱であり、連立政権が誕生したときに極めて重要な役割を果たしていた人物に対する処遇としては、あまりにも無慈悲ではないかと考えたのです。クリストファーの主な仕事とは全く関係ないことを理由に、突然追い出されるのは理不尽なのでは。自分の仕事はしっかり完璧にこなしていたのですから。［ウィリアムは］ピール卿に自分の考えを伝えました。特に今回の話についてて自分がどう感じているのか、つまり、あまりにも思いやりに欠けているのではないか、と伝えたのです[54]。

大きな疑問がまだ二つ残っている。女王がなぜ了承したのか？　クリストファー・ゲイトを大いに称賛していたこともあるピール卿がなぜ同意したのか？　バッキンガム宮殿の元関係者はこう説明した。「なぜ女王は『何をバカなことを。彼は私の相棒です』と言わなかったのでしょうか。そんな状況にあれば、普通はそう言うはずです[55]」。「廷臣のことを考えるなら、引導を渡す役割は、ほかのロイヤルファミリーに頼むのが間違いない」と話す王室関係者もいる。当時多くの関係者が、女王がゲイトの解雇に同意したのは、女王自身が「静かな生活」を望んでいたからではないかと話していた。こう話す人もいた。「九一歳にもなれば、大きな争いごとで煩わしい状況になるのは勘弁してもらいたくありませんか？　何事も穏やかにすむのならその方がよくありませんか？　もし彼が職を辞さなければ、決して穏やかにはすまなかったでしょう[56]」

元上級廷臣で、当時は既に現役を引退していた人物は憤りを隠さなかった。

私には全く理解できません。あれだけ力量があり優秀な人物に、そんなことが起こり得るとは。もう私の理解を超えています。もし人々（つまり、チャールズや女王）が、彼が何らかの方法で王室に傷をつけたと考えるなら（もちろん私にはそんなことは信じられませんが）、彼は辞めるべきでしょうし、それならそれで対処に何も難しいことはありません。宮内長官の仕事は、秘書官を呼びつけて、「いいですか、残念ですが、今状況はよくありませんよね？　それで私からの提案です。いつまでとは区切りませんが、近いうちに辞めるという形で穏便にすませましょう。もう一〇年も働いてきたのですから」と告げればよいのです。それ自体は問題ありません。でも、私が理解できないのは、今回の仕打ちをなぜ皆が許したのかということです。最終的な責任は宮内長官にありますが、結局、女王の責任でもあり、チャールズ皇太子の責任でもあるのです。これは王政そのものを傷つけているということにほかなりません。歴史学者が調べれば、この件は間違いなく汚点になるでしょう[57]。

ゲイト卿は一九一三年のノウルズ卿以来初めて、自分の意志に反して辞職を強いられた唯一の王室秘書官であり、それは現在も変わらない。ジョージ五世の合同秘書官だったノウルズは五〇年間君主に仕えた末、七五歳で国王から解雇された。「まるで出来の悪い執事が免職されたかのように、最も不愉快な方法で免職された」というノウルズの不平不満に、ゲイトなら幾分同情したかもしれない。▼58

ちなみにノウルズ本人は、「ことのほかひどい扱いを受けた」と話している。

第11章 「みんなから邪険にされるんだ」

シドニーのホテル、ソフィテル・シドニー・ダーリング・ハーバー。ジョン・アーリッジはロビーのソファーに座り込んでいた。もうヘトヘトだ。二〇一七年一〇月、ロンドン発の便から降り立ったばかりで、すっかり参っていた。原因は時差ボケだけではない。約一万八〇〇〇キロを安い座席で移動するという慣れない体験をしたからだ。経験豊かな旅行ジャーナリストのアーリッジは、注目の特集記事も手掛けるライターで、いつもなら飛行機の移動はファーストクラスを利用する。今さら言っても仕方ない。ようやくオーストラリアに到着した。それもこれも、サンデー・タイムズ・マガジンの三〇〇〇ワードの記事で、ヨーク公爵アンドリュー王子の話を聞くという、またとない機会を得られたからだ。ここまで足を運んだ甲斐はきっとあるに違いない。アンドリュー王子側とは同誌があきらめずに交渉を続けた結果、説得が成功し、記事に協力してもらえることになった。その記事では、アンドリューが現在取り組んでいる慈善活動について取り上げる予定だ。

そう、慈善活動。これはヴァージニア・ジュフリーの事件が発覚するはるか前、メディアがアンドリューを重要視しているふりをするのが（一所懸命努力すれば、何とか）まだ可能だったころの話だ。そして、サンデー・タイムズが今やろうとしているのは、まさにその「アンドリューを重要視しているふり」である。アンドリューは世間に真面目な印象を与えようと必死だった。自分が、世の中に「変化をもたらす」英国ビジネス界の勇者であると証明しようとしていたのだ。彼が今熱心に取り組んでいるのはPitch@Palaceだ。これはアンドリュー自身がバッキンガム宮殿で立ち上げたプロジェクトで、テレビ番組『ドラゴンズ・デン』（日本のテレビ番組『マネーの虎』の英国版で、二〇〇五年からBBCで放送）からヒントを得た。起業家と投資家を結びつけるために考えられたメンタリングのネットワークである。英国王室のブランド力を使い、投資家にはそうそうたるメンバーも集めた。それに海外進出も果たしている。だから、サンデー・タイムズのプレゼンを受けたとき、アンドリューの側近たちは考えた。「ジョン・アーリッジをオーストラリアに呼び、アンドリューが活躍する場を見てもらうというのはどうだろうか？」。それを聞いて、サンデー・タイムズの上層部も考えた——よし、場所が遠い上に、経費がかなりかかるが、ひょっとしたら特集記事ができるかもしれないぞ。

　そういうわけで、時差ボケのジョン・アーリッジは一張羅のネイビーブルーの麻のスーツを着て、アンドリューの報道担当官デイヴィッド・ポグソンと一緒にソフィテルのロビーに座っていた。これから初めてアンドリューに会うのだ。ようやくアンドリューの姿が見えた。気難しい顔をしているスリムな秘書官アマンダ・サースクと一緒だ。アーリッジの記憶にある初めての出会いはこうして始まった。「最初にかけられた言葉は、『なぜこんなに遠くまで来たのかな？』でした。ひどい時差ボケに苦しみ、疲労困憊だった私は、彼の顔をじっと見つめて、こう答えました。『招待してくださったからですよ』と。地球の裏側まで飛んでくるように呼びつけておきながらそれを全く覚えていないことにムッとした私は、言葉の最後にどうしても『サー Sir』▼1を付け加えることができませんでした。必ず『サー』をつけて話すように念押しされていたのですが」。要するに、それがアンドリュー王子なのである。無礼で無骨、思いやりもなければ、他人のことなど全く意に介さない。
アーリッジはこう話している。「こうした状況から察するに、アマンダかデイヴィッドがアンドリューに基本情報を叩き込んでいなかったのでしょう。『あの人の名前はジョンですよ。サンデー・タイムズ・マガジンの記者。今回は大事な取材で、王子に会うためにわざわざここまで来てくれました。エレベーターを降りたら、「こんにちは、お会いできてうれしい限りです。こんなに遠くまで来てくださって本当にありがとうございます」と言ってください』と教えればよかったのに」

しかしながら、ロイヤルファミリーならではの無礼な態度はアンドリューのささいな問題にすぎない。その後のインタビューは近年まれに見るお粗末なものだった。まるでメディアに出る練習レベル。準備と対応があまりにも不十分だったので、アンドリューは一体どのようなアドバイスをもらっているのだろうかと疑問視したくなるほどだ。いや、もらわずに、聞き流しているのかもしれないが。その二年後、さらに上をいくお粗末なインタビューが、ＢＢＣの報道番組『ニュースナイトNewsnight』で流された。このアンドリューのインタビューは悪評を呼び、公務を担う王室メンバーとしてのアンドリューのキャリアは大きな音をきしませながら完全に停止することになる。

シドニーの取材の後、バッキンガム宮殿の中国風晩餐の間で追加インタビューが始まり、アンドリューは自らを「アイデアの工場」と称した。このビジネスセンスで、ロイヤルファミリーの近代化に一役買っているとも述べた。しかし、アーリッジから例を挙げるように頼まれると、答えに窮したのだ。アーリッジはこう書いている。「長い沈黙。うめき声を上げる。『そうだな……』からの、さらに長い沈黙」[▼2]。最終的にサースクがアンドリューに耳打ちして、救いの手を差し伸べた。「そうそう、ＩＴだ」。今、セント・ジェームズ宮殿で携帯電話が使えたり、Wi-Fiの入りがよかったりするとしたら、それはアンドリューのおかげかもしれないし、そうではないかもしれない。いやはや。

もう目も当てられない。まだメディア慣れしていないことを考えると、アンドリューがインタビューに応じて、自分を王室の客員起業家〔EIR〕として売り込むなどあまりにも無謀だ。その上、EIRであることを裏付ける事例をあらかじめ用意するつもりもないのだ。「これまでインタビューした公人の中で、彼が最も横柄で軽率な人物であることは疑いようがありません」とアーリッジは振り返る。「彼がすべきだったけれど、しなかったこと。彼がすべきでなかったけれど、してしまったこと。（中略）あのインタビューは、これまでの中で最もヘンなものに数えられます」。アーリッジのもともとの計画は、簡単な質問から次第に難しい質問に移るというものだった。「公爵が簡単な質問にも答えられないことを知って、驚愕しました。インタビューの計画をすべて白紙に戻して、さらに答えやすい質問を尋ねました。この人はきっと、つまらないことばかり話し、自分が無能で役立たずで、何の準備もできない非常識な人間であることをさらけ出し続けるのだろうなと思いながら」

二〇一七年一二月、インタビューがサンデー・タイムズ・マガジンに掲載される前夜、アーリッジは原稿をバッキンガム宮殿の報道部に送り、「おそらくこれではインタビューとは呼べないだろう。（中略）せいぜい家庭の洗面所に飾られるくらいの代物と警告」した。

即座に報道部の上役から返事が来た。「あるものでいきましょう」

「アンドリューは悪い人ではありません」と報道部の廷臣は強調する。しかも随分前のめりだ。そう発言をしたのは、彼をよく知る人物で、しっかりとした倫理基準も持ち合わせている。女癖の悪さやわいせつ行為を擁護する立場にはない。まともな人間である。それなのに、アンドリューのことをそこまで悪くないと考えていた。でもきっと手がかかるだろう。

今ではなかなか信じられないかもしれないが、その昔、アンドリューは人気者だった。ハンサムで、ランディ（すけべな）・アンディとニックネームが付けられるほど異性への関心も高く、フォークランド紛争でヘリコプターのパイロットとして従軍したときには人目を引いた。セーラ・ファーガスンと初めて結婚したとき、二人のカジュアルな雰囲気はロイヤルファミリーの堅苦しいイメージを軽やかに変えてくれるように思えた。しかしながら、時間がたつうちに、そのカジュアルな雰囲気はガサツに変わり、結婚生活も破綻した。それに、海軍軍人としてのキャリアも傷ついて終わったので、アンドリューの可能性は狭まり、関心があることといえば、ゴルフと動画と女くらいだった。

二〇〇一年に王立海軍を退役した後、初めて選んだ秘書官はいろいろな意味で素晴らしい人物だった。海軍中佐シャーロット・マンリー、軍艦に搭乗した最初の女性の一人だ。二〇年にわたる海軍生活の終盤で内務省に出向し、一九九〇年代後半に秘書官補としてアンドリューの秘書官事務局に加わった。マンリーがトップの座に就いたのは、バッキンガム宮殿が「アンドリュー王子のことはどう対処すればよいのか?」という問題に頭を抱えていたときだった。これからの人生、ゴルフ三昧というわけにはいかない。何か有益なことをしなければならない。それにしばらくの間は、トラブルに巻き込まれないようにしなければならなかった。

マンリーは、厳しく融通の利かない女性で、なかなか信じられないかもしれないが、どちらかといえばあのアンドリューよりも横暴だった。二〇〇三年からはウィンザー城にある聖ジョージ礼拝堂の事務官、チャプタークラークを務めており、マンリーが案内する礼拝堂のツアーに参加した経験のあるジャーナリストなら誰でも、彼女は軽んじることなどできない女性だと知っている。ある上級廷臣は彼女のアンドリューのあしらい方に感服して、こう話した。「シャーロット・マンリーは素晴らしい人です。そしてとても恐ろしい。彼にぴったりでした。よく言っていましたよ、『殿下、これはばかげていますよ、そんなことはできません』と。いじめる側だったアンドリューが、彼女のいじめっぷりに感服していました」[3]

マンリーの次は、アラステア・ワトソン少佐だ。ブラックウォッチ〔ロイヤル・スコットランド連隊〕の元将校で、陸軍引退後は高級タイル会社ファイアード・アース Fired Earth で営業部長を務めていた。ワトソンはマンリーと全く対照的だった。元王室関係者が当時を振り返る。「彼は完璧な廷臣でした。洗練された物腰で主君に仕える廷臣の典型だった。魅力的で親しみやすい。情熱にあふれて有能で、そばにいるだけでとても楽しくなります」[4]。しかしながらワトソンは、単に宮殿のパーティの采配で役に立つだけの人物ではなかった。彼が事務局を取り仕切るうちに、アンドリューは海軍を辞めてから初めて、あと一歩で何かを成し遂げられるところまで到達したのである。

当時、アンドリューには国際貿易投資の英国特別代表という役割があてがわれていた。政府の英国貿易投資総省（ＵＫＴＩ）に入り込んでいたのだが、同省にしてみれば、アンドリューをどう扱えばよいのか分からなかった。そこでワトソンは女王の秘書官と交渉して出張費を捻出し、アンドリューが英国の実業界を代表して役立つ場所が海外のどこかにないのかと中東やカザフスタンなどを検討した。その結果、アンドリューは好ましくない場所に足を運び、好ましくない人たちに出会うことになった。例えば、外遊中にリビアの指導者ムアンマル・カダフィの息子セイフと接触したが、その時は、外務省がアンドリューにセイフとの連絡を取り続けるように促したと言われている。

その後、アラブの春〔二〇一一年に中東・北アフリカの各国で展開された民主化運動〕が起こり、彼ら〔カダフィやその息子〕が常軌を逸していると見なされるようになると、アンドリューは多くの批判にさらされた。アンドリューのチームは、外務省の指示に従ったまでだと主張したものの、政府から見捨てられたと感じていた。二〇一一年三月、政府の支援を得ようとしたアンドリューの取り組みが、厄介な形で明らかになった。報道担当秘書官エド・パーキンズのメールがデイリー・テレグラフ紙に誤送信され、その内容が新聞の一面を飾ったのだ。そのメールはアンドリューが、退陣させられたチュニジアの独裁者〔ジン・アビディン・ベンアリ〕の娘婿であるサヘル・エル＝マテリをバッキンガム宮殿でもてなしたことが明らかになった後に送られたもので、パーキンズはUKTIにこのように依頼している。「彼〔マテリ〕が商工会議所の副会頭だったことを示すものを送りました。彼を支持してもらえないでしょうか。政府の後押しが必要なところです」[5]

一方、密かにアンドリューを批判している人たちでさえ、貿易特使の役割を実際に果たしていたことは認めている。ある上級廷臣も肯定的だ。「真剣に取り組んでいましたよ。とても熱心でした。これに関しては敬服せざるを得ません」[6]。アンドリューの下で働いたスタッフは、その多くが今でも驚くほどアンドリューを慕っている。ある人は「まるで世間を敵に回したように感じることがよくありました」と話した。批判的な報道（胡散臭い友人や、趣味のプライベートジェット）はどれも「彼が取り組んできた仕事や良い行いを全く理解していません。彼に対する一般大衆のイメージを変えるのは本当に厄介でした」[7]。当初、アンドリューは打ち合わせの内容をそれほどしっかりと把握していなかったが、さまざまな専門家とバッキンガム宮殿でランチを取るうちに、訪問予定の国について学ぶことができ、状況は改善した。「それまで何年も反応がなかったカタールや中央アジアの取引が動き始めたことに対して、アンドリューに感謝する複数の企業」の経営陣から手紙が届くようになった。それに、自分のスタッフの世話をよくみる良いチームリーダーだとスタッフから言われている。「上司としてステキな人だと思いました」と話すスタッフもいた。しかし、アンドリューの様子はさらに過激になり、悪くなっていった。悪化の一途をたどったのだ。

大使の中にはアンドリューの存在に感謝する人もいたが、そうでない人もいた。元駐ローマ大使のサー・アイヴァー・ロバーツによると、アンドリューは時折「失礼に当たるほどぶっきらぼう」になったという。▼8 また、英国のバーレーン使節団元副代表を務めたサイモン・ウィルソンも、貿易特使としてのアンドリューの取り組みを酷評したことがある。ウィルソンは、アンドリューの敬称はＨＲＨ His Royal Highness でなくＨＢＨ、つまり愚かな殿下 His Buffoon Highness として知られていて、アドバイスの無視や不適切な冗談に加え、同意したプログラムに何度も従わないことがあったと話す。例えば二〇〇二年のバーレーン訪問では、議論のテーマに英国製ホークジェット機の売り込みも含まれていたが、打ち合わせを無視したアンドリューは、国王に対して、購入よりもリースした方がバーレーンにとって経済的なメリットがあると提案した。

一方、バッキンガム宮殿では、側近に対して愛想よく振る舞う努力をほとんどしなかった。「とにかくひどいありさまでした。嬉々として電話を取ったかと思えば、相手が誰であれ怒鳴り散らしていたのですから」と話すスタッフもいた。▼9 ある上級廷臣はこう振り返る。「アドバイザーとしては扱いにくい相手でした。なにしろ横柄ですからね。あの横柄な態度は自信の欠如が原因だったのではないでしょうか。賢いとはとても言えません。私のようなアドバイザーに対して非難の言葉を浴びせて、極めて失礼な態度を取るのは、結局、自分に対して全く自信がないからです。それに、母親の下に走り、『みんなから邪険にされるんだ』と訴えることができる［と思っている］からでしょう」▼10

実際、アンドリューが母親に言いつける事態が起きたことがある。そのときの公務はイングランド北部の古城リッチモンド城で、エリザベス女王とアンドリュー王子の二人が参加することになっていた。公務の直前、雨が降り始めたが、側近は誰も女王の傘を持ってこなかったことに気付いた。女王到着まであと三〇分のところで、報道担当秘書官ジェームズ・ロスコーが表に出て、女王陛下に会うために集まっていた陸軍将校たちのグループを見つけると、一番若手の大尉に近づき話しかけた。「とんでもないことを頼むようで申し訳ないのだが、女王用の傘を探してくれないだろうか。できれば、傘を差し出して女王と一緒に歩いてもらいたい」。そのとき、アンドリューがつかつかと二人に近づき、ロスコーの顔に人差し指を突き付けてこう言った。「傘を探してくるように頼むだなんて、何様のつもりだ？　傘ぐらい自分で探してこい」。それだけ言うと、また去っていった。ロスコーは唖然としたが、気を取り直して大尉に頼んだ。「それで、傘を探してもらえないだろうか？」。大尉はそれに応じた。それから一週間ほどたち、ロスコーが女王に何か用はないか話しかけたところ、女王は顔を上げて、こう尋ねた。「リッチモンドで、ヨーク公爵〔アンドリュー〕に傘を持ってくるように頼んだのかしら？」。どうやらアンドリューは、母親の報道担当秘書官をひどい言葉で怒鳴りつけたのはさすがにまずかったと思ったのか、万が一、ロスコーから告げ口されたときのために、まずは自分で話を作ってしまえと考えたようだ。ロスコーは女王の問いに答えた。「いかがお考えになられますか、女王陛下。私がヨーク公爵に傘を取ってくるよう頼むとお考えですか？」。話はそれで終わった。[11]

アンドリューの失礼な態度はこのときだけではない。ある上級廷臣がアンドリューの秘書官アマンダ・サースクからこう頼まれたことがあった。アンドリューには今やろうとしていることがあるのだが、それを思いとどまるよう諭してもらえないだろうかという。そこで試しにその話題を切り出してみたところ、アンドリューは即座に彼らしい見事な反応を示した。「このオフィスから出て行け！　私の人生の邪魔をするな！」

確かにアンドリューは相手をするのが難しく、この上なく不愉快な人物だったが、必ずしも間違っているとは限らない。二〇〇〇年、彼はバッキンガム宮殿を利用して、ビヨン・ボルグとジョン・マッケンローのチャリティ・テニスマッチを主催しようと考えた。廷臣らは、とんでもないと考え、その計画を阻止するために全力を尽くした。アンドリューは裏をかいて、母親に頼むと、ゴーサインが出た。このイベントは大成功を収めている。

アンドリューが王室の組織内で孤立したのは、彼の失礼な行動のせいなのか？　それとも、その行動は自分の扱われ方に不満を感じていたせいなのか？　答えが何であれ、はっきりしているのは、アンドリューの事務局と宮殿のそのほかの部署との絆は、あるべき姿ではないということだ。

二〇一一年二月、ある写真がニュース・オブ・ザ・ワールド紙に掲載された。アンドリューがニューヨークのセントラルパークをジェフリー・エプスタインと一緒に散策する姿が収められている。不祥事を起こした投資家エプスタインが未成年者に対する性犯罪で有罪を認めてから二年後のことだ。ちまたでは、アンドリューを糾弾し、貿易特使の辞任を求める声が聞かれた。しかし、それから数カ月は何事もなく過ぎていった。その後、世間が長期休暇に入る七月になると（アンドリューも娘たちとカナダでカヌーを楽しんでいた）、政府はアンドリューの貿易特使辞任を発表した。辞任はすべて彼の決断によるものだと公表されたが、実際は違っていた。女王付き秘書官のクリストファー・ゲイト（当時はまだ秘書官だった）と協調し、首相官邸が決断を下したのだ。アンドリューも彼の秘書官も何も知らず、気付いたときには手遅れだった。「急襲でした」と関係者は話す。「公爵は激高していました」[12]。アンドリューはゲイトに裏切られたと確信し、決してゲイトを許すことはなかった。

二〇一九年一一月、ＢＢＣのエミリー・メイトリス記者によるアンドリューのインタビュー映像が報道番組『ニュースナイト』で放映された。内容はアンドリューがエプスタインとヴァージニア・ジュフリーの両名とどのような関係だったのかを問うもので、悲惨な結果を招いた。その放送の直前、私はバッキンガム宮殿の報道部門に長らく携わっていた元側近と飲む機会を得た。当時は誰もが不安を感じており、アンドリューが一体何を自ら話すのだろうか、アンドリューが話せば、すべてが良い方向に変わるのだろうかと思いを巡らせていた。カメラの前に立つという尋常ではない自己犠牲がどのような結果になるのか、誰も分かっていなかったのだ。心底困惑したように、その元側近は話した。「アンドリューになぜインタビューを受けるのでしょうか？　彼が一体何をしたいのか、私には全く分かりませんよ。何を目論んでいるのでしょうか？」

今考えても、その質問に答えるのは難しい。アンドリューが自分の行動をどのように考えていたのか？　そして、それがいいアイデアだとなぜ思ったのか？　その疑問の回答に近づくには、まず秘書官のアマンダ・サースクについて理解しなければならない。

アマンダ・サースクは典型的な廷臣ではない。聡明で勤勉、驚くほどエネルギッシュな人物で、ケンブリッジのロースクールを卒業後、アイルランド系マーチャントバンク、ギネスマーンで働いていた。期間限定で極東暮らしを送った後に夫と英国に戻ると、二〇〇四年にアラステア・ワトソンによってオフィス・マネージャーに採用された。そのころには三〇代後半だったサースクは、すぐに秘書官補に昇進した。サースクと〔アラステア・〕ワトソンは、秘書官という仕事のやり方について全く違う意見を持っていた。ワトソンは、何が起こっているのかアンドリューにすべて話すのは間違っていると考えていた。というのも、情報の流れは時折調整しなければならないからだ。一方、サースクはアンドリューにすべて話すべきだと考えていた。内部関係者が「エプスタイン・ラウンド1」と呼ぶ事態（ニューヨークでエプスタインと一緒にいたところの写真掲載と、貿易特使の辞任）が起きた後、ワトソンは宮殿を去り、サースクがアンドリューの右腕を引き継いだ。

「彼女ほど一所懸命働く人は見たことがないと思います」とある関係者は証言する。夜九時にバッキンガム宮殿の前を歩けば、三階の一部屋に電気がついているはずだ。それが彼女のオフィスである。「敵にすると大変な相手です。でも、宮殿では誰もがそれを理解していたわけではありません。アラステアは完璧な外交官で、アマンダは行動し、結果を出す人でした」。それに、アマンダ・サースクはアンドリューととても良い関係を構築していた。「アマンダに何か話せば、それは公爵に話したのとほとんど同じでした」[13]

サースクの忠誠心は格別だった。王室関係者に限らず多くの人がよく理解できないのは、これほど聡明な人が、これほど知性が乏しく、人間的魅力はそれ以上に乏しい人になぜここまで献身的になれるのかだ。実際サースクは献身的だった。アンドリューの事務局に入ったころ、彼女はひどい喪失感に苦しんでいた。幼い三人娘を残して、夫が突然亡くなったのだ。それにもかかわらず彼女は驚くほど短期間で現場に復帰した。エリザベス女王の宮廷の関係者によると、それはアンドリューを落ち込ませたくなかったかららしい。「彼女は王子に心酔していて、王子の欠点が全く見えていませんでした。いわゆる盲点ですね。だからアンドリューの望みは必ず叶いました。アマンダはオフィス・マネージャーから首席秘書官まで、あっという間に昇進を果たしたのです」[14]

別の関係者は、仕事がサースクの人生になったと言う。「彼女はすべてをあの仕事に、自分のすべてを王室に注ぎ込んでいました。いばらの道である出世の階段を上るなんてナンセンスです。首席秘書官になりたいなんて思いませんでしたし、女王のオフィスに行きたいとも思いませんでした。昇進は望んでいなかったのです。バッキンガム宮殿でやりたかった仕事はただ一つ。公爵のために働くこと。それが彼女の役割でした。自分自身を、王室という組織より、公爵個人の支援者、補佐役だと考えていたほどです」。そこが、彼女とクリストファー・ゲイトとの大きな違いにつながる。ゲイトはサースクを自分の言うことを聞く人間だと見ていた。でも、彼女は違った。彼女にしてみれば、上司は一人で、アンドリュー王子だけだ。ただしそれは決して、いつもアンドリューの言いなりだという意味ではない。アンドリューがおかしなことをしていると思えば、喜んで彼の前に立ちはだかったが、アンドリューへの忠誠心が変わることはなかった。

サースクの態度は廷臣なら誰もが持つジレンマを浮き彫りにしている。廷臣が仕えるのに個人なのか、それとも組織なのか。ほとんどの場合、両者の利害関係は一致しており、問題は生じない。しかしもしそれが相反したら、責任ある廷臣の忠誠心はどこにあるのだろうか。

王政の歴史を見ると、明らかに違うアプローチが取られてきた。例えば一九三六年、王位を継承したばかりのエドワード八世が離婚経験のあるウォリス・シンプソンと結婚の意志を固めたとき、国王の秘書官アレクサンダー・ハーディングの見解は非常に明らかだった。忠誠心は国王を支える事務局に対するものであり、決して王位を継承した人物に対するものではなかった。ハーディング亡き後、残された妻がこう書き記している。「アレックは陛下に対して個人的にはとても同情しておりました。しかし、王政を無傷のまま維持するためにも働かなければならなかったのです。懸念したのは、国王の揺るぎない立場と威光でした。主君の心の状態ももちろん極めて重要ですが、それだけ考えていればいいわけではなかったのです」[15]。そのような事情からハーディングは、シンプソン夫人の「即刻」英国退去を求める、前例のない突飛な手紙を国王に宛てて書いた。当然のことながら、この二人の関係は二度と同じものにはならなかった。ハーディングは秘書官にとどまったが、それは名目だけだった。

一方、アマンダ・サースクの見方は違っていた。とはいえ、その見方の違いは、サースクの特別な忠誠心が宮廷で浮いていたせいだけではない。働き方そのもののせいでもある。宮廷の予定は数カ月前から決まっていた。エリザベス女王の長女アン王女の場合、「微調整を施された機械のように、ちょうど三六五日前には予定が組まれていました」とある関係者が述べた[16]。その点、アンドリュー王子はもっと柔軟に対応しようとしていた。実はこれがいざこざをもたらした。というのも、王室が自由に使用できる資産(例えば王立空軍ロイヤル・フライトのヘリコプターや、公務で使用するセント・ジェームズ宮殿の部屋など)は何年も前から予約されている。つまり、アンドリューが使いたくても使えないという意味だ。

前出の関係者はこう説明する。

いろいろな意味で、アマンダはまさに組織が必要としていた人物でした。物事をもっと迅速に進めようと必死でしたし、効率も上がり、これまでになく大きな影響を与えていました。その結果、本当に素晴らしいことも成し遂げていたのです。気難しいだの、頑固だの、やりにくいだの言われていましたが、それは全体の流れに逆らっていたからです。〔中略〕秘書官としてアマンダが何よりも素晴らしいのは、既成の秩序に逆らってもかまわないと決断した点です。同時にそれが破滅の原因でもあります。なぜなら〔宮殿の〕組織に見切りをつければ、スピードも効率性も影響も向上しますが、組織が有する資産、つまり経験やら英知やらを失うからです。

しばらくの間、アンドリューの評判は改善した。Pitch@Palaceのプロジェクトやビジネス指導、ユニバーシティ・テクニカル・カレッジ〔大学による中等学校〕、ハダーズフィールド大学との関係、アンドリューがこだわったものはどれも優れて価値があった。それまで彼が浴びせられてきたすべての汚名を世間に忘れさせることはできなかったとしても、少なくともその話題が物議を醸すことはなくなった。そんなとき、「エプスタイン・ラウンド2」が始まった。二〇一五年一月、〔一七歳のときに〕アンドリューと性交したというヴァージニア・ジュフリーの主張が明るみに出たのだ。これまでの努力がすべて台無しだ。アンドリューの評判はまたしても汚されたのである。

すさまじい報道や絶え間ない圧力、激しい中傷にもかかわらず、アンドリューは何とか生き残った。

生き残っただけでは仕方ないが、ロイヤルファミリーの公務を担うワーキングメンバーとしても残ることができ、出廷を求められることはなかった。実際に起きたことを考えれば、生き残っただけでも十分な状況だったのだ。

二〇一九年七月、ジェフリー・エプスタインが再び逮捕され、その翌月にニューヨークの拘置所で命を落とすと、アンドリューはまたもや非難された。しかしラウンド1と違うのは、アンドリューとエプスタインとの関係になんら新しい事実が出てこなかったことだ。それに、ヴァージニア・ジュフリーと性交したのかどうかに関しても、新しい証拠は出てこなかった。どれも以前と同じ古い話ばかりで、それが延々と繰り返されるだけだ。しかし批判は激しくしつこかった。決して弱まる気配を見せなかった。そこでアマンダ・サースクは心を決めた。何か手を打たなければ。

広報コンサルタント経由で初めてＢＢＣの番組『ニュースナイト』に接触したのは、エプスタインの再逮捕より数カ月前の二〇一八年後半だった。以前の客員起業家のプレゼンを繰り返してみたところ、『ニュースナイト』は、天才起業家アンドリューを取り上げることに関心を示さなかったが、彼とのインタビューには関心を示した。そこで、両者ともとりあえず協力することになった。翌年二〇一九年の春、広報コンサルタントが再度接触し、番組プロデューサー、サム・マクアリスタが、アマンダ・サースクと話し合うためにバッキンガム宮殿を訪れた。この二人の女性はこれ以上ないほど対照的だ。マクアリスタは、労働階級出身の艶っぽい元法廷弁護士で、ふわふわカールに派手な口紅だが、肝の据わった女性である。しかし二人は馬が合った。それはおそらく二人とも違う意味で反体制派だったからだろう。それに二人の目論見は違ったが（サースクはアンドリューやビジネスに関するインタビューを望み、一方のＢＢＣはメーガンやブレグジット〔英国のＥＵ離脱〕、ロイヤルファミリーの将来に関する話を望んでいた）、インタビューの実現は間違いなかった。ただ、条件が合わずに、このときはニュースナイト側がインタビューを断った。しかし両者とも引き続き連絡は取り合うことにした。

エプスタインがまた話題に上ると、またもやアンドリューが大きく取り沙汰されるようになった。チャンネル4の時事問題番組『ディスパッチーズ Dispatches』は、アンドリューのエプスタインとの関係を扱ったドキュメンタリー『The Prince & the Paedophile〔王子と児童性虐待者〕』を放送した。ヴァージニア・ジュフリーはBBCの報道番組『パノラマ』のインタビューを受けた。サースクに対する圧力はこれまでにないものになった。その後、一〇月になると、バッキンガム宮殿側がもう一度『ニュースナイト』に連絡を取ってきたのだが、これにはプロデューサーたちも驚いた。王室は本当にまた会合を持ちたいのだろうか？ 連絡を取ってきたくらいだから、もちろんそれは間違いない。そこでプロデューサーのマクアリスタはいつもなら決してあり得ない行動に出た。交渉にほかの人物を伴ったのだ。その人物とは、インタビューを行うエミリー・メイトリス本人である。これが功を奏するかもしれないし、そのせいですべてがダメになるかもしれない。マクアリスタはそう考えた。しかし、スター選手レベルの記者を送り込めば、何か引き出せるかもしれない。会合の終わりが近づいても、一向に交渉成立の兆しは見えなかったものの、成立は間違いなかった。

通常、交渉がこの段階まで進むと、報道担当アドバイザーや弁護士が参加するはずだとマクアリスタは考えた。両者とも会合には出席していなかったが、裏で糸を引いているに違いない。おそらく次回の会合には姿を現すだろう。次の打ち合わせの数日前、『ニュースナイト』チームは重要人物が出席することを知った。でもそれは弁護士でも広報のプロでもなかった。アンドリュー王子本人である。バッキンガム宮殿でアンドリューとアマンダ・サースクの二人と直接交渉に当たることになったのだ。番組側は事態を十分に理解するまでしばらく時間がかかった。このときの会合にはもう一つ、驚くべき事実があった。当日、チームが会合に出向くと、もう一人予想外の参加者がいたのだ。アンドリューの長女ベアトリス王女である。聞くところによると、王女は頼もしい存在だったという。頼もしいどころか、その場を仕切っていたのは王女だったらしい。

打ち合わせはそれ以上ないほどうまくいった。アンドリューはとても開けっ広げで話しやすく、二時間ほど、具体的な内容や法的問題、アンドリューにとって良い結果になるのか悪い結果になるのか話し合った。これでインタビューは決まりだ。『ニュースナイト』ディレクターのエズミ・レンが後に教えてくれたが、その会合はアンドリューの「上に相談してみる」という発言で終わったという。「察するに、母親に確認するという意味でしょう」[17]。それまでのアンドリューの行動から考えると、「上に相談する」は女王に尋ねるのではなく、伝えるという意味に違いあるまい。翌日、アンドリューのチームは最終的に同意した。

記者のエミリー・メイトリスは後に、アンドリューとはバッキンガム宮殿の三階にある彼の執務室で会ったと話している。

> 私たちはバッキンガム宮殿の奥に案内されました。アンドリュー王子の部屋は宮殿の屋根裏のようなところにありました。傾斜した屋根の下、マホガニーのテーブルに座ると、王室の紋章がついた繊細なボーンチャイナのカップでお茶が用意されました。王子が私と握手したのも、腰を下ろして、話を聞いたのもその部屋です。それから王子は、「なぜミス・ジュフリーとの写真（アンドリュー王子が彼女に腕を回している写真）が加工されたフェイクだろうと信じているのかを説明しましょう」と言いました。[18]

サースクがアンドリューを『ニュースナイト』に出演させたい理由は手に取るように分かる。日常的に批判を受け続けているアンドリューが、自らの話を自らの言葉で伝えれば、汚名返上のチャンスになると考えたのだ。しかしながら、彼らが犯した間違いを列挙する方がもっと簡単だ。まず、なぜサースクはアンドリューをテレビカメラの前に出しても大丈夫だと思ったのか？　二年前、彼は既にサンデー・タイムズ・マガジンの悲惨なインタビューに対して、十分な準備もせずに臨んだ結果、世間からどうしようもない愚か者のように見られてしまった。しかもそうした悲惨な経験はそれが最初ではない。フィナンシャル・タイムズ紙のインタビューではうっかり秘密を漏らしてしまったことがある。その後は、どの報道担当官もアンドリューが決してマイクの前に出ないように、少なくとも原稿なしで話すことのないように画策してきた。それなのにサースクは、英国のテレビ界で最も経験豊かなインタビュアーに数えられるエミリー・メイトリスからアンドリューが質問攻めになるのはいいアイデアだと考えた。そのとき彼女が無視したのは先達の教えだけではなかった。バッキンガム宮殿のコミュニケーション担当秘書官ドナルド・マッケーブからも、インタビューは避けるようにとアドバイスを受けていたのだ。短期間だけアンドリューの報道アドバイザーを務めたジェイソン・ステイン（合意の下、退職）も、インタビューは受けないように[19]本人にアドバイスしていた。当時、ある王室関係者が、アンドリューの事務局はいわゆる「単独行動」を取っていると指摘していることからも、彼らのアドバイスは間違っていなかったことになる。

　プロデューサーのマクアリスタが驚いたことに、アンドリュー側は交渉中、インタビューの内容に制限を設けるそぶりを一切見せなかった。彼女としては質問内容に一切口出しさせないつもりだったが、時間制限のようなものはあるだろうと思っていた。例えばジュリアン・アサンジ（機密情報公開サイトのウィキリークス編集長）のインタビューの場合、与えられた時間は五分間で、時間になると回答の途中だったが、インタビューは打ち切られた。しかし今回、『ニュースナイト』チームを規制する動きは一切見られない。一体どうなっているのか。メイトリスが指摘する。「これまで何人ものセレブや政治家たちにインタビューをしてきましたが、女王の一番のお気に入りと噂されるこのご子息のものほど、補足や訂正の少ないインタビューは今まで経験したことがありません」[20]

しかし何よりも驚いたのは、アンドリューが準備をしていないように見えたことだ。サンデー・タイムズ・マガジンの二の舞だ。メイトリスとニュースナイト・チームは、インタビューの実現を前にして、準備に何時間も費やした。アンドリューも同じようにあれこれインタビューの準備をしたのではないかと考えるのが普通だが、彼の様子を見る限り、準備はしていないようだ。いや、準備をしたところでそれほど効果はない。王室の報道部が準備に一切かかわっていないのだから。報道部のマッケーブが担った唯一の役割といえば、怖いもの見たさでそのインタビューの撮影に立ち会い、恐怖に慄(おのの)いたことくらいだ。アンドリューが適切な広報のプロに指導を受けていたのなら、まずは必ず、エプスタインの手にかかった若い女性たちに同情を示しただろう。しかし、アンドリューの口からはそのような言葉は一切出てこなかった。同様に、インタビューのリハーサルをしていたのなら、広報にほんの少しでも常識があったのなら、アンドリューのお気に入りの言い訳には世間から大いに反感を買うものがあることも（無汗症、レストラン「ピザ・エクスプレス」のアリバイ）分かったはずだ。

インタビューが終わると、アンドリューはすっかりリラックスしたようで、内容がどれほどひどかったのかには気付いていなかった。メイトリスを送り出すとき、アンドリューはアルバート公の像の前で足を止めた。「最初の王室起業家です」とアンドリュー。「次にお見えになるときには、Pitch@Palaceについて話しましょう」[21]

サースクは、能力も知性もずば抜けていたし、アンドリューの運命を変えるのに大きな影響を与え、本人には値しないほどアンドリューに尽くしてきたが、実際のところ、メディア対応の専門家ではなかった。メディアを理解しておらず、理解しようとも思わなかった。もちろんインタビューは悲惨な出来だったが、そのときは誰もそこまでひどいとは思っていなかった。放送から四日後、アンドリューはロイヤルファミリーのワーキングメンバーから退き、任務のほとんどを手放した。サースクは失職し、五桁の退職金を受け取ったと言われている。さらに、インタビューを受けるようにアンドリューに助言したことでメディアの激しい批判の矢面に立った。ただしどのような攻撃も驚異的な忍耐力で受け止め、『ニュースナイト』には一切クレームをつけなかった。

しかしながら、このインタビューがもたらした最も大きな影響は、ヴァージニア・ジュフリーがこれならアンドリューを性的暴行で告訴できると自信を持ったことだ。ジュフリーの弁護士シグリッド・マッコウリーは二〇二一年一〇月のインタビューで、今後、アンドリューの「衝撃的」なインタビューを提訴の根拠として活用していくと話している。また、言い分の矛盾を見つけるためにインタビューを精査するとも話した。「はっきり言って、とても助かりました」[22]。二〇二二年一月、女王はHRHの称号の公式な使用だけでなく、残っていた軍の所属とロイヤルファミリーとしての任務もアンドリューからはく奪した。翌月、ジュフリーによるアンドリューの提訴は和解となり、ジュフリーが主宰する暴行被害者の慈善団体にアンドリューが献金をすることになった。本件でアンドリューが実際に支払った額は誰もよく知らないが、さまざまな推測を合わせると、七〇〇万ポンドから一二〇〇万ポンドの間ではないかと言われている。

後からなら何とでも言える。もっとうまく対処できたはずだと言うのは簡単だ。そうだとしても、全体的に見れば、『ニュースナイト』のインタビューに応じたこと自体よいアイデアとは言えないというのがおそらく正当な見解だろう。ある元内部関係者は、アマンダ・サースクに全く同情しないわけでもなさそうな様子でこう話した。「あのときの決断にバッキンガム宮殿がもっと深くかかわっていたら、おそらくあのようなことにはならなかったでしょう」[23]。別の関係者も同じ意見だった。「ロイヤルファミリーの間には間違いなく、〔女王付き秘書官の〕クリストファー・ゲイトが〔バッキンガム宮殿に〕いれば、こんなことにはならなかったはずだという雰囲気が漂っていました。クリストファーは実に厳しい人でしたが、王室をコントロールしていました。クリストファーなら止められたはずです」[24]

第12章 「これはおもしろそうね」

クラコランジア〔「クラック天国」を意味する造語。麻薬常習者の巣窟〕は大混乱に陥っていた。サンパウロのこの悪名高き麻薬街〔鉄道ターミナルのルス駅付近〕は、確かにいつもより少しばかりきれいに見える。通りからゴミが片づけられ、一見したところ、クラック〔コカイン〕のパイプを吸っている者もいない。しかし、道路清掃の拠点周辺では大きな騒ぎが起こっていた。到着したばかりのセレブの周りに、麻薬中毒者やジャーナリストやカメラマンが山ほど集まってきたのだ。皆、他人を押し分けてハリー王子のそばに群がる。収拾がつかなくなり、警察が高圧的な態度を取り始めた。群衆を脇へ追いやり、ハリーを待機する安全な車の中へと誘導する。車へ入る直前、ハリーは警備中の警察官の一人にすばやくハグをした。群衆の後ろの方には、背の高い少しばかり髪の薄い人物が身を潜めているのが見える。カジュアルな装いで、緑のTシャツの胸元にサングラスをかけている。軍人らしき雰囲気が漂い、ボディガードのように見える。実はその人物はハリーの秘書官、エド・レーン＝フォックスだ。なぜ緑のTシャツなのか？　しかもなぜ図柄が、ホットドッグを食べる少しばかりセクシーな女性なのか？　これはハリーの仕業だ。ちょっとした違反を犯した罰としてスーツを没収し、その日一日中、レーン＝フォックスに自分のTシャツを着せたのだ。

これは誰もが知っているいつものロイヤルツアーとは違う。秘書官が任務中にTシャツを着ることはまずない。ロイヤルファミリーのメンバーがスタッフに対して罰を科すことも普通はない。ましてや、無事に戻ってこられるかどうか分からないような状況に、自ら飛び込むこともしない。しかしこれがハリーなのだ。ハリーはロイヤルファミリーのほかのメンバーとは違う。

クラコランジアは、クラックがはした金で売買され、中毒者が「生きる屍」と化すことで知られる場所だが、そのクラコランジアを無事に訪問できた結果、ハリーとアドバイザーらの絆はさらに強くなった。この二〇一四年の外遊にもほかのロイヤルツアーのように、ブラジル国民と母国英国の人々に向けたメッセージが込められている。今回のブラジル訪問のテーマは総じて「ブラジルはどのようにして文化と経済、両方の成長に対応しているのか」、「社会の格差で脱落した人たちはどうなるのか」、「取り残された人たちにサンパウロはどのように対応するのか」である。

レーン＝フォックスは、日程の調整でブラジルを下見する前に、ハリーが訪問する可能性のある組織のリストをもらっていた。その中には、路上の薬物使用者に社会復帰を促すクラコランジアのプロジェクトも含まれていた。道路清掃や庭の手入れの仕事を提供するという内容だ。危険がつきまとうものの、おもしろそうでもある。ハリーは夢中になった。レーン＝フォックスはたいてい、ハリーが「おもしろい考えを持つビジョナリー」を演じているときには、注意喚起を続けていたのだが、今回は先行きが不透明だった。「本当に大丈夫ですか？」。ハリーは大丈夫だと言う。現地に赴いたレーン＝フォックスは街の様子を見て、表面的には落ち着いて見えるものの、ドラッグで意識が飛んだ中毒者たちがあちらこちらにいることに気が付いた。ロイヤルファミリーの訪問となれば、想定外の事態が山ほど生じるものだ。その一方で、現地の看護師たちが素晴らしい働きを見せており、クラコランジアには良い話もあった。ロンドンで下見の結果を待っていたハリーは、いつもと同じように精力的に動いた。「さあ、取りかかろう」と檄を飛ばしたのだ。

ハリーのチームはブラジル訪問を決して後悔していない。公務のハイライトは、ブラジルの長引くドラッグ問題を解決するための重要な取り組みだった。その結果、社会に取り残された人々を助けたいという熱い思いから、どこまでも足を延ばす覚悟を決めたプリンスとして、ハリーの評価は揺るぎないものになった。しかしその一方で、現場が群衆でごった返すと、ロンドン警視庁の身辺警護警察官が互いに目配せを交わし、緊張が走る場面がたびたび生じた。その都度、ハリーのチームは「大変なことに巻き込まれてしまった」と思い知らされた。さらに、眼鏡をかけた小柄な六四歳の外交アドバイザー、サー・デイヴィッド・マニングが壁に押しつぶされるのを目の当たりにして、ハリーはもうここから出ていこうと考えた。長居は無用である。

近ごろ、ハリーとの楽しい仕事が大切な過去の思い出と化している。このところ、少なくとも英国では、サセックス公爵ハリー王子の人気に以前のような異常な盛り上がりは全く見られない。以前のハリーはアイデアと情熱であふれていた。打ち解けた雰囲気で取り組んでいたので、結束の強い少人数チームには仲間意識が芽生えた。「王子は外の仕事がとても好きでした」とある関係者は話す。「『その準備はまだできていない』と言われたためしがありません」。移動の手配が通常のロイヤル基準に達していない場合も時折あったが、ハリーは快適かどうかなどほとんど気にしなかった。例えば軍関連の外遊でエストニアとイタリアに向かったときには、格安航空会社を利用した。ハリーは後になって、エストニアの首都タリンからイタリアのローマまでコペンハーゲン経由だったことを思い出し、「なぜあんなルートになったんだろう？」と首をかしげていた。しかしたとえ訪問の段取りが首をかしげるようなものだとしても、ハリーは常に積極的な姿勢を見せていた。「大規模な外遊の場合、訪問先はたいていハリーが魅力を感じる場所でした。ワクワクする場所ばかり。カリブ海や南アメリカ諸国、オーストラリア、ニュージーランド、どこもハリーのお気に入りでした。チャンスがあれば何度でも行きたいと思っていたはずです。彼の素晴らしい姿は、そうした外遊で見られました」[2]

エド・レーン＝フォックスとTシャツ事件は、「皆にとって外遊がいかに激務であるのか、いかに緊張するものなのかを知った上で、仕事はいつも楽しみながらやりたいとハリーが考えていた」ことを示す一例である。外遊には深刻な場面もあったが、ストレスやスケジュール調整ばかりではなく、心がホッとするような瞬間も必ず作りたかったのだ。先ほどの関係者が言うには、「ものすごく楽しいこと」を求めていた。忙しい一日の最後には、皆で一緒に外で飲んだり食べたりした（ハリーは公式訪問でアルコールを決して口にしなかった）。「ローマに行ったときには、『本当はトラットリア（大衆向けのレストラン）に行って、おいしいピザやパスタを食べたいんだよね。大使公邸で二日も三日も缶詰になるのではなくてね。外に出て、ローマを見て回りたいな』という様子でした。だから、行き先は必ずハリーが選びました」

ハリーは行動する男。次々と新しいアイデアを提案し、彼のチームがそのアイデアを実現していった。「一日に一〇個のアイデアを考え付くような方でした。そのうち九個はどうしようもないようなものでしたが、極めて優れたアイデアが一つはありました」[3]。その優れたアイデアの一つがインヴィクタス・ゲームだ。これはパラリンピックのような大会で、男性・女性の負傷兵が出場する。ハリーの情熱とせっかちな性格を象徴するような勢いで実現した。この大会のヒントを得たのは米国を公式訪問したときだった。週末をコロラド州のコロラドスプリングスで過ごし、ウォリアー・ゲームズWarrior Gamesという米国の国防総省が主催する退役軍人のための競技大会を観戦した。ある関係者は「おそらくハリーは『これはすごいぞ、これは素晴らしいぞ、早速これをいただいて、始めよう』と思ったのでしょう。そのとき、その場で開催を決めたのです」と話した。その週末の最後にスピーチをしたときには、既にやる気になっていた。「正式の場でこう言ったのです。『このアイデアを使わせてもらいましょう。これを国際大会にしていきます。来年は私たちがロンドンで開催しましょう』。どのようにやるのか、我々には一切話さずにですよ。勢いで言ってしまったのです」[4]

その時点で分かっていたのは、「どうやって規模を大きくするのか？」というぼんやりしたアイデアくらいだ。ハリーのスタッフ（エド・レーン＝フォックスと、報道担当秘書官ニック・ローラン）は、話に追いつこうと必死だった。事前に細かく話し合っていないことを誰もわざわざ公表しようとは思わない。でも彼に常識は通用しない。何せハリーだから。ある関係者はこう話した。「ハリーは常識なんて一切気にしません。『これはきっとうまくいく。さあ始めよう。さっさと世間に公表して、やっていこう』と考えるのでしょう。私もワクワクしましたよ。移動に関して考えなくてもよかったですしね。でもほかのメンバーはおそらくずっと冷や汗をかいたのではないでしょうか。私は、『これはすごいぞ、ハリーにとってまたとないビッグチャンスだ。私たちだってこんなにすごいのはこれまでちゃんと経験したことがない』と思いましたよ」[5]

その人物は正しかった。インヴィクタス・ゲームは翌年の二〇一四年、初めてロンドンで開催され、現在でもハリーの素晴らしい功績の一つとしてたたえられている。第二回インヴィクタス・ゲームはフロリダ州オーランドで二〇一六年五月に開催された。現地に向けて出発する数日前に、ローランはホワイトハウスからメッセージをもらった。オバマ大統領夫妻からのビデオメッセージだった。夫妻とは、前回の訪米時に既に絆が結ばれていた。動画では、ミッシェルとバラクが両腕を組んで立ち、二人の後ろには制服姿の軍人が見える。

「ハイ、ハリー王子」とミッシェル。「覚えていますか？　インヴィクタス・ゲームに『アレを持ってこい』と言っていましたよね」

すると、バラク・オバマがカメラを指差し、「何でも欲しがってはいけませんよ！」。

二人の後ろでは、軍人の一人がマイクドロップのパフォーマンス〔マイクを落とすふり〕をして「ドーン！」と叫ぶ。

この動画を一緒に見たハリーとローランは、これはやられたと思った。何か良い返事を考えなければと即座に悟る。ハリーは、「これはもう女王を巻き込むしかないな？」と提案した。

その晩、ハリーとローラン、レーン＝フォックス、それにケンジントン宮殿のコミュニケーション担当秘書官ジェイソン・クナウフがいくつかアイデアを考えた。また、ハリーにも、女王に協力をお願いするよう頼んだ。それで、ハリーは不安になった。「女王を困らせたくないんだ」と言う。「そのせいで、女王が軽く見られたらまずい」。そこでハリーは女王付き秘書官のゲイトに尋ねたが、ゲイトは魔法の答えをくれなかった。彼のアドバイスは、「女王に頼みたいのなら、自分で頼みなさい」。なんてこった、とハリー。それで、直接女王に頼むことにした。

女王はそのアイデアにとても乗り気だったので、二日後、ハリーとローラン、レーン＝フォックス、クナウフの四人は、ウィンザー城で撮影クルーと待ち合わせた。関係者はこう振り返る。「計画では、ハリーがおばあ様とお茶を飲み、撮影の意図を説明したら、最後に皆でやるべきことをすませるという手順でした。ハリーはケンジントン宮殿から車を運転していたのですが、道が渋滞していて、すでに予定より少し遅れていました。一体どうなるのかとハリーは不安な様子でした」▼6

撮影は二回で終わった。出来上がったのは四〇秒の傑作だ。ハリーと女王が一緒にソファーに座っているところに、ミッシェル・オバマから電話が入る（実際はローランの電話番号だったが、名前を撮影のためにFLOTUS〔ミッシェル・オバマのハンドルネーム。First Lady of the United Statesの頭文字〕に変えた）。オバマ夫妻の挑戦動画を見た後、女王が微笑み、絶妙なタイミングで、「まぁ、なんていうことでしょう！」と言う。

「ドーンだって」と言いながら、ハリーもマイクドロップのふりをする。

撮影後に女王は「おやおや、これはおもしろそうね」と言い、「これからはもっとせがまれるかしら」と加えた。ある関係者が撮影中の女王の様子を話している。「それはもう素晴らしかったですよ。間違いなく、とても楽しんでおられました。孫を支えたいと思われたのでしょう。孫の考えていることを支えたくて、やっているうちにご自分も楽しもうという気になったのです」▼7

この件で明らかになったことがある。女王は遊び心があると言われているが、実際は遊び心どころではない。二〇一二年ロンドンオリンピックの開会式でジェームズ・ボンドと共演した女王の動画を見れば分かる。しかしながら、そこには、見過ごしてはならないもっと広い意味がある。つまり、ロイヤルファミリーのメンバーは廷臣がそばにいることがあまりにも当たり前になっているので、家族の代わりに話をする相手として廷臣を使うことがよくあるのだ。当時秘書官だったゲイトはたまたまそういうタイプではなかったが。ただ、ロイヤルファミリーが秘書官を利用するのは、気まずい思いで会話するのを避けたいときだけではない。例えばアンドリュー王子は、女王の即位六〇周年記念式典（ダイヤモンド・ジュビリー）でバルコニーから外されて惨めな思いをしていたとき、秘書官に頼ろうとした。元廷臣がこう明かしてくれた。「秘書官がいると、とても便利ですよ。家族の問題を解決したいときに使えますから。例えば、あなたにも私にも秘書官がいたとしましょう。自分の弟と厄介な話をしなければならず、自分の代わりに直接弟と話してくれるのだとしたら、あなただって間違いなく秘書官に頼むでしょう。『そうそう、そんな具合にお願い』という感じです。私は、秘書官が明らかにロイヤルファミリーのメンバーの代わりをしているケースを数多く見てきました。でも、それはある意味、とても個人的な話でして、個人的な問題に限られています[▼8]」

ハリーのエネルギーや情熱がコインの片面だとしたら、もう片面は不満だ。その不満は、兄との責任の分担にも一因があった。兄は環境保全関係の仕事と、軍隊関係の仕事を担っていた。大きな不満はその分担の決め方に対してであり、そのせいで自分が縛り付けられていると感じていた。「ハリーは成長するにつれて、自分の考えや、やりたいことに自信が持てるようになってきました」とある関係者は説明する。「そこで、なぜこれをやらなければならないんだ、なぜこれをやってはいけないんだと疑問に感じるようになったのです。上から指示されることにも不満を抱いていましたよ。バッキンガム宮殿の都合で、それはできません、その時間帯は行けません、そこではこれを発表してはいけません、と言われるのですから。実にイライラしていました」。さらにそこに「自分の賞味期限は一〇年間しかない」という思い込みが加わったことで、ハリーは「自分は縛り付けられている、時間を無駄にしている」と思うようになった。相乗効果で不満は膨れ上がる。

しかしながら、ハリーが何よりも不満に思っていたのはメディアである。「この記事は間違っているじゃないか」とタブロイド紙に何時間も不満をぶつけた。人を馬鹿にしたような記事に怒りを感じたからだけではなく、メディアから正義を勝ち取るのは自分の責任だと感じたからだ。いつもこう訴えていた。「もし自分がやらなければ、一体ほかの誰がタブロイド紙の誤りを正せるというんだ。自分ほど確証を持っている人間はほかにいないのだから」

ハリーに言わせれば、最悪なのは当時の報道苦情処理委員会*のやり方だった。「ばかげたこと」だとハリーが思う一面の記事について苦情を申し立てると、「誰も読まない」内側のページに短い謝罪の文言が掲載されるのがいつものパターンだ。「そのせいでとても苛立っていましたよ」と別の関係者は話す。「私が彼と話していて最も難しいと思ったのに、誤った記事についてどうするのかという点でした」。ハリーのアドバイザーたちは、自分たちが訴えたところで、メディアがやり方を変えないことは分かっていた。それに彼らとしても法的文書をメディアに送り続けたくはない。というのも、そんなことをすれば不必要に敵対関係になるからだ。しかし、それがハリーの目指すところであり、実際その道に進んでいた。前述の関係者はこう振り返る。「いつも、自分は彼を支えていないなと感じていました。一〇回に九回は、『いえ、それはダメです。そのままがまんしてください。長引かせましょう』と言っていました。彼はとてもイライラしていましたよ。本当に苛立っていました[9]」

二〇一四年になると、ハリーは自分自身のテーマを追い求めるようになった。インヴィクタス・ゲームも始めて、既に軍以外の道に期待を持つようになった。ジェイミー・ロウサー＝ピンカートンが辞めた後には、専属の秘書官もついた。エド・レーン＝フォックスは陸軍騎兵連隊のブルーズ・アンド・ロイヤルズの元大尉で、陸軍を退役すると、フォトジャーナリズムで修士号を取得し、広報で働いていた。ハリーのことも少し知っていた。二〇〇八年、ハリーが王室騎兵連隊アフリカ南部遠征の一環であるバーナビー・ブルーに参加したときに出会っていたのだ。二〇一三年にハリーの下で働き始め、結束の強い少人数チームの仲間になった。

SNSの成長や、SNSが自分や王室に与える影響について関心を持っていたハリーは、世の中の変化の速さに敏感で、自分の事務局は小規模で機敏に対応し、成果を上げることができる組織にした

＊ 主に活字メディアの自主規制機関。二〇一二年三月、解散。

いと考えた。それに、秘書官だけでなく自分の下で働く人たちとは誰とでも、親密な良い人間関係を望んでいた。メーガンとの結婚で生じたことを考えると、実に対照的で興味深い。メーガンはスタッフをはっきりと区別していたようで、たいてい最も上位のスタッフ以外とは一切かかわらなかった。エド・レーン＝フォックスはハリーにとって良い引き立て役だった。ある関係者が王室伝記作家のペニー・ジュノールにこう話した。「エドは、（中略）本当にとても素晴らしいアイデアを見抜いて、それを実現できる人です。でも、極めて補佐的で、極めて几帳面、だから物事がうまくいかないときはエドに任せるのが一番。非常に信頼できるので、ハリーとも相性はかなりいいでしょう」▼10

ちょうど忙しい時期だった。二〇一四年、ハリーは人生の次の段階に動き出そうとしていたのだ。アパッチヘリコプターの搭乗を止めて、ロンドンの事務職に移った。しかし、これが全く合わず、最終的に二〇一五年には陸軍を退役している。事務局に寄せられる仕事の量は倍々に増加し、招待や要請が次から次へと届くようになった。レーン＝フォックスが加わったころに届いていた通知は年間二〇〇〇通だったが、五年後に辞めるときには年間七〇〇〇通まで増えた。ハリーの行動についてはいろいろと戦略を練った。当時、ハリーの生活は六つのコースに分かれていた。王室支援、特に女王。ＨＩＶ／エイズの取り組み。退役軍人の支援。社会変革の手段としてのスポーツの活用。自然環境の保全。自分自身の自己開発とキャリア形成。皆で時間をかけて、ハリーが実践しているすべての行動がどのような影響を与えているのかじっくり検討した。本人に与える影響だけではない。英国や王室に与える影響も考えた。すべてがじっくり、丁寧に考えられたものだった。しかしそれもすべて、メグジットで台無しになる。

ハリーの事務局は小さいだけではない。場所も自宅から離れていなかった。ハリーの自宅はノッティンガム・コテージ内の隣の部屋だ。ウィリアムとケイトはノーフォークのアンマー・ホールに移ると、ノッティンガム・コテージには戻ってこなかった。「王子はいつも籠もっていました」とある関係者が日々の様子を語った。「以前よりも事務局にいる時間が長くなり、いつもメールを送ったり、電話をかけたりしていました。ノンストップです。私たちは、ケンブリッジ公爵夫妻よりも王子と話す時間の方が長かったですね」。もちろん楽しいことばかりではない。怒ることも多かった。その怒りは必ずしもスタッフに向けられたものではなかったが、ピリピリとした空気が漂っていた。「メディアとはいざこざが絶えませんでした。チームは必ずいつも自分の味方をしてくれると思っていたようで、それはオフィスの人間関係でとても重要でした。いつもけんかをしていて、（中略）Twitterも手放しませんでした。そうなると、あらゆることに気を配らなければなりません。ほんのわずかな問題でも大ごとになりました▼11」

ハリーの大きなけんかといえば、BBCとの一戦だろう。時事ニュースを扱ったクイズ風刺番組『ハヴ・アイ・ゴット・ニュース・フォー・ユー Have I Got News For You（ニュースはいかが?）』のジョークに意見したのだ。二〇一三年一〇月、ジョージ王子の洗礼の話に続いて、ゲストプレゼンターのジョー・ブランドが、ハリーはコカインを使用していると匂わせる冗談を言った。「ジョージの名付け親にはヒュー〔実際はウィリアム〕・ヴァン・カッツェムがいますが、（中略）たぶんそれはニックネームで、ヒュー・ヴァンがカットして、それをハリーが吸う」。怒り心頭に発したハリーは、その後もずっとオフィスで喚きたてていた。チームのスタッフがBBC1の放送監視官ダニー・コーエンと話し合いも持った。BBCは謝罪を拒否、最終的には内部監督機関BBCトラストの支持も得ている（視聴者は同コメディ番組を鵜呑みにするとは思われないというのがBBCトラストの見解）。

いつもこのようにかっかしているわけではない。「外遊中、怒っていないときは一緒に仕事をしていて楽しいですよ」と前出の関係者は説明する。「創造力が豊かだし、人任せにしません。（中略）外遊は一所懸命に取り組んでいました。予定通りにいかなければ、しっかり対応します。仕事やスピーチがよい結果を生むよう、取り組んでいました。自分がやったことは一つひとつチェックしていました。特に外遊時は本当に真剣でしたね。（中略）しかし、いつでも一戦交える準備はできています」。ハリーはいったん怒り出すと、怒りが収まるまで顔が赤いままだ。「ノンストップでメッセージを送り、それは夜中もずっと続きました」[12]

　ハリーの最大の不満は、ロイヤルファミリーの王室記者制度（ロイヤルロタ）だった。これは、どの記者が行事に参加するのか決める仕組みである。ハリーにはマスコミが結託しているように見えるのだが、それは、ハリーの誤った記事ばかり流すタブロイド紙も参加できるからだ。ハリーの論理はこうだ。自分の人生をこれほどまで惨めなものに変えたタブロイド紙、これほどまでプロ意識の低いタブロイド紙になぜ協力しなければならないのか？　もっと尊敬に値するほかの新聞社（王室だけ追っている王室専門記者がいない新聞社）はなぜ取材してくれないのか？　これは、何年にもわたりハリーを悩ませ続けた疑問であり、メーガンと一緒にロイヤルファミリーのワーキングメンバーから身を引き、王室記者制度への協力を止めるまで続いた。一方、メディアにしてみれば、この制度はとてもうまくいくシステムで、このおかげで、どのメディアも差別なく平等にロイヤルファミリーの取材ができる。また王室側も、イベントに参加するメディアの数を制限できるので、バッキンガム宮殿にしてみれば、争うほどの価値があるとは思えなかった。

　しかしハリーの敵はメディアだけではない。「彼はバッキンガム宮殿と父親の宮殿の廷臣たちから信頼されていませんでした」とある関係者は指摘した。[13]この不信感と、ハリーが持ち続けた不満が相まって、ケンジントン宮殿内部に緊張をもたらしたのだ。別の関係者もこう振り返る。「ハリーはいつも『宮殿シンドローム the palace syndrome』という表現を使っていました。これは、組織に飲み込まれたため、戦いたくても戦わない状態を指します。メディアに屈服することが、このシンドロームにかかったかどうかを示す重要な兆候なのです。ハリーのチームは常に戦いを続けました。つまり、いつも忠誠心が問われたのです。『お前は私を守るつもりか？　それとも、その他大勢になり、もう私のために戦わないのか？』。これでは皆、疲れ果ててしまいます」[14]

こうしたハリーの様子には指摘すべき重要なポイントが一つある。メディアに対する強迫観念、できるはずのことができていない状態に対する不満、ほかの宮廷の廷臣に対する不信感、自らのスタッフに対して常に課す忠誠心のテスト、こうした状況はどれもメーガンが登場する前からあったことだ。しかしメーガンが現れてから事態はさらに深刻化する。

二〇一六年一〇月三〇日、サンデー・エクスプレス紙が、世界中のメディアが後追い記事を書くほどのスクープを発表する。王室専門記者カミラ・トミニーが、ハリー王子はメーガン・マークルという「魅力的な米国人女優でモデル、人権運動家と密かにデートしている」と書いたのだ。即座に、ロイヤルファミリーにわずかでも関心のある記者という記者が、ハリーのハートを盗んだこの三五歳の人物に関してできる限りの情報を見つけ出そうと動き始めた。ジャーナリストたちが陣取ったのは、トロントにある彼女のアパートの外だ。米国の人気リーガル系テレビドラマシリーズ『ＳＵＩＴＳ／スーツ』でレイチェル・ゼイン役をつかんでからは、ここが拠点である。新聞では、メーガンのそれまでの人生の詮索に、多くの紙面が割かれた。最初の記事には、「プリンスに近い関係者」による重要な言葉が書かれていた。いわく、「ハリーは二人の関係が公にならないように必死でした。メーガンを驚かせて失いたくなかったからです。恋愛関係が世の中に知られたら、状況は変わるだろうと分かっていましたから。でも同時に、永遠に秘密のままにはできないことも分かっていました」[15]

ハリーが懸念するのも無理はない。それまでのガールフレンド二人（チェルシー・デイヴィーとクレシダ・

ボナス）とは付き合いが長く続かなかった。少なくとも、メディアによるプライバシーの侵害に対応できなかったことが別れた原因に挙げられる。ただ、ハリーとロマンチックな関係になるのなら、メディアの詮索は避けられない。ハリーはこれまでの二の舞を踏みたくなかった。二〇一六年五月のサンデー・タイムズ紙のインタビューで（メーガンに出会う二カ月前）、自分が公衆の面前で話しかけた女の子は誰もがメディアの詮索に耐えなければならないのではないかという「自分の中にある巨大な被害妄想」について、ありのままに伝えている。「もし恋人ができたら、というか恋人ができたときには、必死になると思いますよ。（中略）相手のプライバシーが大きく侵害されるのはどうしても避けられないので、お互いの気持ちにしっかりとゆとりができるようになるまでは、絶対にそのようなことが起こらないようにと[16]」

メーガン・マークルとの関係が公になると、すぐにハリーの恐れていた大きなプライバシーの侵害が始まった。受け入れられるギリギリのところまで踏み込んだ記事が出回った。中には常軌を逸したものもあった。例えばサン紙の一面には、「ハリーの恋人、（アダルトサイト）『ポルノハブ Pornhub』に[17]」という見出しが躍った。しかしこれはみだらでも何でもなく、単にドラマ『スーツ』でメーガンが登場する色っぽいシーン（全く当たり障りなく、ポルノとは何ら関係のないもの）の一部がそのアダルトサイトに表示されただけだと明らかになった。メールオンライン MailOnline は悪意のある、誤解を招きそうな見出しをつけた。「ハリーの恋人は（ほとんど）コンプトン刑務所帰り。母親が住む実家はギャング抗争の傷跡が残る――ハリーはお茶に寄るつもりなのか？[18]」。ほかにもメール・オン・サンデー紙のコメントに、メーガンの「エキゾチックなＤＮＡ[19]」と書かれたものもあった。

このように報道された上に、メーガンの人生を何から何まで取り上げようとするジャーナリストの群れに直面して、ハリーは恋人を守る決心をした。しかしながら、メディアの手綱を引きたいという思いが生まれたのは、単にそれが正しいことだと信じているからだけではない。もし何も対策を取らなければ、別れるとメーガンから言われたからだ。関係者が教えてくれた。「『もし私が恋人であることを裏付ける何らかの声明を出さないのなら、もう別れるわ』と彼女が言ったのです[20]」

ハリーはうろたえた。そうなっては困ると恐れていたことがすべて、目の前で起こっている。別の関係者はこう話している。「バッキンガム宮殿はあの忌まわしい報道やコメントに対して、ハリーの恋人をかばったり擁護したりはできません。だとしたら、正常な判断力のある人なら、今後は誰も［ハリーと］恋人関係になろうなどと考えたりしません。ハリーは間違いなく、もしこのまま沈黙を続けて、もしここでメーガンを一切かばわなければ、後になって『こんなことのために婚約したわけではないんだけど』と言われかねません[21]」

ほかにも「ハリーは怯えていましたよ。『彼女から捨てられる』と言って」と話す人もいた。メーガンに出会ったのは記事が出る三カ月ほど前だ。ハリーは、コミュニケーション担当秘書官のジェイソン・クナウフに電話をかけ、メーガンがハリーの恋人であることを裏付ける声明を出したいと話した。メーガンは、これが単なる気まぐれではなく、真剣な関係だと世間に認めさせたかったのだ。それに、バッキンガム宮殿がメディアの侵害から自分を守ろうとしなかったことも分かっていた。メーガンはハリーのスタッフにこう話している。「宮殿がどのように機能しているのか分かったし、ここがどういうルールで動いているのかも分かったわ。恋人には関心がないのね[22]」。この話から、メーガンが王室をどのように判断したのか、今後について何を予測したのかが見えくる。

クナウフは、メーガンを精一杯守るしか選択肢はないと感じていた。王室のしきたりとは違うが、ハリーには、どんな段取りも気にしなくてよいのではないかと告げた。もしハリーが声明を出したいのであれば、出すことは可能だ。そこで、クナウフは声明文を用意し、メーガンが「攻撃的な行為や嫌がらせを受けて」きたことを明らかにした。また、「コメントの行間に読み取れる人種差別的要素」や「SNSやウェブ記事のコメントのあからさまな性差別と人種差別」についても糾弾している。

そのほかの宮廷（バッキンガム宮殿とクラレンス・ハウス）は、ケンジントン宮殿がけんか腰の声明文を発表したことに憤慨していた。ある側近はデイリー・メール紙にこう暴露した。「ハリーが単に自分のオフィスに関係性を確認するよう指示して、そのまま放っておいてくれたら、どれだけよかったことか」[23]。ケンジントン宮殿の関係者は、自分たちがタブロイド紙に戦いを挑む決断を下した結果、ほかのロイヤルファミリーの宮廷と緊張関係が生まれたことは自覚している。その一方で、「なぜそのような決断や内容に至ったのか、隠し立てなく正直に話したところ、お互いに理解が深まりました」[24]とも話している。

このようにして、ハリーとメーガンとケンジントン宮殿のスタッフとの間であれこれ話が交わされてからわずか数日後、二人の関係は世間の知るところとなった。二人は結婚どころか婚約さえしていない。事態はその後さらに悪化していく。

第13章 ハリーに夢中

「王室にはロイヤルファミリーがいて、それから、その王室を回す人たちがいます」。これは二〇二一年三月に放送されたテレビインタビューでメーガンがオプラ・ウィンフリーに話した言葉だ。廷臣たち（ダイアナが「グレースーツの男たち the men in grey suits」と揶揄した人々）に向けた最初の一撃である。メーガンが指摘したこの違いは、重要なポイントだ。メーガンはオプラのインタビューで、エリザベス女王と、彼女の周りにいる人たちとの違いを強調するのに苦心していた。どうやら、女王は間違ったことをするはずがないらしい。その直後に話したように、ロイヤルファミリーと王室事務局を区別するのは非常に重要だ。なぜなら、女王は「いつも私に優しかった」のだから。「一緒に過ごした時間は本当に楽しく過ごせました」。では王室事務局はどうなのか？　それほどでもない。彼らはメーガンが心底助けを必要としていたときに手を差し伸べなかった人たちだ。彼女にとっては「永遠に虚言を続ける」人たちなのだ。メーガンの話を聞いていると、とてもひどい人たちのように聞こえる。

ロイヤルファミリーに嫁いでからというもの、彼女は宮殿の生活のさまざまな要求に耐えてきた。

「英国メディアの執拗な詮索、隠そうとする気配すらない宮廷のあからさまな敵意、何もかも取り仕切る廷臣たち。私はそれまでそのすべてに耐えていましたが、徐々に、でも確実に私の心はくじかれていったのです。じわじわと追い詰められていきました。あのタイミングを逃したら手遅れでした」[1]。いやいや、これはメーガンの話ではない。ファーギーの話だ。

　ふわふわした赤毛の「ファーギー」ことセーラ・ファーガスンは、一九八六年にアンドリュー王子と結婚したが、気付いたときには彼女のロイヤルドリームは悪夢に変わっていた。生意気な態度や品格のなさが揶揄され、浪費癖、ファッションセンス、体重増加、しまいには不倫で非難の対象になった。彼女の前にはダイアナが、彼女の後にはメーガンがそうであったように、ファーギーも宮廷で働くアドバイザーたちを著しく軽蔑していた。女王の秘書官であるロバート・フェローズの名前さえ口にする気になれなかった。フェローズが、ファーギーの父親のいとこであるにもかかわらずだ。回顧録によると、フェローズは単にミスターＺにすぎなかった（「ほかのトップクラスの廷臣たち同様、王室の産物であり、それ以上でもそれ以下でもない」と書いている）。外部の人間を敵視するのが特徴の「グレースーツの男たち」は、「自ら買って出た鈍重な門番」だった。一九九二年にバッキンガム宮殿がファーギーとアンドリューの別居を発表した後、精鋭の記者数名にブリーフィングが行われた。そこからＢＢＣのポール・レイノルズのあの有名な一節「宮殿では、ファーギーにナイフが突きつけられています」が生まれた。レイノルズはこう話している。「宮殿の職員が誰かについてそのような言葉遣いで話しているのをほとんど聞いたことがありません」[2]。その三年後の一九九五年（アンドリュー夫妻の離婚の一年前）、ファーギーはミスターＺの執務室に呼ばれて、行動について叱責された。その様子を「矢継ぎ早に質問が飛び、それが丸一時間は続きました」と著書に記している。「最後まで容赦ありませんでした」[3]

　メーガンも学ぶことになるが、バッキンガム宮殿ではいとも簡単に敵ができる。

廷臣は個性がないというイメージを持たれやすいが、ジェイソン・クナウフに全く違う。米国人で、明るく、ウィリアムとケイトとほぼ同じ年齢だ。三二歳のクナウフがウィリアム夫妻とハリーのコミュニケーション担当秘書官として採用された二〇一五年当時、ケンジントン宮殿では人材の確保が急務だった。王室関係者ではなく、廷臣という仕事に新たな考えをもたらすことができる人、そして何よりも、若いロイヤルファミリーのメンバーが同世代の人たちの心に寄り添えるようにサポートしてくれる人を探していた。クナウフは、軍出身でも外務省出身でもなければ、従来のどの採用ルートにも該当しなかった。前職では、危機的状況に陥ったメガバンクのロイヤルバンク・オブ・スコットランド（RBS）で広報を担当していた。つまり、英国で最も人気のない企業（RBSは二〇〇八年の金融危機の煽りを受け、四六〇億ポンドの税金投入で救済された）から、おそらく最も人気のある夫妻の宮殿へと職場を変えることになった。口調は柔らかく、細身で少年のような見た目のクナウフには、辛口なユーモアのセンスと同じくらい、ひたむきな強さもあった。宮殿の陰から王子たちを操るグレースーツの男をイメージするのは厄介だろう。

何しろ、すべてが素晴らしい。ウィリアムとケイトとハリーの下で働くことを心から楽しんでいた。それに（既に見てきたように）、メーガンが現れると、全身全霊でメディアからメーガンとハリーを守った。二〇一六年一一月には、ハリーの新しい恋人の報道に関してメディアを非難する声明を発表したが、これはクナウフとメディアとの関係を傷つけただけでなく、ほかの宮廷との関係も悪化させた。しかし、もしそれがハリーとメーガンの望むことならば、クナウフにはその犠牲を払う覚悟があった。

とはいえ、メーガンの幸せを（その延長線上にあるハリーの幸せも）守り続けることには、常に苦労が伴った。二人が婚約する前から、ハリーのスタッフたちは「メーガンはこれまでのガールフレンドたちと違う」と認識していた。離婚の経験があり、素晴らしいキャリアもある。世間からも注目される存在だ。決して世間知らずではなく、敬意を持って接しなければならない。自らの意見があり、それが何なのかを周囲にも知らしめている。二人が正式に婚約する六カ月以上も前の二〇一七年春、メーガンはハリーのあるアドバイザーにこう話したという。「間もなく私があなたの上司の一人になるのは間違いないわ」

その後の変化の一つが、メーガンをアメリカでサポートする新たな広報チームが必要になったことだ。王室に関するすべての広報は王室の報道担当部門が取り仕切っていた。一方、それまでメーガンのPRを担当していたアドバイザーたちは、インタビュー番組のゲストといった仕事の獲得には長けていたが、これまでとは違う次元の仕事に対応するには力量不足だと判断された。大物たちの相手に慣れた広報のプロが必要だったのだ。そこで、クナウフが一肌脱ぎ、メーガンとケリー・トマス・モーガンの間を取り持った。モーガンの事務所はサンシャイン・サックスで、クライアントに女優のサルマ・ハエックやジェーン・フォンダ、ナタリー・ポートマンらが名を連ねる。そのモーガンがチームに入ったことで、メーガンはヴァニティ・フェア誌の二〇一七年一〇月号に掲載予定のインタビューに同意した。このメーガンの対応には、ケンジントン宮殿も喜んだが、交渉はモーガンに委ねられた。表向きはドラマシリーズ『SUITS／スーツ』の第一〇〇話を記念して行われたインタビューだったが、実際はメーガンの新たな第一歩を飾った。メーガンとハリーはまだ婚約していなかったが（少なくとも公式にはまだ発表されていなかったものの、夏の終わりごろに二人が結婚するつもりでいたことは、ケンジントン宮殿の誰もが知っていた）、メーガンは自信に満ちた態度で対応した。髪もそばかすもそのままに、魅惑的なメーガンの姿が表紙を飾った。ヘッドラインには「She's Just Wild About Harry（彼女はすっかりハリーに夢中）」の文字が躍る。記事は、メーガンがオープンにハリー王子に対する熱い想いを話す様子を伝えた。「私たちは愛し合っています」とメーガンは話している。「今この時は私たちのためのもの。この時間が特別なのは、私たちだけのものだから。とにかく、二人とも幸せです。私はすてきなラブストーリーが大好きです[4]」

いい話ではないか？　それに、メーガンも素晴らしいではないか？　ただ、本人は全く気に入らなかった。ケリー・トマス・モーガンに対して激怒した。「対応に全く納得していませんでした」と関係者は説明する。「それに、あらゆる方向に責任を押し付けようとしていました。インタビュー自体はいい感じだったのですが。写真も気に入りませんでした。話自体も批判的だと考えていました。腹を立てたのは、彼女の記事ではなく、ハリーの記事になっていたことです」。それで、一番の問題は？人種差別である。メーガンが取り乱した原因は、表紙の見出しだった。メーガンとハリーが指摘したのは、あの見出しの元である「I'm Just Wild About Harry」というタイトルの歌が、ジュディ・ガーランドとミッキー・ルーニーが出演した一九三九年のミュージカル映画『青春一座 Babes in Arms』で、黒塗りメイクで歌われる一曲だったことである。「彼ら〔ハリーとメーガン〕は、オンラインで見出しの文言を変えさせようとしました。というのも、人種差別が原因にある（のではないかと二人は考えた）からです」と前出の関係者は話す。「〔メーガンは〕ケリーにとても腹を立てていて、彼女を辞めさせたいと思うほどでした[5]」。最終的に事態は落ち着いた。しかしながら、モーガンはしばらくの間、メーガンから冷たい仕打ちを受けた。

バッキンガム宮殿は、多くのことがメーガン次第だと分かっていた。離婚歴がある米国人。以前ロイヤルファミリーのメンバーが米国人との結婚を望んだときには世間を揺るがしたが、その歴史的な反響は依然として宮殿内に残っていた。というのもエドワード八世とシンプソン夫人の物語がうまく終わらなかったからだ。さらに、メーガンの人種的背景（母親は黒人で、父親は白人）と、女優として成功しているという事実を考えれば、ダイアナ妃のときの失敗を繰り返す余裕はない。ダイアナの場合、彼女を温かく受け入れよう、彼女のニーズを理解しようという取り組みが十分に行われていなかった。

こうした教訓は無駄ではなかった。皆おそらく、メーガンが認識している以上に、彼女を助けようと努力を重ねた。結婚式の前、メーガンはミゲル・ヘッド（ウィリアム王子付き秘書官。つまり、ケンジントン宮殿で最高位の廷臣）と面会し、ケンジントン宮殿はできることなら何でもすると言われていた。あなたはほかの方々とは全く違う人生経験を経て、ロイヤルファミリーの一員になられるわけですが、だからといって、特別なアプローチで新しい役割に就かなければならないと考える必要はありません、とヘッドは話した。メーガンの自由が必ずしも束縛されるというわけではないのだ。メーガン自身、俳優の道を続けるつもりはないことは既に明確にしていたが、例えばプロデューサーやディレクター、脚本家など、業界内で別の仕事を見つけるという選択肢もある。あるいは、慈善事業に関係した仕事に就くのもよいだろう。

王室の柔軟性は既に前例が示しているとヘッドは指摘した。ちょうどそのころ、ウィリアムが救急ヘリコプターの操縦士になり、ロイヤルファミリーのシニアメンバーとして初めて軍以外の組織の有給職員として働くことになった。これは型破りな行為だが、ロイヤルファミリーのワーキングメンバーとしての務めに相反せず、民間で働くことも可能だと示したのだ。ヘッドはメーガンにこう伝えている――いずれの仕事の道も閉ざされてはいません。そのときはご相談に乗りますよ。

メーガンはヘッドに感謝し、人道支援や慈善事業に集中し、ロイヤルファミリーのメンバーとしてハリーを支えたいと話した。ある関係者はこう明かしている。「メーガンのあらゆること、ハリーの以前の恋人たちが経験してきたあらゆることを考慮し、宮廷全体で、選択肢を漏れなく用意するように懸命に取り組んでいました」

枠にとらわれずに考えようとしたのは彼らだけではなかった。元駐米大使で、ウィリアムとハリーの外交アドバイザーを務めていたサー・デイヴィッド・マニングも、どうすればメーガンがロイヤルファミリーになじめるのか、頭を悩ませていた。「私には、結婚後、ハリーの役割が間違いなく変わるだろうと思えました」とマニングは話した。[6] 結婚すれば、ウィリアムとケイトにハリーがプラスされる構図ではなく、二人組が二組になるということだ。ハリーはこれまでインヴィクタス・ゲームで素晴らしい業績を残しており、そのほかにもノッティンガムのスラム街の子供たちを助けたり、水面下でいくつもプロジェクトを進めていた。それが変化するというのだ。マニングはこう説明した。

成功を収めたこの魅惑的な女性が突然妻になり、しかも、王室に入るときの年齢が、ほかのほとんどの王女や王子の配偶者よりもかなり上で、既に三〇代。力関係はどうなるのでしょうか？ 役割はどうなるのでしょうか？ 私がとても重要だと思ったのは、まずメーガンとハリーがどうしていくつもりなのかビジョンを持つことでした。突然、世界がガラリと変わるのですから。結婚すれば、メーガンは未知の世界に入ることになりますし、ハリーはハリーで、結婚生活に合わせていかなければなりません。二人は仕事をどうするつもりなのか、どうすればほかのメンバーとうまくやっていけるのか？ 二人に青写真を渡せば、私たちの道もきっと見えてくると思ったのです。

そこで、マニングはいろいろと考え始めた。「二人の生活をいかに構築すべきなのか」も、その一つである。二人の生活は国内、国外、慈善活動、プライベートに分けられる。国内に関しては、国家が政治的、社会的に分断されているようなときに、英国を一つにまとめる手助けができるだろう。国外に関しては、英連邦のツアーや各国訪問を行い、政府に代わりEU離脱後（ポスト・ブレグジット）の英国に対する思いをかきたてる役割を担うことも可能だ。二人それぞれの慈善活動や関心のある事柄を続ける時間もある。ハリーはアフリカに行くのがとても好きで、環境保全に深い関心があるので、それもプログラムに取り入れるといいだろう。また、メーガンは自分の時間を使い、ルーツである米国の人たちと連絡を取るのが望ましい。

こうした計画は当然と言えば当然だろう。ただし、マニングにはほかにもアイデアがあった。女王とフィリップ王配は、結婚した当初、しばらくの間、地中海のマルタ島で暮らしていた。ウィリアムとケイトは結婚当初には（結婚前も）ウェールズのアングルシー島で暮らした。おそらくハリーとメーガンもしばらくは英国を離れるとよいのではないかとマニングは考えた。おそらく一年ほどアフリカに行くとよいだろう。最有力候補は南アフリカだ。

ハリーとメーガンの場合、何をやってもうまくいかなかったため、記者の中には、このマニングの提案は二人が王室内で抱いてきた不満の対応策だと分析する者たちもいた。実際、二人は王室における自分たちの役割に満足していなかったので、記者の論理を当てはめるのなら、アドバイザーたちは危機に対する解決策を見つけ出そうと必死だったというわけだ。しかしながら、実は全くそういった類いの話ではなかった。マニングはハリーとメーガンが結婚する前から提案を考え始めていた。緊急事態が起きて、慌てて対応したというよりも、これから数年にわたり、ハリーとメーガンが進む道を支援する方法について、熟考を重ねて創意工夫した結果だったのだ。

自分のアイデアにはうまくいきそうなポイントが数多くある、そうマニングは感じていた。「これは君主制にとって大きなメリットであり、大きな進展でした。これまでのイメージをすべて崩したのですから」。そこでいくつかのオプションを企画書にまとめた。企画書を書き上げてから数カ月後、初めてアイデアが叩き台に載り、一年以上が経過した二〇一九年四月、アフリカ訪問の計画がサンデー・タイムズ紙に漏れた。[7]「本人たちこそそのアイデアを気に入っていました」と王室関係者がタイムズ紙に話している。[8]この漏洩は、ウィリアムとハリーの関係修復のさなかに生じたと見なされた。二人の兄弟が仲違いしているという噂は既に表面化しており、メーガンとケイトが仲良くないという話も広く取り上げられていた。しかしながら、この計画は最終的に実現しなかった。予算と警護の二点がおそらく大きな問題になり、実現できなくなったのだろう。「行き詰まりました」とマニングは肩を落とす。「問題があり、資金源を探し出そうとする意欲がありませんでした」。二人には貢献できることがあれほどあったのに、本当に残念だとマニングは思っていた。「実際に問題があったことは決して疑う余地はありません」とマニングは言う。「それでも私にしてみれば、この二人に関しては、従来とは違う捉え方をする必要があったのではないかと思うのです。二人だからこそできる役割、特に、二人の長所を生かした役割を考えてもよかったのではないかと」

マニングたちがハリーとメーガンの結婚生活がどのようになるのかあれこれ考えている一方、二人の不満や王室に対する疑心暗鬼から、王室自体に問題が生じていた。それは、この数年繰り返し、表面化していた警護の問題だ。二〇一七年一一月に婚約し、メーガンが英国に引っ越してハリーと一緒に住むようになると、ケンジントン宮殿は警察によるメーガンの身辺警護の問題に対応しなければならなかった。ハリーと一緒のときは、ハリーの警護の下にいるので問題はなかった。しかしながらメーガンがロンドンに到着してしばらくの間は、警察が彼女をフルタイムで身辺警護する仕組みが整っていなかった。その代わり、現在はＲＡＶＥＣ（王族・要人警備執行委員会）と呼ばれる内務省の委員会がある。内務省の官僚や警察幹部などがメンバーで、おそらく諜報サービスからも人員が投入されていたようだ。警備人員の配置は、警護対象者が直面する脅威を評価した上で、状況に応じて決められる。

問題は、ハリーが委員会と同じようなペースで動いていないことだ。委員会はよく考えて、証拠に基づいた判断を下したがる。一方のハリーは即座に行動に移すことを好む。ハリーの秘書官エド・レーン＝フォックスは警備の問題に関して、多くの時間をかけてほかの秘書官たちと意見を交わし、政府の部門とともに取り組んだ。ある関係者によると、ちょうど委員会でロイヤルファミリーのメンバーに提供する警護のレベルを下げようという話が出ていた。

私たちがはっきりさせなければならないのは（しかも、彼女本人には気付かれないように）、ハーフの女性が結婚してロイヤルファミリーに入るとき、警護には全く違うタイプのリスクが伴うもので、今後の計画で、身辺警護をどの程度スリム化するにせよ、その女性を守らなければならないということです。（中略）警察の身辺警護がなければメーガンの生活が成り立たなくなることを何とか二人に理解させなければなりませんでした。でも、このような事態になっていることさえ、メーガンは全く知りません。というのも、彼女には「歓迎されないのではないか」と思わせる理由を増やしてもらいたくなかったからです。彼女は当初から、自分が拒絶されている証拠を絶えず探していました。だから私たちはこんなことが起こっているなどと彼女の耳に入れるわけにはいかなかったのです。エドは舞台裏で彼女のために素晴らしいことをしていました。でも、彼の行為はどれもそれほど評価されなかったのです。▼9

別の関係者はこう話している。「委員会には踏まなければならない、とてつもなく長い手順がありました。それに、警護するとなれば費用がかなりかかります。報告の義務が生じて、内務省は予算について説明しなければなりません。これは単純に『それはいい考えですね、ではそうしましょう』ではすまない、はるかに大きなことなのです」[10]

ハリーとメーガンにとって、警護の決断が下されるまでにかかった二カ月は、何年にも感じられただろう。二人には、メーガンが必要としている警護を単に関係各所が提供したがらないだけのように感じられた。「二人が理解していなかったのは、これが簡単な手順ではないということです。時間がかかりますし、評価もしなければなりません。二人は不満を募らせていました」と前述の関係者が付け加えた。[11]

自分が拒絶されている根拠をメーガンが絶えず探しているという話には、彼女の弁護士事務所シリングスが異議を申し立てている。そうではなく、メーガンには「なじもうとする明確な意思」があったと弁護士は訴える。「自分の国、キャリア、北米での暮らしを捨てて、新たな役割を全身全霊で務めようとし、それを実現するためにあらゆる努力を行っていました」

警護問題に関するハリーの不満は、二人が王室の主要メンバーから退く決意をした後にもう一度頭をもたげることになる。それに、なぜ以前と同じレベルの警護を引き続き受けることができなくなるのかも二人には理解できなかった。ハリーは後に英国を離れてから、内務省にハリー警護の停止に対する訴訟を始めた。メーガンと自分が王室を離脱した後、税金を投入した警察の身辺警護を終了するというRAVECの決断に対して、司法審査を求めたのだ。二人はカリフォルニア滞在中の警護費用を自費で賄っているが、二人を支えるチームには、英国の諜報機関や警察当局から情報を得るつてがない。

しかしながら、夫妻が王室離脱を発表した二〇二〇年一月以降のハリーの身辺警護で実際に生じたことと、二〇一七年秋の段階で警護に関して「誰もが自分たちの足を引っ張っている」というハリーの思い込みや不満との間には決定的な違いがある。ハリー夫妻は王室離脱後に税金を使った警護を受けるべきかという問題に関して反対意見が基本的な見解となったが、二〇一七年時点では、善意ある廷臣たちが必死になって何とかしようとしていた。それでも、ハリーとメーガンから見れば、決して十分とは言えなかった。実は、あるパターンがその後も何度となく繰り返されていたのだ。

ハリーとメーガンの結婚式の数カ月前、バッキンガム宮殿はメーガンに対して友情の印を見せていた。女王の要請で、宮内長官のピール伯爵（宮廷官職の最高位）が二人に面会し、メーガンに対してバッキンガム宮殿がどのように機能しているのかを説明したのだ。ピール伯爵はこのように振り返っている。「ええ、彼女のことは気に入りました。とても率直でした。それはそれは礼儀正しい人です。それにとても物分かりがよい。学ぼうという意欲がありました。とても聡明。私は女王の命を受けて、バッキンガム宮殿の業務や仕組みをできる限り分かりやすく二人に説明しました。二人ともかなり興味を示し、彼女はいくつかとても的を射た質問をしてきました。とてもよく理解していましたよ[12]」

ピール伯爵といえば、女王の宮廷の管理監督以外の関心事はポロなどのフィールドスポーツと自身のヨークシャーの領地くらいなもので、メーガンの目に、その七〇歳の保守党世襲貴族議員がどのように映ったのかは、誰にも分からない。新聞には、少なくともこの二人に共通の話題がたくさんあるとは思えないと書かれていた。

こうしたそぶりは、たとえ善意だったとしても目の前にある重要な問題の対処法にはならなかった。メーガンとケンジントン宮殿のスタッフの関係は、メーガンとハリーが結婚する前から悪化し始めていたのだ。婚約発表後二〇一七年も暮れに近づいたころ、ある主要側近が、二人のスタッフへの対応から生じた問題について控えめに苦言を呈した。たとえスタッフの能力がハリーとメーガンの基準に達していなかったとしても、ある程度は理解を示し、人としてそれなりの態度で接するべきではないかと訴えたのだ。メーガンはこう応じたと言われている。「甘やかすのは私の仕事ではないわ」

ウィリアムとケイトは（それにメーガンと一緒になる前のハリーも）、若手スタッフと働くのを楽しみにしていたが、メーガンは彼らとうまく付き合えなかった。彼女が求めていたのは敬意ある対応だったようで、序列の随分下の方の人たちと話さなければならないということ自体（そもそも、序列など大した意味もない小規模な職場だが）、敬意をもった対応には当たらなかった。「侮辱されたと思ったのでしょう」とある関係者は断言した。[13]

結婚式を催すとなれば、当然どんな式であれ緊張するものだ。おそらくロイヤルウェディングとなれば、何よりも緊張するだろう。特にハリーとメーガンの結婚式は厄介だった。スケジュールでもめて、結婚式の通知でもめて、ゴスペルのコーラスでももめた。中でも有名なのは、第7章で紹介した、ハリーが女王のスタイリスト、アンジェラ・ケリーを怒鳴りつけた、あのティアラの一件だ。ちょうど同じころ、チームのミーティング中、メーガンが若い女性スタッフに対して同僚たちの前で声を荒げたことがあった。書き上げた計画書をビリビリに破り捨てられた女性スタッフは、新しい計画を作るのがいかに大変なのかをメーガンに説明した。「心配いらないわ」とメーガンは伝えた。「この仕事をほかに頼める人がいるのなら、あなたではなく、その人に頼みますから」。その後、その仕打ちの一部を耳にしたウィリアム王子が、やり玉に挙げられた女性スタッフを見つけ出して、「大丈夫ですか？」と声を掛けた。「あなたはしっかりといい仕事をしていますよ」。その言葉を聞いた彼女は、一気に泣き出した。[14]

攻撃の的になったスタッフはほかにもおり、時にはハリーとメーガンの両方からなじられることもあった。ジャーナリストのロバート・ジョブソンは、結婚式の準備中に、ハリーがスタッフに対していかに「不機嫌で短気」だったのか書いている。「時折、ハリーは声を荒げて言い張った。『メーガンが欲しがるものなら、何でも手に入れなければ[15]』」。あるとき、メーガンが気にしていた問題が本人の思い通りにならなかったことがあり、金曜日の夜で担当スタッフが外食中だったにもかかわらず、メーガンは何度も繰り返し電話をかけた。「一〇分ごとに携帯が鳴り、彼女とハリーから怒鳴られていました。『こんなことするなんて、本当に信じられない。あなたにはもうがっかりだわ。一体何を考えていたの?』。それが二時間も続いたんです」。翌朝には電話がまた鳴り出し、それが「何日も」続いたとスタッフは漏らした。「物理的に逃れられませんでした。境界も限界もないのです。電話は夜遅くまで続き、翌朝一番に始まりました[16]」。朝五時にメーガンからメールが送りつけられていたのは言うまでもない。二人と一部のシニアスタッフの関係があまりにもこじれたので、ウィリアムの秘書官ミゲル・ヘッドが仲裁に入り、状況の収束を図らざるを得なかった。

ピール伯爵によるメーガンのロイヤルファミリー指導は、おそらくあまり役に立たなかったに違いないが、その一方で、デイヴィッド・マニングやミゲル・ヘッドの仲間たちは、メーガンがロイヤルファミリーに仲間入りすることで生まれるチャンスについて前向きに考えてみようとした。しかしながら、物事には別の見方が生じるものだ。おそらく彼らが何をしたところで、満足いくような事態にはならなかっただろう。「彼女は初めから、私たちが足を引っ張る証拠を探していたんですよ」と元スタッフは確信していた。「私たちが証明しなければならないと考えていたのは、王室が彼女を幸せにするためにいかに努力しているのかでした。でもそれは彼女が望んだことではありませんでした。彼女は拒絶されたがっていたのです[17]」

おそらく再起動するならこのタイミングだ。

エド・レーン＝フォックスはもともと、五年も王室にいるつもりはなく、二〇一八年五月に行われるハリーとメーガンの結婚式までは残ることに同意していた。その結婚式も、ウィンザー城の聖ジョージ礼拝堂で盛大に執り行われ、王室は新たな秘書官を探さなければならなくなった。秘書官の変更はおそらく最善策だろう。というのも、レーン＝フォックスがいかにハリーのために働いてきたとしても、この慎重で控えめな元陸軍将校がメーガンとうまくやっていける可能性はないからだ。メーガンはもっと自分の価値観やスタイルに合った人材を望んでいた。レーン＝フォックスにはカリフォルニアらしさがあまりない。

結婚式から数日後、バッキンガム宮殿は、サマンサ・コーエンが臨時秘書官として六カ月間ハリーとメーガンの支援に入ることになったと発表した。コーエンは当時四九歳。バッキンガム宮殿ではまず報道部に入り、コミュニケーション担当秘書官に昇進すると、秘書官事務局に移り、女王付き秘書官補として働いた。Uターンではないとはいえ、これはコーエンにとって急激な方向転換だった。というのも実はコーエンは、サー・クリストファー・ゲイト（女王の〔元〕秘書官。クラレンス・ハウスと仲違いし、前年の二〇一七年にはバッキンガム宮殿を追われた）とともに宮殿を去るべく、既にバッキンガム宮殿に辞表を提出していたのだ。しかし、二〇〇一年から女王の下で働き、女王に強い忠誠心を抱いていたコーエンは慰留されると、二〇一八年四月にロンドンで開催される英連邦諸国首脳会議に携わることに同意した。その会議も終了し、まさに一七年間働き続けたバッキンガム宮殿を去ろうとしていた矢先、コーエンを高く評価していたエリザベス女王から、もう少し宮殿にとどまり、今度はハリーとメーガンを助けてほしいと頼まれたのだ。

これは、女王が新婚の孫夫婦に自分の手駒を押し付けたというわけではない。それどころか、女王は、最も信頼するスタッフの一人を説得して、新婚生活の半年間ほど二人のそばにいて、サポートしてもらえないかと頼みこみ、二人に救いの手を差し伸べたのだ。コーエンは、女王の宮廷でも特に人気と評価が高いメンバーの一人だった。オーストラリア人で、母国ではジョン・ハワード首相のメディアアドバイザーを担っていたが、ナショナル・グリッド社渉外部門のトップとして英国勤務を経て、報道担当秘書官補でバッキンガム宮殿に採用された。陽気で親しみやすいが、それとは裏腹に、芯がしっかりしており、冷静沈着で、人生の悩みを解決してくれそうなタイプの人物だ。彼女が加わり、バッキンガム宮殿に変化が見えてきた。報道部の近代化を推し進め、その過程で、女王にTwitterとFacebookの利用を促している。

コーエン（皆からはサムと呼ばれる）がケンジントン宮殿に加わったことで、一つ大きなメリットがあった。ハリーもウィリアムと同じように既にコーエンをよく知っており、彼女をとても好きだということだ。その気持ちが報われることになった。計画では二〇一九年春以降、宮殿に残る予定はなかったが、忠誠心の強いコーエンは、この新しい仕事をやり遂げようと覚悟を決めた。「当初、ハリーはとても喜んでいました」とある関係者は話す。「サムも本気で取り組んでいました[18]」。しかし、ハリーとメーガンを幸せにするのは、自分の想像以上に難題だとコーエンはすぐに痛感することになる。

二〇一八年秋、サセックス公爵夫妻はオーストラリア、フィジー、トンガ、ニュージーランドの外遊に出かけた。二人の秘書官ジェイソン・クナウフは、そのツアーには参加できなくなった。オーストラリアに先乗りする予定だったが、鎖骨を折り、ツアー参加を断念せざるを得なかったのだ。思いがけない予定変更で、二つの大きな出来事が起こる。まずは従来行われていたツアー直前のブリーフィングが、ツアーバスや写真撮影に関するいつもの情報交換ではなかったことだ。ツアー直前のブリーフィングといえば通常、ロイヤルファミリーが到着する前夜に会議室で行われ、同行する報道関係者にメディア対応の詳細を伝える。しかしそのときのブリーフィングは忘れられないものだった。テーブルの上のコーヒーカップにクナウフの同僚の携帯電話が置かれており、クナウフがスピーカーモードで記者たちにメーガン懐妊のニュースを知らせたのだ。これは、海外ツアーの始まりとしては実にドラマチックな幕開けだ。もう一つの大きな出来事は、現地から約一万八〇〇〇キロ離れたクナウフがハリーとメーガンとの関係に決着をつけたことだ。

特にこの数カ月、クナウフはスタッフに対するメーガンの対応に（ハリーの対応も）頭を悩ませていた。この問題が注目されるようになったのは、メーガンのパーソナルアシスタント、メリッサ・トゥバチが宮殿に入り、わずか六カ月で辞職したことに端を発している。メーガンのパーソナルアシスタントが辞めたのはトゥバチで二人目だ。トゥバチは三九歳のフランス女性で、それまではポップシンガーのロビー・ウィリアムズと、その妻でオーディション番組『Xファクター』の審査員アイーダ・フィールドの夫婦の下で働いていた。トゥバチが王室を去った後、ある王室関係者がトゥバチに敬意を表し、彼女がハリーとメーガンの結婚式の運営で果たした役割とその仕事ぶりをたたえている。「メリッサは非常に優秀な人でした」。その関係者は、トゥバチとケンジントン宮殿の同意の下で行われた公式声明でそう伝えた。「ロイヤルウェディングでは中心的な役割を果たし、挙式を成功に導いてくれました。王室関係者の誰もが彼女との別れを惜しむでしょう」[19]。その一週間後、サンデー・ミラー紙が、メーガンがメリッサ・トゥバチを泣かせた様子を記事にしている。ある関係者は同紙にこう話している。「彼女の仕事はとてもプレッシャーが大きくて、最後には手に負えなくなってしまったのです。よく我慢していましたよ。メーガンは言いたい放題言って、しまいには彼女を泣かせていました。（中略）メリッサはプロ中のプロで、どんな仕事でもこなせます。でも、限界に達してしまい、別々の道を歩んだ方がお互いのためだとなりました[20]」

それ以来、複数の王室関係者が、メーガンとトゥバチの衝突は、一部の企業がメーガンに送ったプレゼントが主な原因だったと話している。プレゼントは絶えずケンジントン宮殿に届けられていた。「洋服、ジュエリー、キャンドル……プレゼント攻勢が止むことはありませんでした」とある関係者は指摘する。王室には、ロイヤルファミリーは民間企業から無料で金品をもらってはいけないというルールがあり、トゥバチはその王室のルールを厳格に順守していたようだ。しかし、メーガンにとってその方針は受け入れ難いものだった。[21] サン紙の報道によると、ファッション関連のプレゼントの件でメーガンと王室スタッフの間でいさかいが始まったのは、メーガンがハリーの恋人だと公表されたときからだ。サン紙は関係者の話を紹介している。「プレゼントを受け取るのは女優であれば全く問題なかった。でも、ロイヤルファミリーの常識とは違うとしっかり教わる必要があった」[22]。作家ティナ・ブラウンによると、メーガンの豪華なプレゼント好きは、ブログ「ザ・ティグ The Tig」を書いていた女優時代に遡るという。「彼女は、デザイナーブランドのバッグを喜んで受け取る人物として、ラグジュアリーブランドのマーケターたちの間ではよく知られていた」とブラウンは書いている。[23]

　トゥバチ辞職の報道が出たのは、メーガンとケイトがよそよそしいという噂や、シャーロット王女のブライズメイド用ドレスの試着後にケイトが泣かされたという疑惑がちょうど取りざたされたころだ。[24] 特にケイトを泣かせた疑惑は、この先長い間、メーガンの不満の種になる（後に本人は、泣いたのはケイトではなく自分だと主張している）。スタッフの辞職やメーガンの執拗な要求など、絶えず流れてくる噂は、結局メーガンに不利な話にしかならなかった。「メーガンは気難しい」、「メーガンはスタッフに優しくない」、「メーガンはケイトが好きではない」、そんな噂が飛び交い、次第に新聞各社はメーガンを「気難しい公爵夫人 Duchess Difficult」と呼ぶようになった。一方のメーガンも、スタッフの離職話をますます気にするようになった。メーガンの支援者たちは、彼女こそ人種差別や性差別、もしくはその両方の犠牲者だとして、メーガンを擁護しようとしていた。メーガン応援団のリーダーといえば、『自由を求めて』の共著者オミッド・スコビーとキャロリン・ドゥランドだ。この二人は、メーガンの友人の言葉を著書で紹介している。「気難しい公爵夫人、皆が問題視しているのはそこなのです。メーガンほど一緒に働きやすい人はこの世の中にいないのに」[25]

ただそれは、全くの真実というわけではない。その年〔二〇一八年〕の一〇月二六日、インヴィクタス・ゲームの最終日に間に合うように、ハリーとメーガンがトンガからシドニーに戻ってきたその日、クナウフは、ウィリアム付き秘書官で直属の上司でもあるサイモン・ケース（後の内閣官房長）にメールを送っている。メーガンの行動に関する「とても深刻な問題」についてケンジントン宮殿の人事部長に話をしたというのだ。

> サセックス公爵夫人がこの一年で、二人のパーソナルアシスタントを宮廷から追い出しており、私は本件に関して大変憂慮しております。（中略）公爵夫人はいつも誰かをはべらせたいと考えているようです。それに、X〔本書著者の判断で匿名〕に嫌がらせをして、自信を失わせようとしています。とうてい看過できない、Xに対する行動を目にしたという報告が次々と上がっています。そのXは、同僚たちから、宮廷内でも最も優れた人物の一人で、仕事の質も超一流だと一様に高く評価されている人物なのです。

クナウフはさらに続けて、オーストラリア、ニュージーランド、フィジー、トンガの外遊は（まだ外遊の最中であり、クナウフはスタッフと毎日連絡を取っている）、「非常に厳しい」もので、「公爵夫人の行動で事態は悪化の一途」をたどっていると書いた。さらに、自分自身の立場に関しても憂慮を表明し、おそらくサマンサ・コーエンであっても対応に苦慮するのではないかと示唆した。「私は［人事部長サム・カールサーズに］もし公爵夫人の次のターゲットが自分になったらどうなるのか尋ねました。ここ何週間かの彼女の行動を見ていると、その可能性がありそうですので」と書いた。「サマンサ・コーエンに『自分は守られている』と感じてもらうようにするには何ができるのかを尋ねました。そして、コーエンが深刻なストレスを抱えており、仕事を辞めざるを得ない状況に陥る可能性が非常に高いことを指摘したのです」。クナウフは最後にこう書いて、メールを終えている。「［カールサーズは］あらゆる点で、状況がとても深刻であるという私の意見に同意しました」。さらに「今後も何の対応もなされないのではないかと懸念しています」と付け加えた。

二年半後のタイムズ紙によるいじめ疑惑報道では、クナウフの主張を支持する関係者が数多く現れた。スタッフのシニアメンバー二人が、メーガンからいじめを受けたと主張している。別の側近も、スタッフが受けた扱いは「心の暴力、心理操作のように感じられ、これも、いじめと呼べるのではないかと思う」と訴えた。[26]

特定の行為がどのタイミングでいじめに変わるのかを正確に定めるのは難しいものだ。ジェニー・アフィアは、メール・オン・サンデー紙を相手取った訴訟でメーガンの弁護人を務めた人物だが、BBCのポッドキャストでその難しさに言及し、最近では、キャリアウーマンを傷つける目的でいじめ疑惑が「ふんだんに」使われていると指摘した。「実際のところいじめが意味するのは、誰かを身体的もしくは精神的に傷つけるために、意図を持って不適切な権力を繰り返し使うことです。サセックス公爵夫人はそうした行為を全面的に否定します。私もご本人をよく知っていますが、公爵夫人がそのようなことをするとは決して信じられません。公爵夫人に関する私の経験とその内容とが全くかみ合わないです」[27]

しかしながら、メーガンが過酷な要求をする上司であろうことは疑いようがなかった。当初見られたこのような問題は、仕事のやり方の文化的な違いも関係しているのではないかと考える人たちが数多くいた（ハリー自身もその一人だと言われている）。スコビーとドゥランドは『自由を求めて』でこのように書いている。「米国人の方がはるかに率直な傾向が見られ、王室のような洗練された組織にはうまく収まらないことがよくある」[28]。しかしながらその論理では、いじめ疑惑を指摘したクナウフ本人が米国人であるという事実とつじつまが合わない。一部の王室内部関係者によると、単に「メーガンは米国人らしい率直な物言いをするから」ではすまされないものがあったという。「不愉快な経験をさせられました。間違いなく［私は］面目をつぶされたと言えます」[29]

クナウフがサイモン・ケースにメールを書いてからしばらくすると、メーガンの行動の影響が顕著に見られるようになった。告発がハリーの耳に入り、その内容を撤回するようハリーがクナウフを説得したのだ（サセックス公爵夫妻の弁護士は否定）。ただし、その段階で告発がメーガンの耳に届いていたかどうかは定かではなかった。クナウフがメールで言及したスタッフは、翌日メーガンと仕事をしなければならなかったのだが、メーガンがその告発について知っているのではないかと不安だったという。「気分が悪くなったのはそのせいです」と話してくれた。「翌朝、一緒の車に乗り込まなくてはならないなんて、とても無理……きっと責められる――そう考えただけで翌日が恐怖でした」[30]

ほかにも、メーガンのロンドンの任務で段取りに混乱が生じたことがあった。報道関係者は一人もいないとメーガンは考えていたが、実際には王室記者制度の記者がいる予定だったのだ。見過ごせないタイプの失敗である。関係者であるスタッフは、この件についてメーガンと話さなければならないと分かっていたものの、その後のことを考えると憂鬱になった。メーガンから電話が入ったが、出ることができずに折り返したところ、電話を取ってもらえなかった。「それ以来、電話がありません。恐怖を感じています」。少し間をおいて、こう付け加えた。「なぜこんなことでと思ってしまいますが、震えが止まりません」。ほかにも、「心が壊れた人はたくさんいますよ。若い女性は彼らの振る舞いでやられていました」と話す人もいた。スタッフの中には「完全に壊れた」人もいるという。[31]

スタッフの間では、結婚式の前から既に緊張が走っていた。つらい経験をしたあるスタッフは同僚に、もう仕事を辞めようかと考えている、二人の「いじめがあまりにもひどいから」と漏らした。その後で「この先、あの二人を信頼したり、好感を持ったりすることは決してないだろうけれど、これまで波風立てずにやってこれた」と続けると、話を聞いていた同僚は「それはひど過ぎる。あの二人はいじめの加害者だ」と答えたという。[32] 厳しい仕打ちは若手スタッフに限られたことではない。サマンサ・コーエンがいじめを受けていたと話す関係者もいた。別の関係者は、「彼女に対する仕打ちはひどいものでした。二人が満足することなんて一切ありません。例えば『あの人は何も分かっていない。不合格だ』とか」と話した。しかし実際のところは、コーエンは「聖人」で、その関係者いわく、自分が知っているロイヤルツアーの責任者で彼女ほど優秀な人はいないという。[33] 二〇二一年二月、メーガンの弁護士は、コーエンがいじめを受けていたことを否定し、公爵夫妻は常にコーエンの支援と尽力に対して感謝していると話した。「彼女は今でも公爵夫妻ととても親しくしています」

南太平洋諸国ツアーはというと、ハリーとメーガンは大歓迎を受けていた。二人を一目見ようと大勢の人々が集まった。また、メーガンがこれまでにないカジュアルな方法で外遊に取り組んだ結果、オーストラリアの国民に大いに受け入れられた。例えば、農家の自宅を訪問したときには、メーガン手作りのバナナブレッドを手土産にした。また、夫妻で学校を訪れ、オーストラリア先住民とトレス海峡諸島民の子供たちの学力向上プログラムの進捗状況を視察したときには、メーガンは子供たちに勇気を与えるロールモデルとしてもてなされた。私はこのときのメーガンをたたえて、タイムズ紙に記事を書いている——彼女は「ロイヤルファミリーの女性メンバーのあるべき行動に関する概念を変えようとベストを尽くしている」[34]。

しかしながら、舞台裏では話が違っていた。メーガンは注目を浴びて、数えきれないほど多くの人々と握手をしたが、そのウォークアバウトの真の意味をしっかりと理解していなかったのだ。何名かのスタッフによると、少なくとも一回はメーガンが「ここまでやって報酬がないなんて、信じられない」と話しているのを聞いている。ツアーに同行したスタッフの中で、メーガンに比較的同情しているメンバーがこう話す。

サム〔サマンサ・コーエン〕は、メーガンが宮廷に来たら、どうすればこのオフィスがうまく機能するのかを考えていたように思います。メーガンは従来のバッキンガム宮殿の人たちに頼るのではなく、自分の仲間を招き入れたいと考えていました。私の印象では、それが困難なのは火を見るよりも明らかでした。それに、そんな中で新婚生活が始まっただけでなく、大掛かりな外遊にも参加しなければならないし、その上メーガンの妊娠が重なりました。だから、重圧がかかっていたのは間違いありません。サムは、本当にとても難しい状況でも見事に仕事をこなしていたと思いますよ。[35]

スタッフは一度ならず、厳しい扱いを受けていると感じていた。ある関係者によると、トンガからシドニーへの移動中、サマンサ・コーエンは特につらい時間を過ごしていたと言われている。「サムは、離陸前も飛行中も怒鳴りつけられていました」[36]。怒鳴りつけられた後、コーエンはほかのスタッフに、今日はハリーとメーガンに近づかないようにと注意した。その晩、同僚らがいろいろ調整してくれたので、コーエンはどうしても必要でない限り、ハリーとメーガンの二人と顔を会わせなくてもすんだ。「昨日はもう針のむしろでした」と翌日スタッフの一人が話してくれた。ある関係者は、デイヴィッド・マニング（外遊中はいつもその存在が心の拠り所）が「あなたが相手にしているのは、とても気難しいレディなのですよ」[37]とよく話していたという。ロンドンでは、ジェイソン・クナウフがその日の出来事に関して定期的に連絡を受けており、秘書官に対する扱いについても耳にしていた。クナウフはオーストラリアにいる同僚にこう伝えている。「私の代わりにサムをハグしてあげてください」

タイムズ紙によりメーガンのいじめ疑惑の第一報がもたらされると、サセックス公爵夫妻の広報担当者は、二人こそ「誤解を招く悪意ある誤情報に基づいた計算づくの組織的中傷の被害者」だと述べた。また、公爵夫人は「本人の人格に対する最近の攻撃に心を痛めており、特に、これまでいじめの対象になってきた者として、心の痛みやトラウマに苦しむ人たちを何とかサポートしたいと考えている。今後も世界中の思いやりの心を育む取り組みの継続を決意し、正しいことを行い、良いことを行う模範となるべくこれからも努力を続けていく」。夫妻の弁護士は、メーガンが誰かをいじめたという事実を否定し、タイムズ紙が、オプラ・ウィンフリーとの対談の前から「バッキンガム宮殿にいいように使われて、全く誤った話を世間に広めている」[38]として、同紙に直接指摘した。ただし、バッキンガム宮殿が一連の話に登場していないことを考えると、その弁護士の主張には無理があるようだ。

南太平洋諸国歴訪の最初の訪問地であるオーストラリアの後、ハリーとメーガンはフィジーで四八時間を過ごした。最初の夜、首都のスバで行われたジオジ・コンロテ大統領主催の公式晩餐会に出席した。このときメーガンは、プレタポルテブランド「サフィヤ」がデザインした「フィジーブルー」のケープ付きイブニングドレスをまとい、耳には見事なダイヤモンドのイヤリングをつけていた。ケンジントン宮殿は、そのイヤリングは借りものだと明らかにしたが、誰から借りたのかは回答を拒否した。これは王室基準で考えても、外遊に同行した記者たちの目には不自然な対応に見えた。拒否の理由が明らかになったのはそれから二年以上後の話で、そのイヤリングが、サウジアラビアのジャーナリスト、ジャマル・カショジの殺害に関わっている人物からのプレゼントであることを私がすっぱ抜いたのだ。[▼39]

シャンデリアのようなイヤリングは、サウジアラビア皇太子ムハンマド・ビン・サルマンが結婚プレゼントとしてメーガンに贈ったものだ。サルマン皇太子は、ハリーとメーガンの結婚式が行われる二カ月前の二〇一八年三月、ロンドン滞在中に女王と昼食をともにした。その時点でプレゼントに関しては何ら取りざたされなかった。女王の昼食に同席できる人物ならば、メーガンにイヤリングを贈っても不思議はない。

しかしながら同年一〇月二日、反体制派のリーダーであるジャーナリストのジャマル・カショジが、トルコのイスタンブールにあるサウジアラビア総領事館におびき寄せられると、その場所で殺害、切断されて、遺体は処分された。この殺人事件はサセックス公爵夫妻外遊の前には世界で大きなニュースになっていた。外遊が始まる四日前の一〇月一二日には、皇太子が個人的にカショジの殺害を指示したという疑惑が深まるにつれ、世界の指導者たちは皇太子を批判するようになったとタイムズ紙が報道している。そして一〇月二〇日、フィジーでの公式晩餐会の三日前になり、サウジアラビアは、カショジの死は政府高官に責任があると認めたのである。

手を血で染めたと非難される人物から贈られたイヤリングだと知りながら、国家的行事でそれを身に着けるという考えは、控えめに言っても驚きに値する。特にメーガンのスタッフは彼女がイヤリングを身に着けると聞いて困惑した。メーガンはそれまで、サウジアラビアにおける女性の人権活動を擁護していたからだ。

イヤリングが借りものだというケンジントン宮殿の説明には語弊がある。それでは一体、これは誰の責任なのか？　サマンサ・コーエンは当時同僚に、イヤリングはラグジュアリージュエラーのショパールから借りたものだと話していた。ある関係者は、メーガンからそう言われたのではないかと推測する。しかしながら、それは真実ではない。例の晩餐会から約二カ月後、メーガンのファッションを紹介するブログ「メーガンズ・ミラー Meghan's Mirror」を読んでいた熱心な読者が、そのイヤリングが香港のジュエラー、ブターニのものだと見抜いたのだ。つまり、ショパールのものでもなければ、ショパールから借りたものでもない。まさか、単なる勘違いなのか？　あるいは、誰かが嘘をついていた？　もしそうなら、なぜ？

フィジー訪問の三週間後、そのイヤリングがまた表舞台に登場した。一一月一四日、バッキンガム宮殿で開かれたチャールズ皇太子の七〇歳の誕生会で、メーガンが再び身に着けたのだ。その時点で、コーエンは依然としてショパールから借りたものだと思っていたようだ。しかしながら、真実を知る者は別にいた。フィジーの晩餐会の後、あのイヤリングが初めてメディアに取り上げられたとき、ロンドンでロイヤルギフト情報の登録を担当していたスタッフがその存在に気付き、ケンジントン宮殿に注意喚起した。関係者はこう話している。「この件は、メーガンとハリーに直接意見しないようにしようと決めました。二人の反応が怖かったからです」[40]。メーガンが二度目にイヤリングを着けた後、ある側近がハリーの耳には入れておこうと考えた。イヤリングの出所が周知の事実であることにハリーは「ショック」を受けていたようだと言われている。しかしサセックス公爵夫妻の弁護士は、ハリーがイヤリングの出所について問われたことはないと説明している。

二〇二一年二月、イヤリングの真実を記事にするとメーガンがタイムズ紙から警告されたとき、弁護士事務所のシリングスはこう話している。「公爵夫人が、イヤリングは『ジュエラーから借りたもの』だとスタッフに話したことに一切なく、そもそも借りものだということが真実でないのであれば、当然、公爵夫人がメディアに嘘をつくようにスタッフに話したという件も一切根拠がない」。それから二日後、シリングスはタイムズ紙の弁護士宛ての二回目の文書でこう書いている。「公爵夫人が、イヤリングをジュエラーから借りたものだと話したことがないのは間違いない。ただし、イヤリングを借りたと公爵夫人が話した可能性はある。実際、借りたものだからだ。元首からロイヤルファミリーに贈られたプレゼントは、女王陛下へのプレゼントであり、そのプレゼントをロイヤルファミリーのメンバーに貸し出すかどうかを決めるのは女王陛下である」。しかしこの論理は説得力がない。もしイヤリングが女王から借りたものなら、スタッフがそう話したはずだ。そもそも、女王から借りたものであれば、わざわざ「借りもの」だと表現するスタッフはいないだろう。つまり、あのイヤリングはメーガンが好きなように使用できる、結婚プレゼントだったということだ。

メーガンの弁護士は、モハメド皇太子のカショジ殺害関与について、メーガンは全く関知していなかったとも主張したが、イヤリングを二度目に着用したときには、この主張を続けるのは苦しくなった。メーガンは、頭が空っぽのプリンセスではない。時事に明るい女性だ。国際女性デーのある集会では、「物事を報道するジャーナリズムは重要な影響を与えるのではないか」と考えたので、経済誌『エコノミスト』を読んでいます」と話したことがある。[41] 実はその『エコノミスト』では、二〇一八年の一〇月中旬から一一月初旬にかけてジャマル・カショジ殺害におけるムハンマド・ビン・サルマンの役割の検証記事を少なくとも二本掲載している。

フィジーの公式晩餐会の翌日、メーガンは首都スバの市場を公式訪問した。目的は、働く女性たちの取り組みの視察にある。この取り組みは国連女性機関UN Womenのプロジェクトの一環で、市場で働く多くの女性たちの生活向上を目指す「マーケット・フォー・チェンジMarkets for Change」である。スケジュールによると、メーガンは一五分間、女性の行商とそこで話をする予定だった。しかしながら、ちょうど八分を過ぎたところで、メーガンが突然走り去ってしまう。ケンジントン宮殿の広報担当は蜂の巣をつついたような騒ぎになった。当初関係者によると、「警護」が不安でメーガンが早く帰ると決めたという話だったが、その後、理由が変わり、「群集マネジメントの課題」にかかわる懸念だとされた。

メーガンが早めに席を立った本当の理由は、二年後にようやく明らかになった。私が聞いた話では、メーガンが国連女性機関の存在を気にしたからだという。この組織は女性のエンパワメントを促進しており、メーガンがテレビドラマ『SUITS/スーツ』に出演していたころ、一緒に働いたことがあった。関係者いわく、メーガンは市場訪問に先立ち、国連女性機関のマークなどが目に入らなければ行ってもいいと話していたという。そこで、メーガンが市場に到着する前に、スタッフは国連女性機関色を減らすよう最善を尽くした。しかしながら、訪問時の映像を見ると、メーガンは国連女性機関のロゴが付いたブルーTシャツの女性たちに取り囲まれていた。ひきつった笑顔のメーガンが、スタッフの一人に小声で話しかけているのが分かる。スタッフが顔をしかめた。メーガンはスタッフにこう話したのだ。「こんな状況が続くなんて、もう耐えられない」。メーガンが走り去ったのはそのすぐ後だ。現場は混乱に陥り、メーガンは次の予定では自分一人で移動することになった。サマンサ・コーエンは予備の車で追いかけざるを得ない。「一体どうしちゃったの？　おかしいんじゃない？」と叫んだスタッフもいた。ある露天商の女性が話している。「会えると思って楽しみにしていたのに。私たち、三週間も前から今回の訪問の準備をしていたんですよ。せっかく会えると思っていたのに、ハローの一言もなくいなくなっちゃった」。その後、メーガンから市場で話しかけられたスタッフが公用車に座り、泣きじゃくっている姿が目撃されている。[42]
その後の新聞記事で（ロンドン・イブニング・スタンダード紙の見開きで、見出しに「妊娠中の公爵夫人、群衆に囲まれて市場から逃げ出す」の文字が躍った）、ロンドン警視庁内には激震が走った。ケンジントン宮殿からは、この件は警護とは一切関係ないので問題ないと言われたものの、警視庁は担当者を一人オーストラリアに派遣し、メーガンの警護が適切に行われるように手配しようと提案した。メーガンの警護責任者はこの職に就いた女性警官第一号だったが、数カ月後に警視庁を辞めている。
メーガンがなぜ国連女性機関にそれほどまで悪感情を抱いているのかは分からない。二〇一五年、メーガンは、国連女性機関から「女性の政治参画とリーダーシップ」のアドボケイト（代弁者・擁護者）の要請を受け入れた。しかし、二〇一八年までに、同機関との関係はうまくいかなくなったようだ。メーガンの弁護士事務所は二〇二一年、タイムズ紙にこう話している。「その話はでたらめだ。公爵夫人は今でも国連女性機関を積極的に支援しており、同機関の顔になることもこれまで一切拒否していない。市場から逃げ出したのは、安全上の問題にすぎず、それも警護責任者が下した判断だ。（中略）公爵夫人はその後の南太平洋ツアーでは、国連女性機関のほかのリーダーたちと顔を合わせている」

第14章 出口戦略

ここはマラウイのホテル。ハリー王子が緊張の面持ちを見せている。二〇一九年のアフリカ南部諸国外遊ではマラウイに三日間滞在する予定で、その初日が終わろうとしていた。ハリーを悩ます問題は二つある。まずはメーガンが同行していないことだ。ハリーはメーガンがいないと落ち着かない。そのメーガンは息子のアーチーとヨハネスブルクに滞在しており、ハリーが合流できるのは二日後だ。もう一つの問題は、女王への報告である。これまでのところ、とても順調に進んできた秋の外遊だが、ハリーとメーガンはこれから爆弾を落とす予定で、それを報告しなければならないのだから、明るい報告にはならない。

ハリーとメーガンはその二日後に、一触即発の声明を発表しようとしていた。以前、父親宛ての手紙を紙面で暴露したメール・オン・サンデー紙を相手取り、メーガンが告訴するというのだ。ハリーも長い怒りの声明文を自分自身で用意し、メディアを批判するとともに、タブロイド紙各社が連日のように展開している、メーガンへの執拗で「無慈悲なキャンペーン」を非難するつもりだ。メディアの行動は、「人の心と生活を壊す」ものだとハリーは指摘する。この声明発表で、二人は本国の新聞の一面を飾ることになり、外遊終盤二日間の二人の行動はすっかり目立たなくなるだろう。

何はともあれ、女王に電話をかけるのが先決だ。

これまでも見てきたように、ハリーは女王と話さなければならないと思うと極度の緊張に陥る。そのため、その日曜日の夜、チームの仲間とバーで飲んでいるときの彼はいつも以上に落ち着きがなかった。「不安が募っていくのが手に取るように分かりました。それに、ストレスも」と関係者は説明した。ハリーはそのときも、いつものようにアルコールを飲んでいなかった。それまでハリーはアルコールをめったに飲まず、特にツアー中は決して口にしてこなかった。その晩、ハリーはバーの席に着いたものの、これからの訴訟について女王に報告する様子を想像しただけで、疲労と緊張がピークに達し、秘書官のサマンサ（サム）・コーエンから「ビールでも飲んだ方がいいのではないですか？」と言われる始末だった。前述の関係者はそのときの様子を振り返り、「サムから無理やり飲まされたという感じです」。最後にハリーが折れた。その場にいた人たちによると、ハリーは一杯飲んだ後、少しリラックスできたようだ。

メーガンと実父トーマス・マークルとの関係は長く痛ましい物語であり、メディアでは繰り返し長々と語られてきたが、今回のメール・オン・サンデー紙の訴訟では、王立裁判所という場で、しかも莫大な費用をかけて、再び語られることになった。当初、メーガンの父親は訪英し、聖ジョージ礼拝堂で執り行われるメーガンとハリーの結婚式で、メーガンの手を取って祭壇まで歩くことになっていた。しかし結婚式の準備期間に、パパラッチとやらせ写真を仕組んでいたとメール・オン・サンデー紙にすっぱ抜かれ、その後、心臓発作を起こしたという話もあり、訪英は中止された。実父の代わりにメーガンとバージンロードを歩いたのは当時の皇太子チャールズだった。それがきっかけで、しばらくの間、メーガンと新しい義父の絆は大いに強くなった。その一方、実父との関係は悪化した。結婚式後の二〇一八年八月、メーガンは実父に長い手紙を書いた。その手紙で彼女は特に、メディアには情報を漏らさないように頼んでいた。二〇一九年二月にメール・オン・サンデー紙がその手紙の一部を掲載すると、メーガンは同紙をプライバシーと著作権の侵害で訴えたが、その裁判では、実父宛ての手紙の作成でジェイソン・クナウフが果たした役割が精査されることになった。クナウフは証言で、二〇一八年八月二二日にメーガンから手紙の原案に関するメールが何本も送られてきたと説明した。「手紙の文章をチェックしてくれないかと頼まれたのです。メーガン妃からは『当然ですが、この下書きは外に漏れる可能性があると考えた上で作成したので、言葉の選択には細心の注意を払っています。それでも、あなたの目から見て問題だと思うものがあれば、教えてくれませんか』と言われました」。メーガンはメールで、クナウフにこうも打ち明けている。「『お父さん』と書いただけですが、自然とあの人の心が開くかもしれませんし(父親らしいところはちっともない人だけれど)、それに万が一手紙の内容が外に漏れた場合、これなら世間の皆さんの心に届くかもしれません[2]」

メーガンからこの文章が届いたとき、クナウフはサム・コーエンとトンガにおり、秋に予定されているサセックス公爵夫妻の外遊の視察を行っていた。手紙をコーエンに見せてもよいかと尋ねると、メーガンはだめだと答えている。メーガンは後の裁判で、「とても重要なことだからです。というのも、秘書官のコーエンさんは、クナウフさんの次に信頼できる腹心の友でしたが、それでも、この手紙はとても個人的なものなので、仕事の関係者には誰にも中身を見られたくなかったのです。クナウフさんにはやむを得ず知らせることにしましたが[3]」と証言した。つまりメーガンは、トーマス・マークルが手紙の内容を外部に漏らす可能性を認識していたにもかかわらず、最も信頼するアドバイザーには秘密にしたかったということだ。結局、クナウフはメーガンの指示を無視して、ためらうことなくコーエンに手紙を見せている。

ハリーとメーガンが王室メンバーから孤立していく様子を振り返ると、王室内の不和は避けられないと思わせる瞬間がたびたび繰り返されていたことが分かる。その一つが今回のハリーとメーガンのアフリカ南部諸国の外遊だ。このとき二人は、メディアとの関係を壊しただけでなく、助言を与えてくれる立場の人たちのアドバイスも無視したのだ。その外遊に同行したスタッフは一人として、声明の発表を良いとは考えていなかった。しかし、ハリーとメーガンの心は変わらない。二人は二人だけの道を進み、その道を阻むものはその先も何も見えなかった。

一〇月末に始まったそのツアーは、サセックス公爵家の再出発第二弾から半年余りしか経過していなかった。再出発第一弾はエド・レーン＝フォックスの退場とサム・コーエンの登場、そして第二弾はサラ・レイサムの登場である。

オーストラリアをはじめとする二〇一八年秋の外遊から数カ月、ジェイソン・クナウフとハリー＆メーガンの関係は実質的に終わっていた。メーガンに対するいじめ疑惑をサイモン・ケースに報告してから一カ月後、クナウフは辞表を提出した。二〇一九年三月まで王室にとどまったが、退職までの間、ハリーとメーガンと一緒にできることはほとんどなかった。そのころメーガンは、ケンジントン宮殿界隈のノッティング・ヒルにあるおしゃれなイタリアンレストランで、クナウフの後任の補佐官クリスチャン・ジョーンズとランチを取っている姿が目撃されている。これはまさに、ジョーンズの将来が約束されたことにほかならない。

とはいえ、正式にはまだクナウフが二人のメディア関係を取り仕切っていたため、時には気まずい雰囲気になる場合もあった。一二月、ジバンシィのワンショルダーのブラックドレスをまとったメーガンが、ロンドンのロイヤル・アルバート・ホールで開催されたブリティッシュ・ファッション・アワードにサプライズで登場し、彼女のウェディングドレスをデザインしたクレア・ワイト＝ケラーに賞を授与した。メディア各社の王室担当者は、メーガンの登場をあらかじめ教えてもらっていなかったことに腹を立て、中には躊躇なくクナウフに不満をぶつける人もいた。しかしながら、コミュニケーション担当秘書官がメディアに知らせなかったのには、それなりの理由があった。クナウフ自身、メーガンがステージに立つまでその予定を知らなかったのだ。クナウフに対する怒りが収まらないメーガンは、サム・コーエンや秘書官補のエイミー・ピッカーリルに、自分の登壇をクナウフには伝えないように話していた。二人の関係がどれだけ悪化していたのかを示す驚くべき例で、メーガンはちょっとした秘密もクナウフが守れるとは信じていなかったのだ。その一方でクナウフとウィリアムとの絆は依然として固く結ばれていた。コミュニケーション担当秘書官から身を引くと、ウィリアムとケイトのスペシャルアドバイザーとして迎えられ、その後、二人の慈善団体である王立財団の最高経営責任者に就任している。

いじめ疑惑はケンジントン宮殿を揺るがす大きな問題に発展し、ハリーとメーガンはウィリアムとケイトの宮殿から袂を分かつことになった。別れる理由は以前からいくつも取りざたされていた。ウィリアムとハリーの不和も原因の一つで、その始まりは二〇一六年の夏にウィリアムが放った言葉に遡る。作家ロバート・レイシーによると、ハリーがメーガンとの関係を急ぎ過ぎているのではないかと考えたウィリアムは、「そんなに慌てる必要はない」と話したという。「あの子のことを知りたいなら、たっぷり時間をかけなければ」[▼4]。ハリーは気分を害し（特に「あの子 this girl」は偉そうに聞こえて、気に障った）、二人の関係は悪化した。

宮廷を分かつことになった理由はほかにもある。ウィリアムの生活が自然と変わってきたからだ。

兄弟がもっと若いころなら、二人が一緒にいるのは理に適っていた。しかしウィリアムには、ハリーにはない定められた運命があった。いつの日か国王になるというだけではない。その前には皇太子の座が待っている。遅かれ早かれ二人が別々の道を進むようになるのは必然だった。しかし、兄弟の仲違いに加え、自分のスタッフがハリーとメーガンから正当な扱いを受けていないことをウィリアムが察知した結果、そのタイミングが本来の予定よりも早まったのだ。

二〇一九年に入り、サセックス公爵家の新しいコミュニケーション担当秘書官選びも、新たな宮廷設立の準備の一部になった。しかし何よりも最初に決めなければならないのは、この宮廷をどのようなものにするのか、どこを本拠地にするのかだ。それにはちょっとした対立があり、二人とバッキンガム宮殿との関係を象徴するものになった。実のところ、宮廷の分離は二〇一六年から継続的に話し合われており、主要側近らは毎年恒例の日帰り旅行でじっくりと詳細を吟味し始めた。

宮廷のスタッフたちは一年に一度、カウンセラーのジュリア・サミュエルの自宅に集まっていた。彼女はダイアナの親友で、ウィリアムとハリーの兄弟とも仲が良かった。イングランド南西部のサマーセット州にメルズ・パークという大きな屋敷を所有していたのだが、スタッフはそこに一泊して、日々の雑務に邪魔されずにさまざまな問題を話し合っていた。二〇一九年に入るとすぐ、メルズ・パークにアドバイザーが数名集まり、宮廷を二つに分ける具体的な準備に着手した。問題は、ハリーとメーガンの希望がバッキンガム宮殿の提案と大きく違うことだった。バッキンガム宮殿側は、二人のオフィスを宮殿内に用意したいと考えた。しかもかなり寛大な提案だと自負していた。「私たちは、二人の場所を確保しようと腐心しました」とある上級廷臣は言う。「複数ある王室家政官の部屋（「家政官の廊下」と呼ばれる場所）の半分を明け渡したので、バッキンガム宮殿内にとても使いやすいオフィスが用意できます。それに、チーム全体であれこれ考え、二人の役に立てるように、できる限り励まそうと取り組んだのです」[5]

しかしそれはハリーとメーガンが望んだものではなかった。新居のフロッグモア・コテージ近辺にある、例えばウィンザー城に事務局を持ちたいというのが二人の考えだった。完全に独立したかったのだ。バッキンガム宮殿に入り、宮殿の仕組みに取り込まれたら、アンドリュー王子やエドワード王子のようなその他大勢のロイヤルファミリーと変わらなくなってしまう。とはいえ、バッキンガム宮殿が全く別の組織を宮殿の外に作り、資金を提供する余裕はない。この決断はグレースーツの堅物たちではなく、女王と皇太子が下したものだった。二人とも浪費を避ける必要性を強く認識していた。「この決断を下したのは主君たちであり、アドバイザーらではありません」とある関係者が指摘した。「当然、助言は与えたでしょう。しかし基本的に［こうした決断は］主君が下すものなのです」[6]

これでサセックス公爵家は少なくとも大きなチームを手にすることができた。これから国際的にも注目されるようになることを考えると、二人には必要な規模だ。チームには秘書官一名、秘書官補二名、コミュニケーション担当秘書官一名、そのほかのコミュニケーション担当者二名、それに事務全般を担当するスタッフが含まれる。「これは実に妥当［だと私たちは考えました］。王室にとって資産になりますし、二人も戦力になるはずです。状況をコントロールする道筋が見えて、二人も優先的に支援や資金が得られると分かれば、きっとうまくいきます。でも、実際はそうなりませんでした」[7]。別の関係者がそう話してくれた。

サラ・レイサム（頭が切れて、怖いもの知らずの赤毛女性。明るい微笑みと無限とも思えるパワーが特徴）は広報の切り札で、コミュニケーションを担当することになった。当時はPRエージェンシー、フロイズ社の代表パートナーで、ヒラリー・クリントンが大統領選に出馬したときのシニアアドバイザーや、労働党の大臣テッサ・ジョウェルの特別アドバイザーも務めており、豊富な経験が武器だ。米国と英国の二重国籍を持つ彼女なら、ハリーとメーガンが持つ価値観を完全に理解できる。まさに、グレースーツの対極に位置する存在だ。短い赤毛と大きな眼鏡がトレードマークのレイサムは、堅苦しい年配の廷臣というよりも、ファッションデザイナーのように見える。また、誰からであれ謂れのないことを言われたら黙ってはおられない性質で、ほどなく一部のスタッフから密かに恐れられるようになった。

「サラは非常に経験豊かで、まさに二人が必要としている人物でした」とある関係者は指摘する。「メディアに詳しく、扱いもスマートでした。同時に、正しいことは上にもズバズバ発言できて、二人にも本心で対応できるタイプです。彼らと腹を割って話し、『それはダメです、すべきではありません』とはっきり言える人でした[8]」

そのころ、コーエンは退職の準備に入っていた。当初から任務期間が限定されていたので、彼女が辞めるという話が出ても、ほとんど誰も驚かなかった。とはいえ新聞の見出しはにぎわいだ。「メーガン、『気難しい公爵夫人』の噂が拡大する中、三人目の側近を失う[9]」と書かれ、側近の退職関連記事が相次ぎ、メーガンの悩みは膨れるばかりだ。コーエン以外の側近二名とは、メリッサ・トゥバチとエド・レーン＝フォックスである。コーエンはといえば、見るからに離職を喜んでいた。こう話す関係者もいた。「サムはいつも、まるでティーンエージャーの相手をしているみたいだと隠そうともせず話していました。二人は手に負えない存在で、限界まで追い込まれていたのです。あのころのサムは見るも無残な状態でした[10]」。彼女の後任秘書官はフィオナ・マキルハムだ。歴代最年少英国大使の一人で、二〇〇九年には三五歳でアルバニア大使に任命されている。こうしてサセックス公爵家の側近トップは女性が占めることになった。

レイサムとメーガンは、当初ゴールデンコンビだった。レイサムは友人に「この仕事、とても気に入ったわ。実におもしろい」[11]と話している。メーガンとフロッグモア・コテージでランチを取り、いろいろな事柄について話し合っているうちに、メーガンのことを理解できたのではないかと感じるようになった。メーガンは自分自身のことをメディアから嫌われている、メディアの人種差別の被害者だと思い込んでいるようだった。しかしレイサムには、米国人であるメーガンは、人種差別の被害者というよりも、文化の違いによる被害者のように見えた。メーガンに必要なのは、彼女の手を取って、地雷原を踏まないように道案内してくれる人だったのだ。実際メーガンは、これまでいくつも失敗をしてきた。その一つは、米国ピープル誌の記事だ。メーガンの友人五名が匿名で情報提供を申し出て、メディアで伝えられている話は誤りだとメーガンを擁護した。後にその記事は、大きな反響を呼ぶことになる。もう一つの失敗は、テニスプレーヤーのセリーナ・ウィリアムズがニューヨークで主催したベビーシャワー*だ。会場には、米国でも最も高額なホテルのスイートルームが使用されたと言われている。報道によると、このときメーガンが米国への移動に使用したのはプライベートジェットで、ジョージ、アマルのクルーニー夫妻の所有だという。高級住宅街のアッパーイーストサイドにある超一流のマーク・ホテルで行われたベビーシャワーの招待客にはハープの生演奏が用意され、お持ち帰りのプレゼント用としてスーツケースが渡された。[12]多くの人にしてみれば、これはまるでバブル状態で、疑問が沸く——一体誰がメーガンにこんなことをさせたのか？　レイサムがそばにいれば、メーガンはこのような失敗を避けられるはずなのだが。

　こうした輝きが失われるのに、それほど時間はかからなかった。同じ年の春と夏、メディアでバトルが繰り広げられ、メーガンとハリーは見事なオウンゴールをいくつか炸裂させている。五月に息子

＊　出産前に妊婦を祝うパーティー。

アーチーの出産を控えたメーガンは、ロイヤルベビー誕生時の屈辱的な扱いを避けようと心に決めていた。というのも産婦は出産当日、ジャーナリストが病院の外で待ち構える中、表に出て、カメラの前でポーズを取るのが習わしだからだ。その境遇には、従来のやり方を踏襲する一部の王室記者たちを除けば、共感の声も上がっていた。しかしながら、バッキンガム宮殿がメーガンの陣痛開始の通知を発表した時点で、既に出産から八時間が経過していたことが明らかになり、そうした共感の声もあまり聞かれなくなった。

後にアーチーが洗礼を受けたとき、二人は名付け親(ゴッドペアレンツ)の公表を拒否したが、この決断でさらに多くの共感を失った。一方、秘書官のコーエンは、「途方に暮れていた」と友人が話している。[13] 疲労困憊し、当初の予定よりも長くサセックス公爵夫妻とともに過ごした上に、女王の秘書官事務局に所属していないので、廷臣の組織からも外れてしまった。「彼女は、いつもハリーとメーガンの代理としてバトルに挑まなければならなかっただけでなく、二人の日々の横暴にも甘んじていました」。そもそも王室の秘書官というのは、その「秘書官(プライベート・セクレタリー)」という名称に反して、ロイヤルファミリーの公務にまつわる生活の面倒を見ることが仕事だ。しかしコーエンは、秘書官として通常適切とされる範囲を超えて、二人の私生活の調整にあまりにも深くかかわり過ぎており、彼女自身もそれをよく自覚していた。

その二〇一九年の夏、二人のプライベートジェット好きがさらに批判を呼んだ。ハリーは、イタリアのシチリア島で開催された三日間のグーグル・キャンプで、環境保全の必要性について裸足でスピーチを行った後（帰りはグーグルが用意したプライベートジェットを利用し、レオナルド・ディカプリオも同乗した）、メーガンとともに一週間のうちにプライベートジェットを四回も利用し、スペインのイビサ島と南フランスを訪れている。この行動は、偽善だというメディアの批判だけでなく、もともとプライベートジェットは使用するなとハリーに忠告していたサラ・レイサムとの口論も激化させた。二人とメディアアドバイザーとの間の緊張が急激に高まった。近しい同僚の間でも、レイサムはあとどのくらいあの二人に付き合うつもりだろうか、今年いっぱい持つのだろうかと噂されるようになった。同僚たちの頭に浮かんだレイサムへのアドバイスは、「サセックスチームを離れるのなら、それなりの言い訳を考えておいた方がよい」である。メーガンは自分のせいで辞めるのをよしとしなかったからだ。

メーガンの秘書官補エイミー・ピッカーリルは、二〇一八年の夫妻のオーストラリア、ニュージーランド、南太平洋諸国外遊で重要な役割を果たしていたが、二〇一九年五月には王室を去った。関係者によると、彼女が辞めるとき、メーガンは「とても寂しい」と言ったが、その様子は和やかなものだったという。実は、二〇一九年三月にピッカーリルの辞表提出をメーガンが知ったとき、メーガン以外のチームの間では既にその情報が周知されていたため、メーガンの逆鱗に触れ、その日の午前中に予定されていたロンドンの公務の移動では、ピッカーリルもサム・コーエンも車に同乗させてもらえなかった。二人は待機車で移動しなければならず（まるでフィジーの市場で起こった出来事の再現）、万が一、メーガンに同行していないことにメディアから気付かれたときのために、二人はその理由も用意していた。

当時、ピッカーリルの辞職の理由は、ドイツのハイデルベルクでIT関連のプロジェクトに従事している恋人の元に行くためだった。しかし三カ月もしないうちに彼女はロンドンに舞い戻り、慈善団体メンタル・ヘルス・イノベーションズで、渉外担当ディレクターとして働き始めた。二〇二〇年には、ウィリアム王子が創設したアースショット賞のディレクターになると、その二年後には、王室財団にクリエイティブディレクターとして着任している。

八月になると、サセックスの宮廷は「不愉快でピリピリした」状態だった。何よりも（これも、今になって考えてみればの話だが）、ハリーとメーガンには、王室の主要メンバーとしての自分たちの遠い将来の姿が見えていないのではないかと思わせる兆しが表れていた。アフリカ訪問は計画されたが、その後の予定は一切ない。一一月以降は一体何を計画するつもりだったのか。一方、宮廷のスタッフたちは、メーガンのエージェントであるニック・コリンズとケリー・トマス・モーガン（サンシャイン・サックス）のみならず、ビジネスマネージャーのアンドリュー・メイヤーや弁護士リック・ゲノウの存在感が舞台裏で増していることに気付いていた。米国チームはメーガンの代理として休む暇がないほど忙しく、ネットフリックス（インスピレーションを与える女性たちを描いたアニメーションシリーズ）に加え、短編動画専門ストリーミングサービスのクイビQuibi（現在は事業停止）とも提携していた。ハリーの企画ではオプラ・ウィンフリーと共同制作するアップルTVプラス向けメンタルヘルスのシリーズ番組、また、メーガンの企画ではゾウのディズニー映画のナレーションにも携わっていた。

ある関係者がデイリー・テレグラフ紙にこう漏らしている。「米国チームはKP［ケンジントン宮殿］のスタッフに問題ばかりもたらしていました。米国チームの会話はどれも守秘義務が伴う話で、例えばクイビ関連の今後の予定について詳しい人がいるかと思えば、別の人はその件に関して何も知らないといった状況です。それまではオープンに行われていた話し合いが、突然、秘密裏に行われるようになり、彼らは自分たちだけの『プライベート』な世界に入っていきました。そうなると、管理が実に厄介な場合も出てきます」▼14

アフリカ訪問の準備と同時期、ケンジントン宮殿のチームは、英国メディアのインタビューも受けた方がいいのではないかと二人を説得していた。サム・コーエンは、ITVのドキュメンタリー番組の司会者トム・ブラッドビーを提案した。ブラッドビーは既にハリーと付き合いがある人物だ。最初、特に渋ったのはメーガンだった。当時の彼女の関心事は、オプラ・ウィンフリーとのインタビューの成り行きだったからだ。その時点でインタビューは秋に予定されていた(その予定に一年以上延びて、結局二〇二一年三月になった)。ITVとの最初の打ち合わせで、メーガンはひときわ冷めた態度を見せた。しかし熟考したハリーが、いいだろうと同意した。ただし、条件が一つある。ハリーとメーガンは一緒にインタビューできない、もしくは同じ画面に映さないというものだ。その条件がないと、オプラとの契約に反することになるからだ。

重たい雲のように垂れ込めるもう一つの問題は、メール・オン・サンデー紙告訴に対するメーガンの固い決意だ。この件に関しては、既にハーボトル&ルイス事務所で王室担当の弁護士ジェラード・ティレルと会合を重ねている。その後の展開を考えると、メディア対応に精通したティレルが新聞告訴に反対したのではないかというのが大方の予想だ。これはほかのアドバイザーも同じで、例えばチャールズ皇太子の元コミュニケーション担当秘書官で、退職後もウィリアムとハリーを陰で支えていたパディ・ハーヴァーソンも、この訴訟に反対していた。メディア側の弁護士は、告訴した場合の懸念事項は、メーガンを擁護するためにピープル誌のインタビューに匿名で応じた友人たちも裁判で尋問されることだと示唆した。実は、トーマス・マークルがメール・オン・サンデー紙に話をしようと思ったのは、その記事のせいなのだ。というのも、自分について書かれたピープル誌の記事はでたらめだと、マークル自身が感じたからである。だとしたら、メーガンがこの記事について事前に知っていたこと、あるいは、友人に対して同誌に話をするようそのかしたことを示すメッセージやメールは本当に全くないのか? たとえないとしても、訴訟という行為を始めることで、友人や家族を法廷に引きずり出す覚悟がメーガンにはできているのか?

しかしながらメーガンには、先に進む覚悟ができていた。なぜこれまで訴訟を起こしてこなかったのかと弁護士らに繰り返し尋ねたメーガンは、こう言い放った。「なぜ誰も私の話を聞こうとしないのですか?」。皆、何としてもメーガンを説得して思いとどまらせる覚悟ができていたのだ。その夏メーガンとハリーは、エルトン・ジョンとデイヴィッド・ファーニッシュの二人とともに過ごしていたとき、解決策が自然と見えてきた。弁護士を変えよう。エルトン・ジョンが以前依頼したことのある法律事務所シリングスは、英国で最も攻撃的で名誉毀損に強い事務所として名を馳せていた(目玉が飛び出るほど費用が高いことでも有名だったが)。メーガンはハーボトル&ルイスとの契約を解除し、エルトンからシリングスを紹介してもらった。そして、裁判への道を突き進む。

この動きで、メーガンはまた一歩、宮廷のアドバイザーたちから離れていった。ジェラード・ティレルが外された後、訴訟問題で何が起こっているのか最新情報を得られる人物が宮廷内には誰もいなくなった。メーガンがメール・オン・サンデー紙を訴えることは、夫妻の南アフリカ訪問まで誰も知らなかったのだ。チームのメンバーは愕然とした。何か大きな間違いではないか、そんなことになれば、残りの予定が崩れる可能性もあると考えた。しかし、彼らができることはほとんど何もなかった。ハリーとメーガンは既に動き出していて、引き返すつもりなどなかったのだから。

英国国民が初めて「メーガンの世界はすべてが順調というわけではないのでは?」、「気難しいボス、気難しい義妹というよりも、ひょっとしたら犠牲者なのではないか?」という疑惑を持ち始めたのは三週間ほど後、英ITVがドキュメンタリー番組『Harry & Meghan: An African Journey(ハリー&メーガン アフリカの旅)』の予告編を流してからだ。そのころになると、対談相手トム・ブラッドビーに対するメーガンのわだかまりはすっかり消えていた。ヨハネスブルクの庭園で話をしている様子を見る限り、メーガンはブラッドビーをよく知っており、信頼しているようだ。彼女は、新婚の妻として、新米ママとして注目を浴びる生活に苦しんできたことを話した。ブラッドビーから、そうしたプレッシャーは身体と心にどのような影響を与えたのかと尋ねられると、弱々しく見えたメーガンは、まるで涙をこらえるように、大変だったと答えた。そしてこう付け加えたのだ。「そんなふうに尋ねてくださってありがとうございます。私が大丈夫かなんて、これまであまり聞かれなかったから……でも、真実は表舞台には出てこないものです」

今後のロイヤルドラマを予感させる番組予告編が流れたのは、ウィリアムとケイトがパキスタンを訪問しているときだった。この予告を受けた新聞の見出しは、「Mehgan: My Struggles（メーガン 私の苦闘）」で、当然ながらケンブリッジ公爵家のツアーの最終日に大きな影を落とした。このタイミングだったことは不運だったが、サセックスチームにできることはほとんどなかった。番組放送日に関するITVとの協議が何日も難航していたのだ。しかしながら、ケンブリッジチームは納得せず、新聞からケンブリッジ公爵夫妻の話題を一掃するための策略なのではないかと見ていたようだ。ある上級廷臣がイブニング・スタンダード紙にこう明かした。「この動きで、パキスタン訪問もその成果も間違いなく影が薄れました。それに、数えきれないほど多くの人々がこの地で熱心に取り組んできた数多くの取り組みや、この数カ月本国で積み重ねてきた準備もかすんでしまいました」[15]。二つの宮廷の関係に緊張が走った。

ドキュメンタリー番組が二〇一九年一〇月に放送されると、メーガンがどれほど苦しんでいるのかだけでなく、ハリーとウィリアムの心がどれだけ離れているのかも明らかになった。ブラッドビーからウィリアムとの不和について尋ねられて、ハリーは否定こそしなかったが、次のように答えている。「私たちは今、間違いなく別の道を進んでいますが、私はこれからもいつだって彼のためにいますし、彼もこれからもいつだって私のためにいてくれるはずです。最近はとても忙しいので、昔ほど顔を合わせていませんが、彼のことは心の底から愛しています。人の噂なんてたいていい何もないところから生まれてきますが、兄弟っていうのはね……ご存じの通り、いい日もあれば、悪い日もありますから」

パキスタン訪問から帰国したウィリアムは、弟と義妹の不幸せな様子が赤裸々に描かれていることに度肝を抜かれたようだ。同時に、彼らが危機的状況にあることも悟った。王室関係者がBBCに語った話では、ウィリアム王子は、二人は「大丈夫」だと希望的観測を持っているという。その一方で、宮廷内では、サセックス公爵家が「壊れやすい状態」にあるのではないかと不安視する声が聞かれていた。▼16 ドキュメンタリー番組が放送された翌日、ウィリアムは弟にメッセージを送り、会いに行ってもいいかと尋ねてきた。これにはハリーとメーガンも混乱した。一体どうすればいいのか？もともとハリーは前向きだったが、再度兄と話し、来ることになったらそれを誰に伝えるのか尋ねた。ウィリアムは予定を空けなければならないだろうと説明した。それはつまり、秘書官には伝えるという意味にほかならない。それを聞いたハリーは「来ないでくれ」と頼んだ。ハリーは、ウィリアムのチームがメディアに訪問の情報を流すのではないかという不安が拭えないため、新聞にあれこれ書かれるリスクを負うよりも、兄に会わない方がよいと判断したのだ。それがどういう意味なのかが分かる人にとっては、実に胸が痛くなる話である。メディアではわずか数日のうちに、ロイヤルファミリーの人間関係の中心部分が機能不全に陥っていると二回も大きく取り上げられた。ロイヤルファミリーのメンバーがほとんど電話や会って直接話すことがない現実も明るみに出た（コミュニケーションにはスタッフを介している）。その結果が不信感と分裂なのだ。

ITVのドキュメンタリーで如実に描かれたメーガンの心の危機的状況は既に数カ月続いていた。二〇二一年三月のオプラ・ウィンフリーとのインタビューでは、彼女の傷つきやすい精神状態について時間が割かれた。メーガンは、ネットの暴言やメディアの批判的な報道で感じるプレッシャーについて話している。以前ポッドキャストで「ほとんど耐えられないレベル」と称したプレッシャーのことだ。「もうこれ以上生きていたくない」と感じたときについても話した。中でも痛烈だったのは、「あの組織」が彼女の支援を拒否したとオプラに話したことだ。「『以前はこんなふうに感じたことはなかったのですが、ふらっとどこかに行きたいのです』と話したところ、それはできないと言われました。組織にとってよくないからと」

メーガンとオプラのインタビューを分析するのは厄介だ。内容には真実ではないことが含まれているからだ。だからといって、すべてが真実ではないとは言えない。紛れもなく誤解を招くのが、「自分のパスポートや運転免許証や鍵を目にしたのは、あのファミリーに入ったときが最後でした。すべてチェックされました。あれ以来、どれ一つ目にしていません」という発言だ。メーガンの宿敵であるタブロイド紙は嬉々として、その言葉のあらを探した。新婚旅行はさておき、夫妻は結婚から六カ月で、イタリア、カナダ、オランダで海外旅行を楽しんでいる（今もジェイソン・クナウフは二人がどこに行ったのか知らない。むしろ、知らないのが一番だと思っている）。二〇一九年、メーガンはイビサ島、フランス、イタリア、ニューヨーク（二回。最初は自分のベビーシャワー。二度目は全米オープンに出場する友人セリーナ・ウィリアムズの試合を見るため）に出かけている。こうした旅行はパスポートがなければさぞかし大変だろう。

私はメーガンのインタビューの発言、例えば結婚式の三日前に結婚していたという発言が正しいのか、間違っているのか、一つひとつ確認するつもりはない。ただし、メーガンの発言の中心となるものをチェックするのは有益である。王室は守ってくれていないという発言もその一つだ。これは物理的な保護を意味する（メーガンはアーチーがプリンスになるかどうかの問題を警察の身辺警備の話に結び付けている）。その一方で、彼女の評判の保護も意味している。王室は彼女の権利を守るために十分手を尽くしていないと彼女自身は感じているのだ。オプラにはこう話している。「私が守られていないだけではありません。（中略）ほかのロイヤルファミリーのメンバーを守るために嘘をつくのを厭わないのです。その上、私と夫を守るためには真実を話そうとしません」。これこそ、メール・オン・サンデー紙訴訟で彼女が立ち戻りたいテーマなのだ。その訴訟では彼女の弁護士が「〔あなたは〕この組織から守られていませんし、自分自身を守ることも禁止されています」▼17と発言している。

メーガンが何よりも気にしているのは、デイリー・テレグラフ紙が初めて報道した内容で、ハリーとメーガンの結婚式の前に行われたブライズメイドの試着の後、ケイトが泣いたという話だ。▼18「ケイトとの例のエピソードですが、実はそんなことは起きていなくて、本当に困りました」とメーガンはオプラに答えている。「あのときからすべてがガラリと変わった、そう私は思っています」

メーガンは、この話を否定する何らかの声明を報道部に発表してもらおうと必死にかけあった。しかしながら、彼らも頑なで、ロイヤルファミリーのメンバー間で生じた個人的な話の食い違いにブリーフィングを使うのは大きな誤りだとして譲らなかった。単にほかのメンバーに不利になる説明をしたくないだけではなく、そういう先例を作り、今後、報道部が個人的な噂話に対してコメントせざるを得なくなるのを恐れていたからだ。それに、報道部が何かコメントすれば、さらに数日間、新聞紙面をにぎわすのは間違いなく、火に油を注ぐことになりかねない。これがメーガンとメディアアドバイザーとの重要な論点になった。オプラのインタビューでは、ケイトの涙事件を否定しただけでは終わらなかった。それどころか、実際に起きたのは全く逆だと話したのだ。「彼女は、フラワーガールのドレスのことでイライラしていて、それで私が泣いてしまったのです。とても心が傷ついてしまって」。それからメーガンはこう付け加えた。「彼女はそれを認めました。そして謝ったのです。（中略）だから私は許しました」。とても感心できるパフォーマンスではない。メーガンは、自分の評判をメディアで傷つけられたと数カ月にわたり文句を言い続け、今度は同じことをケイトに対して行ったのだ。そのケイトはといえば、決して反応を示さないだろう。

メーガンが報道部を説き伏せて、自分の気になる問題をジャーナリストに説明させようとしたのは、ケイトの涙事件が初めてではない。その前はスタッフの離職にかかわる話だ。そのスタッフとは和解交渉で秘密保持契約が結ばれており、スタッフは法的に沈黙を続けなければならなかったのだが、サセックス公爵夫妻は、秘密保持契約など知らないと発言し、メーガンが考えるその人物の離職の本当の理由をジャーナリストに説明するよう幾度となくクナウフに求めた。クナウフは拒否したが、それはメーガンが考える離職理由には反対の立場だったからだ。そもそも、個人に対してブリーフィングを行うのは間違っているとクナウフは考えていた。

二〇二一年二月、タイムズ紙がいじめ疑惑でメーガンの弁護士に連絡を入れたのだが、法律事務所のシリングスが同紙に送った文書には、当該スタッフに対するメーガンの疑念が繰り返し書かれていた。メーガンを守る行為と、メーガンを怒らせた人物を攻撃する行為とは、傍から見ると同じようなものだ。

アフリカ外遊のころ、メーガンとシニアアドバイザーらとの関係は、急速に悪化していた。アドバイザーは、自分たちの助言は何も聞いてもらえないものだと感じていた。そのため、彼らの仕事は、アドバイザーがいてもいなくても変わらないものになった。信頼と率直な意見交換は、疑心暗鬼の場に取って代わった。関係が完全に崩壊するころには、ハリーとメーガンのチームは（自称サセックス・サバイバーズ・クラブ Sussex Survivors' Club で、中心メンバーはサム・コーエン、サラ・レイサム、オーストラリア人で報道担当秘書官補のマーニー・ガフニー）、メーガンの蔑称を考え出した。それが「自己陶酔型ソシオパス」

だ。彼らは事あるごとに「翻弄された」という表現を繰り返し使った。

　ここには重大な疑問がある。メーガンの助けを求める叫びが、彼らを「翻弄」するという行為に表れていたのではないか。おそらく正解は分からない。メーガンがオプラに心の痛みを吐露している様子や、もうこれ以上生きていたくないと表現している様子は、見ている側もつらくなる。ほとんどの人は、このような形で絶望を表現しているのだから、その話が真実に根ざしていないわけがないと考えるだろう。しかしまともな考えの人たち（メーガンが正しいと信じていて、何とか立ち直ってもらいたいと考えている人たち）は、いったん正気に戻ると、助けを求める彼女の心からの訴えさえ、ひょっとしたらはっきりした目的のある用意周到な戦略の一環なのではないかと疑い始めた。その目的とは王室離脱である。つまり、メーガンは何らかの証拠を残したかったのだ。証拠があれば、王室を離れるときが来たときに、こう言える――「ほら、ごらんなさい、こんなこともあんなこともあったのに、私を助けてくれませんでしたよね。もう王室を離れるしか選択肢はないわ」。これはあまりにも穿（うが）った見方だろうか？　そうかもしれない。でも、実に悲しい真実だが、メーガンとアドバイザーたちの関係があまりにもこじれたため、彼らが信じたのはこのような筋書きだった。

　さらにその先を行く見解もある。あくまでも単なる意見であり、現場で働いていた人の論理にすぎない。とはいえ、「メーガンと働く」とはどういうことなのか、彼女の下で働いた人たちがどのようにその経験を振り返るのかが手に取るように分かる考え方だ。「周知の事実ですが、宮廷の評価は彼女が幸せかどうかで判断されていました」とある王室関係者は話す。「彼らの誤算は、彼女が幸せになりたいと考えていると思っていたことです。でも、本当のところ、彼女は拒絶されたがっていました。なぜならば、結婚初日から不幸なプリンセスのシナリオに心を奪われていたからです」[▼19]

　そう考えると、危険なサインは当初から見えていた。その一方で、警告も出されていたのだ。サム・コーエンが、王室全体で最も重要な廷臣二名（女王の秘書官エドワード・ヤングとチャールズ皇太子の秘書官クライヴ・オルダートン）に対して、ハリーとメーガンの二人と袂を分かつようなことになれば、王室は組織として夫妻に十分に配慮し、その義務を果たしたという証拠が必要になると繰り返し話していた。実際、配慮義務は極めて重要だった。ある関係者は、「その点［サムは］徹底していて、二人に対し、まるで壊れたレコードのように何度も何度も配慮を示していました」と話す。[20]

　しかしながらオプラのインタビューのころになると、バッキンガム宮殿は配慮義務の必要性をすっかり失念していた。メーガンが心の病の話を持ち出して、話題をすり替えたため、それまで王室が二人に提供してきた支援のすべてが（例えば、二人の成功を支えるために何でもこなせるチームを用意したこと）忘れ去られた。その代わり、メーガンは事あるごとに、あの組織は私を見捨てたと指摘できるようになったのだ。その一例が、あの例の人事部長にかけあったときの話だ。メーガンは真摯に話を聞いてもらったが、当然のようにそのまま帰された。人事部は従業員の問題を扱う場所であり、ロイヤルファミリーのメンバーの問題は扱わないという論理である。メーガンもそれは承知していたはずだ。それではそもそも彼女は一体何をしようとしていたのか？　穿った回答は、「証拠を残していた」である。もっと善意ある解釈をするなら、「あまりにも切羽詰まっていて、どこに話をもっていけばいいのか分からなかった」あたりだろう。

　ヤングとオルダートンは、手遅れになる前に目の前の問題を把握していたのだろうか？　どうやら把握していなかったらしい。二〇一八年一〇月にジェイソン・クナウフがいじめ疑惑を申し立てたとき、クナウフの上司であるサイモン・ケースはクラレンス・ハウス（チャールズがロンドン滞在中の拠点）の人事部長サム・カールサーズに報告を上げている。果たしてその先まで報告は上がったのだろうか？　決して上がることはなかった。クラレンス・ハウスの複数の関係者は異口同音に、オルダートンまで報告が上がったことは決してなかったと訴えている。しかしながら、王室の上級廷臣が誰一人気付かなかったとはにわかに信じ難い。ある関係者は、問題は宮殿のスタッフが皆、育ちが良くて礼節を重んじるから、というより、育ちが良過ぎて礼節を重んじすぎるからではないかと指摘した。「だから、礼節なんてどうでもいいと思っている人に対して、何をすればいいのか全く分からないのです。彼女になめられて、それからハリーになめられたということです[21]」

　ハリーとメーガンと、オルダートンとヤングとの関係はこじれてしまい、状況は改善しなかった。ある関係者が作家のロバート・レイシーにこう話している。「事態が悪い方向に転がり始めると、メーガンは次第にヤングが、BP〔バッキンガム宮殿〕の考え方の悪いところを凝縮した、融通の利かない官僚気質の人物だと思うようになりましたし、一方のヤングは、メーガンのやり方が心底嫌いになりました[22]」。ハリーもメーガンのように二人の上級廷臣を見下していた。ある関係者がよく話していたが、「ハリーは、エドワード〔ヤング〕かクライヴ〔オルダートン〕を追い出すまでは、その勢いを止めるつもりはないでしょうし、満足もしないでしょう[23]」。別の関係者は、「ハリーはひどいメールを二人によく送りつけていましたよ。本当に失礼なメールでした[24]」（ハリーはその後、二〇二二年四月に、二年ぶりに女王と直接顔を合わせてお茶をした後で、米国人のインタビュアーにこう話している。「女王にはふさわしい人をいつもそばに置いて、守ってもらえるようにしなければ」。大半の関係者はその辛辣な言葉が誰に向けられたものなのか分かっていた。エドワード・ヤング、それはあなたのことです[25]）。

　二〇一九年一一月、ハリーとメーガンが六週間の休暇でカナダに出かけたとき、離脱の計画が極秘裏に進んでいた。カナダ行きが公表されると（バッキンガム宮殿によれば、これは「家族の時間」を過ごすためであり、いわゆるホリデーとは見られてはならない）、行き先が明らかになるのをメーガンがとても不安視していたので、乳母のローレンでさえどこに行くのかは教えられていなかった。どのような天候を想定して荷造りをすればよいでしょうか？とローレンは尋ねたらしい。ある関係者によれば、ローレンは飛行機（エア・カナダではなく、『自由を求めて』に書かれているようにプライベートジェット）が離陸するまでどこに行くのか分からなかったという。

一方、スタッフは、二人が長期にわたり英国を離れるのはおかしいと感じ始めていた。そのころには既に、「サセックス公爵夫妻は米国で暮らすのではないか」と考えられていた。私物も二匹の愛犬（黒いラブラドールのプーラとビーグルのガイ）もすべてをカナダに持ち出している事実が大きなヒントになったようだ。しかしながら、情報が初めて確認されたのは、二〇一九年も年の瀬が近づき、メーガンが一人の個人スタッフにもう戻ってこないと打ち明けたときだ。それ以外のスタッフは、新年に入り、バッキンガム宮殿で二人が会合を開くまで知らなかった。スタッフにしてみれば、このように突然二人から捨てられる事実を受け入れるのは難しいことだった。中には泣き出す人たちもいた。「とても忠誠心の強いチームでしたから」と一人のスタッフが話す。「私たちの心は皆一緒でした」[26]

サセックス公爵夫妻がワーキングロイヤルファミリーから離脱した物語は（サン紙のすっぱ抜きに始まり、電撃発表、バッキンガム宮殿の不満げな反応、そして、ハリーとメーガンの前から妥協の可能性が一切消えてしまった交渉）、これまで嫌と言うほど聞かされてきた。またここで繰り返す必要はないだろう。とはいえ、離脱の話し合いで廷臣が果たした役割について尋ねる価値はあるのではないか。一体彼らはどのような手を使ったのだろうか？

二〇二〇年一月にメーガンとカナダから帰国する少し前、ハリーは、自分たちは不満だという主旨のメールを父親に送っている。現在の状況は自分たちに適していないので、これから北米で暮らしたいと訴えた。ハリーは、メーガンとロンドンに戻る一月六日までには、メールのやりとりで何とか決着が付くという印象を持っていた。しかしながら、二人がもらった返事には、この件は家族全体でしっかりと話し合う必要があるだろうと書かれていた。その言い分に合理性に欠けている部分は少なくとも見られない。しかしながら、皆が集まることができるのは早くて一月二九日だという。柔軟性に欠けるのは、ダボス会議に参加予定のチャールズなのか？　それとも秘書官のクライヴ・オルダートンが裏で糸を引いているのか？　どちらの理由であっても、ハリーとメーガンの立場からすると、これは信じられないほどひどい結果だ。これは、バッキンガム宮殿の組織からであれ、家族からであれ、二人が軽く見られているという話を煽ることになった。

ハリーは、祖母と単独で話をする手筈を整えて、早急に決着を付けようとした。そこで、帰国時に会えるように、祖母とスケジュールを合わせた。しかしながら、カナダを出る前、ハリーにメッセージが届いた。女王がスケジュールを勘違いしてしまい、時間の都合がつかないという。ハリーは激怒した。都合がつかないわけがないからだ。何のためにハリーが女王と二人で会おうとしているのか察知した廷臣たちが、邪魔をしたのだ。ハリーとしては、まずは女王を口説き落として、そのほかの家族と話をするという目論見だった。ある関係者は、「二人きりで話をしなくてよかったです。お互いに全く違う解釈をする可能性がありましたから」と指摘した。[27]面会を断られたハリーは一瞬、怒りに任せて空港から直接サンドリンガムに向かい、取り次ぎなしで直接女王に会いに行こうかとさえ考えた。我に返り、最終的にその考えはあきらめたが、それは、そのような行動さえ起こしかねないほど不満がたまっているサインだった。

ハリーとメーガンが離脱計画を一月八日に発表し、五日後の一月一三日にロイヤルファミリーが一堂に会してその件について話し合った（いわゆるサンドリンガム会議）ことを考えると、彼らのスケジュールは思ったより柔軟なようだ。とはいえ、彼らにしてみれば、ハリーとメーガンに対する怒りは収まらない。共同声明について話し合いの場を持とうとしていたにもかかわらず、メグジットの発表をぎりぎりまで知らされず、皆既に激怒していたのだ。宮廷の側近たちにしても、柔軟に対応できずに二人の怒りを買うのがお決まりなので、結局、二人の都合のいいように使われていた。一方のハリーとメーガンは不満だらけで追い詰められており、誤解されているとも感じていた。たとえ要求が理不尽だとしても、もしほかの宮廷のメンバーがその状況を理解できなければ、王室離脱の交渉は決してよい終わり方をしないだろう。

第15章

とっておきの優しさ

ロイヤルウォッチャーの間で、特に人気があるゲームといえば、「クリストファー・ゲイトならもっとうまくできただろうか?」に答える遊びだ。背景を説明しよう。二〇二〇年一月八日水曜日の夕方、「自由が欲しい」というサセックス公爵夫妻の意志を示す声明が発表された。ほかのロイヤルファミリーがこの知らせを知ったのは声明発表のわずか一〇分前で、声明の後に開かれた、夫妻とほかのロイヤルファミリーとの交渉もあまりうまくいかなかった。サセックス公爵夫妻がこれを失敗だと見なすとしたら、異論の余地はない。二人が提案したかったのは、一年の一部を海外で暮らしながら、本国では一部の公務を担当するという妥協案だった。しかしそのような妥協案は認められず、公務や慈善団体のパトロン職、ハリーの軍隊の職務、身辺警護、当時皇太子だったチャールズからの収入も失い、公用の称号HRHも剝奪された。かなり多くのものを失ったが、やりたいことがやりたいようにできる自由は手に入れた。これは間違いなく大勝利である。

そのほかのロイヤルファミリーも痛手を被った。愛する家族を失い、王室内で不和が生じるのを目の当たりにした。王室は今後、自ら国を出たサセックス公爵家がこれから何年にもわたり大西洋の向こうからトゲのある非難を発信するのを知ることになる。あの二人がオプラ・ウィンフリーのインタビューで発した批判を克服するには長い時間がかかるだろう。ロイヤルファミリーが人種差別主義者であることを示唆したくだりは特につらい話で、これからも長く影響を与えるのは間違いない。二〇二二年三月にはハリーの祖父であるエディンバラ公爵フィリップ王配の追悼式が執り行われたが、この式にハリーが参列しなくてよかったなどと思う者は、ロイヤルファミリーには（どちら側であれ）誰一人としているはずもない。

ゲイトの質問に戻ろう。サー・クリストファー・ゲイト（現在はゲイト卿）は故エリザベス女王付き秘書官で素晴らしい人物だった。二〇一七年の夏に失脚すると、後任にはエドワード・ヤング（現在ヤング卿）が秘書官の職に就いた。ヤングはさまざまな意味で称賛に値する人物だが、そこまで優秀ではなかった。もしゲイトが責任者だったなら、事態ははるかに好転していただろうと嘆きたくなる。

作家ロバート・レイシーはウィリアムとハリーに関する著書で、「ある関係者」の発言を引用して、ヤングは「交渉の詳細部分に足を取られた」と書いている。その関係者はこう言った。「こうしたタイプの家族の交渉には、不確実なことや曖昧なことを受け入れるだけでなく、信頼も必要。どちらの側にとっても一〇〇パーセント絶対はあり得ません。クリストファー・ゲイトなら、もっと違う方法を使っていたでしょう。彼にはスキルがありましたからね。ひょっとしたら誰も何も失わなくてすむロイヤルファミリーならではの妥協策を見つけられたかもしれません▼1」

クリストファー・ゲイトの何が素晴らしいのか考える前に、この質問に答えてみるとよいかもしれない。エドワード・ヤングの何が具体的によくないのか？　ヤングは二〇〇四年に、企業広報の責任者を務めていたテレビ局グラナダから王室に転職した。テレビ局の前は、バークレイズ銀行で働いた後、保守党政治家のウィリアム・ヘイグとマイケル・ポーティロのアドバイザーを務めた。愛想がよく礼儀正しい男性で、ゲイトが下の者と付き合うときにやりがちな冷たいそぶりはチラリとも見せない。どちらかというとテディベアのような安心できる雰囲気がある。日常的にヤングと付き合いのある人は、「いい人の代名詞のような人です」[2]と答える。ヤングは女王の秘書官補として、晩年の素晴らしい三つの出来事に携わった。即位六〇周年記念式典（ダイヤモンド・ジュビリー）、アイルランド公式訪問、そして、二〇一二年ロンドンオリンピック開会式の出演である。

その開会式で女王は、映画監督のダニー・ボイル演出の記念映像に登場した。ダニエル・クレイグ演じるジェームズ・ボンドをバッキンガム宮殿で迎えた後、ヘリコプターからパラシュートで、開会式の会場であるスタジアムに絶妙なタイミングで降り立つ。大胆なスタントで、ほとんど誰も知らない女王の一面を見せている。保守党時代からヤングの古い友人であるコー卿〔セバスチャン・コー〕は、ボイル監督から、ジェームズ・ボンドと一緒に映画に出演してみたくはないか女王に打診してもらいたいと頼まれた。そこで、コーから相談を受けたヤングが、直接話を聞くためにボイルを宮殿に招待し、監督の話に「思慮深く耳を傾け、楽しそうに笑いながら、それではボスに聞いてみようと約束した」と言われている。[3]女王陛下に尋ねたのは女王のスタイリストのアンジェラ・ケリーだとする説もあるが、それは正しくない。頼んだのは間違いなくヤングで、女王とバルモラル城にいるときだった。とはいえ、アンジェラ・ケリーもとても大きな貢献を果たしている。撮影当日、「おはよう、ミスター・ボンド Good morning, Mr Bond」という台詞を言うように女王を説得したのは彼女なのだ。

誰が女王を説得したのかという疑問よりも重要なのが、ほかの上級廷臣たちがこのアイデアを「無茶な発想だ」、「とうてい実現できない」と考えたことだ。実際、口々にそう発言していた。このアイデアがそれほど奇異ではないことが分かるのは、ビジョンとユーモアのセンスを持ち、どうすればボスの気持ちが動くのかを知っている人物だけだ。それがエドワード・ヤングである。開会式の企画が実現できたのはヤングの功績が大きいと言って間違いない。バッキンガム宮殿の複数の関係者の話によると、ヤングはチャンスが来るのを待って女王に打診した。タイミングが大切だと分かっていたからだ。ヤングが頼むと、女王はすぐに要点を理解したという。「説明が終わる前から、瞳をきらきらさせながら彼の方を見て、『分かったわ、私がヘリコプターからジャンプするのね？』とおっしゃいました」[4]

その通りです――ヤングが答えた。

二〇一一年に女王が君主として公式にアイルランドを訪問したのは、英国政府とアイルランド政府が何年にもわたり慎重に交渉を続けてきた結果である。この訪問には数多くの忘れられない瞬間があるが、その一つがダブリン城の公式晩餐会で行われた女王のスピーチだ。女王は招待客に向けてゲール語でいくつか言葉を述べた。その言葉をスピーチに取り入れたのは、秘書官補として訪問を取り仕切ったヤングだった。当時のアイルランド大統領メアリー・マッカリースは訪問に向けて両国とも希望する内容を議題に盛り込めるようにするため、慣例に反して、ヤングと直接対話を重ねたことを自叙伝『Here's the Story』に記している。そうした会議の中で、大統領はヤング（大統領によれば、「魅力的で落ち着いていて、おもしろい人物」）に、良い訪問と素晴らしい訪問の違いをもたらすものは三つあると話した。一つ目は、女王がパーネルスクエアのガーデン・オブ・リメンブランスGarden of Remembranceを訪れ、アイルランドの自由を勝ち取るために何世紀にもわたり戦い、命を落としたすべての人々を追悼し、花輪を捧げること。二つ目は、ダブリンにあるスタジアムのクローク・パークCroke Parkを訪れること。この場所では、アイルランド史上、最初の「血の日曜日」として刻まれている一九二〇年一一月一二日、英国軍がゲーリックフットボール*の試合中に発砲し、観客と選手を合わせて一四人が殺害されている。マッカリースはさらにこう続けている。

最後に私がお願いしたのは、公式晩餐会のスピーチをアイルランドの言葉で始めていただくよう女王に検討してもらえないかという点だった。たった一文であっても、英国人がダブリン城で権力を握っていた当時、この国の言葉が悲惨な扱いを受けてきた歴史に対する激しい苦悩や憤りを鎮めることにつながる。（中略）エドワード〔ヤング〕が指摘しているが、今回の訪問で女王が行う唯一のスピーチなので、その出だしで、言い間違えて不愉快なことになるのでないかと女王が懸念されるとしても、それは当然だ。リスクは大きい。

マッカリース大統領は、王室側の懸念はよく分かると話し、最終的には女王の判断に任せた。次の話し合いでヤングは、クローク・パークとガーデン・オブ・リメンブランスの件は両方とも可能性が高いが、アイルランドの言葉の件は、万が一悪い方に転がった場合を考えると怖いものがあると話した。▼5

数週間後、大統領は、英国人外交官で友人のフランシス・キャンベルと昼食を取ったのだが、そのときキャンベルが、明日、あなたの友人に会うのですよと話した。実はそれがヤングだった。キャンベルはマッカリースに、あなたのことですから、きっと、女王陛下にちょうど適したアイルランドの五つの単語を用意しているはずですよねと尋ねた。「その件は双方とも納得して終わりにしたと私はキャンベルに説明した。すると、『そうだとしても』とキャンベルはあきらめない。『あなたの友人が個人的に記録として残したいらしいので、その五つの単語の音を書き出してもらえないでしょうか。あなたに頼むのを忘れてしまったらしいので』」。そう言いながら、キャンベルはポケットから使用済

＊　アイルランドの伝統的な球技。サッカーとラグビーを合わせたようなスポーツ。

みの封筒とペンを取り出した。大統領はしぶしぶ単語を書き出し、この単語は女王陛下の目に入れるものではなく、あくまでも、エドワード・ヤングの好奇心を満たすためだけに書いたものだと念を押した[6]。

五月一八日、女王はダブリン城でスピーチを披露した。アイルランドにおける英国の歴史的な行動に対して強く謝罪を求めてきた人々なら、おそらくこのようなスピーチを待ち望んでいたのではないだろうか。女王は、「A Uachtaráin agus a chairde」という言葉で始めた。これはゲール語で「大統領と友人」という意味だ。「おやまあ」とマッカリース大統領は感嘆の声を上げた。隣のテーブルからは、エドワード・ヤングがマッカリースに「微笑みながらいつまでもウインク」を送っていた[7]。

ヤングの短所として挙げられるのは、「慎重過ぎる」ことと「弱い」ことだ。本書執筆のために、ヤングを知る多くの人に人物像を尋ねたが、ヤングを支持している人たちの間でさえ、「着実」や「付き合いやすい」など控えめな誉め言葉しか出てこない。ある支持者はこう話してくれた。「とても思慮深いですよ。クリストファー〔ゲイト〕はいつでもひょっこり姿を現して、その場にいなくても存在感があります。一方のエドワードはスタイルが違います。人の考えを集めてから決断を下すタイプ。とても努力家。何でもメモに書き出します。良い人ですよ。でも、クリストファーとは全く違うタイプ。女王は間違いなくヤングのことが好きで、信頼を寄せています[8]」。こう話す人もいる。「何事も熱心で、大義を大切にする人で、とにかく好感度が高い。ただ、クリストファーのような堂々とした感じはない。残念なのは、その点で判断されてしまうことだ[9]」

別の廷臣の意見を紹介しよう。

エドワードの性格でこの仕事に向いている部分は、とにかく守りに入る点でしょう。とても秘密主義で排他的で控えめです。もしエドワードが新しいことを取り入れたり、違うことを始めたりしたら、それによくよく考えての結果です。危険を避けたがるので、おそらく何度も検証して、もしリスクがあれば軽減させるか、なくすかのどちらかでしょう。これまでで最大のリスクは、ダニー・ボイルが監督したロンドンオリンピック開会式の映像に女王を出演させたことでしょう。蓋を開けたら、間違いなく大成功でしたが。でもその後に彼がリスクを取ったところは一回たりとも見かけていません。向いていない部分は、あまりにも注意深過ぎること。イノベーションが生じる余裕が全くないのです。つまり、相手が女王なら申し分ありません。それこそまさに、これからの人生で女王が必要とすることなのですから。間違いなく女王はとてもリラックスできるはずです。でも、エドワードはどんな質問に対しても、「前回はどうしていたのか」と考えます。その答えが「まだやったことがない」であれば、「やめておこう」だし、「こんなふうにやった。あんなふうにやった」であれば、「やってみよう」となります。それが彼のやり方です。とても彼に合っています。[10]

一つ間違いないのは、ヤングが指揮を執るようになってから、バッキンガム宮殿とクラレンス・ハウスの関係がかなり改善したことだ。しかしこれは諸刃の剣でもある。つまり、ゲイトよりも駆け引きがうまくて、コミュニケーターとして能力があるのか？　あるいは、単に相手の言いなりになるだけで、クライヴ・オルダートンの方が、影響力があるということか？　当時、こう分析する関係者もいた。「エドワードなら安心できますが、故意に弱気を見せるので、クライヴがその抜けているところを埋められます。（中略）自分自身の影におびえるタイプですね[11]」

そもそも「ゲイトならもっと上手にできたはず」の命題には二つの問題がある。一つは、エドワード・ヤングが自分で交渉をしなかったという点だ。サセックス公爵夫妻に関する交渉は、チャールズの秘書官クライヴ・オルダートンとウィリアムの秘書官サイモン・ケースが重要な役割を担っていた。二〇二〇年一月八日の爆弾発言を受けて、女王から話があり、四つの宮廷には対応可能な解決策を見つけ出すために、皆「同じ歩調で一緒に取り組んでもらいたい」と言われている。そのとき、ヤングは女王と一緒にノーフォーク州サンドリンガムにいた。最初の交渉はチャールズのホームグラウンドであるクラレンス・ハウスで行われた。話し合いは四日間続き、四つの宮廷の秘書官とコミュニケーション担当秘書官が顔を合わせ、サセックス公爵夫妻の夢を実現するための方法を模索した。皆が集合したオルダートンの事務所は、陽射しの注ぎ込む二階の部屋で、ロイヤルコレクションの絵画が、オルダートンの家族写真と並べて置かれていた。クラレンス・ハウスの多くの部屋と同じように、使い古した感じはしないものの、明らかに居ごこちが良い。不必要な改装をしたばかりで無駄遣いしたという様子はない。ある関係者が言っていたが、クラレンス・ハウスもほかのロイヤルファミリーの邸宅のように「外から見て楽しむように設計された建物」[12]である。

ヤングはノーフォークから電話で会議に参加していたが、最初の二日間、話し合いを仕切っていたのはオルダートンだった（その後、会議の場所はバッキンガム宮殿に移った）。ケースも重要な役割を担った。「彼は両陣営と話していました」と関係者は指摘する。[13] 会議の出席者は、五つの違うシナリオをチェックした。「ハリーとメーガンはほとんどの時間をロイヤルファミリーのワーキングメンバーとして使い、年に一カ月は自由に過ごす」から「ほとんどの時間はプライベートだが、いくつか厳選してロイヤルファミリーの活動にも従事する」まで五つの違うシナリオをチェックした。複数の関係者が指摘しているが、会議はとても前向きな雰囲気に包まれていたという。皆、解決策を探そうとしていた。

ある段階でオルダートンが指摘したのだが、もしこれがうまくいけば、今後何世代にもわたり、王位継承者でないロイヤルファミリーのメンバーの問題を解決することになる。

週末までに、五つのシナリオが検討された。王室の見解は、ハリーとメーガンが公務からどれだけ距離を置いても、二人の行動すべてが王室に影響を与えるというものだ。つまり、二人には王室の行動に関する通常のルールが適用されることになる。検討した案の中には、ノーラン Nolan 原則からヒントを得たものもある。ノーラン原則とは、公職にある人物の行動規範であり、ジョン・メージャー政権の下、ノーラン卿を長とする委員会で一九九四年に原案が作成された。「誠実性 Integrity」の項目にはこう書かれている。「公職にある者は、その公務の遂行において不適切な影響を及ぼす可能性のある外部の個人または組織に対して、いかなる責任も負うべき立場に身を置くことを避けなければならない。また、自分自身や家族、友人のために金銭的もしくはそのほかの物質的利益を得る目的で、行動もしくは決断を行うべきではない」。王室関係者によると、「拘束力はないものの、ロイヤルファミリーは、国会の上級議員と同等レベルを保持し、大臣規範を順守しながら公職にある者に期待される基準を満たし、ノーラン卿が策定した原則に則して生活を送ることが求められる[14]」。

しかし、サセックス公爵夫妻は自由を求めている。お金を稼ぐ自由、米国の政治に足を踏み入れる自由だ。ロイヤルファミリーとしての立場も自由もどちらとも成立させる方法はない。決定打となったのは、「ロイヤルファミリーのワーキングメンバーに適用される制限に準拠する覚悟がない限り、公務の遂行は許可できない」という見解を女王が示したことだ。ある関係者は、「この見解は極めて明確です。出たり入ったりはできません。これだけ明瞭な見解が示されたのなら、『二〇パーセントの代わりに、ここは一〇パーセントにしてもらいたいんだけれど』とはなかなか言えないでしょう」と指摘する[15]。妥協案は女王から却下され、選択肢からなくなった。

命題「ゲイトならメグジットを解決できたかもしれない」のもう一つの問題は、「証拠はどこにあるのか？」である。ゲイトのスキルと洞察力は素晴らしいものの、ロイヤルファミリーの荒くれ者を手なずける特別な能力を見せたことはない。アンドリュー王子のときにうまくいったのは、王子を敵に回したからだ。決してコントロールしようとしなかった。また王室報道局を巡り大失態をさらし、離職せざるを得ない状況に陥ってしまったことからも明らかなように、ゲイトのスキルがいかほどのものであれ、生まれつき仲裁力が備わっているとは思えない。一方、オルダートンは優れた外交官だ。ハリーから信頼されなくなったとしても、少なくともこの場面では、王室全体の利益を考えるとオルダートンに分があるように見える。彼が解決策を見つけ出せないのなら、おそらく誰も見つけ出せないだろう。

しかしながら、交渉担当は誰が最適か（オルダートンか、ヤングか、ゲイトか）、本当は秘書官の仕事ではないのではないかといった問題は、最終決断を下すのが女王であるため、それほど重要ではない。問題は、ハリーとメーガンに危機が降りかかり、無我夢中で逃げ出そうとした二〇二〇年一月ではない。本当の問題はその一年前に既に起こっていた。二〇一九年一月、メーガンが自殺しそうになったと話したときだ。メーガンが助けを求めて、王室の誰かを訪ねたときである。妙な話だ。メンタルヘルスの相談が必要な妊婦を前に、ここではあなたの相談に乗れない、「組織にとってよいこと」ではないからなどと言う人が果たしているのだろうか。残念ながら、その話を聞いた第三者が出てこない限り、この話はどう判断すればよいのか分からない。ロバート・レイシーは著書で、その人はひょっとしたらサム・コーエンではないかと示唆している。私はサム・コーエンを一〇年以上知っているが、彼女は実に心が温かく、共感性の強い人物だと言える。その彼女が、これほど冷徹な方法でメーガンの訴えを退けるとはとても想像し難い。レイシーいわく、「サム・コーエンが思いやりのある人物だと知っている人なら、心の助けを求めるメーガンに対して、メーガン本人が語ったような無関心な態度を鼻持ちならない態度で接するなど想像できないだろう。コーエンなら全く逆の対応を取るはずだ」▼16。

しかしながら、「メーガンの調子が悪かったらしい」が真実なのは今も変わらない。一方ハリー自身が当時既にカウンセリングを受けていたことは現時点で明らかになっている。ハリーなら、メーガンが助けを見つけ出せるようにサポートできたかもしれない。確かに、そのような状況にあれば職場の同僚に助けを求めるよりも、自分の夫に頼むほうが適切なようにも思える。ハリーは、なぜ自分の家族に「メーガンには助けが必要なんだ」と言わなかったのかとオプラから尋ねられて、こう答えている。「思うに、彼らの前でそう認めることに引け目を感じたのでしょう」

そのような状況なら誰でも引け目を感じるのは理解できる。メンタルヘルスは実に話しにくいからだ。しかしながら、その説明もどうもしっくりこない。ハリーは二〇一六年から、熱心に「ヘッズ・トゥギャザー」に取り組んでいた。これはウィリアムとケイトがともに立ち上げた慈善事業のキャンペーンであり、メンタルヘルスにまつわるマイナスのイメージを払拭しようと人々に働きかけるのが目的だ。ハリー自身、数年前にターニングポイントを経験している。とても心が落ち込んだ（メンタルクライシス）ことがあり、助けを求めようと自ら決断したのだ。同じようにメーガンも助けられなかったのだろうか？　たとえハリー本人が助けられなかったとしても、ヘッズ・トゥギャザーなら、助けや支援の手を差し出してくれる人が何十人もいるのだから、そうした人たちに出会えたはずだ。当時の状況に精通している人が教えてくれた。「彼なら、どこに行けばいいのか、誰に話を聞けばいいのか、何をすればいいのか正確に知っているはずです」

ほかにも分からないことがある。もしハリーがメンタルヘルスの問題を家族に話すことにそこまで引け目を感じるのであれば、なぜメーガンはそんなに簡単に「その組織」のその人に話したりできるのだろうか？　メンタルヘルスの話は家族に話すよりも、スタッフに話した方が心の負担が少ないのだろうか？　メーガンはオプラのインタビューではカウンセラーのジュリア・サミュエルについて熱心に話していた。サミュエルはダイアナの友人で、ハリーとも仲良くしている。メーガンが言うには、「ずっと友だちで、秘密の話もできる相手」だ。だとしたら、メーガンにも助けを求める理想的な人物がいたということになる。

スタッフの中には、この問題はもっと根が深いと見ている人もいる。ある関係者の説明によると、「私の見立てでは、王室とメディアの関係を吹き飛ばす許可を得ていないから。王室から支援されていないと考えているのでは？」[17]。別の内部関係者は、メーガンが考えているのは、ロイヤルファミリーの身分のまま、自分自身で稼げるかどうかなのではないかという。当時の交渉ではまだ稼いではいないが（寄付金の見返りとして、ディズニーの野生動物ドキュメンタリーにナレーターとして出演している）、中には、結局メーガンは金儲けをしたいのだと思う人たちもいる。その唯一の方法が、ロイヤルファミリーを離れて、米国に戻ることなのだ。

そう考えているのはメーガンに近いアドバイザーたちだけではない。王室上級廷臣クライヴ・オルダートンとエドワード・ヤングは一体何を知っているのか？　何が起きているのか彼らは気付いていたのか？　彼らは現実から逃げたのか？　単にメーガンを好きでないからという理由で、目の前に明らかな危険があっても見て見ぬふりをしたのか？　元王室関係者は、クリストファー・ゲイトが「廊下を歩いて」現場で何が起こっているのか知ろうとしていたことを思い出させてくれた。エドワード・ヤングは廊下を歩いたのか？

別の元王室関係者は、拡大する危機の対処法が「信じられないほどばからしい」と思うと話してくれた。

メーガンは、英国のビヨンセになろうと考えたのではないでしょうか。ロイヤルファミリーの仲間になれば名声が手に入りますから。でも実際に分かったことは、あまりにもルールが多過ぎて、それもあまりにもばかげたルールで、それまではプライベートでできていたこともできなくなってしまって、本当に大変。（中略）決定権のある皆さんに求められることといえば、せいぜい「それでは、その件について私たちはどうしましょうか？　どうすれば気が治まりますか？　私たちに何ができるでしょうか？」と尋ねることくらい。[18]

しかしながら、ほかの見方もある。どうやっても状況は救えない、両者があまりにも違い過ぎるという考え方だ。エドワード・ヤングに批判的な王室関係者はこう話す。

このタスクはどうやっても成し遂げられないと思いますよ。メーガンと宮廷にはそれぞれ別の世界があって、その二つの世界はお互いの中身も知らなければ、知る手段もない、理解する手段もない。それにメーガンは決して相手の型にはまろうとしませんし、その型の方も、メーガンの求めるメーガン像を受け入れるのは無理でしょう。だから、二つの世界が一緒にうまく機能しないのはどうしようもないことだと私は思います。ほかのロイヤルファミリーが納得する方法でエドワードができることなどないでしょう。エドワードに責任を取らせることがあるとしても、これは違うでしょう。[19]

私が考えるに、両者とも正しいのだろう。王室スタッフ全体にも落ち度があった。問題の深刻さを認識せず、その問題の指摘もせず、何とかしようという取り組みもなかった。二〇一九年の最初の八カ月で（メーガンの自殺願望と、二人が離脱の計画を立て始めた最初のタイミング）、二人の不満や対策など、トップレベルの話し合いも一切なかった。ただ、たとえあったとしても、それで問題が解決したとは思わない。二人の不満はあまりにも根深く、サセックス公爵夫妻が望むものと、ロイヤルファミリーの妥協案との違いがあまりにも大きすぎるからだ。一番良い方法は、もしできるのなら離婚だ。離婚なら二〇二〇年一月の出来事の後に続くつらい思いもなく、対応が可能だっただろう。しかし、間違いなく正しいことが一つある。もし失敗があったとするなら、それは結婚後の最初の約一年に起きたことだ。大きな白馬に乗って助けに来た秘書官が何とかしてくれたのなら、英国を去らなくてもすんだはずだ。今さらもう手遅れだが。

これに関してはもう一つ最後に考えることがある。驚くような情報源から届けられた話だ。サセックス公爵夫妻の離脱は、おそらく多くの人々が考えているほどひどい災難ではなかったのかもしれない。ハリーをよく知り、ハリーとメーガンの行為について依然として憤慨している廷臣が教えてくれた。「私はね、メーガンは誰もができるわけではない、とっておきの優しいことをハリーにしてあげた可能性もあるのではないかと考えているんです。つまり、彼をロイヤルファミリーから連れ出すこと。ハリーはこの数年の公務でとにかくつらい思いをしていましたから。彼が不満に感じていたのは、私たちも知っていました。でも、解決策がよく分からなかったのです。そこにメーガンが登場して、解決策を見つけ出したのです[20]」

永遠に英国を去ってから二年近くが経過した二〇二一年一二月二日、メーガンはメール・オン・サンデー紙訴訟で見事に勝訴した。控訴院は同新聞社が、疎遠になった父親宛てにメーガンが送った手紙の抜粋を同紙に掲載し、メーガンのプライバシーと著作権を侵害したと裁定した。これに先立つ高等法院の略式判決を支持し、本件は証言者が出廷して行われる反対尋問なしで覆されたことになる。「この勝利は私たちのものではありません。これまで、正しいもののために立ち上がることに恐怖を感じてきた人たちのための勝利なのです」とメーガンはその後発表した。「この勝利は今後の裁判の先例となりますが、最も重要なことは、これからは集団で力を合わせて、タブロイド紙が創り出した嘘と苦痛で利益を得るタブロイド紙業界、人間に残酷さを植え付けるタブロイド紙業界の再編に立ち向かうことです」

しかしながら、勝利には代償が伴った。メーガンの弁護士チームは裁判中、サセックス公爵夫妻が『自由を求めて』の共著者に協力していたことを断固として否定していた。同書はオミッド・スコビーとキャロリン・ドゥランドが同夫妻について記した書籍で、スコビーも裁判に出廷し、「公爵夫妻が本書で協力したという示唆は、いかなるものも虚偽です」と反論した。しかしながら、ジェイソン・クナウフが証人尋問で、夫妻が「書面で特定の協力を承認」していたと証言した。クナウフが著者らに会う予定だと話すと、メーガンはクナウフの手助けになるように、「経歴情報（バックグラウンドリマインダー）」を教えた。さらに「手伝ってくださり感謝しています――ほかにも埋めなければならない空欄部分があったら教えてくださいね」と付け加えたという。

メーガンは前言を撤回しなければならなくなった。その謝罪の中で本人が言及したのだが、二〇一八年一一月に弁護士らが文書で、彼女の「覚えている限りでは」、本人はコミュニケーションチームがどの程度の情報をドゥランドとスコビーに提供したのか知らなかったと説明したという。クナウフの陳述に関しては、こう話している。「私はクナウフ氏が一部の情報を本書のために著者に提供したこと、また、そうしたのは私の了解の下であり、彼はコミュニケーション担当秘書官という立場で、著者と打ち合わせを予定したことを認めます」。メーガンは、二〇一八年の提出物を承認した際、昔のメールはチェックしていなかったと話し、こう付け加えた。「当時、そのような話を交わしていたことを覚えておりませんでした。法廷で陳謝させていただきます。原告や裁判所を誤解させる願望や意図は一切ありませんでした」

翌日のサン紙の一面は、絵本『ミスターメン　リトルミス』のキャラクターをメーガンの顔に加工した画像と「リトルミス・フォーゲットフル Little Miss Forgetful」の見出しが飾った[21]。

メーガンは自ら望んだ勝利をつかんだけではない。自分が正しいことも証明された。アドバイザーらは訴訟を起こすことに消極的で、友人や家族が裁判所に引きずりだされるのではないか、特に、例のピープル誌の記事で友人に協力を促した証拠があるのではないかと懸念していた。結果として、いずれも問題にならなかった。略式判決だったので、出廷して証言をしなければならない人は誰もいなかった。しかしながら、四名の元スタッフ（サラ・レイサム、サム・コーエン、ジェイソン・クナウフ、クリスチャン・ジョーンズ）は、証人としての召喚を心配して、別個、弁護士を用意していたほどだ。自分たちとは全く関係ない戦いで、このような極度なストレスや不安を強いたメーガンを、四人は簡単には許さなかった。

裁判で証拠を出さすに勝訴できたメーガンは、おそらく幸運だったのだろう。もしこれが正式裁判であれば、彼女は一体何を忘れたことにしたのだろうか。

第16章

バッキンガム宮殿の衛兵交代

二〇二二年九月八日、スコットランド、ハイランド地方のブレーマー村を拠点とする家庭医のダグラス・グラス医師は、いつもの訪問診療でバルモラル城を訪ねた。ドクター・グラスは三四年にわたりエリザベス女王の担当医（正式にはアポセカリー apothecary〔薬剤師の意味を持つ〕と呼ばれる役割）を務めてきた。皇太后の喉に魚の骨が詰まり、危うく窒息しかけたときに、ちょうど居合わせたのもグラス医師である。今日の訪問診療の目的は、表面上、バルモラル城で働くスタッフの定期診療だ。しかし、女王の様子を診察するというはるかに重要な任務が待っていた。命の灯がまさに消えようとしていたのだ。

国民のために尽くすという強い意志そのままに、女王は最後まで働き続けた。二日前、同じ週の火曜日には、ボリス・ジョンソン首相の辞任を受け入れ、その後継者として短命で終わるリズ・トラスを首相に任命し、憲法上の義務を遂行した。バルモラル城で首相が任命されるのは一八八五年のソールズベリー侯爵以来だ。ジョンソンが下院で話したように、女王は「一四人目の首相を見送り、一五人目を迎えた」。女王との謁見についてはこう語った。「私が記憶する中で、最も光り輝き、最も聡明で、最も政治に魅了された方だ。そのアドバイスは私が知る誰よりも思慮深い。いや、それ以上だ」。その日、女王は極めて元気に見えた。杖を握り、前方に体を傾けながらトラスと握手をした。しかし翌日の水曜日、医師陣は休みを取るように告げた。それはつまり、夕方に予定されていた枢密院会議に出席できないことを意味する。

新首相との謁見が女王の最後の重要な任務になった。木曜日の朝になると、最期が迫っていることが分かり、家族や宮殿のアドバイザーらが必要な電話連絡を始めた。アン王女は既にバルモラル城にいたが、残りの家族はできるだけ早く、呼ばなければならなかった。チャールズ皇太子とカミラ夫人はスコットランドのエアシャーにあるダンフリーズ・ハウスにいた。バルモラル城までは車で三時間以上かかるので、カミラ夫人がエイドリーの公務に出かけるために用意していたヘリコプターに飛び乗った。そのほかのメンバーもそれぞれ調整を始めた。

何かがおかしい——議員たちが異変に気付いたのは、一二時三〇分になろうとするころだった。内閣府担当大臣のナディム・ザハウィが下院に入り、リズ・トラスに何かを囁いた。複数のメモが議長と労働党の最前列に渡された。数分後、バッキンガム宮殿が声明を発表、女王がバルモラル城で医師の管理下にあり、王室担当の医師らが女王の健康状態を懸念していることを認めたという。王室は伝統的に、君主の健康状態について不必要な情報を提供したがらないので、この情報管理は異例である。つまり、世の中にこう告げたいのだ——皆さん、覚悟はできていますか。

女王はその日の午後三時一〇分に崩御した。後にドクター・グラスがタイムズ紙に話したところによると、そのときは慌てたものの、ショックを受けたわけではないという。「予期されていたことでしたし、何が起きているのか私たちにはしっかりと分かっていましたので」。医師は、死亡診断書の「死因」欄に「老衰」と記した。▼1

それから数日にわたり、数十年をかけて練り上げられた計画が粛々と実行に移された。「ロンドン橋 London Bridge」の名で知られる綿密な作戦は、女王崩御直後の棺の移動から、葬儀の詳細、最終的にウィンザー城の聖ジョージ礼拝堂内の脇にある小さなチャペルに女王の亡骸を安置することまで、すべてが網羅されていた。セント・ジェームズ宮殿で開かれる王位継承評議会で新国王が宣誓するという古くからの伝統も、女王の棺がウェストミンスター・ホールに安置されて何千人という人が弔問の列に並び、棺の前を過ぎていく様子も、その大半は、何年も前に動線の確認をすませていたが、いざ実行に移したときには、予想外の動きも自然発生的に生じるものだ。母親の死去からわずか二四時間後、チャールズはバッキンガム宮殿の外に集まった群衆に近寄ると、右手を差し出したのである。そこにいた人々の心は愛で満たされ、新たな国王を支えようという気持ちが高まった。「がんばって、チャーリー！」と皆がチャールズに叫ぶ。「お母さんのこと、私たちは皆、愛していますよ！」

　チャールズはこれまでもたびたび、一般市民との触れ合いから活力をもらってきた節があったが、今回も弔問に集まった人々の温かい心で元気づけられていた。しかし同時に、自分自身にとって紛れもない悲しみの時であることも認識していた。群衆の女性にこう話している。「この日が来るのを恐れていました」

　チャールズはようやく今、これまでの人生をかけて準備してきた仕事に就いたのだ。国王に即位して二四時間後、チャールズがとても長い間その仕事について真剣に考えてきたという事実が如実に示される——国民に向けてスピーチを行ったのだ。「愛しいママ」に対する深い愛で満ちあふれたこのスピーチは、チャールズが「忠誠心と尊敬と愛情をもって」この国に奉仕することを約束したものであり、高く評価され、温かく受け入れられた。特に重要な一節の中には、政治介入の傾向が見られるチャールズがお節介な君主になるのではないかと懸念する人々に応えようとするものもあった。今後は皇太子時代と同じようには行動できなくなることを認識した上で、「私たちの独特な歴史と議会政治の仕組みがもたらす貴重な伝統と自由と責任」を尊重し、「この国の中心にある憲法上の原理原則を守る」ことを強調したのである。

しかしながら、チャールズが新しい困難な任務を受け入れる一方で、長年にわたりチャールズのために働いてきた多くの人たちは、別の（しかもあまり喜ばしくない）問題を受け入れなければならない事実に気付いていた。つまり、失職である。治世の変化に伴う、一部の人材の解雇は不可避なのだ。これまで王室は、バッキンガム宮殿の女王、クラレンス・ハウスのチャールズ、ケンジントン宮殿のウィリアム、この三つの権力に分かれていたが、これからはその権力が二つの王室、つまり国王と皇太子に集約される。人員が余るのは誰の目にも明らかだが、その伝え方は思いやりが一切感じられず、味気ないものであり、多くの関係者にしてみれば後味が悪かった。国全体が喪に服して四日間が経った九月一二日の月曜日、女王崩御直後から通常業務が停止していたクラレンス・ハウスでは、スタッフ約一〇〇人が、解雇の可能性を示す通知を受け取った。影響を受けた職員には、秘書官、経理チーム、報道チーム、家政局のスタッフも含まれる。バッキンガム宮殿では、亡き女王を支えてきた側近らが既に、失職について告げられていた。

クラレンス・ハウスのスタッフ宛ての通知を届けたのはチャールズの首席秘書官サー・クライヴ・オルダートンで、この通知が「不安を煽る」ことは自分も認識しているとスタッフに告げた。ある関係者がガーディアン紙にこう話している。「誰もが怒りで青ざめていました。秘書官も上級チームも例外ではありません。すべてのスタッフがあの木曜日から連日遅くまで働き通した挙句、この仕打ちですからね。皆、明らかに衝撃を受けていました」▼2

ほかの関係者の話によると、宮廷内の怒りの矛先は国王自身ではなかったという。「治世が変わるときには得てしてこういうことが起こります。二つの宮廷を維持するのは無理なのです。特に国王がやろうとしている仕事が抜本的に〔違う場合は〕。しかし、タイミングとやり方がお粗末。会計官は経費がいくらかかるかという視点でしか考えず、人のことなんて気にしていません」▼3

クラレンス・ハウスは、「スタッフの多くには」別の仕事を見つける予定だと話した。さらに、退職金の「上乗せ」も提示される。しかしながら、中には退職の交渉がこじれるスタッフもいた。

晩年の女王にとって、家族以外で一番身近な人物といえばアンジェラ・ケリーだ。もともとエリザベスのスタイリストだったケリーは、長い付き合いを経て、それ以上の存在になった。正式な肩書は、エリザベス女王陛下付きパーソナルアシスタント、アドバイザー、ファッションキュレーター（ジュエリー、勲章、ワードローブ）だが、女王の親友でもあり心友でもあり、ほかの誰よりも女王の面倒を見た人だった。友人には、自分は実質的に女王のお世話係だと説明していた。ウィンザー城のオーガスタ・タワーには、女王のプライベートアパートメントと同じ階にケリーの部屋もあった。女王亡き後も、約束されていたように、ウィンザー・ホーム・パークにある自分のコテージでそのまま一生暮らせるものだと思っていた。

しかしながら王室の新しい組織には別の考えがあった。新体制が毅然とした態度で臨もうとしていることを示すサインの一つが、女王のアパートメントのカギが崩御後わずか数日で変更されたことだ。すぐに、ケリーが愛しの我が家に引き続き居座ることを当局がよしとしないことが明らかになった。交渉の結果、近くに孫が住むシェフィールド近郊に、国王が家を購入することが提案された。その後、六五歳のケリーは戴冠式の直前、インスタグラムに自宅の庭の写真を投稿し、友人らにメッセージを書いた。「さよならの準備が整いました。ようやく新居にお引っ越し。これでマイホームと呼べる家ができます」。友人からのコメントにはこう返事をしている。「引っ越し先は〔英国北部の〕ピーク・ディストリクトで、シェフィールドの少し先に行ったところ。子供たちの家からそれほど離れていないの。仕事用の電話番号はつながらなくなってしまったけれど、インスタグラムがあるから大丈夫よね。（中略）新しい冒険が楽しみ！（笑顔の絵文字付き）」。

別の投稿では、宮廷内の関係者といざこざがあったことをほのめかしている。宮廷でもめたのはハリーと仲違いしたときだけではないようだ。「年を取ったからかな、誰から好かれていて誰から嫌われているかなんて、もうどうでもいいわ！　もっと大切なことがあるから！　私を大好きなら――私もあなたが大好き！　私を支えてくれるなら――私もあなたを支える！　私を大嫌いなら――気にしないわ！[4]」

メール・オン・サンデー紙によると、国王が用立てたヨークシャーの新居は、ケリーの死後、君主に戻されるという。関係者が同紙に話したところでは、「アンジェラは、誰からも好かれていたわけではない。とはいえ、国王には彼女をホームレスにしようという気はなかったらしい。国王は単に、隣に彼女が暮らしているというのが嫌だっただけではないかというのが私の印象[5]」。

しかしながら、この取引には付帯条件があったのかもしれない。ケリーが女王との生活について二冊も本を出版できたのはなぜなのだろうかと常々話題になっていた。彼女以外の宮廷スタッフには、そのような自由は一切与えられていなかったからだ。出版許可は女王と彼女の関係がそこまで近かったことを示しているものの、女王亡き後、チャールズ国王がそうした問題にそれほど寛大に対応しないとしても不思議はない。家の購入は、これ以上本を出さないという約束の交換条件なのか？　ありそうな話だ。ある関係者によると、ケリーは退職前にバッキンガム宮殿で「特別秘密保持契約」に署名したという。[6]　チャールズ国王とアンジェラ・ケリーの双方とも、その件に関してはコメントを出していない。

＊

女王崩御後、自分の時代が終わったことを悟ったのはアンジェラ・ケリーだけではなかった。サー・エドワード・ヤングは、二〇一七年のサー・クリストファー・ゲイト追放以来、女王の秘書官として仕えてきたが、自分の未来について冷静に見抜いていた。チャールズには既にサー・クライヴ・オルダートンという片腕がおり、スムーズな継承を実現するために、短期間だけヤングとオルダートンの両名が秘書官を務めるが（オルダートンが「首席秘書官」で、ヤングは単に「共同秘書官」。これは責任の所在を明確にするための措置）、その移行期間が過ぎれば、最終的にヤングは独自の道を進むことになる。戴冠式から一週間後、勤務最終日を迎えたヤングは、爵位を授かり現場を去った。オルダートンからは温かい言葉が送られている。「エドワードは素晴らしい同僚であり、ほぼ二〇年にわたり、良き友人でした。亡き女王の治世の終盤に多大なる貢献をされるとともに、移行のサポートにも尽力してくださいました。これから先、私たちは皆、エドワードのいない毎日を寂しく思うことでしょう」

これには別の解釈もある。ハリー王子の解釈はミツバチがスズメバチに変わったというものだ。ハリーがほかの宮廷の上級廷臣をいかに毛嫌いしていたのかは、既に本書で紹介してきた。王室とその欠点について一切のためらいもなく話すハリーは、自伝『Spare』でもさまざまな秘書官について、自分の見解を思う存分述べている。彼が憎んでいたのは、エドワード・ヤング、クライヴ・オルダートン、サイモン・ケース（当時ウィリアム王子の秘書官）の三人であり、同書ではそれぞれミツバチ、スズメバチ、ハエとあだ名をつけていた。この表現は決して褒められたものではないが。

「楕円形の顔で縮れ髪のミツバチ〔エドワード・ヤング〕は、いつも沈着冷静で、音も立てずに歩いて回る傾向がある。まるで自分が生きとし生けるものに恩恵をもたらす存在だと言わんばかりだ。あまりにも落ち着いているので、誰も怖がらない。でも、それは大きな過ちだ。命取りにもなる」

ハエのサイモン・ケースは首相官邸の出身で首相秘書官を務め、後に内閣官房長になった人物だ。ハリーによると、ケースはキャリアの大半を使い、「糞にすり寄り、魅了されてきた。政府やメディアの屑、ウジの湧いたはらわたが大好物。ぶくぶくと肥えて、もみ手をしながらほくそ笑む。見た目にはそうと分からないように」。

中でも毛嫌いしていたのはオルダートンだ。皮肉なものだが、オルダートンのあだ名が最も格上だ。誰だって、どうせならハエやミツバチよりもスズメバチの方がいいだろう。ただし、オルダートンの描き方には混乱も見られる。スズメバチは「ひょろ長くて、魅力的で横柄、ほとばしるエネルギーの塊」と書く一方で、「臆病」で「控えめ」だというのだ。でも何かの問題でオルダートンに口答えしたり、反対したりしたら、リストに名前が載ることになるとハリーは話す。「つまり、そのすぐ後に何の警告もなく、特大のハリでぶすりと刺されるので、混乱の中、絶叫することになる。『一体、そんなものをどこに隠し持っていたのか？』[▼7]」

話としては実におもしろい。それに、宮廷をすみかにする登場人物たちについて少しでも知識があれば、どの廷臣がどのあだ名なのかを当てるのには格別なおもしろさがある（正直に言って、当てるのは難しくない）。とはいえ、少しばかり、はまり過ぎてはいないか。宮殿にいた人たちには、英国を拠点にしていたころのハリーがそのあだ名を使っていた記憶が全くない。話をいきいきとさせようとしてハリーのゴーストライターが考え出したような雰囲気がある。「政府やメディアの屑」にしても、「ウジの湧いたはらわた」にしても、ハリー王子が書いたものというよりも、J・R・モーリンガー[*]の著書といった方がはるかにそれらしい。

確かに当時この三人の秘書官にはニックネームがあった。ただし、虫の名前ではない。「スリーアミーゴス The Three Amigo」、つまり三銃士として知られていた。そのうちに、堕落して「スリーエゴス」、三人のうぬぼれ屋に変わった。「ミツバチ」や「ハエ」や「スズメバチ」のような隠喩の喩辞ではないが、伝えたいことは同じ、つまり悪役だ。

ハリーは著書で二つの出来事を取り上げて、ヤングを「人を巧みに操る」から「二枚舌を使う」までのどこかに分類される人物として描いた（ハリーは王室離脱後、ロンドン警視庁から自分の警護に関する詳細情報が紛失したのも、ヤングのせいだと非難している）。逸話の一つは、カナダから帰国後に女王と面会する手はずをつけていたにもかかわらず、面会できないことが明らかになった件だ（これはヤングから言われた情報。しかも自身の執務室から連絡をよこした）。ハリーは祖母に電話をかけて、何がどうなっているのか自分で調べようとしたところ、その週はずっと忙しいと女王から言われたという。ハリーはこう書いている。「少なくとも、女王はミツバチからそう言われたのと付け加えた」[8]。そこにヤングも一緒にいるのですか、とハリーが女王に尋ねたものの、何の回答もなかった。

ハリーは二つ目の逸話として、メーガンと下した王室離脱という決断の交渉を取り上げており、サンドリンガム会議の話し合いでは五つのシナリオがあったことも既述している（本書第15章参照）。ハリーとメーガンは選択肢三の「半分ロイヤル、半分ロイヤルでない」という妥協案を希望したが、ロイヤルファミリーにしてみれば、ロイヤルかロイヤルでないかのどちらかしかない。最終的に選択肢五、「すべてロイヤルでない」に落ち着いた。その時点で、ヤングは選択肢五の実現に向けた声明の原案を作成していた。「ちょっと待ってください」とハリーは言った。「混乱しているのですが……。も

＊　ジャーナリストで、数々の伝記を手掛けるゴーストライター。ハリーは『Spare』の謝辞で同氏に言及している。

う既に声明の原案を作成したと？　まだ何の話し合いもしていないのに？」。つまり、すべて準備されていたのだとハリーは話している。

　ヤングはハリーに、声明の原案はほかのオプションも用意していると説明した。しかし、それならほかの原案も見せてくれとハリーが頼んでも、それはできない、プリンターが故障しているからと応じなかった。そのすぐ後、大きなプリンターが用紙を印刷している音が聞こえてきた。プリンターは正常に作動しているようだ。ヤングのアシスタントが姿を現したので、秘書官事務所のプリンターの調子について尋ねてみた。あれもちゃんと動いているのかな？「はい、もちろんです、サー！　何か印刷いたしましょうか？[9]」

　二〇二三年五月、最終的に宮殿を去るに当たり、ヤングは声明を発表し、次のように述べた。「この歴史上重要な時代にあって、二人の君主のために働けたことを光栄に思います。また、その間、多くの同僚の皆さんがくださった支援と友情に感謝いたします。今回、宮殿の門の外に飛び出す決心をした際、親切な言葉や激励の言葉を頂戴し、非常に感激しております。今後も末永くよろしくお願いいたします」。ヤングは爵位を授かるとともに、バース勲章ナイト・グランド・クロスとして宮殿を後にし、ロイヤル・ヴィクトリア勲章は勲一等のナイト・グランド・クロスに昇格した。さらに、侍従に指名されたので、将来、王室で働く可能性が示唆されている。どうやらミツバチは依然として、誠実かつ忠誠心のある廷臣として見なされているようだ。

　クライヴ・オルダートンは、クラレンス・ハウスからバッキンガム宮殿に異動したとき、全く新しい世界が広がっていることに気付いた。まず、これまで一七年間尽くしてきた同じ上司の下でこれからも働くだけでなく、クラレンス・ハウスでともに働いてきた同じ同僚の多くに囲まれることになった。その一方で、新しい事務局に新しい運営体制、新しい責任がたくさんある。チャールズ同様、オルダートンも昇格した。バッキンガム宮殿の独特な仕組みをはじめ、慣れなければならないことが数多くある。クラレンス・ハウスでは、間違いなくオルダートンが現場の重要な責任者であり、その上にいるのはチャールズただ一人だった。バッキンガム宮殿でもオルダートンは極めて重要な立場だったが、ほかにも手許金会計長官や王室家政官など、秘書官と同様に重要であり、かつ、秘書官に対して責任を負わない人物が存在する。この上下のない運営体制、つまり、対等な同盟関係こそ、この組織の重要な部分なのだ。国王ジョージ六世が若き王女エリザベスに与えた重要な忠告の一つに「決して誰か一人に巨大な権力を持たせるな」があるが、このメッセージからも王室のあり方が分かる。

治世の交代後も、重要人物の多くは宮殿に残った。宮内長官のパーカー卿、手許金会計長官のサー・マイケル・スティーヴンス、王室家政官の海軍中将サー・トニー・ジョンストーン＝バート、会計検査官の陸軍中佐マイケル・ヴァーノンも残った人たちである。一方のオルダートンはもっともなことだが、「新しい体制になった」、「これから変わっていく」というメッセージを強調したいと思っていた。そう考えると、チャールズの王位継承を受けてバッキンガム宮殿に初めて入るとき、自分が率いる上級運営チームは、手許金会計官用の扉で王室家政官の正式な挨拶を受けるべきなのではないかと提案した。

王室家政官のジョンストーン＝バートはその提案を正式に快く受け入れたが、オルダートンに近い人たちの中には、「それはやりすぎではないか」と考える人たちもいた。というのも、オルダートンのチームはクラレンス・ハウスを拠点にしていたときから既に、バッキンガム宮殿の出入りが自由だったからだ。ある関係者はこう指摘する。「実に象徴的な権力の移行でした。つまり、『今は私が責任者。だから私たちチームをしっかり受け入れてください。これから新しい章の始まりです』というわけです。でもことはそううまくいきませんでした[10]」
上司が変われば古参の間で多少不協和音が生じるのは、おそらく避けられない。それに、クラレンス・ハウスのやり方に慣れているオルダートン自身が、バッキンガム宮殿の違うやり方に対応しなければならないのだから、スタッフが現場に慣れるまで少し時間がかかるのは当然だろう。バッキンガム宮殿でついたオルダートンのあだ名もそれなら説明がつくかもしれない。実は、宮内長官事務局の古参スタッフたちは、『セサミストリート』のキャラクターの名前をとって、オルダートンのことを「ビッグバード」と呼んでいるのだ[11]。

体制の変化は、バッキンガム宮殿のやり方に疑問を投げかける絶好のチャンスでもある。チャールズの王位継承後、ジョンストーン＝バートは国王から、いくつかの問題について戦略的なアイデアを書き出すように頼まれた。ある関係者によると、それには「戴冠式の責任者は誰か？」、「戴冠式が必ず成功するように対応するのは誰か？」といった大きな問題も含まれていたという。その話ではジョンストーン＝バートが、秘書官事務局に責任が集まり過ぎている、あそこには政府との連絡役に徹してもらうべきだと提案もしていたらしい（あえて言うなら、これは宮殿のほかの人たちが問題視しているバージョンでもある）。当然、オルダートンの耳にまで入ることを想定した提案ではなかった。いずれにせよ、そこに書かれたアイデアすべてをオルダートンが国王を相手に自分のペースで淡々と協議を進めた（冷静な対応は彼の十八番）。その結果、ジョンストーン＝バートが喜ぶ内容に落ち着いたらしく、戴冠式後にウィンザー城で開催される日曜日の夜のコンサートはそのバートが責任者を務めた。

コンサート（というより、ウィンザー城でのアフターパーティ）の件から、これからのバッキンガム宮殿でに、皆が対等に手を組んで決断を下していくのだと示すことにもなった。

ライオネル・リッチーやケイティ・ペリーなどがパフォーマンスを披露したコンサートの後、国王と王妃は、リッチーとペリーの二人が審査員を務めている米国のアイドルオーディション番組『アメリカン・アイドル』のライブ配信でサプライズ出演を果たした。コンサート直後にウィンザー城の一室で行われた撮影で、リッチーはオーディエンスにこう語りかけた。「何という素晴らしいパーティ、とにかくもう信じられません。今回の番組ではこれまでと違う何かを表現したくて、何ができるか一所懸命考えてきましたが、さあ、私のサプライズはこれです」。ペリーの驚きの名演技と同時に映し出されたのが、国王と王妃だった。カメラの前に現れると、チャールズが冗談を放った。「あとどのくらいこの部屋を使うつもりなのか、チェックしたかっただけですから」

　国王夫妻のパフォーマンスは、二人の発案で当日決まったもので、国王と二人の歌手が長らく良い関係を構築してきた証拠だと言われている。[12]リッチーは皇太子信託基金のアンバサダー、ペリーは国王が設立したブリティッシュ・アジアン・トラストのアンバサダーを担っている。ある関係者によると、リッチーは通常のルートを介さずその日の午後のお茶の時間、国王に出演を直談判したのだ（アンドリュー王子の慈善テニスの件もそうだったが、廷臣に尋ねれば、内容が何であれ反対されるのが既定路線）。国王は承諾し、その決断はジョンストーン＝バートをはじめとするスタッフに既成事実として伝えられた。計画はすべて、極めて少人数で共有されて進んでいった。コミュニケーションチームの上級スタッフがハウスキーピングの責任者から報告を受けて事態を把握したときには、既に撮影が始まっていた。[13]

　その晩の国王はいつになく上機嫌だった。コンサートを存分に楽しんでいて（ロイヤルボックスで、ほかのロイヤルファミリーと国旗を振ったり、ライオネル・リッチーが『オール・ナイト・ロング』を歌ったときには立ち上がり、音楽に合わせて踊ったり、少なくとも身体を揺らしたりしていた）、見るからにリラックスしており、『アメリカン・アイドル』の撮影に同意したのもよく分かる。しかしながら、いつもこうだというわけではない。王位継承後、万年筆のインク漏れで、少しばかり怒りを爆発させたときには、チャールズの感情の起伏の激しさが垣間見られた。舞台裏のスタッフはこうした爆発に慣れている。物事が自分の予定通りに進まない場合、自分の指示が実践されていないと感じた場合、チャールズは怒りを爆発させるが、自分の指示が文字通り遂行されていることが確認できれば、すぐに落ち着きを取り戻す。「そうかそうか、本当にありがとう」と伝え、感謝と悔恨の気持ちを率直に表現する。まさにローラーコースター状態だが、国王に近い人たちはもうすっかり慣れている。

しかしながら、内情を知る人たちによると、国王の苛立ちの原因はもっと根深いところにあるという。国王はいつも、自分の持ち時間は短いという前提で行動しているようで、それが、達成したいことを成し遂げるにはもう数年しか残されていないという焦りにつながっている。まさにこれまで見てきたチャールズの様子、つまり、自分自身にプレッシャーをかけているから、他人にもプレッシャーをかけてしまうチャールズの姿と同じだ。一方で、皇太子として不満を抱えながら過ごしてきた経験から、変化が起こるのには時間がかかることも国王はよく理解している。この君主制は一〇〇〇年以上を生き抜いてきた壮大な一枚岩(モノリス)であり、取り除くのは難しいが、ゆっくりと変化する。問題は、焦りを募らせる国王と、この七〇年で根本的な変化を遂げてきた社会とが等しく感じている「その変化は遅過ぎないか？」という疑問である。

第17章 国民のために

二〇二二年一一月三〇日まで、王室関係者以外で「レディ・スーザン・ハッシー」という名前を聞いたことのある人はほとんどいなかった。女王エリザベス二世の元女官で、六二年にわたりロイヤルファミリーに仕えてきた人物だが、もともと思慮深く慎重で、注目を浴びるのを嫌がるタイプなので、いつも背景にうまく溶け込んでいた。ロイヤルファミリーの公務や宮殿で行われる歓迎の場によく姿を現していたが、部外者から気付かれることはまずなかった。ただしそれも、ンゴジ・フラニと会うまでの話だ。

女王崩御後、数多くの疑問が持ち上がったが、その一つが女王の女官たちの今後の身の振り方だった。女官は個人的な人間関係を考慮して作られた役割だが、いずれにせよ、王室関係者によれば、女官は不要だとカミラ王妃が話しているという。そこで一一月下旬にバッキンガム宮殿が発表したのが、カミラ王妃が女官の代わりに女王付きコンパニオンを六名指名したという情報だ。コンパニオンは新王妃の公務の一部をサポートするが、女官ほど頻繁には同行しない。加えて、故エリザベス女王の元女官のうち、八三歳のハッシーを含む三名が「宮廷の女官」になり、国王主催の公式行事がバッキンガム宮殿で執り行われる際には国王を支えることになった。実に理に適った話だ。彼女たちはその類いの仕事の経験が豊富で、顔も広い。例えばハッシーは、デンマーク女王マルグレーテ二世の友人であり、個人的な付き合いもある。

その発表の二日後、ハッシーは、カミラ王妃が主催する性暴力被害者のためのレセプションに出席した。そこで出会った招待客の一人が、家庭内暴力撲滅運動を展開する六一歳の黒人女性フラニだった。フラニの話によると、どこの出身なのかハッシーからしつこく尋ねられたという。ロンドンのハックニーだと返事をすると、フラニいわく、ハッシーはこう応じた。「いえいえ、本当はどこから来たのか尋ねているのです。あなたの一家はどこから来たのですか？ 最初にここに来たのはいつですか？」

フラニがそのやりとりを翌朝七時二五分にSNSで投稿すると、その内容は瞬く間に世界中でリツイートされ、情報を鵜呑みにする人々の注目を集めた。怒りの炎が国の垣根を越えて燃え盛る。フラニはラジオのインタビューで、自分がどれほど「暴力を受けた」と感じたのかを説明した。そのレセプションでフラニの隣に立っていた女性平等党党首のマンドゥ・リードも、「招かれざる客」のような気分にさせられたと話した。さらに、ハッシーの質問は人種差別そのものだったと訴えたが、後にウィリアムの広報担当者がこの「人種差別」というテーマを「人種差別が私たちの社会に入る余地はない」とわざわざ取り上げている。この反応は、ウィリアムがハッシーのゴッドサン〔名付け子〕であることを考えると、なおさら意外である。

一二時三二分、ツイートからわずか五時間が過ぎたころ、バッキンガム宮殿は、この発言は「受け入れられるものではなく、遺憾である」とする声明を発表し、ハッシーは（発表時は氏名未公表）退任することになると述べた。

ハッシーの友人や支援者は即座に彼女の擁護に回ったが（チャリティ委員会の元委員長ウィリアム・

ショークロスは、「彼女とは四〇年以上の付き合いですが、人種差別とは全く無縁の人です」▼1とかばった)、王室の公式対応があまりにも早いことから、人種の問題が彼らにとっていかに大きな意味を持つのか明らかになった。ただ、ハッシーを王室から排除して、彼女の質問の主旨を非難したところで、もちろん何の解決にもならない。王室とは、現代の英国の価値観を反映しない、時代遅れの組織であると見なす人たちは、これからもその見解を変えないだろう。しかし、少なくとも非難の嵐が比較的早く収まったので、メディアの記事にも(ほとんどが王室に批判的なものだったが、中にはハッシーに同情するものもあった)必要以上に長く取り上げられることはないだろうと見られた。◆

しかしながら根本的な問題が消えることはない。ロイヤルファミリーは人種にまつわる問題を抱えており、それは、メーガンがワーキングロイヤルの一員として過ごしていたころ、不満を持っていたことを明らかにしてからというものずっと変わらない。メーガンがハリーと婚約したとき、ほんの一時期だが宮廷では、この離婚経験がある混血の米国人がロイヤルファミリーの人気復活に一役買い、これまで君主制に一切関心を持たなかった国民の関心も集めてくれるのではないかという極めて楽観的観測が見られた。こうした夢物語は早々に立ち消え、公人としての生活に対してサセックス公爵夫妻が抱いた失望感とその後の王室離脱という目も当てられないソープオペラに取って代わった。

二〇二一年三月、バッキンガム宮殿は、立て続けに二つの深刻な問題に直面していた。最初の問題はタイムズ紙に掲載された私の記事、すなわち二〇一八年のサセックス公爵夫人によるいじめ疑惑だ。同記事の掲載前、私はサセックス公爵夫妻とバッキンガム宮殿の双方にコメントを求めた。サセック

◆フラニに直接謝罪した後、しばらくしてからハッシーは密かにバッキンガム宮殿で任務を再開することになる。「退任」は辞職と同義ではないらしい。

ス公爵夫妻は非常に強い語調で、この記事を「中傷キャンペーン」だと非難したが、バッキンガム宮殿は賢明にも沈黙を貫き、記事が掲載されると宮殿は声明を発表した。疑惑に対して懸念を表明し、人事チームが「記事に書かれた状況を調査」する予定だと述べたのだ。「何らかの学びがないか確認する」ため、スタッフは調査への参加が求められた。その後、宮殿が第三者の弁護士事務所を指名して、調査を実施することが明らかになった。それからちょうど一年が経過し、おそらく守秘義務が理由だと思われるが、宮殿は調査結果を発表する予定も、どのような学びが得られたのかを明らかにする予定もないと話した。しかし大半の人々は、宮殿がその報告書を葬り去ろうとする真の理由は、ハリーとメーガンの二人とは再びもめたくないからではないかと推測した。

二〇二一年三月にバッキンガム宮殿が直面した二つ目の、もっと大きな問題は、ハリーとメーガンがオプラ・ウィンフリーのインタビューに応じたことだ。インタビューでは、疑惑が次から次へと並べられた。身辺警護の問題やメーガンのメンタルヘルスの問題もその一部だが、疑惑の数があまりにも多く、どこから手を付ければよいのか分からないほどだった。しかし世間にしてみれば、最も深刻な非難は、ある廷臣がきまり悪そうに口にした「Rワード」（ここでは、Rではじまる人種差別的表現を指す）と呼ばれるものだった。その表現が生まれたのは、ロイヤルファミリーのあるメンバーが、ハリーとメーガンの間に生まれてくる未来の赤ちゃんの肌の色について述べたとされたことがきっかけだ。

バッキンガム宮殿の一チームが夜を徹してオプラのインタビューを視聴する一方（米国では三月七日の夜に放送されたが、英国の放送予定は翌日だった）、上級職員らは午前中ほぼ電話会議に追われ、どのように対応すべきなのかを話し合った。声明の初期原案が出来上がったのは月曜日の午後二時ごろだった。しかしながら、メディアの不満をよそに、バッキンガム宮殿は沈黙したままだった。ある関係者はこう話す。「その理由の一つには、亡き女王自身がインタビュー番組を見ると言って譲らなかったことが挙げられます」[2]。そして、女王はほかの国民同様に、月曜日の夜、ＩＴＶで放送されたインタビューを見ることにした。

翌日、王室の公式な対応について真剣な協議が始まった。ウィリアムとケイト（当時ケンブリッジ公爵夫妻）も一緒にソファーに座り、サセックス公爵夫妻の扇動的な疑惑の対処方法について側近たちと話し合った。その時点で出来上がっていた声明の草案には、その後有名になる「some recollections may vary 記憶は人によって異なるかもしれない」という文言はまだ含まれていなかった。前述の関係者が当時を振り返る。「草案はかなり柔らかい表現でした。話し合いのポイントは、インタビューの是非は脇に置いて、［ハリーとメーガンは］『非常に愛されているロイヤルファミリーのメンバー』だとして歩み寄るのか、それとも、折を見て一歩踏みこんだ王室の見解を表明するべきなのかでした[3]」

ウィリアムとケイトも、ほかのメンバーと同じようにハリーとメーガンの報復に巻き込まれないよう気にしていたものの、この話し合いでどちらの立場を取るのかは明確だった。「少し厳しく対処すべきだと彼らは考えていました」と同じ関係者が話す。「二人とも思いは一つで、インタビューで語られた多くの内容を王室は受け入れていないということを伝える何かが必要だと考えていました」

「ウィリアムいわく、『それは違うというのが私たちの意見であることをはっきりと分からせる適切な方法を、皆さんで何とか考え出してください。それが本当に重要です』。ケイトはその見解に関してウィリアムを全面的に支持していました」

あの「記憶は人によって異なるかもしれない」はクライヴ・オルダートンの表現だとする人たちもいたが、実際に考えたのは、ウィリアムの秘書官になってまだ三週間にも満たないジーン＝クリストフ・グレイだと複数の関係者が指摘している。誰もがこの表現に乗り気だったわけではない。少なくとも二人の上級廷臣は、この文言を入れることに反対していた。それが原因でハリーとメーガンを怒らせることになりかねないと考えたからだ。しかしいったん草案に追加された時点で、（別の関係者によれば）そのまま残すべきだと強く主張したのはケンブリッジ公爵夫人だった。「はっきりと主張したのはケイトで、『この声明の是非は歴史が判断するものです。いずれにせよ、このフレーズ、もしくはこのようなフレーズを入れなければ、二人が言ったことがすべて真実だと解釈されてしまいますよ』と話していました」

これは、その関係者も指摘するように、ケイトが見た目よりもかなり強い心の持ち主であることを示す一例だ。「彼女は本来得られるべき評価ほど高い評価を得ていません。行動が控えめな方ですからね。彼女が取り組んでいるのは長期戦。いつも『これは私の人生であり、歴史となる私の道。いつか女王になるのだから』を念頭に行動しているのです」[4]。練り直された原案は、承認を受けるためにバッキンガム宮殿に持ち込まれ、その数時間後には戻ってきた。女王が首を縦に振ったのだ。

四つの文章からなる声明がようやく発表されたのは火曜日の午後五時半前だった。そこにはこう書かれていた。「ハリーとメーガンにとってこの数年間がいかにつらいものだったか、その心の内を知り、家族全員が悲しく思っています。指摘されたさまざまな問題、特に人種に関するものは重大な問題です。記憶は人によって異なるかもしれませんが、指摘はいずれも真摯に受け止めており、今後は家族で内々に対応していきます。ハリー、メーガン、アーチーが、これからも愛しい家族の一員であることに変わりはありません」

この声明には、記憶に残るグレイの一節だけでなく、ほかにも注目すべきところが二つある。一つは、打ち解けた雰囲気で愛情に満ちている点だ。サセックス公爵夫妻というよりも、ハリーとメーガン個人に向けて書かれたものである。もう一つは、あえて人種問題に向き合おうとしている点である。

数日後、テレビ局の記者から矢継ぎ早に質問を浴びせかけられたウィリアム王子は、この問題に真正面から答えた。「私たちは、全くもって人種差別家族ではありません」◆。

非常にゆっくりとした動きながら、事態は前進しているようにも感じられる。しかし、実際のところ一体何が変わるのだろうか？　オプラのインタビューは、ロイヤルファミリーが人種差別主義者かどうか疑問を呈しただけでなく、王室の多様性に関する議論も引き起こした。バッキンガム宮殿には顔の色が黒い人物はほとんどおらず、特に上級職には一人もいない。晩年のエリザベス女王には、陸軍中佐ナナ・コフィ・トゥーマシ・アンクラーという侍従武官がいたが、彼はこの職に就いた最初の黒人将校だ。一方、皇太子のチャールズは、数多くの黒人スタッフを雇っていた。例えば元報道担当秘書官コリーン・ハリスのほか、最近では、コミュニケーション担当副秘書官を担っていたエヴァ・ウィリアムズ（近ごろ、設置されたばかりのコミュニケーションエンゲージメント・ディレクターに任命）などがいる。だが、その程度だ。そもそもバッキンガム宮殿は、ある廷臣が呼ぶところの「女性蔑視、血色が悪い、生気がない、男性だらけの環境」である。[6]チャールズは、多文化を誇る英国の労働環境に関してなかなかの実績を持つ。戴冠式では、キリスト教以外の宗教指導者や有色人種の女性たちが重要な役割を果たし、チャールズが多様性に対していかに積極的に取り組んでいるのかが示された。しかしながら、王室内の労働環境の変革の道のりは依然として長い。

一時期、宮廷の政策に関して話し合う主要機関の宮内長官委員会に女性が一人もいないことに対して不満が出た。現在、委員会には複数の女性がいる。というのも、ウィリアムの秘書官に加えて、当時のコーンウォール公爵夫人［カミラ］とケンブリッジ公爵夫人［ケイト］の秘書官も委員として選ばれ

◆　ハリーは回顧録『Spare』のプロモーションインタビューで、赤ちゃんの肌の色について言われたとされる発言に対し、論争を煽り立てたとしてメディアを非難した。ハリーは、あれは人種差別ではなく、無意識の偏見の例だと釈明している。[5]

長官、王室家政官、会計検査官）が全員白人男性である事実に変わりはない。たからだ。だからといって委員会の中心的存在となる五部門の長（宮内長官、国王付き秘書官、手許金会計

オプラのインタビューから間もなく、宮内長官（元ＭＩ５情報局保安部長官のパーカー卿）が王室スタッフを対象に、多様性（ダイバーシティ）と包摂性（インクルージョン）に関するオンライン調査を実施した。ある古参の王室関係者が同僚に「私はこれ［アンケート］には絶対答えない。（中略）多様性なんて何も変わらないから」[7]と話したという。とはいえ、王室は四半世紀以上にわたり、多様性に関する取り組みを続けてきた。多様性は、女王付き秘書官だったロビン・ジャンヴリンが「ウェイ・アヘッド」グループ［王室の未来を考える会］に携わっていたころに掲げたテーマの一つなのだ。「誰もが、自分たちには多様性が必要だと認識していました」と当時の王室関係者は話す。「問題は、『なぜスピードアップしないのか？』です」

立憲君主制に詳しいヴァーノン・ボグダナーは、メーガンのロイヤルファミリー人種差別批判は、たとえそれがいかに理不尽であったとしても「かなりの痛手」だと話す。ロイヤルファミリーに問題があることを示したからだ。チャールズも亡き女王も、人種関連の問題に対してかなり手を尽くしてきたが、同氏は「事務方に白人以外の人が増えていることを世間にしっかりと示さなければならない」と指摘する。王室は「もう少し現実の英国らしく見えなければならない」というのだ。[8]しかしながら、女王の最も近くにいる人物たちが狭いソーシャルサークルから選ばれるのには理由がある。エリザベス二世はある種の世代・階級の女性であり、その彼女が一緒にいて心休まるのが、彼らなのだ。ある関係者は「この王室のＤＮＡは一九五〇年代に根付いたもので、それ以来変わっていません」[9]とこぼした。この言いがかりは理不尽かもしれないが、これにはほぼ間違いなく理由がある。女王自身が一九五〇年代の産物だからだ。

バッキンガム宮殿の元スタッフはこう話している。

ロイヤルファミリーのメンバーと一緒に働く人たちは、メンバーがホッとできる存在でなければなりません。ですから、私たちがどう思おうと、ある種の階級のようなものが存在するのです。その世界では、落ち着いて、仕事に取り組む必要があります。上級スタッフであれば、晩餐で女王の隣に座り、テーブルマナーを守り、さらには、女王と会話を成立させる方法を知らなければなりません。女王の周りでは、即座に対応しなければならないことが起こり、それが多様化を実に難しくするのではないかと思うのです。これが問題でして、なぜかというと、この組織には、彼らが住む世界以外の世界を本当に理解している人が誰一人いないのですから。[10]

かつて首相を務めた労働党のジム・キャラハンは、一九七七年にマーティン・チャータリスが引退するとそれを利用して、秘書官職を君主が個人的に任命するものではなく、政治任用の要職にするように強く働きかけた。その関連資料を目にしてきた上級廷臣は「バッキンガム宮殿も女王自身も、それには激しく抵抗しなければなりませんでした」と作家のロバート・ハードマンに話している。[11]しかし、宮殿のアドバイザーを快く思わないのは労働党の政治家たちだけではなかった。

王室の廷臣たちは、ウェールズ公妃の死からどのような教訓を学ぶべきなのか知ろうとして、元保守党政治家トリスタン・ガレル＝ジョーンズから話を聞いたのだが、そのとき彼は辛辣な意見を示した。そのときのインタビュー参加者がこう振り返る。

トリスタンは、「君主の悪い問題はすべて廷臣の責任だ。廷臣は、皆、素人。そもそも皆、おかしな理由で雇われている。雇うかどうかの基準が好き嫌いなのだから。『自分にとって便利な存在か』としか考えていない。組織全体を助けるために雇うわけではないのだ。そこで内閣官房長は、王室部門を作り、最良の役人をスタッフとして配置するよう指示されるべきで、それが王室の運営主体でなければならない。上の顔色しか見ない、従来の無能な人間ばかりではいけない」と言っていました。当時は極端な意見として見なされましたが、今ならもっともだと思えます。しかし、今この意見の真意が精査されるとは思えません。役人は昔ほど質が高くないと言って終わりにする方がずっと簡単だからです。[12]

ダイアナの元秘書官パトリック・ジェフソンも似たような論理を展開している。ロイヤルファミリーのメンバーが自分のために働く人材を選り好みできるようになっていると、依怙贔屓の余地が大いに生まれてしまう。廷臣が役人のような立場であれば、彼らのアドバイスも自信に満ちた公平なものになるだろう。二、三年ごとにスタッフを入れ替えると、王室にも新しい血がもたらされるのではないか。ジェフソンいわく、その目的はロイヤルファミリーに規律を課すことにあり、「彼らには、国民のために自分たちにあてがわれた枠組みの中で働いていることを自覚してもらわなければならない」と述べている。[13]

この話は半世紀にわたり論じ続けられてきた。一九七二年、ロイヤルファミリーの資金繰りに関して議論が交わされたとき、労働党、保守党、両党の数多くの議員が、秘書官事務職は内務省に組み込まれるべきだという論理を展開した。しかし、立憲君主制に詳しいヴァーノン・ボグダナーは、それは不可能だと論じている。「この提案を見ると、秘書官の役割を誤解していることが明らかだ。秘書官はカナダ、オーストラリア、ニュージーランドなど各国の女王の秘書官なので、英国政府の組織の一部になることは不可能である。女王を元首とする英連邦各国政府は、憲法上何ら関係のない英国政府の一部門の下につくつもりなど全くないだろう[14]」

王室に入る新しいスタッフに繰り返し叩き込まれることがある。それは、「ある家族のために働いていることを決して忘れてはいけない」というものだ。いかなる廷臣も王室という組織のために働いており、この組織を長期的に存続させる責務を担う。その一方で、親、兄弟姉妹、息子と、それぞれがほかの家族とは違う目的や野心を持つ人たちのために働く可能性もある。ある元廷臣はこう話す。「政府なら、政府の方針があります。でも、これは家族。方針はありません。すべて感情で動いていきます。内輪もめもあれば、策略もある。その中心が、この機能不全の家族なのです。家族同士のコミュニケーションは、本人が直接ではなく、廷臣を介さなければ取れません。この悪しき習慣は、許されていようといまいと、ますます強化しています[15]」

サセックス公爵夫妻の宮廷で働いていた人にとっては「私たち対世間」であり、チャールズの宮廷で働いている人にとっては複数の前線での戦い（対亡き女王、対王子たち）であり、ウィリアムの宮廷で働く人にとっては「どこと手を組むのかが問題」である。「誰もが心の中に戦場を抱えています。ロイヤルファミリーがそれを望んでいるかどうかは関係ありません」と前述の廷臣は話す。こうした宮廷の戦いはこれからも常に私たちとともにある。サセックス公爵夫妻とそのほかの宮廷との不信感やコミュニケーション不足は、分断が取り返しのつかないレベルにまで達する可能性があることを示した。チャールズ国王の誕生により、すべてが落ち着いたのだとしても、またいつか問題が持ち上がることは決して避けられないだろう。そしてまたいつか、ジョージ王子が自らの宮廷と自らの課題を持つことになるのだ。

コインの表側がロイヤルファミリーだとすれば、その裏側では、廷臣一人ひとりがいつも同じジレンマを抱えている。「主君に対する忠誠心はどこで終わるのだろうか。もっと広く王室という組織に対する忠誠心はどこから始まるのだろうか」。亡き女王の下では、これはそれほど大きな問題ではなかった。女王に近いある廷臣が言うには、女王は責任感がとても強いので「彼女が望んでいることと国にとって正しいことは全く乖離していませんでした。両者は全く同じだったのです」[16]。ロイヤルファミリーのほかのメンバーの場合、状況は違う。私が話を聞いた元秘書官があっけらかんと教えてくれたが、一時的とはいえ、主君に情報を伝えないこともあったという。もし伝えれば、ロイヤルファミリーのほかのメンバーとの関係に良くないと考えたからだ。それに、主君の願いを無視することもたびたびあったが、それは、頼まれた内容が王室全体の利益にならなかったからだ。

この人物には、廷臣とは王室に仕えるものという明確な指針があった。自分が仕える主君は単に王室全体の一部にすぎない。逆に言えば、主君はロイヤルファミリーの一メンバーであり、王室そのものではないわけで、場合によっては、困った事態にもなり得る。そこでメグジットの後、バッキンガム宮殿は、「秘書官およびチームリーダー用ガイドライン Guidelines for Private Secretaries and Heads of Teams」と呼ばれる廷臣に向けた宮廷の規定を用意した。明らかに「後の祭り」だが、このガイドラインには、ロイヤルファミリーのワーキングメンバーは、個人の収入を得るために、ロイヤルファミリーのブランド力を利用して収益活動に携わってはいけないと規定されている。エリザベス二世在位中に立案されたこの規定は秘書官に対しても、どうすべきか分からない場合は、「この国が女王陛下に寄せている信頼を危険にさらしているのではないか」と自問自答してみるようにアドバイスしている。しかし、こうした複雑な判断は簡単には下せない。良くも悪くも、廷臣は自分自身で判断しなければならないのだ。前述の秘書官は、主君との関係をこのように説明している。

もし彼らが何かばかげたことをしでかしたら、それは我々の責任です。ばかげたことをするのに手伝ったからではなく、そんなことをしないように気を付けなかったことで責任を問われます。もしばかげたことをしそうになったら、まず「その人物の」秘書官に連絡し、止めなければならないと伝える必要があります。私がそうしたのは二回だけですが、どうしても止めなければならない状況でした。問題は止める側が雇われている身だということ。もし主君の信頼を失ったら、仕事は続けられません。この仕事では主君から信頼が不可欠なのは明らかです。止められるチャンスは一回だけ。それで終わりです。

それでは、国王や女王の秘書官に助けを求めなければならないとしたら？　「主君は極めて不機嫌になるはず。いずれ時が来れば、自分の行動を止めたあなたの賢明な判断に気付いてくれることを祈りましょう」。この秘書官は同僚に「ひょっとしたら明日はここにいないかもしれない」と言ったことが二回あったという。どちらの時も何とか首がつながった。「その緊張感たるや……正しいことをやって、翌日追い出されるかもしれないのですから」

その昔、若き女王の周りには、おっとりとして聞く耳をもたず、序列に安穏とした取り巻きたちがいた。彼らに対してオルトリンガム卿が初めて喝を入れてからというもの、廷臣たちが変わってきたのは紛れもない事実だ。貴族であることはもはや宮廷の役職を得る切符ではない。軍人出身者の層は以前よりも若干薄くなっており、その出自にも変化が見られる。例えば王室家政官のトニー・ジョンストーン＝バートは、あか抜けた陸軍近衛師団の所属ではなく、王立海軍の元ヘリコプター操縦士だ。民間企業や行政から宮殿に入る人たちも三〇年、四〇年前と比べるとかなり増えている。ウィリアムの秘書官は三名続けて官僚出身であり、より広く憲政の視点から見たロイヤルファミリーの役割をウィリアムに教えてきた。

さらに興味深いのは、亡き女王の秘書官とチャールズの秘書官の違いだ。チャールズの秘書官は全体的に外部登用で、結果として多様性が見られる。出身もビジネス界や軍隊、法曹界、行政、外務省と出身がさまざまで、エリザベス女王の宮廷で働いていた者もいる。素晴らしい人材もいれば、とんでもない人材もいる。チャールズは人を見る目がそれほどない。しかし秘書官たち（少なくとも優秀な方の秘書官たち）の行動にはチャールズの意志が反映されている。それぞれの秘書官は、全体的な戦略から、チャールズの生活において違う役割を担っており、その内容も「自立を促す」、「慈善活動の仕事を構築する」、「国際的かつ政治的素養を高める」、「次期国王としての地位を固める」とさまざまだ。フロイトの精神分析を使うなら、こうした役割はチャールズの自我 ego、つまり心の現実的な部分を表現しており、イド id という欲望（心の原始的かつ衝動的な部分）と超自我 super-ego（道徳的良心）を調整している。この場合のイドは、家族における自分の役割を自ら見出し、自分の個性を主張したいというチャールズの本能的な欲望であり、超自我は、王室全体にとってより有益なことに対する関心である。王室の自我としての廷臣がうまく機能すると、イドと超自我のバランスがうまくとれるようになる。しかし廷臣が制御できなくなると（例えばよく話題になるのが、マーク・ボランドがチャールズの代わりにバッキンガム宮殿に激しく戦争をしかけた事例）、イドが優位に立つ。

もう一つの違いは、チャールズの上級側近のほとんどが、バッキンガム宮殿の同等職の側近よりも給与が高いと言われていた点だ。チャールズが皇太子だった当時、チャールズのスタッフの給料はコーンウォール公領から私的に支払われていた。一方、故女王のスタッフの給料は公的資金である王室助成金で賄われていた。チャールズの秘書官サー・クライヴ・オルダートンはクラレンス・ハウスにいたとき、女王の秘書官サー・エドワード・ヤングは最も高給をもらっていたのだろうか？　確かなことに誰も分からない。ヤングの給料は公表されていたが、当時のオルダートンの給料は公表されていなかったからだ。しかし、宮廷の間ではさまざまな噂話やら推測やらが飛び交っている。

エリザベス二世の秘書官事務所は、クラレンス・ハウスの秘書官事務所とは全く違う。首席秘書官はほとんど全員が宮廷内で登用されてきた。秘書官補として採用された後、職場になじみ、女王から気に入られたら、副秘書官に昇進し、最終的に秘書官になる（フィリップ・ムーアは例外の官僚出身）。その結果、最高職にたどり着くころには、宮廷内の仕組みや女王の対処方法を熟知し、女王自身も彼らとうまくやっていけるかどうか分かっている。そこには予期せぬ事態や失態はなく、チャールズの宮廷で聞かれる話とは違う。しかしながらこれには不都合な点もあった。秘書官に宮殿の文化があまりにも染みついているので、変化に対しては自然と抵抗が見られる。とはいえ、変化が全く起きないというわけではない。実際には起きている。ただ、そのスピードがとてもゆっくりなのだ。

元スタッフで内情に詳しい関係者が批判しているが、女王付き秘書官クリストファー・ゲイトが去ってからというもの、バッキンガム宮殿は迷走を続けてきた。リスクテイクを奨励しない管理風土も原因の一部だという。「私の見たところ、組織は全く機能していませんし、意思決定もリーダーシップも戦略的な思考も全く不可能な状態です。だから、サセックス公爵夫妻、ヨーク公爵〔アンドリュー王子〕、スタッフの問題で、これほどまで混乱状態に陥ったのです。皆、自分自身の立場がどうなるのか不安になると、リーダーとはどうあるべきなのかなどすっかり見失ってしまうものです[17]」

これは厳しい批判だ。誰もが同意しているわけではない。とはいえ、アンドリュー王子やハリーとメーガン、さらにはメーガンのいじめ疑惑についてどうすべきなのかという問題をバッキンガム宮殿の誰一人として本当に把握していなかったかと問われると、それに反論するのは難しいと私は思う。

廷臣たちは一九九七年から、ダイアナ時代の教訓に真剣に取り組んできた。しかし、現状を問題視するあまり王室の常識とは異なる行動を取るロイヤルファミリーのメンバーにどう対応すべきなのかは、学んでいなかったのだ。

これには固定観念も関係している。しかしながら、前章で取り上げたように、王室は独自のユニークな運営体制も敷いており、それが一部から批判されているように混乱状態にあるのだ。全体的な責任を担っているのは宮内長官である。それから政策の責任や日常的な業務を回しているのは秘書官だ。実質的に企業の最高経営責任者（CEO）に当たる。その次に、手許金会計長官が最高財務責任者（CFO）、王室家政官が最高執行責任者（COO）と続く。民間企業の経営管理システムでは、CEOがCFOとCOOの上位になるが、バッキンガム宮殿ではそうではない。「皆、ライバル関係にあります」とある関係者は話す。「皆、同じなのです」[18]

別の元廷臣はこのように分析している。

> 王室には予算を握っている会計長官がいます。だから、「こうしたい」と思うことがあれば、必ず会計長官のところに行って、予算をもらわなければなりません。そこでマイク・スティーヴンス〔現在の手許金会計長官、サー・マイケル・スティーヴンスのこと〕に頼みますが、会計長官はそれを〔秘書官の〕エドワード〔ヤング〕に報告する必要があるとは考えていません。それから今度は、すべての人材を握っている家政官のところに行きます。ちょうどホテルのマネージャーのような存在です。ここでもまた、「エドワードに報告するのですか？」と聞かれれば、「もちろん、そんなことはしません。私が報告するのは宮内長官と女王陛下です。女王陛下が朝食にキャビアをご所望とあれば、何が起ころうと朝食にはキャビアを用意します」。

それから検査官です。あらゆる手順を担当していて、たいてい、非常に頭が切れる人で、物事をさばくことにとても長けています。そこでまた「本件は秘書官に報告しますか？」と尋ねられれば、「もちろんしません。報告する相手は女王です」と答えます。

つまりここは、役員会のようなものではないのです。例えばバークレイズ銀行のように、最高経営責任者がいて、財務部長がいて、そのほかにも役職があってというのとは違います。明確な説明責任がありません。それに、ほかの宮廷ではさらに複雑化しています。だから、クライヴ［オルダートン、チャールズの秘書官］に「エドワードに報告しますか」と尋ねるのです。

答えは「もちろん、報告しません」。

そういうわけで、ことは単純ではありません。問題が生じていても、同じ宮廷の上層部は単に知らないということもありますし。（中略）これまで、誰もが自分の意見を持ってやってきました。だから、よくあることですが、皆、厄介ごとは見て見ぬふりをして過ぎ去るのを待つのです。[19]

女王が亡くなった今、これがこの先長く続く組織のあり方ではないと考える元廷臣が少なくとも一人いる。「［チャールズ国王が］そのような構造の組織を持つとは思いませんし、［ウィリアム王子が］持つとは思いません」[20]と話す。

ロイヤルファミリー同士で意見の相違があると、最悪の場合、廷臣はそれを煽り立ててしまう可能性がある。もっと大きな王室全体の利益を犠牲にしてでも、必要以上に熱心に自分の主君の意見を通そうとしてしまうのだ。それに、廷臣の守りが固くなる場合もある。これは状況に応じて、良い結果にも悪い結果にもなり得る。例えば、ロイヤルファミリーの中に、愚かにも自分が事態を一番よく理解していると考えるメンバーがいて、廷臣がその人物の愚行から王室を守ろうとするのなら、保守主義は良い方向のみに働く。しかし廷臣が創造力を抑え込み、イノベーションを一掃し、前進を妨げるのであれば、歴史は彼らに優しくない判決を下すだろう。メーガンの下で働いていた人の中には、そもそもメーガンはロイヤルファミリーから受け入れられたいなどと思っていなかったと主張する人もいる。それは正しいかもしれない。しかし王室がもっと積極的に取り組んでいれば、さらにメーガン本人が王室の生活に自分を合わせようとしていれば、彼女はロイヤルファミリーの素晴らしい資産の一つになったはずだ。彼女なら王室を二一世紀にふさわしい組織に変える助けになったかもしれないのだ。

しかしながら、まだ希望もある。王室内で革新者として力を発揮するのは、必ずしもロイヤルファミリーの頼りの綱であるはずのプロのアドバイザーたちとは限らない。ロイヤルファミリーのメンバー自身の場合もあるのだ。ある廷臣はこう話している。「主君は概して、誰よりも革新的です。女王がその治世でどのように変わってきたのかを見れば一目瞭然でしょう。信じられないほど素晴らしい」[21]。米国大統領のオバマ夫妻からインヴィクタス・ゲームを挑まれた返事として、ハリーから一緒に動画を作らないかと持ちかけられたとき、女王はこう話した。「こういうことをもっと頼んでくれればいいのに」。もちろん、インヴィクタス・ゲームそのものはハリーのアイデアで、彼自身が猛スピードで実現させた取り組みだ。一世代前には、父親のチャールズが王室から反対されたにもかかわらず、皇太子信託基金を設立している。ウィリアムも、楽観主義に基づく環境プログラムを構築したいと考え、アースショット賞を生み出した。

ウィリアムは、王室がこれからもその国民とつながりを持ち続けるのであれば、ロイヤルファミリーのために働く人々のタイプは今後変わっていかなければならないだろうという認識を既に示している。

前述のように、ウィリアムの二人目の秘書官ミゲル・ヘッドは、郵便局職員の息子である。ウィリアムが新しいコミュニケーション担当秘書官の採用に当たり確認したかったのは、イートン校出身かどうかではなく、コンプリヘンシブ・スクールで教育を受けているかどうかだった。

正直なところ、まだ先は長い。数年前ケンジントン宮殿の事務局で働いていた人たちの多くは、明らかに上流階級出身の育ちの良い若い女性たちで、まるで花嫁学校（フィニッシングスクール）を卒業したばかりのように見えた。しかしながら、現状を一変させたいというウィリアムの願いから、次世代のロイヤルファミリーは過去に根ざしたままではならないという思いが感じ取れる。

二〇二二年三月、ウィリアムとケイトはカリブ海諸国を訪問したのだが、この外遊では広報の失敗がいくつも続いた。一つは夫妻が、金網の穴から差し出されたジャマイカの子供たちの手を握る写真だ。BBC王室担当記者ジョニー・ダイモンドが報じているように、「ある種の『白人の救世主』のパロディ」[22]のように見える。軍事任命パレードで軍服姿のウィリアムと白いドレスに白い帽子を被ったケイトがランドローバーに立つ姿を捉えた写真も失敗の一つだ。このランドローバーは女王とフィリップ王配が一九六〇年代に利用したもので、祖父母に対するすてきなオマージュのつもりだったのだが、一部の人には、王室との距離が遠かった時代を彷彿とさせた。ブラック・ライブズ・マター Black Lives Matter ムーブメントと、英連邦国家で王室とのつながりを断つかどうか議論が高まる中で、これらは若干残念な結果となった。

とはいえ、全体として、夫妻はどこに行っても温かくもてなされた。熟慮の上、行ったウィリアムのスピーチは歓迎された。しかしながら、興味深いのはこの外遊に関する批判の是非ではなく、その後のウィリアムの行動である。訪問の最後で、ウィリアムはこの歴訪に対する個人的な気持ちを綴ったステートメントを発表するという、きわめて異例な行動に出たのだ。今回の訪問で「過去と未来についての疑問がより鮮明に浮かび上がりました」とウィリアムは伝えた。過去とは植民地主義と奴隷制度であり、未来とはカリブ海諸国がこのまま英国君主を国家元首とするのかという問題である。「キャサリンと私は、全力を尽くして奉仕します」とウィリアムは話した。「私たちにとって、それは何をすべきか伝えることではありません。幸運にも私たちが手にしている仕組みを利用し、どんなことであれ人々が最善だと考える方法で人々に奉仕、支援することなのです」

ここでのウィリアムは、人の声に耳を傾け、考えて行動している。デイリー・メール紙は翌日、ウィリアムが既存のロイヤルファミリーの方針「決して反論せず、決して説明せず never complain, never explain」を終わりにするつもりだと書き立てた。記事では、ある関係者の言葉を紹介している。「定期的に発言するつもりは決してないだろう。しかし、王室に何か話すべきことがあるのなら、話すべきだと考えている。（中略）ウィリアムは王室が今後も求心力があり、ギャップを埋める存在であり続けたいと考えている。人々の声に耳を傾け、実際に行動するだけでなく、将来に対してもはっきりとしたビジョンも持っている。今何が求められていて、何が重要なのかに敏感で、非常に思慮深い人物だ」[23]

これは未来にとって実に明るい兆しだ。ウィリアムが耳を傾けたいと考えているのだから。それでも、忘れてはならないのは、彼が最も耳を傾けようとしているのが上級アドバイザーたちかもしれないということだ。その彼らがイートン校出身者や宮廷出身者や外務省出身者ばかりでなく、王室が奉仕する社会を色濃く反映する人たちであることを望むしかない。いつの日かおそらく、君主の右腕となる人物が非白人種（エスニックマイノリティ）や、労働者階級のルーツを遠い過去の家族史として持つのではなく、今まさに自ら紡いでいる人物になるだろう。それが女性かもしれないことは言うまでもない。彼らは主君にとても近く、まるで影のような存在であるが、決して友人ではないと心得ている。彼らが仕えるのは王室である。その延長線上には王室の人々が存在するが、決して個人に仕えるのではない。個人的、政治的、両方の事柄に対処する方法を学び、宮廷間の小競り合いはこの仕組みにおいて決して避けられないものだと心しておかなければならない。ロイヤルファミリーを導き、差し迫った災いを防ぐアイデアを形に変えるサポートを行う一方で、自分に求められているのはアドバイスだけであり、その是非に関する最終的な決断は常にロイヤルファミリーに委ねられているといつも心しておかなければならない。権力に惑わされて金ピカの檻に閉じ込められた豪華なお飾りになってはならない。仕事をするためにそこにいるのだと心しておかなければならない。

そして、はるか昔の女王がある廷臣に告げた言葉を心しておくのも決して悪くないだろう。一五五八年、女王エリザベス一世がサー・ウィリアム・セシルを国務大臣に任命したとき、こう話している。「あなたはいかなる贈り物にも買収されてはならない。（中略）国家に対して誠実でなければならず、さらに（中略）私の個人的な思いを尊重せず、あなたが最善と考えることを私に進言しなければならない」

謝辞

ロイヤルファミリーについて執筆するに当たり、その行動のカギとなる人物たちが、自分しか知らない秘密を共有してくれる可能性はまずない。王室に仕える人々は誰もが守秘義務という約束に縛られている。それはつまり、宮殿の壁の内側で起きている事柄に関しては何であれ、進んで口外しないということだ。私は王室担当記者なので、こうした現実は避けて通れない。しかしながら幸いにも、本書の目的を鑑みて、できる範囲で柔軟な対応を示し、匿名を条件に自身の体験や知見を教えてくれる寛大な方々がいた。

そうした方々には大いに助けられた。しかしながら同時に、匿名の情報源からの話を延々と読まされる読者の皆様にしてみれば、著者に対してある種の信頼が必要になることも認識している。本書の調査に当たり、一九六〇年代から現在に至るまで王室の全宮殿で活躍してきたさまざまな方々に、一〇〇本近くのインタビューを敢行したと言えることが、私に対する何らかの信頼の獲得につながるのではないかと願う。

インタビュー内容の録音を許可してくださった方々には特に感謝している。サー・ウィリアム・ヘーゼルタイン、ピール伯爵、チャールズ・アンソン、ジェイミー・ロウサー＝ピンカートン、サー・デイヴィッド・マニング、ミゲル・ヘッド、エド・パーキンズ、ディッキー・アービタをはじめとする皆様に深く感謝申し上げる。二名の元内閣官房長、オドネル卿とブロックウェルのバトラー卿には有意義な知見をいただいた。また、ヴァーノン・ボグダナー、ジョン・アーリッジ、ゾーイ・コンウェイ、スティーヴン・フライ、チャーリー・マクグラス、ベティ・ローソン、ジム・ベネットの各氏にもその貢献に感謝したい。さらには、ペニー・ジュノール、サリー・ベデル・スミス、ヒューゴ・ヴィッカーズ、ロバート・レイシー、ロバート・ハードマン、故デイヴィッド・マックルーアの各氏をはじめとする、私よりもはるかに多くの経験と知識をお持ちの王室作家の皆様にもいろいろと助けていただいた。

本書の出版実現に尽力くださったヘッドライン社の皆様にも感謝したい。廷臣について書くというアイデアを初めて紹介してくれたのはフィオナ・クロスビーだった。担当編集者がリンゼイ・デイヴィスで本当によかったと思っている。私の粗削りな第一草稿を出版するだけの価値があるものに練り上げていく過程で、自信と知恵の両方を与えてくれた。ホーリー・パーダムの努力と細かい点も見逃さない集中力はかけがえのないものであり、別件で担当を離れたフィオナの後継者として現場を仕切ってくれたサラ・エムズリーにも大いに感謝したい。

エージェントのトビー・マンディは初対面のときに、これまでとは全く違う本を書いてもらいたいと依頼してきた。そのようなことは過去に一度もなかったが、実に思いがけない幸運な出会いだった。それ以来、ずば抜けたアドバイスとサポートを与えてくれた。彼がいなければ、本書は同じものにならなかっただろう。

私の家族には、報いることができないほど恩義がある。その忍耐強さと寛容な心には、これから先も感謝しかない。

人名索引

（肩書等は原則として本文中に登場する表記に準じる）

【ア行】

【カ行】

【ナ行】

【ハ行】

【マ行】

【ヤ行】

【ラ行】

【ワ行】

図版クレジット

〈口絵〉

p. 1 Sir Alan Lascelles with George VI © AP/Shutterstock
Michael Shea and Lord Airlie © ANL/Shutterstock

p. 2 Sir William Heseltine with the Queen © Adam Butler/PA Images/Alamy
Commander Richard Aylard with Diana, Princess of Wales © Jayne Fincher/Princess Diana Archive/Getty Images

p. 3 Sir Michael Peat with the Prince of Wales © Dave Penman/Shutterstock
Lord Janvrin with the Queen © PA Images/Alamy

p. 4 Edward Young © David Davies/PA Images/Alamy
Jamie Lowther-Pinkerton © Tim Rooke/Shutterstock

p. 5 Sally Osman © Alan Davidson/Shutterstock
Lord Geidt © Tim Rooke/Shutterstock
Kristina Kyriacou © Joel Goodman/LNP

p. 6 Jason Knauf © Dominic Lipinski/PA Wire/Alamy
Mark Bolland © Rowan Griffiths/Shutterstock
Lord Fellowes © Tim Rooke/Shutterstock

p. 7 Miguel Head with the Duke of Cambridge © Max Mumby/Indigo/Getty Images
Amanda Thirsk with the Duke of York © Max Mumby/Indigo/Getty Images

p. 8 Samantha Cohen with the Queen and the Duchess of Sussex © Danny Lawson/PA Images/Alamy
Sara Latham © Tim Rooke/Shutterstock
Sir Clive Alderton © Max Mumby/Indigo/Getty Images

注

第１章　糊の効いたワイシャツ

1 著者によるインタビュー．
2 Lascelles, *King's Counsellor*, p. xiv.
3 Ziegler, *King Edward VIII*, p. 150.
4 Bradford, *Elizabeth*, p. 114〔『エリザベス』，サラ・ブラッドフォード著，尾島恵子訳，1999年，読売新聞社〕で引用．
5 Ziegler, *King Edward VIII*, p. 188.
6 Lascelles, *King's Counsellor*, p. 104.
7 同上，p. 105.
8 Ziegler, *King Edward VIII*, p. 553.
9 Channon, *The Diaries 1938–43*, 1 Aug 1940.
10 Pimlott, *The Queen*, p. 111 で引用．
11 Lascelles, *King's Counsellor*, p. 399.
12 Pimlott, *The Queen*, p. 112.
13 Harold Nicolson's diaries, 12 June 1955, Balliol College.
14 Lacey, *Royal*, pp. 146–7 で引用．
15 同上，p. 147.
16 Brandreth, *Philip & Elizabeth*, p. 226.
17 Bradford, *Elizabeth*, p. 120〔『エリザベス』，サラ・ブラッドフォード著〕
18 Lacey, *Royal*, p. 161 で引用．
19 Brandreth, *Philip & Elizabeth*, p. 248.
20 Pimlott, *The Queen*, pp. 187–8.
21 同上，p. 267.
22 同上，p. 267.
23 Heald, *The Duke*, pp. 85–6.
24 Bradford, *Elizabeth*, p. 259.〔『エリザベス』，サラ・ブラッドフォード著〕
25 Rose, *Kings, Queens & Courtiers*, p. 52.
26 Lacey, *Royal*, p. 202.
27 Pimlott, *The Queen*, p. 185.
28 Bradford, *Elizabeth*, p. 172.〔『エリザベス』，サラ・ブラッドフォード著〕
29 Brandreth, *Philip & Elizabeth*, p. 299.
30 Pimlott, *The Queen*, p. 185 で引用．
31 Bradford, *Elizabeth*, p. 190.〔『エリザベス』，サラ・ブラッドフォード著〕
32 Bradford, *Elizabeth*, p. 195.〔『エリザベス』，サラ・ブラッドフォード著〕
33 Lascelles, *King's Counsellor*, p. 410.
34 Townsend, *Time and Chance*, pp. 115–16.
35 Lascelles, *King's Counsellor*, p. 410.
36 Townsend, *Time and Chance*, p. 165.
37 Longford, *Elizabeth R*, p. 152.
38 Pimlott, *The Queen*, p. 219 で引用．
39 Lacey, *Royal*, p. 195.
40 Lascelles, *King's Counsellor*, p. 413.
41 Lascelles, *King's Counsellor*, p. 444.
42 Rose, *Who's In, Who's Out*, 29 March 1961.
43 Rose, *Kings, Queens & Courtiers*, p. 14.
44 Rose, *Kings, Queens and Courtiers*, p. [illegible]4.
45 Pimlott, The Queen, pp. 278–9 で引用．
46 Bradford, Elizabeth, p. 234.〔『エリザベス』，サラ・ブラッドフォード著〕
47 Lacey, Royal, p. 201.
48 Bradford, Elizabeth, p. 239.〔『エリザベス』，サラ・ブラッドフォード著〕

第２章　威厳ある奴隷

1 著者によるインタビュー．
2 Lacey, *Royal*, p. 221.
3 著者によるインタビュー．
4 著者によるインタビュー．
5 同上．
6 Lacey, *Royal*, p. 221.
7 Pimlott, *The Queen*, p. 379.
8 同上，p. 380.
9 著者へのメール．
10 著者によるインタビュー．
11 Wheeler-Bennett, *King George VI*, p. 821 で引用．
12 Bogdanor, *The Monarchy and the Constitution*, p. 211.〔『英国の立憲君主政』，ヴァーノン・ボグダナー著，小室輝久，笹川隆太郎，R・ハルバーシュタット共訳，2003年，木鐸社〕
13 Hubbard, *Serving Victoria*, p. 206.〔『ヴィクト

リア女王の王室――側近と使用人が語る大英帝国の象徴の真実』，ケイト・ハバード著，橋本光彦訳，2014年，原書房〕
14 著者によるインタビュー.
15 Bates, *Royalty Inc.*, pp. 107–8.
16 著者によるインタビュー.
17 Bradford, *Elizabeth*, p. 469〔『エリザベス』，サラ・ブラッドフォード著〕で引用.
18 Pimlott, *The Queen*, p. 403で引用.
19 著者によるインタビュー.
20 *The Times*, 27 Dec 1999.
21 Brandreth, *Philip & Elizabeth*, p. 283.
22 *The Sunday Times*, 10 November 1985.
23 Brandreth, *Philip & Elizabeth*, pp. 283–4.
24 著者によるインタビュー.
25 *Independent* obituary, 27 December 1999で引用.
26 William Shawcross, *Independent on Sunday*, 28 April 2002.
27 著者によるインタビュー.
28 Bedell Smith, *Elizabeth the Queen*, p. 285.
29 同上，p. 422.

第3章　成長する

1 Bedell Smith, *Prince Charles*, p. 25.
2 Junor, *Charles*, p. 114.
3 Dimbleby, *The Prince of Wales*, p. 286.〔『チャールズ皇太子の人生修業』，ジョナサン・ディンブルビー著，仙名紀訳，1995年，朝日新聞社〕
4 同上，p. 295.
5 Bedell Smith, *Prince Charles*, pp. 108–9.
6 著者によるインタビュー.
7 同上.
8 Bedell Smith, *Prince Charles*, p. 107.
9 Junor, *Charles*, p. 114.
10 Bedell Smith, *Prince Charles*, pp. 127–8.
11 Junor, *Charles: Victim or Villain?*, pp. 81–2.
12 同上，p. 83.
13 Bradford, *Diana*, p. 122.
14 Junor, *Charles: Victim or Villain?*, pp. 90–2.
15 同上，p. 107.
16 Benson, Charles, p. 213.
17 *The Times* obituary, 23 May 2015.
18 Dimbleby, *The Prince of Wales*, p. 382.〔『チャールズ皇太子の人生修業』，ジョナサン・ディンブルビー著〕

第4章　カクテルパーティ

1 *Sunday Telegraph*, 7 April 2002.
2 著者によるインタビュー.
3 同上.
4 *Independent* obituary, 29 May 1993.
5 Shawcross, *Queen Elizabeth: The Queen Mother*, p. 778.
6 Vickers, *Elizabeth: The Queen Mother*, pp. 332–3で引用.
7 著者によるインタビュー.
8 著者によるインタビュー.
9 著者によるインタビュー.
10 Vickers, *Elizabeth: The Queen Mother*, p. 335.
11 著者によるインタビュー.
12 Shawcross, *Queen Elizabeth: The Queen Mother*, p. 778.
13 Vickers, *Elizabeth: The Queen Mother*, p. 340.
14 同上，p. 342.
15 Shawcross, *Queen Elizabeth: The Queen Mother*, p. 782.
16 Quinn, *Backstairs Billy*, p. 169.
17 著者によるインタビュー.
18 著者によるインタビュー.
19 Heald, *The Duke*, pp. 149–50.
20 著者によるインタビュー.
21 同上.

第5章　ゼロサムゲーム

1 著者によるインタビュー.
2 著者によるインタビュー.
3 著者によるインタビュー.
4 Junor, *Charles*, p. 235.
5 Dimbleby, *The Prince of Wales*, p. 436.〔『チャールズ皇太子の人生修業』，ジョナ

サン・ディンブルビー著〕

6 同上，pp. 437–8.

7 Dimbleby, *The Prince of Wales*, p. 464『チャールズ皇太子の人生修業』，ジョナサン・ディンブルビー著〕で引用.

8 著者によるインタビュー.

9 著者によるインタビュー.

10 著者によるインタビュー.

11 Jephson, *Shadows of a Princess*, p. 291.

12 著者によるインタビュー.

13 Dimbleby, *The Prince of Wales*, p. 602.〔『チャールズ皇太子の人生修業』，ジョナサン・ディンブルビー著〕

14 著者によるインタビュー.

15 Dimbleby, *The Prince of Wales*, p. 603.〔『チャールズ皇太子の人生修業』，ジョナサン・ディンブルビー著〕

16 Mayer, *Charles*, p. 160.

17 著者によるインタビュー.

18 *The Times*, 6 April 2022.

19 著者によるインタビュー.

20 著者によるインタビュー.

21 著者によるインタビュー.

22 Dimbleby, *The Prince of Wales*, p. 603.〔『チャールズ皇太子の人生修業』，ジョナサン・ディンブルビー著〕

23 著者によるインタビュー.

24 著者によるインタビュー.

25 Hibbert, *Queen Victoria*, p. 334.

26 著者によるインタビュー.

27 Jephson, *Shadows of a Princess*, p. 474.

28 *Daily Mail*, 18 March 2022.

29 Bedell Smith, *Prince Charles*, p. 287.

30 著者によるインタビュー.

31 Bradford, *Diana*, p. 327.

32 Junor, *The Duchess*, p. 142.

33 著者によるインタビュー.

34 *Guardian*, 27 October 2003.

35 *Guardian*, 25 October 2003.

36 著者によるインタビュー.

37 著者によるインタビュー.

38 Lacey, *Royal*, p. 352.

39 Campbell, *Power and the People*, p. 127.

40 同上，p. 131.

41 *Sun*, 3 September 1997.

42 Hardman, *Queen of Our Times*, p. 389.

43 *The Times*, 6 September 1997.

44 Pimlott, *The Queen*, p. 622.

45 同上，p. 624.

第6章　宮殿戦争

1 Hardman, *Our Queen*, p. 78.

2 同上，p. 81.

3 著者によるインタビュー.

4 著者によるインタビュー.

5 Bower, *Rebel Prince*, p. 277.

6 同上，pp. 168–9.

7 Bedell Smith, *Prince Charles*, p. 416.

8 同上，pp. 416–7.

9 著者によるインタビュー.

10 *Mail on Sunday*, 29 June 2014

11 著者によるインタビュー.

12 著者によるインタビュー.

13 著者によるインタビュー.

14 Jephson, *Shadows of a Princess*, p. 306.

15 著者によるインタビュー.

16 *Financial Times*, 15 July 2013.

17 *Observer*, 21 July 2013.

18 著者によるインタビュー.

19 著者によるインタビュー.

20 著者によるインタビュー.

21 著者によるインタビュー.

22 著者によるインタビュー.

23 同上.

24 著者によるインタビュー.

25 著者によるインタビュー.

26 同上.

27 著者によるインタビュー.

28 著者によるインタビュー.

29 著者によるインタビュー.

30 著者によるインタビュー.

31 著者によるインタビュー.

32 著者によるインタビュー.
33 著者によるインタビュー.
34 *Daily Mail*, 30 September 2017.
35 *Daily Mail*, 20 November 2000.
36 Bedell Smith, *Prince Charles*, p. 382.
37 *Daily Mail*, 7 November 2003.
38 著者によるインタビュー.
39 著者によるインタビュー.
40 著者によるインタビュー.
41 同上.
42 著者によるインタビュー.
43 同上.
44 *Mail on Sunday*, 5 September 2021.

第7章　王室用燕尾服

1 著者によるインタビュー.
2 同上.
3 Townsend, *Time and Chance*, pp. 112–13.
4 Hibbert, *Queen Victoria*, p. 142.
5 Rose, *King George V*, pp. 281–2 で引用.
6 Rose, *King George V*, p. 282
7 Scobie and Durand, *Finding Freedom*, p. 257.〔『自由を求めて――ハリーとメーガン　新しいロイヤルファミリーを作る』, オミッド・スコビー, キャロリン・ドゥランド著, 加藤洋子訳, 2020年, 扶桑社〕
8 *Mail on Sunday*, 16 August 2020.
9 *Mail on Sunday*, 2 August 2020.
10 *Daily Mail*, 24 June 2006.
11 Kelly, *The Other Side of the Coin*, p. 80.
12 同上, p. 56.
13 著者によるインタビュー.
14 著者によるインタビュー.
15 著者によるインタビュー.
16 著者によるインタビュー.
17 *Daily Mail*, 29 January 2014.
18 著者によるインタビュー.
19 同上.
20 Dennison, *The Queen*, p. 449.〔『ザ・クイーン――エリザベス女王とイギリスが歩んだ一〇〇年』, マシュー・デニソン著, 実川元子訳, 2022年, カンゼン〕
21 著者によるインタビュー.
22 Bradford, *Elizabeth*, p. 247.〔『エリザベス』, サラ・ブラッドフォード著〕
23 Hardman, *Our Queen*, p. 77.
24 *Daily Mirror*, 11 December 1997.
25 Hardman, *Queen of Our Times*, p. 401.
26 著者によるインタビュー.
27 Hardman, *Queen of Our Times*, p. 404.
28 Pimlott, *The Queen*, pp. 559–60.
29 同上, p. 556.
30 同上, p. 560.
31 Hoey, *At Home with the Queen*, p. 146.
32 著者によるインタビュー.
33 同上.
34 著者によるインタビュー.
35 著者によるインタビュー.
36 *Daily Mail*, 2 February 2008.
37 Bradford, *Diana*, p. 317
38 Brown, *The Diana Chronicles*, p. 367 で引用.
39 著者によるインタビュー.
40 著者によるインタビュー.
41 著者によるインタビュー.
42 Hoey, *All the Queen's Men*, p. 52.
43 著者によるインタビュー.
44 著者によるインタビュー.

第8章　賞味期限

1 Junor, *Prince William*, p. 129.
2 同上, p. 247.
3 著者によるインタビュー.
4 著者によるインタビュー.
5 同上.
6 同上.
7 著者によるインタビュー.
8 著者によるインタビュー.
9 著者によるインタビュー.
10 著者によるインタビュー.
11 著者によるインタビュー.
12 著者によるインタビュー.

13 著者によるインタビュー.
14 著者によるインタビュー.
15 著者によるインタビュー.
16 著者によるインタビュー.
17 著者によるインタビュー.
18 著者によるインタビュー.
19 著者によるインタビュー.
20 Rose, *King George V*, p. 282.
21 著者によるインタビュー.
22 著者によるインタビュー.
23 著者によるインタビュー.
24 著者によるインタビュー.

第9章　ゴールデントライアングル

1 著者によるインタビュー.
2 著者によるインタビュー.
3 *Daily Telegraph*, 20 September 2019.
4 *Daily Telegraph*, 15 September 2014.
5 著者によるインタビュー.
6 著者によるインタビュー.
7 *Daily Telegraph*, 19 September 2019.
8 *Guardian*, 17 December 2014.
9 著者によるインタビュー.
10 *Daily Telegraph*, 15 September 2014.
11 *The Sunday Times*, 22 November 2020.
12 著者によるインタビュー.
13 Bogdanor, *The Monarchy and the Constitution*, p. 95.〔『英国の立憲君主政』, ヴァーノン・ボグダナー著, 小室輝久, 笹川隆太郎, R・ハルバーシュタット共訳, 2003年, 木鐸社〕
14 Pimlott, *The Queen*, p. 332.
15 同上, p. 335.
16 著者によるインタビュー.
17 著者によるインタビュー.
18 著者によるインタビュー.
19 著者によるインタビュー.
20 Pimlott, *The Queen*, p. 454.
21 著者によるインタビュー.
22 著者によるインタビュー.
23 *The Sunday Times*, 20 July 1986.
24 Bedell Smith, *Elizabeth the Queen*, p. 334.
25 著者によるインタビュー.
26 Bradford, *Elizabeth*, p. 379.〔『エリザベス』, サラ・ブラッドフォード著〕
27 著者によるインタビュー.
28 同上.
29 Pimlott, *The Queen*, p. 512.
30 著者によるインタビュー.
31 著者によるインタビュー.
32 *Independent*, 27 October 1994.
33 *The Times*, 2 February 1994.
34 Ridley, *George V*, p. 162.
35 同上, pp. 163–4.
36 Ridley, *George V*, p. 164で引用.
37 Nicolson, *King George V*, p. 139.
38 著者によるインタビュー.
39 著者によるインタビュー.
40 *Guardian*, 6 March 2015.
41 著者によるインタビュー.
42 Heywood, *What Does Jeremy Think?*, p. 305.
43 著者によるインタビュー.
44 著者との往復書簡.
45 Marr, *The Diamond Queen*, pp. 361–2
46 *Daily Telegraph*, 24 June 2015.
47 著者によるインタビュー.
48 著者によるインタビュー.
49 著者によるインタビュー.
50 著者との往復書簡.

第10章　とどめを刺す

1 *Daily Mail*, 6 May 2017.
2 *The Sunday Times*, 7 May 2017.
3 著者によるインタビュー.
4 著者によるインタビュー.
5 著者によるインタビュー.
6 著者によるインタビュー.
7 *Profile*, broadcast on BBC Radio 4, 9 May 2015.
8 著者によるインタビュー.
9 著者によるインタビュー.
10 著者によるインタビュー.
11 著者によるインタビュー.

12 *Guardian*, 22 January 2010.
13 著者によるインタビュー.
14 著者によるインタビュー.
15 著者との往復書簡.
16 Bower, *Rebel Prince*, p. 141.
17 *Daily Mail*, 28 July 2012.
18 著者によるインタビュー.
19 著者によるインタビュー.
20 著者によるインタビュー.
21 著者によるインタビュー.
22 著者によるインタビュー.
23 著者によるインタビュー.
24 著者によるインタビュー.
25 著者によるインタビュー.
26 著者によるインタビュー.
27 著者によるインタビュー.
28 著者によるインタビュー.
29 著者によるインタビュー.
30 著者によるインタビュー.
31 著者によるインタビュー.
32 著者によるインタビュー.
33 著者によるインタビュー.
34 著者によるインタビュー.
35 著者によるインタビュー.
36 著者によるインタビュー.
37 著者によるインタビュー.
38 著者によるインタビュー.
39 著者によるインタビュー.
40 著者によるインタビュー.
41 著者によるインタビュー.
42 *Sunday Express*, 17 September 2017.
43 著者によるインタビュー.
44 著者によるインタビュー.
45 著者によるインタビュー.
46 著者によるインタビュー.
47 著者によるインタビュー.
48 著者によるインタビュー.
49 著者によるインタビュー.
50 *The Times*, 16 September 2017.
51 著者によるインタビュー.
52 著者によるインタビュー.
53 著者によるインタビュー.
54 著者によるインタビュー.
55 著者によるインタビュー.
56 *The Times*, 16 September 2017.
57 著者によるインタビュー.
58 Ridley, *George V*, p. 195.

第11章　「みんなから邪険にされるんだ」

1 著者によるインタビュー.
2 *The Sunday Times Magazine*, 3 December 2017.
3 著者によるインタビュー.
4 著者によるインタビュー.
5 *Daily Telegraph*, 5 March 2011.
6 著者によるインタビュー.
7 著者によるインタビュー.
8 *Daily Mail*, 1 March 2011.
9 著者によるインタビュー.
10 著者によるインタビュー.
11 著者によるインタビュー.
12 著者によるインタビュー.
13 著者によるインタビュー.
14 著者によるインタビュー.
15 Hardinge, *Loyal to Three Kings*, pp. 76–7.
16 著者によるインタビュー.
17 *Guardian*, 18 November 2019.
18 BBC News website, 4 January 2022.
19 *Daily Telegraph*, 18 November 2019.
20 *The Times*, 18 November 2019.
21 同上.
22 *Daily Telegraph*, 30 October 2021.
23 著者によるインタビュー.
24 著者によるインタビュー.

第12章　「これはおもしろそうね」

1 *Sun*, 9 August 2014.
2 著者によるインタビュー.
3 同上.
4 同上.
5 同上.
6 著者によるインタビュー.

7 著者によるインタビュー.
8 同上.
9 著者によるインタビュー.
10 Junor, *Prince Harry*, p. 329.
11 著者によるインタビュー.
12 同上.
13 著者によるインタビュー.
14 著者によるインタビュー.
15 *Sunday Express*, 30 October 2016.
16 *The Sunday Times*, 8 May 2016.
17 *Sun*, 4 November 2016.
18 *MailOnline*, 2 November 2016.
19 *Mail on Sunday*, 6 November 2016.
20 著者によるインタビュー.
21 著者によるインタビュー.
22 著者によるインタビュー.
23 *Daily Mail*, 9 November 2016.
24 著者によるインタビュー.

第13章　ハリーに夢中

1 Sarah, The Duchess of York, *My Story*, p. 4.
2 同上, p. 199.
3 同上, p. 171.
4 *Vanity Fair*, October 2017.
5 著者によるインタビュー.
6 著者によるインタビュー.
7 *The Sunday Times*, 21 April 2019.
8 *The Times*, 22 April 2019.
9 著者によるインタビュー.
10 著者によるインタビュー.
11 同上.
12 著者によるインタビュー.
13 著者によるインタビュー.
14 著者によるインタビュー.
15 *MailOnline*, 28 October 2018.
16 著者によるインタビュー.
17 著者によるインタビュー.
18 著者によるインタビュー.
19 *Daily Mail*, 27 November 2018.
20 *Sunday Mirror*, 2 December 2018.
21 著者によるインタビュー.
22 *Sun*, 4 March 2021.
23 Brown, *The Palace Papers*, p. 373.
24 Daily Telegraph, 27 November 2018.
25 Scobie and Durand, *Finding Freedom*, p. 249.〔『自由を求めて――ハリーとメーガン　新しいロイヤルファミリーを作る』，オミッド・スコビー，キャロリン・ドゥランド著〕
26 著者によるインタビュー.
27 *Harry, Meghan and the Media*, BBC podcast.
28 Scobie and Durand, *Finding Freedom*, p. 250.〔『自由を求めて――ハリーとメーガン　新しいロイヤルファミリーを作る』，オミッド・スコビー，キャロリン・ドゥランド著〕
29 著者によるインタビュー.
30 著者によるインタビュー.
31 著者によるインタビュー.
32 著者によるインタビュー.
33 著者によるインタビュー.
34 *The Times* online, 18 October 2018.
35 著者によるインタビュー.
36 著者によるインタビュー.
37 著者によるインタビュー.
38 *The Times*, 3 March 2021.
39 同上.
40 著者によるインタビュー.
41 Lacey, *Battle of Brothers*, p. 313.
42 *Daily Mail*, 4 March 2021.

第14章　出口戦略

1 著者によるインタビュー.
2 Jason Knauf witness statement, 16 September 2021.
3 Duchess of Sussex witness statement, 13 October 2021.
4 Lacey, *Battle of Brothers*, p. 269.
5 著者によるインタビュー.
6 著者によるインタビュー.
7 著者によるインタビュー.
8 著者によるインタビュー.
9 *The Sunday Times*, 9 December 2018.
10 *Daily Mail*, 4 March 2021.

11 著者によるインタビュー.
12 *The Times*, 22 February 2019.
13 著者によるインタビュー.
14 *Daily Telegraph*, 3 April 2021.
15 *Evening Standard*, 18 October 2019.
16 BBC News website, 21 October 2019.
17 *The Times*, 3 July 2020.
18 *Daily Telegraph*, 27 November 2018.
19 著者によるインタビュー.
20 著者によるインタビュー.
21 著者によるインタビュー.
22 Lacey, *Battle of Brothers*, p. 304.
23 著者によるインタビュー.
24 著者によるインタビュー.
25 *The Times*, 21 April 2022.
26 著者によるインタビュー.
27 著者によるインタビュー.

第15章　とっておきの優しさ

1 Lacey, *Battle of Brothers*, p. 404.
2 著者によるインタビュー.
3 *Mail on Sunday*, 29 July 2012.
4 著者によるインタビュー.
5 McAleese, *Here's the Story*, pp. 297–9.
6 同上，p. 302.
7 同上，pp. 310–11.
8 著者によるインタビュー.
9 著者によるインタビュー.
10 著者によるインタビュー.
11 著者によるインタビュー.
12 著者によるインタビュー.
13 著者によるインタビュー.
14 著者によるインタビュー.
15 著者によるインタビュー.
16 Lacey, *Battle of Brothers*, p. 495.
17 著者によるインタビュー.
18 著者によるインタビュー.
19 著者によるインタビュー.
20 著者によるインタビュー.
21 *Sun*, 11 November 2021.

第16章　バッキンガム宮殿の衛兵交代

1 *The Times*, 30 September 2022.
2 *Guardian*, 14 September 2022.
3 *Daily Mail*, 14 September 2022.
4 *Daily Mail*, 29 April 2023.
5 *Mail on Sunday*, 30 April 2023.
6 著者によるインタビュー.
7 Prince Harry, *Spare*, p. 366.
8 Prince Harry, *Spare*, p. 377.
9 Prince Harry, *Spare*, pp. 382-3.
10 著者によるインタビュー.
11 著者によるインタビュー.
12 *Guardian*, 8 May 2023.
13 著者によるインタビュー.

第17章　国民のために

1 *The Times*, 1 December 2022.
2 著者によるインタビュー.
3 著者によるインタビュー.
4 著者によるインタビュー.
5 *The Times*, 10 Jan 2023.
6 著者によるインタビュー.
7 著者によるインタビュー.
8 著者によるインタビュー.
9 著者によるインタビュー.
10 著者によるインタビュー.
11 Hardman, *Queen of Our Times*, p. 259.
12 著者によるインタビュー.
13 著者によるインタビュー.
14 Bogdanor, *The Monarchy and the Constitution*, p. 210.〔『英国の立憲君主政』，ヴァーノン・ボグダナー著〕
15 著者によるインタビュー.
16 著者によるインタビュー.
17 著者によるインタビュー.
18 著者によるインタビュー.
19 著者によるインタビュー.
20 著者によるインタビュー.
21 著者によるインタビュー.
22 BBC News website, 25 March 2022.
23 *Daily Mail*, 28 March 2022.

参考文献

Basu, Shrabani, *Victoria & Abdul: The Extraordinary True Story of the Queen's Closest Confidant*, The History Press, 2017.

Bates, Stephen, *Royalty Inc.: Britain's Best-Known Brand*, Aurum Press, 2015.

Bedell Smith, Sally, *Elizabeth The Queen*, Penguin Books, 2012.

Bedell Smith, Sally, *Prince Charles: The Passions and Paradoxes of an Improbable Life*, Michael Joseph, 2017.

Benson, Ross, *Charles: The Untold Story*, Victor Gollancz, 1993.〔『チャールズ皇太子の孤独』，ロス・ベンソン著，金子一雄訳，1994年，同朋舎出版〕

Bogdanor, Vernon, *The Monarchy and the Constitution*, Clarendon Press, 1995.〔『英国の立憲君主政』，ヴァーノン・ボグダナー著，小室輝久，笹川隆太郎，R・ハルバーシュタット共訳，2003年，木鐸社〕

Bower, Tom, *Rebel Prince: The Power, Passion and Defiance of Prince Charles*, William Collins, 2018.

Bradford, Sarah, *Diana*, Penguin Books, 2007.

Bradford, Sarah, *Elizabeth: A Biography of Her Majesty the Queen*, Penguin Books, 2002.〔『エリザベス』，サラ・ブラッドフォード著，尾島恵子訳，1999年，読売新聞社〕

Bradford, Sarah, *George VI*, Penguin Books, 2011.

Brandreth, Gyles, *Philip & Elizabeth: Portrait of a Marriage*, Century, 2004

Brown, Tina, *The Diana Chronicles*, Arrow Books, 2017.〔『ダイアナクロニクル――伝説のプリンセス最後の真実』，ティナ・ブラウン著，菊池由美，笹山裕子，村上利佳，高橋美江共訳，2011年，中央公論新社〕

Brown, Tina, *The Palace Papers*, Century, 2022.

Campbell, Alastair, *The Alastair Campbell Diaries: Volume 2: Power and the People, 1997–1999*, Arrow Books, 2011.

Channon, Henry 'Chips', *The Diaries 1938–43*, edited by Simon Heffer, Hutchinson Heinemann, 2021.

Dennison, Matthew, *The Queen*, Head of Zeus, 2021.〔『ザ・クイーン――エリザベス女王とイギリスが歩んだ一〇〇年』，マシュー・デニソン著，実川元子訳，2022年，カンゼン〕

Dimbleby, Jonathan, *The Prince of Wales*, Warner Books, 1998.〔『チャールズ皇太子の人生修業』，ジョナサン・ディンブルビー著，仙名紀訳，1995年，朝日新聞社〕

Hall, Philip, *Royal Fortune: Tax, Money and the Monarchy*, Bloomsbury, 1992.

Hardinge, Helen, *Loyal to Three Kings*, William Kimber, 1967.

Hardman, Robert, *Our Queen, Hutchinson*, 2011.

Hardman, Robert, *Queen of Our Times: The Life of Elizabeth II*, Macmillan, 2022.

Heald, Tim, *The Duke: A Portrait of Prince Philip*, Coronet, 1992.

Heywood, Suzanne, *What Does Jeremy Think? Jeremy Heywood and the Making of Modern Britain*,

William Collins, 2021.
Hibbert, Christopher, *Queen Victoria: A Personal History*, HarperCollins, 2001.
Hoey, Brian, *All the Queen's Men: Inside the Royal Household*, HarperCollins, 1992.
Hoey, Brian, *At Home with the Queen*, HarperCollins, 2003.
Hubbard, Kate, *Serving Victoria: Life in the Royal Household*, Vintage, 2013.〔『ヴィクトリア女王の王室——側近と使用人が語る大英帝国の象徴の真実』，ケイト・ハバード著，橋本光彦訳，2014年，原書房〕
Jephson, Patrick, *Shadows of a Princess: An Intimate Account by her Private Secretary*, HarperCollins, 2000.
Jobson, Robert, *Charles at Seventy: Thoughts, Hopes and Dreams*, John Blake, 2018.
Junor, Penny, *Charles*, Sidgwick & Jackson, 1987.
Junor, Penny, *Charles: Victim or Villain?*, HarperCollins, 1998.
Junor, Penny, *Prince Harry: Brother, Soldier, Son*, Hodder & Stoughton, 2014.
Junor, Penny, *Prince William: Born to be King: An Intimate Portrait*, 2012.
Junor, Penny, *The Duchess: The Untold Story*, William Collins, 2017.
Kelly, Angela, *The Other Side of the Coin: The Queen, the Dresser and the Wardrobe*, HarperCollins, 2019.
Lacey, Robert, *Battle of Brothers: William, Harry and the Inside Story of a Family in Tumult*, William Collins, 2021.
Lacey, Robert, *Royal: Her Majesty Queen Elizabeth II*, Little, Brown, 2002.
Larman, Alexander, *The Crown in Crisis: Countdown to the Abdication*, Weidenfeld & Nicolson, 2020.
Lascelles, Sir Alan 'Tommy', *King's Counsellor: Abdication and War: The Diaries of Sir Alan 'Tommy' Lascelles*, edited by Duff Hart-Davis, Weidenfeld & Nicolson, 2020.
Longford, Elizabeth, *Elizabeth R: A Biography*, Weidenfeld & Nicolson, 1983.
Luce, Richard, *Ringing the Changes: A Memoir*, Michael Russell, 2007.
McAleese, Mary, *Here's the Story*, Sandycove, 2020.
Marr, Andrew, *The Diamond Queen*, Macmillan, 2011.
Mayer, Catherine, *Charles: The Heart of a King*, WH Allen, 2015.
Nicolson, Harold, *King George V: His Life and Reign*, Constable, 1952.
Pearson, John, *The Ultimate Family: The Making of the Royal House of Windsor*, Grafton, 1987.
Pimlott, Ben, *The Queen: Elizabeth II and the Monarchy*, HarperCollins, 2002.
Pope-Hennessy, *James, The Quest for Queen Mary*, edited by Hugo Vickers, Zuleika/Hodder & Stoughton, 2018.
Prince Harry, *Spare*, Bantam, 2023.
Quinn, Tom, *Backstairs Billy: The Life of William Tallon*, Biteback Publishing, 2015.
Rhodes James, Robert, *A Spirit Undaunted: The Political Role of George VI*, Abacus, 1999.
Ridley, Jane, *Bertie: A Life of Edward VII*, Vintage, 2013.
Ridley, Jane, *George V: Never a Dull Moment*, Chatto & Windus, 2021.
Rose, Kenneth, *Intimate Portraits of Kings, Queens and Courtiers*, Spring Books, 1989.

Rose, Kenneth, *King George V*, Weidenfeld & Nicolson, 1983.

Rose, Kenneth, *Who's In, Who's Out: The Journals of Kenneth Rose, Volume One 1944–1979*, Weidenfeld & Nicolson, 2018.

Rose, Kenneth, *Who Loses, Who Wins: The Journals of Kenneth Rose, Volume Two 1979–2014*, Weidenfeld & Nicolson, 2019.

Sarah, The Duchess of York, *My Story*, Simon & Schuster, 1996.

Scobie, Omid and Durand, Carolyn, *Finding Freedom: Harry and Meghan and the Making of a Modern Royal Family*, HQ, 2020.〔『自由を求めて――ハリーとメーガン　新しいロイヤルファミリーを作る』，オミッド・スコビー，キャロリン・ドゥランド著，加藤洋子訳，2020年，扶桑社〕

Shawcross, William, *Queen Elizabeth: The Queen Mother: The Official Biography*, Macmillan, 2009.

Shipman, Tim, *Fall Out: A Year of Political Mayhem,* William Collins, 2017.

Talbot, Godfrey, *Ten Seconds from Now: A Broadcaster's Story*, Hutchinson, 1973.

Townsend, Peter, *Time and Chance*, Silvertail Books, 2021.

Vickers, Hugo, *Behind Closed Doors: The Tragic, Untold Story of the Duchess of Windsor*, Hutchinson, 2011.

Vickers, Hugo, *Elizabeth: The Queen Mother*, Arrow Books, 2006.

Wheeler-Bennett, Sir John, *Friends, Enemies and Sovereigns*, Macmillan, 1976.

Wheeler-Bennett, Sir John, *King George VI: His Life and Reign*, Macmillan, 1958.

Ziegler, Philip, *King Edward VIII,* HarperPress, 2012.

訳者あとがき

二〇二二年九月一九日、ロンドン、ウェストミンスター。身体を右へ左へと揺らしながら、粛々と進む王室関係者の行進——故英国女王エリザベス二世の葬列はまだ記憶に新しい。英国全体が喪に服した女王崩御に始まる国葬までの一連の追悼行事から新国王の戴冠式と、英国ロイヤルファミリーが携わる公務は通常でも激務と言われるその量をはるかに超える。その結果、日ごろは裏方として彼らを支えるスタッフの姿をカメラが捉える機会も増えた。英BBCが二〇二三年に放送した『Charles III: The Coronation Year』では、ウィンザー城のクリスマスメッセージ収録から一年間にわたるチャールズ国王の様子が紹介され、側近である秘書官の姿を垣間見ることもできる。

そうした秘書官ら「廷臣」の知られざる生態を本書で詳しく教えてくれるのが、ヴァレンタイン・ロウ氏だ。同氏は四半世紀以上にわたりロイヤルファミリーの取材を続け、ロンドン・イヴニング・スタンダード紙を経て、現在はタイムズ紙のジャーナリストとして活躍する。テレビ番組にも王室コメンテーターとして出演し、サセックス公爵夫人メーガン妃によるいじめ疑惑のスクープでは世界から注目された。ロウ氏の取材力は、本書の注をご覧いただければ明らかである。王室の各宮廷内部関係者と信頼関係を構築し、数多くの直接取材を可能にしてきた。裏話の類いは、ともすれば単なる「ゴシップ」になり、読み手の心をざわつかせるだけでおしまいとなりそうだが、事実と証言を丁寧に積み重ねていく彼の手にかかれば決してそうはならない。

ロウ氏の綿密な調査と冷静な筆遣いで描かれた本書『廷臣たちの英国王室』は、故エリザベス女王のバッキンガム宮殿をはじめとする各宮廷の様子を客観的に伝えている。二〇一八年のハリー王子夫妻の外遊時の様子を描く「プロローグ」で始まると、前半は現代の主従関係を中心にした歴代秘書官の逸話が第八章まで続く。第一章、第二章はエリザベス二世、第三章は独身時代のチャールズ皇太子、第四章はエリザベス皇太后とフィリップ殿下、第五章、第六章は離婚前後とそれ以降のチャールズ皇太子と続き、第七章では少し話題を変えて宮廷の近代化に触れると、第八章でウィリアム王子とハリー王子の次世代の秘書官に話が移る。中盤の第九章から第一一章は秘書官の外部との関係性を取り上げる。第九章は首相秘書官・内閣官房との関係、第一〇章は秘書官とほかの王室メンバー（とその秘書官）とのパワーバランス、第一一章は不祥事を起こしたアンドリュー王子の話題に続く。終盤は第一二章から第一四章でハリー王子とメーガン妃の王室離脱問題を取り上げる。第一二章はメーガン妃に出会うまでのハリー王子、第一三章はメーガン妃のパワハラ疑惑、第一四章で王室離脱までの道筋を描く。最後の三章で、メグジット後の王室、エリザベス女王崩御、これからの王室に対する考察が書かれている。基本的に各章とも独立しているので、どの章から読んでも楽しめる。中盤は英国の政治のあり方にも触れており、英国の「現代社会」も学べる。

お分かりのように、ロウ氏が描き出すのは縁故採用の秘書官をはじめとする側近だけではない。ロイヤルファミリーのメンバーも対象だ。主従それぞれの人物像を立体的に描き出すことで、その関係性が浮き彫りにされていくので、読み進めていくうちに思わず感情移入していることに気付く。フィリップ王配と死ぬ間際まで彼に尽くしたサー・ブライアン・マクグラスとの関係には思わずホロリとさせられた。主従は友になり得るのか——これは本書で幾度となく取り上げられるテーマの一つだが、友でも側近になることはできる、いや、友でなければ側近は務まらない、そう思わせてくれるエピソードだ。

故ダイアナ妃のエピソードは思いのほか少ない。その数少ないエピソードの中には、秘書官を務めたパトリック・ジェフソンとの良好な主従関係が崩壊した理由を明らかにしたものもある。それまで絶大な信頼を寄せてくれていた主君の態度がなぜ急変したのか、その原因を知ったジェフソンはいかに傷ついたことだろう。原因を知ったところで、主君との関係の修復はかなわない。その主君はもうこの世にいないのだから。

そのダイアナ妃とチャールズ皇太子の結婚式（一九八一年）には、世界中の目が釘付けになった。もちろん、日本も例外ではない。それ以降も、二〇一六年には英国君主エリザベス二世の宮廷に着想を得たフィクションドラマ『ザ・クラウン』が日本で人気を博し、それは現在も変わらない（そこに登場する秘書官の本物が、本書の主人公たちだ）。先述のBBCドキュメンタリー番組『Charles III: The Coronation Year』も、二〇二四年五月『素顔のチャールズ三世――イギリス　新国王の一年』としてNHKで放送されている。また、ロウ氏の参考文献を見ると、サラ・ブラッドフォード氏の『エリザベス』（読売新聞社）、マシュー・デニソン氏『ザ・クイーン』（カンゼン）、オミッド・スコビー氏とキャロリン・ドゥランド氏の『自由を求めて』（扶桑社）など、日本語に翻訳されている書籍が複数あり、日本読者の関心の高さが分かる。

日本人が英国王室に関心を持つ理由は、王族や皇族が存在しない国の人たちのそれとは違うように思う。英国では常に王室不要論が囁かれるが、その一方で、君主制に反対の立場を唱える人たちも、エリザベス女王は好きだったと話しているという。翻って日本の皇室も近年、皇室のあり方が模索され続けてきた。上皇と上皇后のご成婚以来「開かれた皇室」という表現が使われるようになり、皇室と国民との距離を縮める取り組みが重ねられている。継続には変化が必要――それは英国王室も同じで、本書で取り上げられるテーマでもある。大地主である英国王室の場合、予算の仕組みが日本の皇室とは全く違うものの、そのあり方は常に変化が求められてきた。分かりやすい変化のひとつが、ロイヤルファミリーが市民と直接言葉を交わす「ウォークアバウト」だ。国民との距離を縮めたウォークアバウトの誕生については本書でも取り上げている。継続のための変化は、ロウ氏が本書で指摘するように側近の出身の多様性を含め、今後も引き続き英国の王室で見られるだろう。日本の読者にとっても、皇室という存在やその未来について考えるきっかけになるに違いない。

なお、本書の原書である『Courtiers』は、二〇二二年一〇月にハードカバー版がプロローグと一六章で出版された。二〇二三年七月、ペーパーバック版出版に際して女王崩御の情報を加筆変更し、プロローグ+一七章として再編されている。本書は後者のペーパーバック版を基にしたものである。

本書の翻訳では、君塚直隆氏の『女王陛下の影法師――秘書官からみた英国政治史』(筑摩書房)など多くの専門家の知識を拝借した。作品社の田中元貴氏には『Courtiers』翻訳の機会を与えてくださったことに深く感謝したい。叱咤激励しながら最後まで併走してくださったINFINI JAPAN PROJECT LTD.の水科哲哉氏には何とお礼の言葉を伝えればよいか分からない。翻訳仲間には数々の貴重なアドバイスをもらった。翻訳は決して孤独な作業ではないと確信する。最後に、「間に合わない」、「間に合わない」を連発する訳者に耐えてくれた家人にはこの本を贈りたい。我慢してくれて、本当にありがとう。

二〇二四年六月上旬

保科京子

© Richard Pohle

【著者略歴】

ヴァレンタイン・ロウ（Valentine Low）

イギリスのジャーナリスト。全寮制パブリックスクール、ウィンチェスターカレッジを経て、オックスフォード大学を卒業。1987年から『The London Evening Standard』で記者を務めた後、2008年から『The Times』で王室取材を担当。2021年5月、オプラ・ウィンフリーのインタビュー映像が放映される数日前に、メーガンによるパワハラ疑惑の記事を発表する。著書に『One Man and His Dig』（Simon & Schuster、2008年、未邦訳）がある。

【訳者略歴】

保科京子（ほしな・きょうこ）

大学卒業後、広告代理店勤務。ヨークシャーの荒野好きが高じて、英国系航空会社に転職。長野移住後、長野オリンピックをきっかけに、英語の世界へ。大学受験・TOEIC対策講師のほか、実務・出版翻訳も始める。訳書に『ビジネスの新形態B Corp入門』（ニュートンプレス）、『なぜ、脱成長なのか』（共訳、NHK出版）などがある。アガサ・クリスティの原書を音読する「原書を読む会」を主宰。長野市在住。

COURTIERS
by Valentine Low

廷臣たちの英国王室
―― 王冠を支える影の力

2024年 9月15日 初版第1刷印刷
2024年 9月25日 初版第1刷発行

著 者 ヴァレンタイン・ロウ
訳 者 保科京子

発行者 福田隆雄
発行所 株式会社 作品社
〒102-0072 東京都千代田区飯田橋 2-7-4
電 話 03-3262-9753
FAX 03-3262-9757
振 替 00160-3-27183
ウエブサイト https://www.sakuhinsha.com

編集協力 INFINI JAPAN PROJECT LTD.
装 丁 加藤愛子(オフィス キントン)
本文組版 米山雄基
印刷・製本 シナノ印刷株式会社

Printed in Japan
ISBN978-4-86793-042-7 C0022

クレマンソー

Clemenceau

ミシェル・ヴィノック
大嶋 厚［訳］

本邦初の本格的評伝

フランスで権威あるオージュルデュイ賞受賞!

パリ・コミューンから政治を志し、議会の論戦では“虎”と恐れられた「ドレフュス事件」の闘士。第一次大戦、文民統制のもと戦時内閣を率いた「勝利おじさん」。民主主義と「ライシテ」(政教分離)の強力な擁護、第三共和制を体現した男。格差是正への強い意志、反植民地の主張と世界に開かれた個人主義者。同時代人たちを魅了し、画家クロード・モネの親友であり、日本美術を愛した“英雄的”政治家の多彩な生涯をフランス史の大家が余すところなく描き切る。